KB029397

風水原理講論

第3卷 陽基論 및 風水 因果論

황영웅 黃英雄

1970   한양대학교 공과대학 전기공학 전공
1979   한양대학교 산업경영대학원 국토개발 전공
1989   College of Buddhist Studies L.A. Buddhism 전공(B.A)
1991   College of Buddhist Studies L.A. Buddhism 전공(M.A)
1993   동국대학교 불교대학원 선(禪)학 전공
2021   대구한의대학교 명예철학박사

1988   비봉풍수지리연구학회 설립
2003   경기대학교 국제문화대학원 풍수지리학과 대우교수
2009   영남대학교 환경보건대학원 환경설계학과 객원교수

前 김대중 대통령 묘역 조성 위원장
前 김영삼 대통령 묘역 조성 위원장

風水原理講論
第3卷 陽基論 및 風水 因果論

초판 발행   2002년 02월 25일 (비매품)
증보판 발행 2019년 05월 30일 (비매품)
개정판 발행 2021년 03월 19일 (550세트 한정판)

지은이 비봉산인 황영웅 | **펴낸이** 이찬규 | **펴낸곳** 북코리아
등록번호 제03-01240호 | **전화** 02-704-7840 | **팩스** 02-704-7848
이메일 sunhaksa@korea.com | **홈페이지** www.북코리아.kr
주소 13209 경기도 성남시 중원구 사기막골로 45번길 14 우림2차 A동 1007호
ISBN 978-89-6324-733-5 (93180)
         978-89-6324-736-6 (세트)

값 150,000원

● 본서의 무단복제를 금하며, 잘못된 책은 구입처에서 바꾸어 드립니다.

風水原理講論

"人間生命의 再創造를 爲하여"

第3卷
陽基論 및 風水 因果論

飛鳳山人 黃英雄 著

북코리아

後學에게 드리는 글

萬物의 영장인 우리네 人類는 이 地球上에 생겨남 以來로 오늘에 이르기까지, 한량없는 文化의 發展과 가공할 利益文明의 發達 속에서, 그 끝 가는 곳은 예측조차 못하는 채, 쉬임 없는 역사의 수레에 이끌려 思量 없는 어제를 지세우고, 分別없는 來日을 向해 덧없이 걸어가고 있다.

無知와 자만과 貪慾과 어리석음은 날이 갈수록 그 度를 더해 가는데, 人生內面에 간직된 밝은 智慧와 善吉의 品性들은 外面世界의 物質的 價値構造 틀에 빠져 그 빛을 잃은 지 오래이다.

自然의 不確實性 속에서 반드시 살아남지 않으면 아니 되는 우리 人類의 至高한 生存價値는 이제 人間自身이 만들어 놓은 文明과 文化라는 커다란 덫에 걸려, 그 本來의 目的價値를 상실하게 되었고, 급기야는 文明의 노예가 되고, 文化의 꼭두각시가 되어, 人間의 本性마저 유린당하고 마는 地境에까지 다다르게 되었는도다.

오호라!
地球라는 限定된 空間環境과 消滅進行이라는 時間的 存在秩序 앞에서 不確實한 自然과 人間事의 허다한 難題들은 과연 얼마나 밝혀지고 해결될 수 있을 것인가?

과연 어떻게 하면 우리 人類가 滅亡하지 아니하고 永續하면서 새로운 人類種族을 再創造 發展시키고 지혜로운 번영을 도모할 수가 있을 것인가?

無邊廣大한 우주 바다와 티끌만 한 太陽界의 生命環境!

그 울 속에서, 다람쥐 쳇바퀴 맴을 돌 듯 덧없이 왔다가는 덧없이 또 가야만 하는,

何 많은 무릇 生靈들의 허망한 因緣輪廻!

숨 한번 내쉰 것이 다시 들지 못하면

영원히 그 목숨은 끊겨져야 하고,

어젯밤 감은 눈이 아침나절 다시 못 뜨면

그 생명 영원한 죽음일지니,

한 움큼 한 모금의 산소덩이가 그것이 곧 人間의 본모습이요,

목을 타고 드나드는 숨결소리가 그것이 곧 生命의 現顯일러라.

이 茫然한 現實 앞에서 人類의 보다 밝고, 지혜로운 來日을 設計할 者, 과연 어디에서 찾을 것이며, 至高한 人間의 거룩한 生命들을 安樂과 安寧으로 이끌어 갈 용기 있는 善知識은 과연 얼마나 고대하고 기다려야 하는가?

東西古今을 통하여

至高至善한 길을 찾아

한 줄기 햇살이 되어, 온 누리 밝혀 보려는 이름 모를 先覺者들이야 어찌 機數였으리요마는,

世上을 救援하고 人類를 弘益케 할 위대한 소망과 간절한 바람은 아직도 다함이 없어 애절키만 하구나!

後學이여!

우리도 이제 깨어나 보자!

眞理를 바로 보고 使命을 찾자!

넓고 푸른 창공에 한 점 티 없이 맑은 마음처럼,

어제를 돌아보고 내일을 살피면서

오늘의 진실됨을 거짓 없이 바로보자!

眞理의 천사가 나를 부르고,

깨달음의 여신이 나를 감싸 안을 때,

내 한 몸 햇살이 되어

온 누리 밝힐 聖者가 될 때까지,

後學이여! 精進하자! 使命으로 살자!

人類의 興亡이 그대에게 매달리고,

十方의 榮枯盛衰가 그대 왔기를 기다리나니,

그대 가슴에 흘러넘치는 맑고 고운 智慧의 甘露水로,

世世永永 無窮할 眞理의 塔을 씻자.

子孫萬代 이어갈 새 生命을 創造하자.

거룩한 三昧에 드넓은 天地에서,

우리 先祖 子孫들이 한데 어울려

두둥실 춤을 추고 노래 부르는 平和의 極樂圓을 함께 가꾸자.

永遠의 安樂土를 함께 일구자.

後學이여!

하나의 生命體가 무수한 生命들과 이 땅에서 함께 共存하고 있는 現實은 時空을 超越한 過·現·未의 三世 고리가 不可分의 緣分이 되어 묶여 있음을 말함이

며, 人類가 지닌 現象의 幸·不幸이 나와 함께 자리하고 있음은 모두의 幸·不幸
씨앗이 나와의 因緣고리에 이끌려 싹이 터온 所以 일러라.

어찌 우연하게 생겨나 나 여기 왔다한들,
前生의 業報 탓하고 無心할 수만 있겠는가?
三世의 因緣 탓하고 無情할 수가 있겠는가?
무릇 人間의 수많은 갈등과 고통을 지켜만 보면서, 나약한 人間으로 태어나
황망하게 이대로 가야 할 宿命임을 통탄하고 있기보다는
미력이나마 人類生存에 보탬이 될 수 있는 보다 밝은 智慧를 터득케 하고 실
천케 하기 위해,
더 넓고 더 높은 眞理의 光明을 찾아,
窮究하고,
發見하며,
廻向精進해 나아가려는 것이
그것이 오히려 오늘을 살아가는 賢者의 보람이요, 참길이 되리로다.

後學이여!
이제 감히 그대들의 양어깨 위에 人類의 큰 등불을 짊어지라고 권하고 싶노라.
그대들의 양손에
世上을 救援하고 열어갈 大寶劍을 쥐어주고 싶노라.
그리하여 그대들의 이어짐이
人類의 大救援이 되고,
大創造가 되어 질 것을
기도하고 또 기도하고 싶노라.
弘益人間과 順天의 難題 앞에서 반드시 숨겨야 할 하늘의 機密됨을 오늘 이렇
게 두려움으로 吐露코저 하는 것은 보다 큰 救援과 보다 높은 創造의 使命에선

後學에게 智慧와 勇氣와 光明을 주기 위함이며, 後日 後學에게 지워질 天機漏洩의 罪를 오늘 앞당기어 代身 罰받고자 함이로다.

後學이여!
이 한 권의 機密은 天神과 地神의 일러줌을 옮긴 것이로다.
까닭에 그 해석과 사용이 잘못됨은 결단코 용서받지 못할 것이며, 종래는 神의 노여움을 얻을 것이 분명한즉, 寤寐不忘 窮究하며 터득하여 正直하게 善用할 것을 당부하고 또 당부하노라.

올바른 깨우침과 광명한 실천으로
참人間, 밝은 社會, 복된 人類가 再創造되기를 고대하면서,
天機漏洩로 順天을 거역하고 三業으로 지은 惡業의 罪를 天神과 地神에게 엄숙히 엎드려 용서받고자 하노라.

佛紀 2535年 立春
安養 飛鳳山 普德寺에서
飛鳳山人 黃 英 雄

善核果 四季

1. 매서운 한겨울에 눈이블로 몸을감싸고
   따스한 봄바람에 실눈으로 기지게펴며
   한여름 소낙비엔 천둥소리 두려웁더니
   가을볕 산들바람엔 둥근열매 여물어가네!

2. 설한풍 찬개울물에 맺은열매 얼어만가고
   봄바람 산듯한물에 善씨앗 싹을틔우고
   열바람 농익은물엔 틔운싹 무성하더니
   갈바람 실개울물엔 善核果가 무르익누나!

3. 善核果 찬물바람에 제모습 숨죽이고
   善열매 실물바람에 조는듯 눈을들고
   맺은열맨 소낙바람에 고개세워 싸나웁더니
   익은열맨 잔물바람에 붉은빛을 드세우누나.

目 次

第5篇 風水地理 因果論

『風水原理講論』全體 目次

圖版 目次

表 目次

第4篇 陽基論

第1章 　　　　　　　　　　　　　　　　　 陽基總論

제1절 陽基論의 構成

1. 主勢論

　陰基理論에서와 같은 原理로, 主山 Energy의 善惡, 美醜, 大小, 强弱 등은 陽基穴의 入力 Energy 特性을 決定하는 主役割 因子가 되는 까닭에, 무엇보다 먼저 主山 來龍脈 Energy 및 그 Energy場 特性을 파악 확인함이 매우 중요하다.

2. 局勢論

　局勢 Energy場은, 主勢인 主山 Energy 및 그 Energy場을 補完 育成하면서 陽基 穴場의 保護 및 凝縮 Energy를 공급하는 까닭에 穴 周邊砂의 善惡, 美醜, 大小, 强弱의 特性은 특히 重要하다. 主勢 Energy場 凝縮을 위하여 主勢에 대한 Negative 特性의 陰性 Energy場을 供給 同調한다.

3. 風水勢論

　陰・陽宅을 莫論하고 바람과 물의 흐름 方向 및 大小, 强弱, 善惡, 美醜, 風速, 流速 등은 穴場 Energy를 保護 育成함에 있어서 대단히 민감한 作用을 하게

된다. 局勢 Energy場과 더불어 主勢 Energy場 再凝縮을 위한 Negative 特性의 陰性 Energy를 供給 同調한다.

4. 家勢論

(1) 家相論

家相의 善惡, 吉凶, 福禍相에 따라 陽宅 空間 Energy 및 Energy場의 善惡 美醜가 決定된다.

(2) 家運論

地勢運, 家相運, 家族運 등에 따라 一家의 運勢가 나타난다.

5. 坐向論

(1) 地勢 Energy 入力坐의 原則
(2) 案勢 反 Energy 朝向의 原則
(3) 水勢 環抱 Energy 帶向의 原則
(4) 吉砂水 Energy 對向의 原則
(5) 建物中心 坐와 地氣 入力坐의 同調 原則

6. Energy場 同調論

(1) 陽宅의 建物($\oplus$Energy)과 庭園($\ominus$Energy)Energy場 同調
(2) 人間 Energy場과 陽宅 Energy場 同調
(3) 陽基局 Energy場과 人間 Energy場 同調

제2절 陽基局과 陰基局

1. 陽基局의 槪念

陰基局의 形成原理와 同一한 構造形成 槪念으로서, 그 局이 陰基局에 비해
보다 크고 넓은 것이 特徵이다.

成穴條件 또한 陽基局의 穴板은 陰基局의 穴板에 비해 보다 훨씬 낮은 곳에서
成穴되는 까닭에, 風水의 영향 중 水勢의 善惡, 美醜, 大小, 強弱 等이 穴場
Energy 特性을 크게 좌우한다고 볼 수 있다.

2. 陽基局과 陰基局의 形成過程

(1) 陽基局

大幹龍의 來脈 Energy가 그 中心脈의 進行發達을 우선하기에 앞서, 橫變易
開帳特性을 強力하게 나타냄으로써 本身의 穿心 來脈 Energy는 一時的으로 停
止하여 短縮되게 되고, 이러한 穿心 Energy는 開帳의 橫變易 特性이 完了될 때
까지 그 Energy體 幅을 擴大 發展시키게 된다.

이때 開帳 Energy體 特性이 靑白 Energy體 特性으로 變易하게 되는 時點과
穴場 Energy體 保護 育成 始作點의 時空間的 特性 정도에 따라 大, 中, 小의 陽基
局 形態가 決定되게 되고, 그에 따른 陽基穴의 大, 中, 小 特性이 完成되게 된다.

크게는 首都, 市街地가 되고 邑, 面, 洞을 이루기도 하며, 작게는 單獨 陽宅地
가 되기도 한다.

(2) 陰基局

大幹龍에서 進行된 來脈 Energy體가 分擘 枝龍脈을 발달시키면서 開帳 橫變
易의 特性을 調節하고, 穿心, 來脈 Energy를 증가시켜 入首脈 Energy體를 補
強 育成하게 된다.

이때에 開帳 橫變易 Energy體는 外靑·外白 Energy 役割을 담당하게 되고, 穿心 來脈으로부터 入力된 本身 Energy體는 別途의 小局을 形成하여 보다 凝縮된 穴場 Energy 및 그 Energy場을 形成하게 된다.

비록 陽基穴에 비해 小規模의 穴板局이 形成되지만, 陽基局을 外局으로 한 凝縮場 속에 또 다른 小局의 Energy 凝縮場이 形成되고 있는 것과 同一한 形態의 穴 Energy場이 만들어지는 까닭에, 단위 Energy 特性 側面에서는 陽基局에 비해 보다 良好한 穴 特性 效果를 나타낸다고 보아야 할 것이다.

大, 中, 小, 穴의 區別이 있기는 하나 대개는 墓터를 주로 하고 토굴이나 탑, 비, 浮屠터가 되기도 한다.

3. 陽基局과 陰基局의 比較 選擇

위에서 살핀 바와 같이 陽基局과 陰基局의 形成原理는 原則的으로 同一하나, 다만 그 局의 大小 强弱에서 差別的 特徵을 찾을 수 있다.

(1) 入穴脈의 特徵
① 陽基局 : 넓고 크다.
② 陰基局 : 좁고 짧다.

(2) 開帳 橫變 特徵
① 陽基局 : 길다.
② 陰基局 : 짧다.

(3) 穴과 靑·白 Energy體 間 距離
① 陽基局 : 3節 以上
② 陰基局 : 3節 以內

(4) 來龍脈의 特徵

① 陽基局 : 枝龍이 적은 대신 굵고 크다.

② 陰基局 : 枝龍이 많으며 가늘고 작다.

(5) 案山의 特徵

① 陽基局 : 멀고 크다.

② 陰基局 : 가깝고 작다.

(6) 水勢의 特徵

① 陽基局 : 멀리서 넓게, 크고 강하다.

② 陰基局 : 가까이서 좁게, 작고 약하다.

(7) 陽基局

陽基局에서의 穴 Energy는 陰基局에서의 穴 Energy보다 더 큰 水勢의 同調 干涉을 받게 된다.

結論的으로 陽基局과 陰基局을 選擇하는 基準은 穴板의 大小, 强弱에 있다고 볼 수 있으므로 3 間 陽宅 以上이 設置 가능한 穴板이 되면 陽基穴이요, 그러하지 못하게 되면 곧 陰基穴이 되는 것이다.

제3절 陽基穴 一般

1. 陽基穴의 形成原理

(1) 開帳, 穿心 Energy 凝縮에 依한 穴場
(2) 來脈回龍 Energy 凝縮에 依한 穴場
(3) 平地安定 Energy 隱變 凝縮에 依한 穴場

2. 陽基穴의 形成 位置別 種類

(1) 天穴 : 高山 平坦穴로 山谷 開暢處의 據溪地(寺庵, 祈禱處)
(2) 人穴 : 江河 據水地의 野山穴(氏家村落, 住宅地)
(3) 地穴 : 江河 據水地의 平地穴(公共建物, 學校, 商街地, 都會, 共同住宅地)

3. 陽基穴의 形成 規模別 種類

(1) 小聚穴 : 小局으로 形成된 單獨 또는 數棟 程度의 陽宅地.
(2) 中聚穴 : 數節以上의 穴間距離에서 形成된 中形局으로 洞里, 邑面터가
되기에 適合한 터.
(3) 大聚穴 : 大幹龍이 落脈하여 江河를 안고 形成된 大形局으로 都邑, 市街
地 터가 된다.

4. 陽基穴 構成의 三大 特性 要件

(1) 地勢 Energy 入力特性 : 陽基穴을 形成하기 爲한 地氣 Energy 入力이
良好할 것.
(2) 局 Energy場의 同調特性 : 陽基穴의 安定 維持를 爲한 局同調 Energy

場의 凝縮特性이 良好할 것.

(3) 水勢 Energy 同調特性 : 穴 凝縮 ⊕Energy의 保護 育成을 爲한 安定 水氣의 ⊖Energy 공급이 충분할 것.

5. 陽基穴의 善惡, 美醜, 大小, 强弱

1) 陽基穴의 善美 Energy와 그 Energy場

入穴脈과 穴場을 비롯한 局 Energy 및 그 Energy場 特性이 均等 圓滿하고, 그 量的인 大小, 强弱의 特性보다 質的인 善惡, 美醜의 特性이 두드러지게 良好한 穴場으로서, 局 Energy體를 비롯한 入穴脈 및 穴場 Energy體가 刑・沖・破・害 殺의 干涉 Energy을 받지 않아야 한다.

특히 陽基穴의 特性上 地上에서의 生活 空間을 形成해야 하는 조건이므로 地氣 Energy場이나 局 Energy場 못지않게 重要한 것이 水氣 Energy場인데, 이는 穴 Energy場의 善惡, 美醜에 절대적 영향력을 끼치게 됨은 勿論 生活 Energy場 改善에 至大한 役割을 담당하게 된다.

2) 陽基穴의 大小形態와 Energy 凝縮

陽基穴場에서는 陰氣穴場에서와는 다소 달리 그 穴板 Energy體나 周邊局 Energy場이 가급적 넓고 크며 平坦한 것이, 보다 많은 Energy와 均等한 Energy場을 지니고 있다고 볼 수 있다.

그러나 여기에서 반드시 살펴야 할 것은, 크고 넓은 穴場이 지닌 가장 큰 문제점인 局 Energy場의 同調 凝縮 不實과 水勢離脫로 因한 穴場 破壞現象이다.

반대로 穴板 Energy體나 周邊局 Energy場이 비교적 작고 좁은 경우에는, 대개의 경우 Energy 凝縮이 良好한 穴場으로 形成됨이 보통이나 小規模의 陽宅地가 되는 것이 多少 不滿足한 形態이고, 또 다른 면으로 살펴야 할 문제점으로서는 작고 좁은 穴場은 그 入力 Energy를 供給하는 主勢 Energy體의 主從關係가 不確實하거나 從山 Energy體에서 入力되는 境遇가 흔하다는 것이다.

이러한 경우의 穴場은 그 穴의 力量이 매우 떨어지거나 옹졸하여 양호한 穴性

을 지니고 있지 못한 것으로 보아야 할 것이다.

3) 陽基穴의 强弱 狀態와 그 力量

陽基穴의 Energy體는 强健 雄大함이 缺點이 될 수는 없으나, 特殊한 用途를 除外하고는 一般 陽宅穴로서는 厚富하고 平坦함이 吉하다.

强健雄大한 穴場은 寺庵이나 祈禱處의 用途로써 適合한데, 이 境遇에도 水氣 Energy場의 不安定이 가장 큰 문제가 될 수 있으므로 무엇보다 먼저 水勢 Energy의 離脫여부를 살피는 것이 重要하다.

그리고 幼弱平闊한 穴은 厚富平等하면 吉한 것이긴 하나, 그 入力處인 入首脈 Energy體나 入穴脈의 生死 여부 및 刑・沖・破・害 殺을 確認하지 아니하면 아니 된다.

제4절 陰基 및 陽基 Energy體의 安定과 調和
(一切 Energy 및 그 Energy Field의 安定과 調和論)

1. 動的 存在의 安定과 調和

1) 動的 Energy 및 그 Energy場의 安定秩序

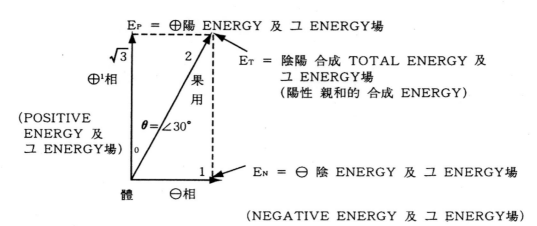

〈그림 4-1〉動的 Energy 및 그 Energy場의 安定秩序

2) 動的 Energy 및 그 Energy場의 調和特性

(1) 陽性 親和的 合成 Energy 및 그 Energy場의 形成

(2) ⊕Energy 特性에 對하여 $\theta = \angle 30°$인 合成 位相 Energy

(3) $E_T = E_P + E_N$

$E_T : E_P = 2 : \sqrt{3} = 1 : 0.866$

(4) $E_T : E_N = 2 : 1 = 1 : 0.5$

(5) $E_P : E_N = \sqrt{3} : 1 = 1 : 0.577$

(6) 進取的, 活動的, 聚突的, 陽性的 一切特性

(7) 事務用, 集會用, 商業用, 立體空間 Energy 및 그 Energy場

(8) 正變易, 垂變易, 縱變易, 隱變易의 行龍 및 聚氣 特性

(9) 陽穴 乳, 突 穴場

2. 靜的 存在의 安定과 調和

1) 靜的 Energy 및 그 Energy場의 安定秩序

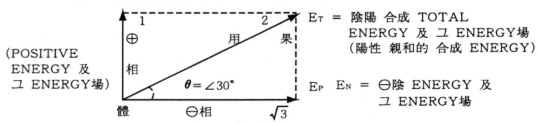

$$E_P = \oplus 陽 \ ENERGY \ 及 \ 그 \ ENERGY場$$

$$E_T = 陰陽 \ 合成 \ TOTAL \ ENERGY \ 及 \ 그 \ ENERGY場$$
$$(陽性 \ 親和的 \ 合成 \ ENERGY)$$

(POSITIVE ENERGY 及 그 ENERGY場)

$$E_P \ E_N = \ominus 陰 \ ENERGY \ 及 \ 그 \ ENERGY場$$

〈그림 4-2〉靜的 Energy 및 그 Energy場의 安定秩序

2) 靜的 Energy 및 그 Energy場의 調和特性

(1) 陰性 親和的 合成 Energy 및 그 Energy場의 形成

(2) $\ominus$Energy 特性에 對하여 $\theta = \angle 30°$인 合性 位相 Energy

(3) $E_T = E_N + E_P$

$E_T : E_P = 2 : 1 = 1 : 0.5$

(4) $E_T : E_N = 2 : \sqrt{3} = 1 : 0.866$

(5) $E_P : E_N = 1 : \sqrt{3} = 0.577 : 1$

(6) 廻向的, 潛在的, 平隱的, 陰性的 一切特性

(7) 住居用, 宗敎, 祈禱用, 硏究用 立體空間 Energy 및 그 Energy場

(8) 隱變易 및 橫變易의 行龍 및 開帳分擘 特性

(9) 陰穴, 窩, 鉗 穴場

3. 無記 存在 Energy體의 性相

1) 無記 Energy 및 그 Energy場의 形成秩序

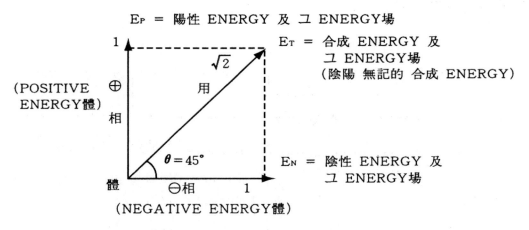

<그림 4-3> 無記 Energy 및 그 Energy場의 形成秩序

2) 無記 Energy 및 Energy場의 特性分析

(1) 陰陽 特性 未發의 無記的 合性 Energy 및 그 Energy場

(2) 陰陽 特性에 對하여 共히 $\theta = \angle 45°$인 合性 位相 Energy

(3) $E_T = E_P + E_N$

$E_T : E_P = \sqrt{2} : 1 = E_T : E_N$

(4) $E_P : E_N = 1 : 1$ 對立的 또는 對稱的 同等 特性

(5) 閉塞的, 無變易的, 不確定的, 無記的 一切特性

(6) 運氣 閉塞的 空間 Energy 및 그 Energy Field

(7) 無記變易 來龍脈 또는 無記 立體 및 平面 空間 Energy場

(8) 無記 四神砂, 無記局, 無記 穴場, 無記 家相에 依한 停滯 Energy場 形成

제5절 家相 一般

1. 家宅의 一般 條件

(1) 建物과 庭園의 陰陽比가 合理的일 것

$\oplus$Energy場 : $\ominus$Energy場 = 1 : 0.577~0.866 또는 0.577 : 1

(2) 家宅의 坐는 반드시 地氣 Energy場의 入力側에 둘 것

(3) 基頭點의 位置는 建物의 中心部 內에 있을 것

(4) 玄關과 大門의 位置는 水氣 Energy 入力側에 둘 것

(5) 上層 建物과 下層 建物 間에는 그 Energy 均衡을 維持할 것

(6) 居室의 位置는 반드시 建物前面에 配置할 것

(7) 집의 周邊은 반드시 圓形 또는 四角의 울타리나 담장을 設置할 것

(8) 建物壁線 一切은 直角 또는 圓形으로 設計할 것

(9) 建物의 左右 後面 壁線은 오목형(凹)으로 設計하지 말 것

(10) 建物 側面 또는 後面에 庭園, 폭포, 연못을 두지 말 것

(11) 家宅의 向은 逆山形이거나 順水形이 아닐 것

2. 裕福 善吉의 家相

(1) 圓滿 端正의 Energy體 特性을 維持한 것.

(2) 基頭點이 建物의 무게 中心이 되어 平衡을 維持한 것

(3) 立體 空間(建築 構造物 $\oplus$Energy場) Energy場과 平面 空間(庭園 $\ominus$Energy場) Energy場과의 調和 關係가 維持된 것

$\oplus$Energy場 : $\ominus$Energy場 = 1.732 : 1 또는 0.577 : 1

(4) 內部 Energy 離脫이 發生하지 않는 玄關 位置인 것

(5) $\oplus$Energy體인 建造物은 볼록형(凸)의 $\oplus$Energy場 空間 特性을, $\ominus$Energy體인 庭園 等은 오목형(凹)의 $\ominus$Energy場 空間 特性을 維持한 것

(6) $\ominus$Energy場의 入力側에 大門 위치가 놓여 있는 것

(7) 局勢 Energy를 안거나 水勢 Energy를 거두어들이는 家相인 것

제6절 東・西舍宅論의 虛와 實

1. 東・西 舍宅論의 理論的 背景

1) 東西 舍宅論의 展開過程

    (1) 太極兩儀 思想에 依한 陰陽 配位論

        ⊕配 ⊖位

    (2) 陰陽 配位論에 立脚한 四象 配位論

        (少陰一配位一少陽) (太陽一配位一太陰)

    (3) 四象 配位論에 立脚한 八卦 配位論

        太陽 配位 太陰 → (乾 配位 坤)(艮 配位 兌) → 西舍宅 稱하고,

        少陰 配位 少陽 → (離 配位 坎)(震 配位 巽) → 東舍宅 稱한다.

2) 八卦 方位論

乾 → 西北間, 坤 → 西南間 艮 → 東北間, 兌 → 正西	→ 西 舍宅方位
離 → 正南, 坎 → 正北 震 → 正東, 巽 → 東南間	→ 東 舍宅方位

3) 八卦方位 陰陽五行과 相生相剋論

乾(金) ← 坤(土) 艮(土) → 兌(金)	→ 西 舍宅 五行 相生 剋

乾座坤門 (土生金) 兌座艮門 (土生金)	→ 大吉

離(火) ← 坎(水) 震(木) → 巽(木)	→ 東 舍宅 五行 相生 剋

離座坎門(水剋火相剋)(堂門破) 震座巽門(木比和木)(座門同一方)	→ 次吉

4) 八卦 人事 陰陽論의 再構成

乾(老父陽) 配 - 坤 (老母陰) 位 艮(少男陽) 配 - 兌 (少女陰) 位	→ 配合 大吉

坎(中男陽) 配 - 巽 (長女陰) 位 震(長男陽) 配 - 離 (中女陰) 位	→ 配合 大吉

※ 上記 3)의 東 舍宅 五行 相生 剋의 矛盾點과 座와 門의 位相的 矛盾을 補完
시켰다.

5) 東·西舍宅論 適用의 優先과 次先 原則

(1) 八卦人事 陰陽論 → 優先
(2) 八卦陰陽 配位論 → 次先
(3) 五行 相生相剋論 → 次次先
(4) 座와 門의 Energy 入出特性 → 無視
(5) 座와 門의 位相的 方位 特性 → 不考慮

6) 八卦組織에 따른 東西舍宅論의 展開圖

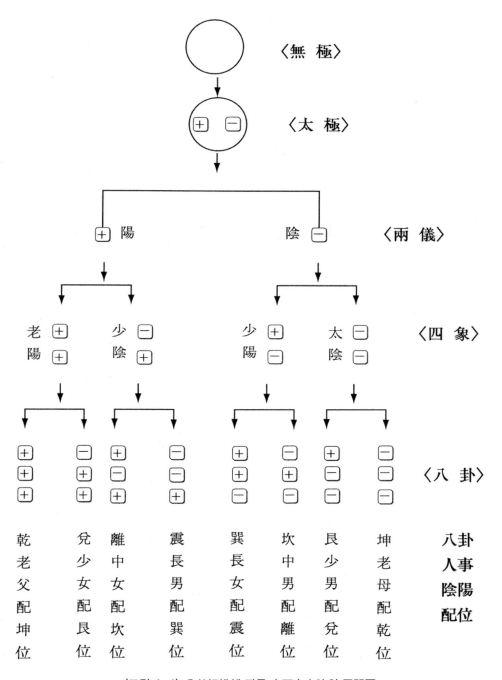

〈그림 4-4〉八卦組織에 따른 東西舍宅論의 展開圖

7) 八卦 人事陰陽配位 組織의 再構成 原理 및 五行構成

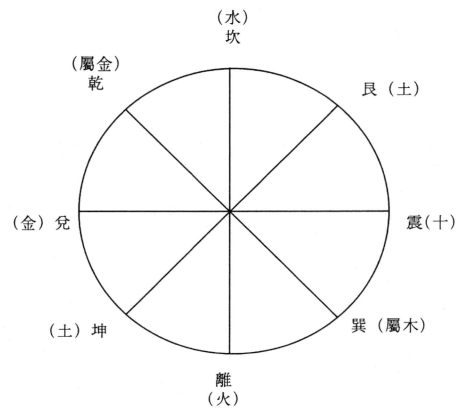

〈그림 4-5〉八卦 人事陰陽配位 組織의 再構成 原理 및 五行構成

(1) 東舍宅에 있어서 坎座의 離門이나, 離座의 坎門과, 震座의 巽門이나, 巽 座의 震門은 陰陽 配位論으로는 合理的이나, 方位構造 및 五行相生의 論 理에는 不合當하므로, 이를 再構成 配置하여 坎配位 巽, 震配位 離의 原 則을 再 定立하였음. 즉 巽座 坎門과 離座 震門을 合當한 陰陽 配位로 再 整理하였음.

(2) 西舍宅의 乾座坤門, 兌座艮門은 陰陽 配位, 八卦人事 陰陽配位, 五行相 生에 合當하여 그대로 둠.

2. 東·西舍宅論의 論理的 矛盾

1) 陰陽 四象 配位論의 原則과 八卦人事 陰陽論의 原則乖離

(1) 陰陽 四象 配位論의 原理

〔少陽 配位 少陰〕

即
| 坎 陽 配, 離 陰 位 |
| 震 陽 配, 巽 陰 位 |

가 東舍宅 原理이고,

〔老陽 配位 老陰〕

即
| 乾 陽 配, 坤 陰 位 |
| 艮 陽 配, 兌 陰 位 |

가 西舍宅 原理이다.

(2) 八卦 人事 陰陽論의 原理 ((1)의 原理原則과는 別個의 原則으로)

〔少陽 配位 少陰〕

即
| 坎 (中男陽) 配, 巽 (長女陰) 位 |
| (少陽同一母體) |
| 震 (長男陽) 配, 離 (中女陰) 位 |
| (少陰同一母體) |

가 東舍宅이 되었고

〔老陽 配位 老陰〕

即
| 乾 (老父陽) 配, 坤 (老母陰) 位 |
| 艮 (少男陽) 配, 兌 (少女陰) 位 |

가 西舍宅이 되었다.

(3) 이상 (1), (2)에서 살펴본 바와 같이

陰陽四象 配位論의 原理에 立脚하여 전개된 論理 原則이 그 構造的 矛盾에 의해 八卦人事 陰陽論으로 代替되는 結果를 초래했고, 그 八卦人事 陰陽論의 代替는 곧 根本 陰陽四象 配位論의 秩序를 破壞하는 矛盾을 낳았다.

3. 東·西舍宅論의 方位的 矛盾과 陰陽五行 相生의 諸 矛盾

1) 東舍宅의 方位的 矛盾 및 陰陽五行相生의 矛盾

(1) 坎座의 坎門 … Energy 入出의 位相的 矛盾(五行相生의 矛盾)
(2) 坎座의 離門 … Energy 入出의 位相的 矛盾(五行相生의 矛盾)
(3) 坎座의 震門 … 八卦 人事陰陽의 矛盾
(4) 坎座의 巽門 … 陰陽四象配位의 矛盾
(5) 離座의 離門 … Energy 入出의 位相的 矛盾(五行相生의 矛盾)
(6) 離座의 坎門 … Energy 入出의 位相的 矛盾(五行相生의 矛盾)
(7) 離座의 震門 … 陰陽四象配位의 矛盾
(8) 離座의 巽門 … 八卦人事陰陽의 矛盾
(9) 震座의 坎門 … 八卦人事陰陽의 矛盾
(10) 震座의 離門 … 陰陽四象配位의 矛盾
(11) 震座의 巽門 … Energy 入出의 位相的 矛盾(五行相生의 矛盾)
(12) 震座의 震門 … Energy 入出의 位相的 矛盾(五行相生의 矛盾)
(13) 巽座의 巽門 … Energy 入出의 位相的 矛盾(五行相生의 矛盾)
(14) 巽座의 震門 … Energy 入出의 位相的 矛盾(五行相生의 矛盾)
(15) 巽座의 坎門 … 陰陽四象 配位의 矛盾
(16) 巽座의 離門 … 八卦人事陰陽의 矛盾

2) 西舍宅의 方位的 矛盾 및 陰陽五行相生의 矛盾

(1) 乾座의 乾門 … Energy 入出의 位相的 矛盾(五行相生의 矛盾)

(2) 乾座의 坤門 … 合當

(3) 乾座의 艮門 … 八卦人事陰陽의 矛盾

(4) 乾座의 兌門 … Energy 入出의 位相的 矛盾(五行相生의 矛盾)

(5) 坤座의 坤門 … Energy 入出의 位相的 矛盾(五行相生의 矛盾)

(6) 坤座의 乾門 … 非合當

(7) 坤座의 艮門 … 陰陽四象配位의 矛盾(五行相生의 矛盾)

(8) 坤座의 兌門 … Energy 入出의 位相的 矛盾(五行相生의 矛盾)

(9) 艮座의 艮門 … Energy 入出의 位相的 矛盾(五行相生의 矛盾)

(10) 艮座의 乾門 … 八卦人事陰陽의 矛盾

(11) 艮座의 坤門 … 陰陽四象配位의 矛盾

(12) 艮座의 兌門 … 非合當(五行相生의 矛盾)

(13) 兌座의 兌門 … Energy 入出의 位相的 矛盾(五行相生의 矛盾)

(14) 兌座의 坤門 … Energy 入出의 位相的 矛盾

(15) 兌座의 乾門 … 陰陽四象配位의 矛盾

(16) 兌座의 艮門 … 合當

4. 東·西舍宅論의 大門位相에 따른 Energy 出入特性과 水勢位相에 따른 Energy 同調特性의 乖離

1) 東·西舍宅論의 大門位相에 따른 Energy 出入特性關係

大門은 建築物의 立體的 空間 Energy場과 庭園의 平面的 空間 Energy場을 循環 同調시켜주는 Energy 再充積 機能役割을 담당한다. 따라서 平面的 空間 陰 Energy場의 活動을 補完하고 立體的 陽 Energy場의 急變을 防止하기 위하여서는, 庭園의 橫 中心線 外側에 大門을 設置 함으로써 그 Energy 通路를 원만 安定케 하는 것이 理想的이라 하겠다.

이러한 관점에서 살펴볼 때, 東舍宅論에서의 理想的 大門配置로는

① 坎座時 巽門 ② 坎座時 震門

③ 坎座時 離門이 可能하나 全部가 矛盾的 相關關係를 지녔고

④ 離座時 坎門 ⑤ 離座時 震門 ⑥ 離座時 巽門이 可能하나 ⑥만이 吉하고
⑦ 震座時 坎門 ⑧ 震座時 離門이 可能하나 ⑦만이 吉하다.

또 西舍宅論에서의 이상적 大門配置로는

① 乾座時 坤門 ② 乾座時 艮門이 可能하나 ①만이 吉하고
③ 坤座時 乾門 ④ 坤座時 艮門이 可能하나 吉한 方位가 전혀 없고
(五行相生이 矛盾)
⑤ 艮座時 乾門 ⑥ 艮座時 坤門 ⑦ 艮座時 兌門이 可能하나 吉한 方位가 없고
⑧ 兌座時 艮門이 可能하며 吉함이 있다.

2) 東 · 西舍宅論의 水勢位相에 따른 Energy 同調 特性關係

水勢 Energy 및 그 Energy場은 風 Energy 및 그 Energy場과 함께 同伴되
는 空間 Energy 및 地氣 Energy를 保護 維持 同調해주는 매우 중요한 善的 要
素이면서, 반대로 干涉 消滅케도 하는 대단히 否定的인 惡的 要素이기도 하다.
이러한 까닭에 水勢 및 風勢와 동일한 方位位相에 大門이 設置되거나 建築物
이 施設되었을 때는, 東 · 西舍宅의 吉凶方에 관계없이 무서운 破壞 Energy 및
그 Energy場이 形成되어 生命現象을 壞滅시킨다.
따라서 반드시 大門과 建物의 方位形態는 水勢와 風勢의 安定 位相上에 設置
하지 않으면 아니 되고, 東 · 西舍宅의 大門位相 또한 위의 原則에 따르지 않으면
아니 되는데, 前記의 東西 舍宅理論에서는 大門과 水勢 및 風勢의 關係를 乖離시
켰다.

5. 結論

以上의 諸 觀點에서 分析 把握한 바와 같이 東 · 西舍宅論의 論理的 配景이 方
位概念에 그 基本 原則을 于先함으로써, 地勢 Energy의 入力 特性이나 水勢
Energy의 入出 特性에 대하여서는 전혀 고려하지를 못한 風水學的 論理展開의
原理的 缺陷을 안고 있다는 것을 발견하였다.

즉, 다음의 矛盾點들로서 學說의 論理的 體系秩序가 不合理하다는 點이다. 根本論理의 原則과 秩序를 四象의 陰陽 配位論에 根據하였음에도 불구하고, 그 展開過程에 있어서는 根本論理의 原則인 四象의 陰陽 配位原則을 適用치 아니하고, 八卦人事 陰陽 配位論을 適用함으로써 東西 舍宅論의 基礎的인 論理根據가 乖離 消滅되고 마는 矛盾이 發生하였다.

마지막으로 나타나는 矛盾點은 陰陽五行의 相生相剋 理論 適用이 매우 不適當하다는 점이다.

建物과 大門의 관계란 반드시 主 Energy 및 그 Energy場과 從屬 Energy 및 그 Energy場과의 關係로서 이들 關係는 分明하고 確固한 相生 同調 關係를 維持해야 함에도, 本 東·西舍宅論에 있어서는 建物 Energy體가 大門으로부터의 外部 Energy 및 그 Energy場을 相生 同調받지 못하고, 오히려 大門의 外部 Energy 및 그 Energy場이 建物로부터의 Energy를 相生 同調받게 되는 洩氣的 形態 構造가 發生하는 것을 發見하게 된다.

이와 같은 論理는 分明하게 Energy場 흐름의 相生 相剋과 Energy의 洩氣 實體를 確然히 區別하지 못한, 무리한 原理展開過程에서 派生된 結果라 把握된다. 따라서 本 東·西舍宅論은 중국 대륙의 판구조 재응축 과정·평원에서나, 또는 평지 들판에서는 적용될 수 있으나 한국의 융기 구조 산맥 질서에서는 결단코 남용되어서는 안 된다.

6. 周易의 再構成

1) 存在形成의 原理(性理, 氣勢, 形相, 作用의 理事關係)

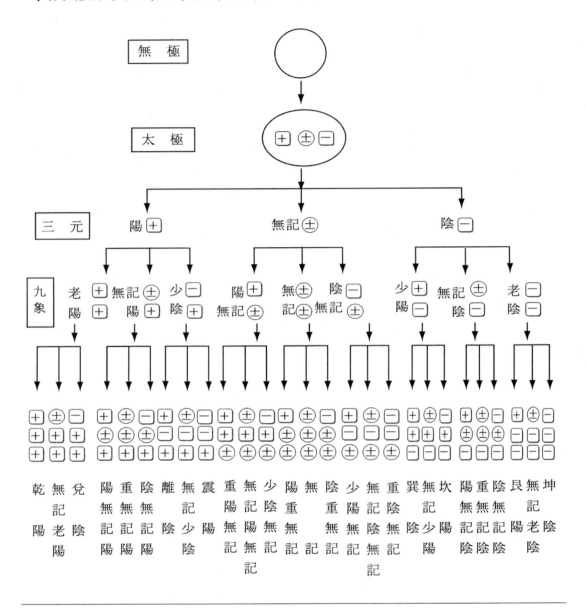

〈그림 4-6〉存在形成의 原理

제7절 陽宅과 陰宅은 根本理論이 同一

1. 根本 原理

（1）地板 構造가 同一하다.

（2）穴 形成原理가 同一하다(크고 작은 것의 차이밖에 없다).

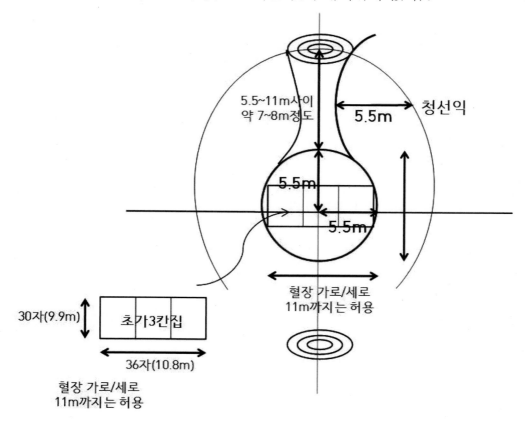

〈그림 4-7〉 陽基穴의 基本圖

① 草家 3칸 : 陰宅/陽宅의 基準

② 草家 3칸의 가로 : 10.8m 약 11m까지는 陽/陰宅地로 동시 가능하며
陰宅의 境遇 11m 이상의 길이는 入穴脈이 길어져서 長孫이 絕孫되기
쉽다. 그 이상의 穴場은 陽宅地이다.

③ 11m의 1/2인 5.5m는 入穴脈 최장 幅의 길이이다.

(3) 穴核 構造原理가 同一하다.

(4) 裁穴 原理가 同一하다.

    ① 坐, 向, 破口(門 위치), 得水, 得破 + 得(曜, 鬼, 官 Energy, 陽突處)

    ② 得(風, 水 陰窟處 : 得風處, 得水處)(즉, 坐向, 大門, 玄關 出入口, 房 門위치가 결정)

    ③ (陰宅) 墓 : 向은 坐에서 180° 방향

      (陽宅) 집 : ㉠ 最善策 - 向(180° 방향)에 베란다가 있는 것이 原則

                ㉡ 次善策 - 땅의 모양이나 주변 환경에 의해 억지로 끼 워 맞추어 지어놓은 것이다.

2. 陽基穴의 規格 定義

1) 穴場의 上下 規格
(凝縮場 : 穴場에서는 上下 凝縮이 안 되면 穴이 될 수 없다.)

(1) 入首의 높이 : 지붕높이(집높이) = 5 : 3

    그 이하의 비율은 바람에 노출된다.

    ① 집높이 : 담장높이 = 5 : 3

    지붕높이 5m인 경우 담장높이 3m 정도인 5 : 3의 비율이어야 하며, 2층 집도 그 높이의 5 : 3이다.

    3m는 최대로 쌓아야 하는 담장의 높이이며 너무 높으면 압도당한다.

    ② 入穴脈 安定거리 : 밑면에서 入首頭腦의 평균높이 1.5~2.5m 기준 으로 약 2.5~3m이며, 入首頭腦 中心에서 2~3m 남겨두고 담벽을 친다. 즉, 집 뒤의 담 밖으로 2~3m의 여유 공간이 있어야 한다.

※ 入穴脈의 容量과 穴場安定

    陰宅穴場의 타원형 穴心 구조를 폭 11m로 볼 때 入穴脈 容積은(穴場 容積 × 1/3 平均 容積 單位로 계산하여) 약 5m의 幅 거리가 合當하다.

(陽宅의 경우도 위의 공식에 準한다. 기본 陰宅 규격보다 큰 穴場을 陽基
穴場 定格으로 본다.)

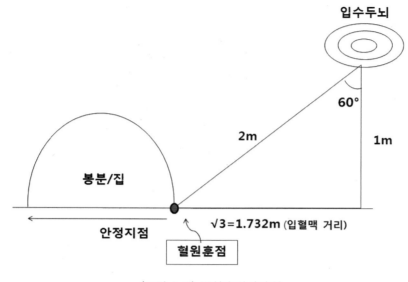

〈그림 4-8〉 陽基穴의 安定地

③ 삼각형 선의 최초안정면 : ∠60°(가장 안정된 거리)
　　入首頭腦-묘/집터의 거리 : ∠60° 지점이 안정점, 穴이 생기는 지점.
　　入首높이가 1m인 경우 入首頭腦에서 거리가 1.732m 이후가 안정지
　　점이다. ∠60°의 거리 안에서는 穴場이 만들어지지 않는다. 이 안에
　　서 봉분을 만들거나 집을 지을 경우 入穴脈을 깨는 것이다. 그러나 너
　　무 완만하여 入首脈과의 거리가 길어진다면 Energy 입력속도와
　　Energy 입력량이 줄어들어 氣가 흩어지고 산만해진다. 생동감을 잃
　　는다.
　　평균 入首頭腦의 높이 : 1.5~2.5m
　　穴 圓暈点까지의 거리 : (1.5~2.5의 √3) 2.5~3.5m
　　즉, 陰宅에서 入首頭腦-穴場까지의 거리 평균 3m(최장 5m)
　　草家 3칸의 原理에 의해 入首頭腦에서 穴場까지 5m가 넘게 되면 陰
　　宅으로 쓸 수 없다. 활동력, 입력Energy의 추진력, 속도, 용량 등이

이상적으로 入穴 활동하는 거리는 3m · L < 5m · D(즉, 5m 폭보다 적어야 한다).

④ 좌우의 높이 – 지붕높이의 1/2 이상

青 · 白 담장은 집높이의 1/2

예) 집높이 5m, 青 · 白담장 2.5m

⑤ 纏脣部의 높이 – 穴板과 균등하지만 마당이 약간 높아야 한다. (마당 앞에 纏脣立體가 있으면 약간 볼록하다.)

2) 穴場의 前後左右 規格

(1) 子-午 길이 – 3칸×3 이상

(집 길이의 최소 3배 이상 확보해야 한다 – Energy場 安定)

(2) 卯-酉 길이 – 3칸×3 이상

예) 음택의 경우, 고인의 키가 1.8m라면 1.8×3 = 약 6m의 穴場이 필요하듯, 집의 크기가 가로 36자, 세로 30자인 경우 270평의 穴場 空間이 필요하다.

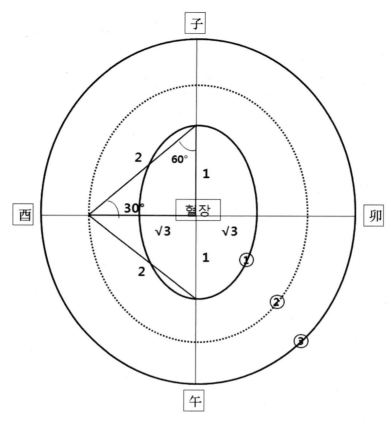

〈그림 4-9〉 穴場의 前後左右 規格

예) 모든 안정조건 - 삼각형의 1 : $\sqrt{3}$: 2의 조건

　전후(子午), 좌우(卯酉)길이는 1이 주체를 形成하는 조건일 경우 → 최소 1, 安定 $\sqrt{3}$, 최대 2의 비율

　①의 圓暈공간 : ②의 공간 : ③의 공간 → 2 : $2\sqrt{3}$(약 3.5) : 4의 비율

　①의 공간개념도 - Energy場의 최소공간
　②의 공간개념도 - Energy場의 안정공간
　③의 공간개념도 - Energy場의 최대공간

최대와 최소의 중간치인 약 3 이상은 확보되어야 한다. → Energy場이 안정되게 유지되려면 최소 3배 이상은 되어야 하며 4배는 더 안정권이다.

3) 穴場의 경사각

(1) 入首頭腦의 경사각

入首頭腦-穴場의 圓暈간 경사각(入穴脈 경사각) : $\angle 60°$, $\theta = \angle 30° \times 2$

(2) 靑白頂點-穴場의 圓暈간 경사각 : $\angle 60°$, $\theta = \angle 30° \times 2$

靑白이 시립한 경우 가파르게(절벽처럼) 되어 있는데, 이때 벽에 바짝 붙여서 ($\angle 30°$ 이내에) 집을 지으면 안 된다. 斷脈氣가 흐른다. $\angle 30°$의 안쪽은 처마 밑의 물이 빠지는 도랑으로 $\angle 30°$ 정도의 거리를 두어 물이 빠지는 통로를 확보한 후에 $\angle 60°$ 경사각 바같으로 陽/陰宅地(靑白蟬翼의 안쪽)를 설계한다. 靑白에 바짝 붙이면 물도랑에 쓰는 것과 같다.

(3) 穴場의 圓暈-纏脣간 경사각, 평등각 또는 약간의 역경사 : $\theta = \angle 30° \times 2$

마당 앞의 纏脣이 살짝 높아야 한다(立體). 纏脣이 높게 되면 界水가 靑·白의 안쪽에 모여(明堂点) 경사도로 인해 纏脣 안에서 合水되어 纏脣 뒤로 빠져나갈 수 있다(마당에서 물이 合水하여 마당 뒤로 물이 돌아나가야 한다).

4) 入首頭腦의 크기 및 용량

入首頭腦의 크기는 穴場圓暈 및 纏脣의 1.5배~3.0배, 즉 入首頭腦가 兩蟬翼의 크기와 용량을 수용할 수 있어야 하고 穴場圓暈과 界水, 纏脣의 크기와 용량을 충분히 수용할 수 있는 한계치이며, 이보다 작으면 穴場이 粗惡, 庸劣하다.

5) 蟬翼의 크기 및 용량(靑·白蟬翼 각각)

穴場 圓暈과 界水를 수용할 수 있는 용량과 크기여야 한다(穴場 圓暈크기의 최하 3배 길이).

예) 陰宅의 경우, 入首頭腦-穴場까지의 거리(入穴脈) 3m, 入首頭腦-좌우 靑白蟬翼의 거리 9m, 이보다 작으면 穴場을 관쇄할 수 없다. 陽宅의 경우도 위의 공식에 준하여 그 크기와 용량이 결정된다.

6) 纏脣의 크기 및 용량

青·白 兩 蟬翼을 再凝縮하여야 하므로 역시 穴場 圓暈의 1.5배~3.0배. 그러나 入首頭腦보다는 크기가 작아야 한다. 가분수 형태가 된다.

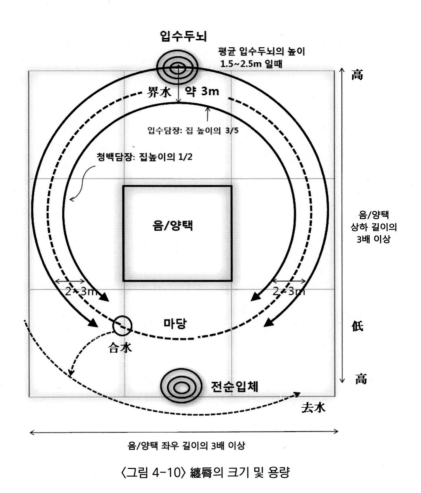

입수두뇌

평균 입수두뇌의 높이
1.5~2.5m 일때

界水 | 약 3m

입수담장: 집 높이의 3/5

청백담장: 집높이의 1/2

高

음/양택

음/양택
상하 길이의
3배 이상

2~3m | 2~3m

마당

低

合水

高

전순입체

去水

음/양택 좌우 길이의 3배 이상

〈그림 4-10〉 纏脣의 크기 및 용량

※ 기타 : 집을 지을 경우 칸은 홀수(陽 공간)로 짓는다. 앞으로 정면 배치했을 때 主空間을 중앙에 두고 좌우균형을 맞추어야 한다.

7) 穴場의 Energy Field 形成原理에 따른 構造的 規格形態와 그 定格

鬼, 官, 曜의 中心Energy는 穴場의 中心으로 들어온다. 鬼砂는 凝縮角度에 상관없이 항상 穴場을 향해 Energy場을 공급하고 있다. 曜의 凝縮線이 穴場中心에 닿지 않으면 이는 支脚이나 枝龍이다. 혹 曜의 凝縮角이 穴場中心을 향하지 않으면 穴場의 크기를 확대는 해주지만 명확한 穴場이 形成되지는 않는다.

曜가 60°로 Energy를 회전시키면 강하게 진행되어 凝縮力이 강해지며 길게 (長) 나아간다. 이 경우 穴場이 강직하고 거칠다. 30°로 회전시킨 橈棹는 Energy가 짧게 나가면서 안정적이다.

30°로 變位하여 만들어진 穴은 유연하며 토질도 부드럽다. 60° 變位穴에 비해 穴場의 규격이 크고 경사가 완만하다. $\theta = \angle 30° \times n$의 秩序로 회전하지 않은 것은 無記이다.

進行脈이 움직일 때는 30°로 움직이나 凝縮할 때는 60°로 움직이기도 한다.

入穴脈도 일종의 過峽이다(過峽은 立體와 立體 사이를 연결해주는 맥을 말한다). 入穴脈의 중간지점은 ⊕⊖가 공존, Neutral Point(중성점), Energy = 0 지점이다. 入穴脈이 길어지면 Neutral Point를 둘러싼 주변의 Energy 공백이 커지게 되어 입력 Energy가 허약해진다.

중성점을 기준으로 위쪽은 入首頭腦 變位 Energy體로 Energy場이 形成되고, 아래쪽은 穴核 立體 Energy體로 Energy場이 形成된다.

※ 橫組脈과 일반토질이 가진 결무늬의 차이점
  - 일반토질은 원을 그리면서 결을 만들어 물결모양을 가지며 실같이 가느다란 결무늬이다.
  - 橫組脈은 원을 그리지 않고 ― 자 또는 〵 (반배모양)이며 불규칙 조직이 크고 두껍다. 일종의 돌줄(石脈)이다.
  - 穴場에서는 入穴脈을 잘 살펴야 한다. 橫組脈이 중성점에 있을 경우 맥이 끊어진 증거이며 入力 Energy가 차단된다.

※ 石脈 : 穴場에 石脈이 돌기도 한다. 물이 石脈을 따라 이동하여 穴核에 물

길을 차단하고 보호한다. 좋은 穴일수록 穴場에 石脈의 圓暈이 감는다.

穴場에서 鬼, 官, 曜의 特性이 아닌 枝龍脈의 特性을 띠어, 가는(去) 鬼砂/官砂/曜砂가 되면 Energy가 이탈되어 中心이 다른 곳에 形成되므로 凝縮線(Energy 중심선)이 穴場 쪽을 향하지 않는다. → 穴場 안의 Energy場이 흔들린다.

長鬼, 長曜는 Energy 집중을 일으키지 못하여 Energy가 설기된다. 分擘枝龍은 鬼砂가 될 수 없다. 이를 退龍, 逆龍이라고 한다.

※ 중성점 : 界明處
   明堂點 : 聚堂處 혹은 會堂處 → 界明會堂, 明堂
※ Energy를 穴場에 전부 공급하고 남은 界水가 明堂點에 모인 후 흘러나간다.

3. 分界水와 鬼砂/官砂/曜砂의 관계성

鬼砂가 생긴 지점(陰屈處)에서 界水가 생성된다. 陰屈 지점의 물은 穴場 石壁을 따라 흐른다. 陰屈지점 바깥 陽突處의 물은 蟬翼외 벽을 따라 흐른다. 界水의 흐름은 불분명한 것이 좋다.

이유는 鬼砂 Energy場이 강하게 形成되어 있으면 穴場의 凝縮도 강할 뿐만 아니라 鬼砂 밑의 Energy場 形成부분이 두툼하여 穴場과 비교했을 때 약간의 높낮이 차이만 있다. 이는 曜砂와 穴場 간에도 마찬가지로 적용된다. 높낮이 변화가 없으므로 穴場이 전체적으로 커 보이며 경계를 판단하기 어렵다. 이로 인해 界水의 흐름 또한 불분명해진다. 曜가 많아서 짜임새 있게 穴場을 잘 감을수록 물은 穴核 바깥쪽으로 흐르게 된다. 穴場만 동그랗게 솟아있고 주변이 파여 있는 경우 물·바람이 穴場 주변에 모이게 되어 穴場이 약해진다. 이런 경우 堂板 내에 界水의 흐름을 분명히 파악할 수 있다.

穴場 凝縮이 잘 되어 Energy場이 形成된 곳이 많으면 局이 클 경우 Energy場 形成지점이 非穴이긴 하나 陽宅地로 쓸 수 있다. (예 : 穴場을 中心으로 田이

나 도랑을 지나 다시 언덕이 솟은 지점들은 Energy場이 形成된 곳)

曜가 60°로 회전한 경우 경사가 급해져서 穴場은 强性이나 골이 깊어진다. 이곳으로 界水가 흐르게 된다. 물이 많으면 穴場이 파괴된다. 入出이 25%(한계치)를 넘으면 안 된다. 穴場 안을 감아도는 물이 많으면 穴場의 역량이 떨어진다는 뜻이다. 陰宅에서는 거의 나타나지 않지만 陽宅에서는 잘 구별할 수 있다.

4. 立體가 靑 · 白이 될 때의 중요한 缺陷

入首頭腦에서 靑龍/白虎 立體 사이는 過脈(Energy 휴식처)이다. 過脈지점의 해당 子孫은 망한다.

靑龍의 어깨(肩) : 첫째 아들,
　　　　팔꿈치(肘) : 셋째 아들,
　　　　팔목(腕) : 다섯째 아들
白虎의 어깨(肩) : 첫째 딸, 둘째 아들,
　　　　팔꿈치(肘) : 둘째 딸, 넷째아들,
　　　　팔목(腕) : 셋째 딸, 여섯째 아들

立體 부위별 子孫만 發福한다.

過峽點은 坐向도 안 되고 案帶도 안 된다. 立體에만 Energy가 집중되고 과협점 Energy 흐름은 一時 中斷된다. 특히 白虎가 立體일 경우 兄亡弟剋(형은 망하고 동생이 극을 한다. 둘째 아들이 첫째 아들을 剋함).

5. 穴場定格의 形成秩序

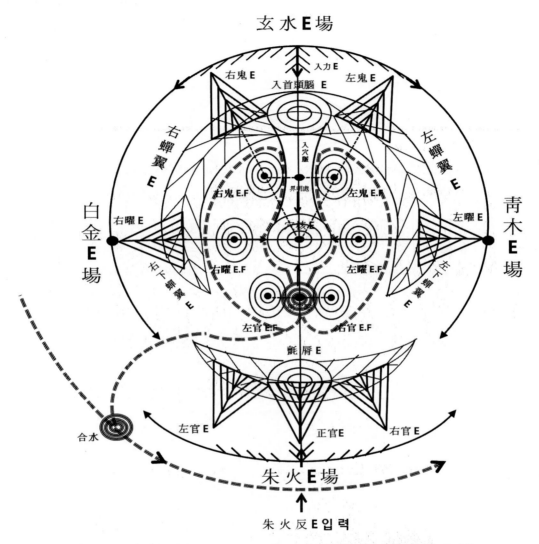

〈그림 4-11〉 穴場의 Energy Field 形成原理에 따른 構造的 規格形態와 그 定格

※ 入首 → 鬼 $\theta = \angle 30°$

鬼 → 曜 $\theta = \angle 60°$

中心曜 → 下曜 $\theta = \angle 30°$

左右官 $\theta = \angle 30°$

6. 鬼官曜의 相互關係 Energy場

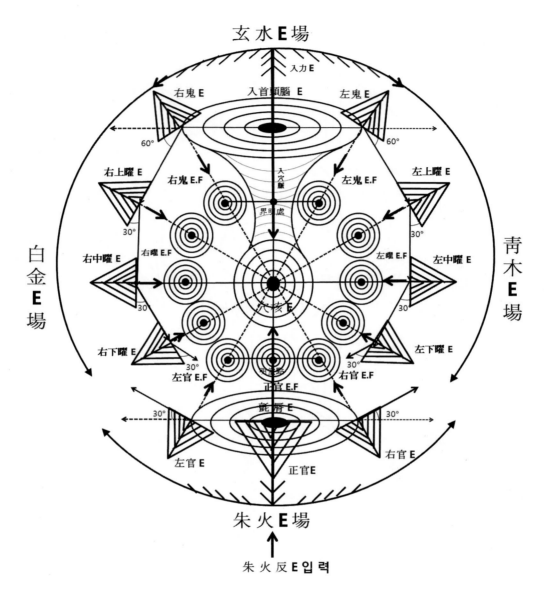

〈그림 4-12〉穴場 鬼官曜 凝縮秩序의 關係性

TIP: 觀山하는 방법

※ 평소에 바른 자세를 지녀야 穴場을 반듯하게 볼 수 있다.
  - 산을 오를 때에는 祖山을 살피고, 내려올 때는 朝案山과 靑白의 관계를 살핀다.
  - 산에 오를 때에는 마음을 비우고 무심히 오른다.

① 祖山으로부터 玄武頂을 거쳐 來龍脈을 타고 내려오면서 龍脈의 中心을 본다.

② 前後·左右·上下를 살핀다. 전후좌우는 한 발짝 움직일 때마다 변화되는 부분을 유심히 살펴본다. 증거를 찾아야 한다. 상하의 기운은 不動體를 기준으로 증거를 살핀다.

  ㉠ 上(天體 Energy場의 氣運) : 자연의 윗부분의 모습, 天氣가 잘 뭉쳐있는 곳의 소나무의 솔방울은 동그랗다. 나무는 둘레가 굵으면서 크기가 낮다. 土質은 윤기가 있으며 돌은 강직하다. 반면 골짜기에서는 나무가 길쭉하고 가느다랗다. 크게 자라나 푸석하고 윤기가 없다. 특히 天氣가 없는 곳은 土質도 잿빛을 띤다.

  ㉡ 下(地氣 Energy場의 氣運) : 조직의 결이 어떻게 나있는지 살핀다. 立體/線 安定을 유지했는가, 立體는 安定的으로 서 있는가, 出脈이 秩序있고 정확하게 나갔는지를 살핀다.

  ㉢ 來龍脈이 醜陋·亂雜하고 부실함이 있는 경우, 進行脈 결이 불규칙한 本身일 경우, 한 지점에서 살폈을 때 결조직무늬가 白虎脈이나 靑龍脈의 特性이 아닌 혼잡함이 있는 경우 모두가 無記脈이다. 역할이 불분명한 것은 枝龍 역할을 다하고 위의 穴을 지탱하는 止脚형태라고 볼 수 있다. 原理的으로 秩序를 파악한다.

③ 穴場까지 파악한 후 水口砂를 살핀다.

  ㉠ 靑白의 關鎖點을 보고 前段/後段을 파악한다. 山 입구에서 破口點을 보면 穴을 알 수 있다.
    예) - 止脚이 있는 靑白의 關鎖는 대부분 大穴이다. 지각을 뻗으려면 靑白의 사이가 멀어져서 공간이 커지게 된다.
       - 止脚이 붙어서 맞물리는 경우는 없으며, 긴밀하게 關鎖된 경우 소량의 물/바람이 入出해야 한다. 局이 좁아서 小穴이 맺힌다.
       - 止脚을 뻗지 못한 경우 靑白 Energy가 부족하기 때문이다. 止脚이 보이지 않는 靑白일수록 穴場의 中心이나 내부 어딘가에 傷害가 있다.

  ㉡ 물/바람은 25%만 入出해야 한다. 그 이상인 경우 穴이 파괴된다.

④ 전체 局勢를 살핀다.

堂板을 만들 때에는 外水를 于先時하여 堂板의 경사도를 결정한다. 白虎에서 靑龍방향으로 外水가 還抱할 때(右旋 還抱水) 堂板 靑龍을 높게 하고 白虎를 낮게 하여 內水가 外水에 合水되어 흐르게 한다. 반대로 할 경우 堂板의 흙이 같이 떠내려가면서 파여 나간다(집의 마당이나 묘의 堂板은 外水가 흐르는 반대방향으로 경사도를 준다).

第2章　　　　　　　　　　　　陽基 各論

제1절 主勢論

1. 主山 Energy體의 集合과 安定

1) 山 Energy體의 集合同調

山 Energy體란 地球 內部 核 Energy의 隆起 循環 過程에서 形成되는 地球 表面 Energy 集合現象을 말하는 것으로서, 地球 Energy 隆起가 크면 클수록 큰 산 Energy體를 維持하고, 작으면 작을수록 작은 산 Energy體를 維持하게 된다.

또 周邊 山 Energy體의 集合形態가 均衡的이고 同調的인 Energy를 加하게 될 수록 主山 Energy體는 보다 善美하고 强大한 立體 Energy를 지니게 되어 더욱 安定的이고 力量 있는 聚氣 Energy體를 形成하게 되고, 그 集合의 形態가 不均衡的이고 干涉的인 周邊 山 Energy 凝縮을 얻게 될수록 主山 Energy體는 보다 醜惡하고 弱少한 Energy를 지니게 되어 더욱 不安定的이고 壞滅的인 散氣 Energy體를 形成하게 된다.

均衡的이고 同調的인 立體集合 Energy體는 聚氣處의 構造가 全方位 全面에서 positive(⊕) 特性을 지니게 되는 陽突 圓滿立體形態로서, 枝龍脈이나 支脚 Energy 構造體에 의하여 그 本體 Energy가 維持 安定 保存되고 있는 反面에, 不均衡的이고 干涉的인 立體集合 Energy體는 聚氣處의 構造가 全方位 部分 部

分마다에서 Negative(⊖) 特性을 지니게 되는 陰屈 함몰 立體形態를 取함으로써, 枝龍脈이나 支脚 Energy 構造體에 의해 本體 Energy가 維持保存되지 못하고, 本體自身만의 Energy에 依持하여 維持되는 매우 빈약한 不安定 集合體 構造를 하고 있다.

따라서 主山 Energy體가 枝龍脈이나 支脚 Energy體에 의해 支持, 凝縮이 되어있는 보다 安定的인 構造는 그 力量이나 質的 特性面에서 매우 우수한 立體 Energy 및 그 Energy場을 確保하고 있는 까닭에, 이로부터 供給받게 되는 穴場 入力 Energy 및 穴核 Energy는 그러하지 못한 경우의 入穴脈 Energy에서 보다 훨씬 善美하고 强大한 地氣 生命 Energy 發達을 現象化하게 된다.

2) 山 Energy體의 安定 維持 秩序

地核 Energy의 隆起에 依한 山 Energy體의 集合同調가 周邊山 Energy에 의해 理想的으로 完了되게 되면, 그다음 順序로 오는 過程이 集合 Energy의 安定 維持 秩序이다. 1次 地表 Energy 隆起 또는 2次 循環 Energy 入力의 自力的 集合聚氣나 他力的 同調凝縮이 立體的 山 Energy體의 聚突的 現象構造로 一但 形態化하게 되면, 이들 聚合凝縮 Energy는 集合同調의 持續的 特性原理를 따라 一時 또는 永久히 停止 維持 安定을 取하거나, 아니면 地表 Energy體의 移動循環原理를 따라 追加 發生入力 Energy에 相應하는 山 Energy의 再移動 安定을 構築코자 한다.

卽, 集合同調 山 Energy가 1次 入力 Energy에 의해 聚突合成 Energy體를 形成한 後, 2次 및 再次 入力 Energy와 再同調 Energy場을 供給받게 되면, 이 때 主山 Energy體는 枝龍脈 Energy體를 發達시켜 山 Energy 移動循環過程을 再開하게 되는데, 이 경우 集合凝縮된 山 Energy 以外의 剩餘 Energy는 반드시 다른 形態의 Energy 變易活動을 始作하게 되고, 이 變易活動은 다분히 再入力 剩餘 Energy 및 그 Energy場 特性과 山 Energy 變易秩序를 따라 安定維持된다. 이렇게 하여 形成되는 集合 Energy 變易秩序를「立體 Energy 移動 安定 秩序」라 하고,

더 이상의 再入力 剩餘 Energy가 發達하지 못하고, 1次 및 2次 入力

Energy 同調凝縮에 의해 單純枝龍이나 支脚 Energy體만을 發生시켜 立體 山 Energy體를 停止 維持케만 하는 秩序를 「立體 Energy 聚氣 安定秩序」라 한다.

　前者의 立體 Energy 移動 安定秩序는 此後의 變易秩序를 쫓아 集合同調 Energy를 移動 循環시키는 山脈이 되고, 後者의 立體 Energy 聚氣 安定秩序는 此後의 變易秩序에 順應할 立體 Energy를 發達시키지 못하여 Energy 集合 維持 特性만을 지닌 채, 山 Energy體가 되어 停止하고 만다.

　따라서 山脈 Energy 移動 構造體는 進行 安定 特性을 優先하는 五變易 秩序 體系를 쫓아 入首 來龍脈을 낳고 穴場을 낳아 陽基穴이나 陰基穴을 만들고, 山 Energy 停止 構造體는 單純枝龍이나 支脚 Energy體만을 發達시키게 되어 集 合 Energy 維持 安定 以外의 機能 特性을 發展시키지 못하므로, 거의 대부분이 小規模의 陽基穴로 머물게 된다.

3) 山 Energy體의 理想的 安定構造 條件

　(1) 山 Energy體 凝縮密度의 理想的 安定
　(2) 山 Energy體 中心構造의 理想的 安定(左右側 皮肉 筋骨組織의 均等)
　(3) 皮, 肉, 筋, 骨 配合組織의 安定
　　　(山 Energy의 維持保全 移動 安定을 爲한 配合構造일 것)
　　　① 骨 組織 : 全體의 75%
　　　② 筋 組織 : 皮肉筋 全體의 60%~75%
　　　③ 肉 組織 : 皮肉 全體의 60%~75%
　　　④ 皮 組織 : 皮肉의 25%~40%
　(4) 山 Energy體의 水分 含量比가 理想的으로 安定的일 것.

4) 山 Energy體의 土質組織 및 水分含量比

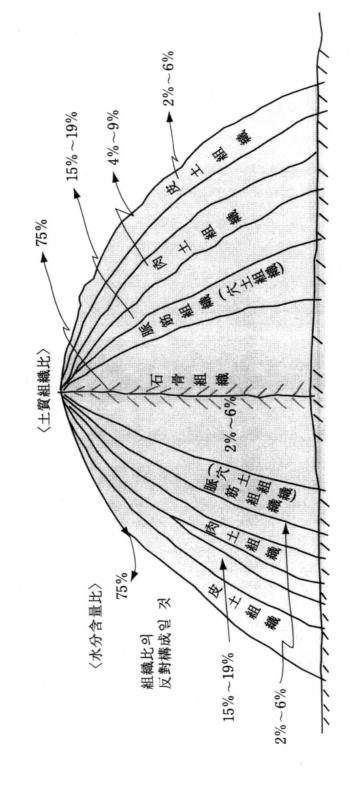

〈그림 4-13〉 山 Energy體의 土質組織 및 水分含量比

2. 主山脈 Energy의 進行과 安定

1) 主山脈 Energy의 進行秩序

主山 Energy體가 枝龍脈이나 支脚構造에 의해 圓滿 陽突의 立體 安定 形態를 取하게 되면, 2次的으로 供給同調되는 聚合 Energy는 더 以上의 維持安定을 中止하고 새로운 移動安定構造로 變易하게 되는데, 이때의 移動 山 Energy 構造體를 「山脈 또는 來龍脈」이라 함은 前記에서도 잠시 언급하였다.

그러면 山脈 또는 來龍脈 Energy의 移動進行이 새로운 再安定 進行構造를 形成하기 爲하여서는 어떠한 Energy 變易秩序體系를 따르고 있는가에 對해서 좀 더 細密히 살펴보기로 하자.

山脈 構造 Energy體가 安定進行을 도모하기 爲해서 따르고 있는 變易秩序體系는 다음과 같은 다섯 가지의 變易形態로 크게 나눌 수 있다.

即, 正變易 來脈秩序, 垂變易 來脈秩序, 縱變易 來脈秩序, 橫變易 來脈秩序, 隱變易 來脈秩序의 五變易 來脈秩序構造들이 그것인데, 이 基本秩序는 山脈 Energy의 進行이 멈추고 穴場을 形成하여 穴核凝縮의 同調安定 Energy를 얻을 때까지 持續的으로 엄격하게 維持된다.

만약 위와 같은 基本的 變易秩序의 構造들을 正確히 維持하지 못하는 移動進行 Energy體는, 善美하고 强大한 良質의 生命 Energy 特性을 지닌 山脈 또는 來龍脈이라 할 수 없고, 그와 같은 進行 Energy體에서 結穴되는 核 Energy는 生氣 Energy가 離脫된 死滅 또는 無記 氣形態의 移動 Energy體가 될 뿐이다.

正常的이고 善美 强大한 山脈 Energy體의 變易移動過程은 어떠한 境遇에서도 이 五變易 秩序體系를 벗어나지 아니하며, 醜惡 弱少한 山脈 Energy體의 Energy 移動過程은 반드시 이 來脈 變易秩序를 잃어버리게 된다.

(1) 正變易 來脈秩序

五變易 來脈秩序體系 中 가장 最善美의 强大한 主宗山 入力 Energy를 供給받아 形成되는 山 Energy 移動秩序가 곧 正變易 來脈秩序의 山脈構造인데, 이 경우의 Energy體는 그 移動 進行 循環에서나 安定 維持 體系에 있어서 가장 均衡되고 가장 强力한 良質의 來脈 Energy와 凝縮穴場을 만들어낼 수 있다.

그러나 主宗山 入力 Energy가 左右 靑·白 및 案山局 Energy場의 不適切한 同調를 받게 되거나, 主山 入力 Energy가 不足 不實할 境遇에는, 正變易 來脈 秩序의 移動進行을 繼續하지 못하고, 또 다른 形態의 變易秩序體系를 構造化하여 山 Energy의 移動 進行 維持의 틀을 完成해간다.

(2) 橫變易 來脈秩序

즉 主山 Energy와 案山 Energy와의 關係에서 主山 入力 Energy 및 그 Energy場보다 案山 凝縮 Energy 및 그 Energy場의 勢力이 더 旺盛하게 되면, 이때의 正變易 來脈秩序는 進行을 멈추고 橫變易 來脈秩序體系를 쫓아 移動 進行體 構造轉換을 시도한다.

이와 같이 直進性의 Energy構造體가 橫開性의 Energy構造體로 秩序 轉煥 하는 것을 橫變易 來脈秩序라고 말한다.

(3) 縱變易 來脈秩序

그리고 또 正變易 來脈秩序나 聚起立體 Energy體에서 發出한 來脈이 左右 靑·白 Energy場의 均衡的인 同調를 받지 못하고 不平等한 同調를 받게 되면, 이때에 來脈 Energy 移動秩序는 前段階의 安定維持秩序를 脫皮하고 새로운 형 태 秩序로 變換하는데, 이때에 形成되는 來脈 Energy 移動秩序가 縱變易 來脈 秩序體系이다.

(4) 垂變易 來脈秩序

그리고 또 山脈 入力 Energy가 虛弱한 가운데 左右 靑·白 Energy體의 同 調나 案山 Energy體 同調가 不實하게 되면, 이 境遇 山脈 進行 Energy는 上下 起伏 變易形態의 來脈秩序를 따르게 되는데, 이때에 形成되는 移動 Energy體 構造틀을 垂變易 來脈秩序 體系라 한다.

(5) 隱變易 來脈秩序

그런가 하면 山脈 入力 Energy가 隱顯커나 充分치 못하여, 上記의 諸 變易形

態를 維持할 수 없으면서도 左右 靑・白 Energy 同調와 案山 Energy 同調가 來脈을 벗어난 그 末端部에서 造成될 경우, 隱潛中의 山 Energy가 同調 Energy場이 形成된 끝자락을 쫓아 새로운 形態의 Energy 移動 聚合을 도모하게 된다. 이렇게 하여 形成되는 山 Energy 變換 秩序를 隱變易 來脈秩序 體系라고 한다.

勿論 이와 같은 來脈 山 Energy의 移動 進行 秩序 體系에 따른 穴場 Energy 安定特性 또한 各 種性 山脈 秩序特性을 相續하여 具體化되고 있음은 말할 나위도 없다.

2) 主山 來脈 Energy의 安定 秩序

前記에서 山脈進行移動의 變易秩序가 主山 入力 Energy와 周邊 同調 Energy場에 依하여 그 構造的 體系를 決定짓는다는 사실을 비추어볼 때, 來脈 變易 Energy體의 Energy 移動 中에 維持되는 安定秩序 亦是, 主山의 集合 Energy 特性과 來脈 Energy의 變易特性이 함께 調和되어 그 安定構造形態를 完成해간다는 것을 알 수 있다.

卽, 正變易 來龍脈 秩序體系에 있어서는 正變 入力 Energy 및 正變 聚突 Energy體로부터 ⇒ 正變 過脈 Energy體 ⇒ 正變 分擘 Energy體 ⇒ 正變 枝龍 Energy體 ⇒ 正變 支脚 Energy體 ⇒ 正變 止脚 Energy體 ⇒ 正變 入首 및 入穴 Energy體 等 入力 山 Energy 特性과 來脈 山 Energy 變易 特性이 合成된 移動 進行體의 安定秩序 體系를 구축하고,

垂變易 來龍脈 秩序體系에 있어서는 垂變 入力 Energy 및 垂變 聚氣 Energy體로부터 ⇒ 垂變 過脈 Energy體 ⇒ 垂變 分擘 Energy體 ⇒ 垂變 枝龍 Energy體 ⇒ 垂變 支脚 및 橈棹 Energy體 ⇒ 垂變 止脚 Energy體 ⇒ 垂變 入首 및 入穴 Energy體 等 入力特性과 變易特性이 合成된 移動 安定秩序 體系를 構造化하며,

橫變易 來龍脈 秩序體系에 있어서는 橫變 入力 Energy 및 橫變 聚氣 Energy體로부터 ⇒ 橫變 過脈 Energy體 ⇒ 橫變 分擘 Energy體 ⇒ 橫變 枝龍 Energy體 ⇒ 橫變 支脚 Energy體 ⇒ 橫變 橈棹 Energy體 ⇒ 橫變 止脚

Energy體 ⇒ 橫變入首 및 入穴 Energy體 等 入力特性과 變易特性이 合成된 移動 安定秩序 體系를 構造化한다.

縱變 來龍脈 秩序體系에 있어서는 縱變 入力 Energy 및 縱變 聚氣 Energy 體로부터 ⇒ 縱變 過脈 Energy體 ⇒ 縱變 橈棹 Energy體 ⇒ 縱變 分擘 Energy體 ⇒ 縱變 支脚 Energy體 ⇒ 縱變 止脚 Energy體 ⇒ 縱變 入首 및 入 穴 Energy體 等 入力特性과 變易特性이 合成된 移動 安定秩序 體系를 構造化 하고,

隱變 來龍脈 秩序體系에 있어서는 隱變 入力 Energy 및 隱變 聚氣 Energy 體로부터 ⇒ 隱變 過脈 Energy體 ⇒ 隱變 分擘 Energy體 ⇒ 隱變 橈棹 Energy體 ⇒ 隱變 支脚 Energy體 ⇒ 隱變 止脚 Energy體 ⇒ 隱變 入首 및 入 穴 Energy體 等 入力特性과 變易特性이 合成된 移動 安定秩序 體系를 構造化하 게 된다.

3) 主山脈 Energy 變易秩序 體系 別 特性

〈표 4-1〉 主山脈 Energy 變易秩序 體系 別 特性

來脈 Energy 變易秩序	主入力 Energy 特性	進行 構造 特性	入首 入穴 特性	穴場 特性
正變易 來脈秩序	正變 圓滿 Energy 最善美强大	∠90° 및 ∠180° 變位構造	正入首 正座	穴核 力量 最大 長廣 穴場
垂變易 來脈秩序	垂變 聚氣 Energy 孤旱强直	上下起伏 變位構造	直入首 直座	穴核 力量 弱小 橫陝 穴場
橫變易 來脈秩序	橫變 聚氣 Energy 厚肥	∠90° 및 ∠30° 變位構造	橫入首 橫座	穴核 力量 多樣 橫廣 穴場
縱變易 來脈秩序	縱變 束氣 및 聚氣 Energy 强健	30° × n 및 90° 變位構造	左右旋入首 左右旋 座	穴核 力量 健實 縱廣 穴場
隱變易 來脈秩序	隱變束氣 및 聚氣 Energy 愍懃溫柔	隱顯聚突 構造	聚氣入首 隱突座	穴核 力量 强短 隱顯 穴場

3. 主山脈 Energy의 穴凝縮 安定과 生命 Energy 同調

1) 主山脈 Energy의 穴凝縮 安定

主山 來龍脈 Energy가 地球表面을 移動 循環하는 過程에서 거의 대부분의 Energy는 本身이 되고 다른 나머지 Energy들은 枝龍脈이나 支脚, 橈棹 및 止脚 等의 補助 局 Energy 및 그 Energy場이 되어 本身 移動 Energy體를 保護 育成 同調한다.

本身 Energy의 移動 進行이 周邊局 同調凝縮을 받아 머물게 되면 이때부터 主山脈 Energy는 最終 安定 過程의 穴核果를 形成하고 穴場 明堂을 열게 되는데, 이렇게 하여 만들어진 穴核果와 穴明堂이 되기까지는 無數한 補助脈 緣分 Energy體들의 持續的 善緣 役割과 同調的 희생이 그치질 않는다.

山 核凝縮 Energy體인 穴 核果는 地核 Energy場과 天體 Energy場의 凝縮 同調가 最適 安定을 維持하는 環境條件이 될 때에 最善最大의 核 Energy 및 그 Energy場을 構造化하게 되는데, 이 構造化된 核 Energy는 本身을 포함한 補助脈 Energy體들의 地表 循環移動 cycle이 끝날 때까지, 凝縮된 地表生命 Energy 및 그 Energy場을 最大限 發生하면서, 서서히 地核 Energy 循環 cycle로 回歸해간다.

2) 穴凝縮 Energy와 生命 Energy 同調

지금까지 地核 Energy는 地球表面을 移動 循環하면서 1次的으로 山 Energy體를 만들고, 山 Energy體는 山脈 Energy體를, 山脈 Energy體는 本身 來龍脈 Energy體와 枝龍脈 Energy體를 各各 만들어 地表 移動 進行의 循環 cycle을 維持해가고 있다는 事實을 把握하였다.

위와 같은 過程에서 本身 來龍脈 Energy는 枝龍 來脈 Energy 및 周邊砂 Energy의 同調凝縮을 받아 地核 Energy와 同質 同特性의 山穴核 Energy를 만들고, 이 穴核果 Energy 및 그 Energy場은 地核 Energy의 生氣 同調的이고 遺傳 相續的인 諸般一切特性을 移轉 相續받아 地表上의 무릇 生命 Energy를 生起하고, 創造하며 維持 還元케 한다.

그러므로 穴核果의 同調 Energy 凝縮 安定 程度와 그 構造的 善惡, 美醜, 大小, 强弱 特性은 그곳에서 잉태하며, 낳고 자라고, 머물고 生活해가는 우리 人間 生命 維持現象에 있어서 絶對 種性的이고 必然的 因緣關係를 形成해가고 있다.

따라서 穴 Energy 및 그 Energy場의 特性은 곧바로 그 穴場 속의 人間 生命 Energy體에 遺傳 相續되고, 穴核果의 吉凶長短 均衡 安定 良否는 고스란히 穴場 內 生命體의 質量的 Energy 特性 良否를 결정하게 된다.

4. 主山 Energy體의 構造 形態別 特性

(1) 垂頭形 構造 主山 Energy體

玄武 鎭山의 가장 善美한 Energy 構造體로서 土金水木體를 막론하고 入首 來龍脈 特性이나 入穴 Energy 供給特性이 매우 安定的이다. 最吉하다.

(2) 仰頭形 構造 主山 Energy體

玄武 鎭山의 仰天 仰瓦形으로 主山 Energy가 集中凝縮되지 않고 分離 凝縮된 까닭에, 入首 來龍脈 特性이나 入穴 Energy 供給 特性은 比較的 不安定하고 分裂的이다. 無情하다.

(3) 探頭形 構造 主山 Energy體

玄武 鎭山이 斜傾하여 側으로 探하는 것인데, 이는 主山의 Energy 凝縮 集合 特性이 不良하거나 出脈 特性이 不安定的이다. 따라서 入首 來龍脈 特性이나 入穴 Energy 供給 特性은 매우 不確實하거나 不健全하다. 盜星이다.

(4) 壓頭形 構造 主山 Energy體

玄武 鎭山이 지나치게 高壓하여 壓迫한다. 入首 來龍脈 特性이나 入穴 Energy 供給 特性은 매우 急傾 急迫하다. 脅迫, 嫌急한다.

(5) 反頭形 構造 主山 Energy體

玄武 鎭山이 背反하는 것으로 주로 橈棹 反 Energy가 入首脈이 되는 까닭에 入穴 供給 Energy는 매우 不良하다. 主山 Energy가 背走한다. 短命한다.

(6) 尖頭形 構造 主山 Energy體

玄武 鎭山이 尖銳하거나 飛天하는 것으로서 Energy 集合 特性이 太過하게 昇氣한다.

入首 來龍脈 Energy가 날카롭고 강직하며 入穴 Energy 供給 特性도 매우 不安하다. 火急 燥暴하다.

(7) 斷頭形 構造 主山 Energy體

玄武 鎭山이 上下 左右 前後의 어느 곳이든 한두 곳이 斷切된 것으로서, 主山 Energy 破壞 離脫이 具體化된다. 入首 來龍脈의 Energy 供給이 破壞되었고, 入穴 Energy의 入力 斷切이 發生한다. 斷命者가 出한다.

上斷 – 絶　頭　　　下斷 – 切　　脚
左斷 – 左切臂　　　右斷 – 右切臂
前斷 – 前面切　　　後斷 – 後骨切

(8) 破頭形 構造 主山 Energy體

玄武 鎭山이 破損된 것으로서 主 Energy 集合이 不實하였거나 周邊 Energy 同調가 不良하였다.

入首 來龍派 Energy 亦是 破損 不良하고 入穴脈 Energy 또한 病弱虛耗하다. 痼疾病出.

(9) 禿頭形 構造 主山 Energy體

玄武 鎭山이 童山으로 이루어진 것으로서 草木이 茂盛치 않아 表皮移動 地氣 Energy가 散發되어 흩어진다.

入首 來龍脈 Energy 供給이 不足해지고 入穴 Energy 亦是 供給 不足 現象이 發生한다. 氣散枯渴

5. 主山 Energy體의 姿勢別 種類

(1) 오는 산 → Energy 入力이 進行되는 山(水形)

(2) 가는 산 → Energy 離脫이 進行되는 山(水形)

(3) 앉은 산 → Energy 安定이 進行되는 山(金形)

(4) 서 있는 산 → Energy 移動이 進行되는 山(木形)

(5) 기운 산 → Energy體 姿勢가 端正하지 못한 山

(6) 바른 산 → Energy體 姿勢가 端正한 山

(7) 뛰는 산 → Energy 移動이 旺盛한 山

(8) 나는 산 → Energy 移動이 太過한 山

(9) 기는 산 → Energy 移動이 虛弱한 山

(10) 엎드린 산 → Energy 移動이 잠시 쉬고 가는 山

(11) 숨은 산 → Energy 移動이 잠시 멈춘 山

(12) 자빠진 산 → Energy 入力이 차단되는 山

(13) 엎어진 산 → Energy體가 他力으로 거꾸러진 山

(14) 건들거리는 산 → Energy體 維持 均衡이 不良한 山

(15) 휘청거리는 산 → Energy體 維持 均衡이 不足한 山

(16) 쭈그린 산 → Energy體 集合이 不足한 山

(17) 돌아선 산 → Energy體 腹部가 돌아선 山

6. 主山脈 Energy體의 姿勢別 特性

(1) 오는 山脈 → 穴場 穴核 凝縮을 爲하여 入力되는 來脈 Energy體

(2) 가는 山脈 → 穴場 穴核 凝縮 目的을 벗어나 흘러가는 山脈

(3) 안은 山脈 → 穴場 穴核 凝縮을 爲하여 開帳하며 오는 山脈

(4) 앉은 山脈 → 來脈過程에서 잠시 停止 休息하는 山脈

(5) 선 山脈 → 來脈過程에서 잠시 停止 聚起하는 山脈

(6) 누운 山脈 → 來龍脈 Energy가 그 安定을 成就하지 못하고 누워버린 山脈

(7) 엎드린 山脈 → 來龍脈 Energy가 停止 安定을 도모코자 形局을 살피는 山脈

(8) 엎어진 山脈 → 來龍脈 Energy가 周邊同調를 받지 못하고 앞으로 넘어진 山脈

(9) 자빠진 山脈 → 來龍脈 Energy가 周邊同調를 받지 못하고 뒤로 넘어진 山脈

(10) 뛰는 山脈 → 來龍脈 Energy가 安定을 얻지 못해 現象을 脫出하고자 뛰는 山脈

(11) 나는 山脈 → 뛰는 山脈 Energy가 一時的으로 起昇하여 翔하는 山脈

(12) 숨은 山脈 → 來龍脈 Energy 周邊干涉을 피해 잠시 숨은 山脈

(13) 등진 山脈 → 穴場凝縮을 全擔하지 않고 他方 行을 하는 山脈

(14) 쭈그린 山脈 → 來龍脈이 進行方向을 잃고 잠시 進行을 中斷하고 있는 山脈

(15) 건들거리는 山脈 → 來龍脈 Energy가 穴凝縮 目的에 집중하지 않고 흔들거리는 山脈

(16) 휘청거리는 山脈 → 來龍脈 Energy가 周邊 Energy의 干涉에 의해 흔들리는 山脈

(17) 어정거리는 山脈 → 來龍脈 Energy가 잠시 방황하며 살피는 山脈

(18) 등지고 오는 山脈 → 오는 山脈도 등진 것은 가는 것이고

(19) 등지고 가는 山脈 → 가는 山脈은 겨안은 것도 가는 것이다.

(20) 고개 들고 뛰는 山脈 → 나는 山脈의 Energy가 몸체를 길게 뻗고 고개 드는 山脈

(21) 고개 숙여 처박힌 山脈 → 來脈本體가 갑자기 고개를 떨어뜨리고 急降下하는 山脈

7. 主勢 Energy의 諸 特性

1) 地勢 入力 Energy의 善·惡·美·醜와 大·小·强·弱

(1) 入首 來脈 Energy의 善·惡·美·醜와 大·小·强·弱

入首 來脈 Energy는 穴場의 根源 Energy를 供給하는 重要한 地勢 Energy 入力 形態로서, 이것이 지닌 構造的 特性 및 그 Energy場 모습에 따라 以下 後 段 穴板 Energy體의 諸般 善·惡·美·醜와 大·小·强·弱 特性이 決定된다 고 보아야 할 것이다.

(2) 入首 頭腦 Energy의 善·惡·美·醜와 大·小·强·弱

入首 頭腦 Energy는 人間에게 있어서 頭腦와 같은 機能役割을 擔當하면서, 入穴脈을 通하여 穴場에 供給되는 Energy를 分配 調節 및 聚合 蓄積한다.

따라서 入首頭腦 Energy體 및 그 Energy場의 善·惡·美·醜와 大·小· 强·弱 特性에 따라 穴板의 特性 形態가 나타나게 된다.

勿論 入首 來龍脈 Energy 特性을 主因子로 하고 周邊 局 Energy場 特性을 主緣分으로 하고 있음은 더 말할 나위가 없다.

(3) 入穴脈 Energy의 善·惡·美·醜와 大·小·强·弱

入首 來脈 Energy 特性이나 入首 頭腦 Energy 特性이 비록 훌륭한 것이라 할지라도, 穴核에 供給되는 Energy의 마지막 入力 裝置가 되는 入穴脈 Energy 體의 構造特性 및 그 Energy場 特性이 良好하지 못하게 되면, 이러한 穴場은 假 穴이 되고 마는 것이다.

대개의 경우 入首 來龍脈이나 入首 頭腦 Energy 特性이 완벽에 가까운 良質 의 善 特性을 지니고 있게 되면 반드시 入穴脈 Energy體도 훌륭해지는 것은 當 然한 理致라 하겠으나, 그러나 現象 存在에는 全美의 特性이 없는 까닭에 先天的 으로나 後天的 要因에 의해 入穴脈 Energy 特性이 不良해지는 경우가 대단히 많다.

厚富强建하고 善美한 形質을 지닌 入穴脈이라야 良質의 穴核 Energy를 形成

할 수 있다.

2) 地勢 安定 Energy의 善·惡·美·醜와 大·小·强·弱

(1) 蟬翼 Energy의 善·惡·美·醜와 大·小·强·弱

入首 頭腦 Energy 特性으로부터 遺傳 供給되는 穴核 保護 安定 Energy體로서, 入首頭腦 Energy를 主因子로 하고 靑·白 纒護 Energy를 主緣分으로 한 穴核 Energy의 安定과 地勢 入力 Energy의 最終的 安定 保護 裝置가 된다.

이러한 까닭에 蟬翼 Energy體의 善美한 形質과 厚强한 Energy場은 곧바로 穴心 Energy 力量을 增加시켜주는 決定的 要因이 된다고 하겠다.

(2) 明堂 Energy의 善·惡·美·醜와 大·小·强·弱

明堂 Energy體는 穴核 Energy가 지니고 있는 特性의 完成 程度에 따라 決定지어진 穴場 形成 過程의 善惡 評價場이라 말할 수 있다.

卽 入穴脈으로부터 入力되는 穴心 Energy가 善美强大하고 兩 蟬翼 Energy體가 穴心을 厚富强健하게 補完하며, 纒脣 Energy體로부터 凝縮되는 反作用 Energy의 調和로움이 穴心의 核化에 最善 同調로 나타내게 되면 自然히 明堂 Energy體는 善美平坦한 Energy 및 그 Energy場을 形成하게 된다.

(3) 纒脣 Energy의 善·惡·美·醜와 大·小·强·弱

來龍脈으로부터 入力된 主勢 Energy가 穴場으로 들어와 穴核을 形成 維持하는 것은, 頭腦, 蟬翼과 明堂이 지닌 役割機能도 重要하지만, 보다 더 緊要한 것은 穴 凝縮 安定 裝置로서의 纒脣 Energy 및 그 Energy場 特性을 빼놓을 수 없다.

穴場 形成의 完成過程이면서도 案山 反 Energy를 需用 再供給하고, 兩蟬翼과 穴 明堂으로부터 洩氣되는 Energy를 補完, 育成, 凝縮 安定시키는 纒脣 Energy體의 機會特性이 善美 良好한 것일 때에 비로소 穴 特性 또한 善美 良好한 Energy 및 그 Energy場을 生成 維持시킬 수가 있는 것이다.

核 Energy場의 容器로서 核 完了 Energy의 放出을 調節 管理하고, 穴板 地勢의 마무리 安定을 具體化시키는 까닭에 그 Energy體는 平坦圓滿해야 하고 善

吉의 厚富함이 있어야 한다.

3) 再凝縮 Energy의 善·惡·美·醜와 大·小·强·弱

(1) 鬼 Energy의 善·惡·美·醜와 大·小·强·弱

入首 頭腦 Energy와 入穴脈의 Energy를 供給 再凝縮하는 鬼 Energy體의 善·惡·美·醜와 大·小·强·弱 特性은, 곧바로 穴場의 頭腦 特性과 入穴 Energy 特性을 決定짓는 重要한 穴 特性 增幅裝置 機能役割로서의 力量을 지니게 된다.

따라서 鬼 Energy 特性이 善·美·强·大하면 穴核 Energy 特性이 良好해지며, 그렇지 못할 경우에는 頭腦 Energy나 入穴 Energy 特性이 增幅되지 못하고 허약 느슨하게 되어 穴核 Energy 特性 亦是 그 力量이 떨어지게 된다.

(2) 曜 Energy의 善·惡·美·醜와 大·小·强·弱

曜란 靑·白 Energy體의 橫特性 Energy分을 吸收 再 凝縮하고, 靑·白 Energy의 穴場 保護 育成 特性을 穴 凝縮 擴大 特性으로 轉換 發展시키는 穴板의 橫均衡 安定 凝縮裝置인 까닭에, 이의 善·惡·美·醜와 大·小·强·弱은 穴板 形態 特性은 勿論 穴核 Energy의 橫凝縮 特性을 決定짓는 重要한 要素가 되고 있다. 穴場 左右 Energy 均等과 그 Energy場 平等을 維持 强化시킴으로써 穴核의 보다 强力한 力量을 發顯시킨다.

(3) 官 Energy의 善·惡·美·醜와 大·小·强·弱

穴板 Energy體의 最終 完成 段階에서 纏脣의 餘氣 Energy를 通해 案山 縱凝縮 Energy를 吸收하고 穴核을 再凝縮하는 官砂 Energy 및 그 Energy場 特性은 穴場과 穴核의 完成 過程에서 決定的 役割을 擔當하여 穴 마무리 特性을 構造化하는 까닭에 穴場 의 善·惡·美·醜와 大·小·强·弱이 具體的으로 나타나는 要因을 提供하고 있다.

入穴 入力 Energy의 調節은 勿論, 縱橫凝縮 Energy 및 그 Energy場을 함께 調整, 維持, 保護, 補完하여 穴核 Energy를 擴大增幅시키고 局綜合 Energy

를 再同調 特性化시킨다. 善美함을 要하고 지나치게 强大하거나 弱小한 것도 오히려 凶이 되는 것이다.

(4) 水口砂 및 禽 Energy의 善·惡·美·醜와 大·小·强·弱

靑·白 Energy體의 關鎖를 돕고, 局 Energy場의 不安定을 補完함으로써 穴場 Energy 安定 凝縮과 穴板의 構造的 平等을 維持시켜주는 까닭에 禽 Energy 및 그 Energy場의 善·惡·美·醜와 大·小·强·弱 特性은 局末端 特性과 穴場 終了 特性에 決定的 役割을 擔當하게 된다. 지나치게 强大厚富함도 利롭지 못하고 虛弱함이 밖으로 表出되어도 吉함이 없다.

제2절 局勢論

1. 局 Energy場의 構成

1) 四神砂 Energy體와 그 Energy場

　(1) 玄武 Energy體와 그 Energy場
　(2) 案山 Energy體와 그 Energy場
　(3) 靑·白 Energy體와 그 Energy場

2) 四神砂 局 Energy場의 形成秩序와 그 特性

　(1) 玄武 Energy場의 形成秩序와 그 特性
　(2) 案山 Energy場의 形成秩序와 그 特性
　(3) 靑·白 Energy場의 形成秩序와 그 特性
　(4) 기타 周邊砂 Energy場의 形成秩序와 그 特性
　(5) 局同調 Energy場의 形成秩序圖

3) 四神砂 Energy場의 同調와 干涉

　(1) 玄武 Energy場과 他 Energy場과의 同調와 干涉
　(2) 案山 Energy場과 他 Energy場과의 同調와干涉
　(3) 靑龍 Energy場과 他 Energy場과의 同調와 干涉
　(4) 白虎 Energy場과 他 Energy場과의 同調와 干涉

2. 局 Energy場의 形態別 特性

1) 藏風局 Energy場의 形態別 特性

　(1) 大藏局 Energy場의 形態別 特性

3) 案山 朝應 Energy의 善·惡·美·醜와 大·小·强·弱

(1) 案山 Energy의 局關鎖 特性
(2) 案山 Energy의 主勢 Energy 調節特性
(3) 朝案山 Energy의 穴場 縱凝縮 特性

4) 其他 周邊砂의 善·惡·美·醜 와 大·小·强·弱

(1) 玄武 Energy體의 周邊砂
(2) 靑·白 Energy體의 周邊砂
(3) 案山 Energy體의 周邊砂

4. 局 Energy 場論의 詳細理論

(1) 原理講論 第2篇 第3章 局論 參照
(2) 局論 內容을 再學習 要望

(局論 〈第1節 四神沙 Energy體의 形成秩序와 그 特性〉에서부터 〈第7節〉까지 참조)

제3절 家勢論

1. 家相論

1) 建物의 立體的 Energy 構造體 特性

(1) 集合 Energy 構造體로서의 諸 特性

建造物이란 平面 Energy體 空間 上에서 意志的 集合에 의해 構造化된 立體 形態의 Energy體이다.

비록 意志的인 Energy體라 할지라도 構造體가 지닌 基礎的 形成秩序는 平面 Energy體 空間 上에서 이루어져야 한다는 基本的 原則이 適用되는 까닭에, 平面 分布 Energy와 立體集合 Energy 間에는 相互 維持에 必要 不可缺한 均衡的 調和와 安定的 合成 特性이 發現되지 않으면 아니 된다.

이러한 의미는 곧 自然의 秩序가 表現하고 있는 陰陽 Energy 및 그 Energy 場의 調和와 合成이 最善의 均衡과 最適의 安定條件 속에서만 形成維持되어야 한다는 大 原則을, 自然的 平面 Energy 空間과 人爲的 立體 Energy 空間 間의 關係에서도 適用하고 需用하지 않으면 아니 된다는 것을 말하고 있다.

따라서 自然的인 것이건 人間의 意志에 依한 人爲的인 것이 되었건 間에, 모든 一切存在의 因緣物은 반드시 그 現象體가 지니고 있는 調和와 合成의 Energy 및 그 Energy場 特性이 가장 均衡的이고 가장 安定的인 關係 속에서 維持 存續되는 것을 最吉한 것으로 보아야 한다는 忍識이 確立돼야 할 것이며, 나아가 이러한 調和 合成의 Energy 特性은 보다 細部的으로 分析됨으로써 平面 Energy體 上의 集合構造 Energy體 特性이 相互 間 또는 自體的으로 어떻게 陰陽關係를 維持 同調하고 있는가에 대해서도 좀 더 具體的이면서 細密하게 研究되고 把握돼야 할 것이다.

위와 같은 基本的 槪念 定立에 의해 建造物과 垈地 및 庭園 等은 相互 調和 合成되는 不可分의 陰陽的 Energy 및 그 Energy場 關係秩序가 現象化하고 있음을 알 수 있고, 이러한 秩序는 建造物의 集合 Energy體를 ⊕(陽)Energy 또는

⊕Energy場으로 垈地 및 庭園의 平面空間 Energy體를 ⊖(陰)Energy 또는 ⊖ Energy場으로 各各 特性 變易케 하여 相互 相依的 關係 作用을 形成 및 維持케 하고 있음을 發見할 수가 있다.

即, 各各의 Energy體로 分離된 設置資料들을 立體的 構造物로 組立 合成하게 되면, 個別 個體 Energy 特性으로 旣形成된 個體 Energy體들은, 一定한 形態의 立體的 Energy 構造體인 集合 調和의 Energy群이 되어 建造物 全體가 지닌 集合特性의 Positive (⊕陽) Energy 및 그 Energy場이 이루어지게 된다.

이것은 분명 垈地 및 庭園空間이 지닌 平面的 Nagative(⊖陰) Energy場 特性 間의 相對的 關係秩序 속에서 安定 平等을 向한 Energy 調和場 構造의 형태 Balance가 가장 理想的으로 維持되어야 한다는 것을 認識케 하고 있다.

이렇게 하여 形成되는 集合 Energy 또는 그 Energy體는 그것과 關係하는 垈地 및 庭園의 平面空間 Energy 또는 그 Energy場이, 地勢 및 地理的 諸 Energy場 特性과 因緣하여 또 다른 形態의 綜合的特性 形態를 나타내게 된다는 事實 亦是 함께 認識하여야 할 事項인 것이다.

그러면 여기서 集合 Energy 構造體로서의 建造物이 지닌 諸特性들에 대해서 보다 具體的인 把握을 해보기로 하자.

우선 먼저 基礎가 되는 特性으로서 集合 Energy體 個體가 나타내고 있는 個體的 Energy 및 그 Energy場의 善惡, 美魂, 大小, 强弱 特性과 이들의 合成인 全體的 Energy 및 그 Energy場의 立體的 諸 特性 關係를 좀 더 상세히 살펴볼 필요가 있다.

立體構造 Energy體란 各種의 個體 單位 Energy體가 組合되어 構造化된 까닭에 個體 部分 Energy體가 지닌 材質的 Energy 및 그 Energy場 特性의 調和와 合成은 매우 중요한 立體 Energy體의 質的 特性을 決定한다고 볼 수 있다.

그러나 建造物의 지닌 質的 特性 못지않게 重要한 것이 建造物의 內部 單位 構造物이 지닌 立體 Energy와 平面空間 Energy 間의 調和이며, 이보다 더더욱 重要한 것은 單位 構造物 合成에 의한 集合 構造體의 全體 Energy 特性이 어떻게 單位 構造 Energy體 特性과 調和롭게 合成 同調하고 있는가? 하는 것이다.

內部房이나 居室 等의 自體 Energy 및 그 Energy場 特性은 相互 合成 同調함으로써만 全體 또는 個體 Energy 및 그 Energy場 特性이 向上되는 것이고,

個體 Energy體 特性은 또한 全體 Energy體 特性과 相互 同調함으로써 비로소 集合 Energy 特性이 善, 美, 强, 大해지는 것이다.

全體 構造物의 集合 Energy 및 그 Energy場 特性은 個體 構造物의 個別 Energy 및 그 Energy場을 保護 育成 同調 凝縮할 수 있는 建造物이어야 하고, 個體 構造物의 個別 Energy 및 그 Energy場은 全體 構造體의 Energy 및 그 Energy場을 支持 補完 運行 및 維持 安定시킬 수 있는 同調體로 形成돼야 한다.

그러기 爲해서는 個體構造를 形成하는 個別 Energy體가 지닌 Energy의 質的 特性이 善, 美, 强, 健함을 要求하게 되는 것이고, 그 構造的 形態 特性 또한 善吉하지 않으면 아니 된다.

따라서 建造物의 內部를 構成하는 材料의 選擇과 構造 形態의 設計는 그 建造物의 集合 Energy 및 그 Energy場을 特性化하는 決定的 要因이 된다고 할 수 있다.

위와 같은 觀點에서 살펴볼 때 建造物을 構成하는 材質의 選擇 事項으로서는,

① 人體 Energy場에 有益한 物質 Energy를 發生하는 것
② 壽命이 오래가는 것
③ 安定的 構造와 쾌적한 色相인 것
④ 全體 建造物과의 調和를 增進시키는 材料인 것

等에 대한 細心한 配慮가 絶對必要하다.

(2) 材質의 構造 및 內外部 構造의 Energy 形態特性

① 材質 및 內部 構造 Energy體는 그 安定秩序를 維持할 것.
　 Energy의 基本 安定秩序는

$$\oplus \text{Energy} : \ominus \text{Energy} = 1 : 0.577 \sim 0.866$$
$$(\oplus \text{Energy場}) : (\ominus \text{Energy場}) = (길이) : (폭)$$

이므로 建造物의 內容 材質 및 構造 規格 등의 特性이 위의 比率에 合當한 것이어야 하며, 房이나 居室 및 內部 構造物 亦是 위와 같은 Energy 安定秩序를 維持하는 것이 理想的이다.

② 全體 構造 및 Energy場의 安定秩序를 維持할 것.

全體 構造物이 지닌 Energy體의 安定秩序 또한 前記 Energy의 基本 安定秩序 原則에 合當하는 構造 特性을 維持할 수 있도록 設計하여야 한다.

③ 各 構造物 및 全體 構造物의 安定高 特性을 理想的으로 設計할 것.

各 內部房이나 居室이 確保하여야 하는 最少 安定高는

> ⊕Energy 空間 : ⊖Energy 空間 = 1 : 0.577 ~ 0.866
>
> (構造物外高) : (構造物內高) = (活動安定高) : (人體高)

④ 公共 및 集合場 建造物의 安定高는 地勢 Energy場이 미치는 領域으로 한다. 卽 地磁氣가 미치는 領域인 地表上 20m~30m 程度까지일 것.

2) 垈地 및 庭園과 因緣하는 均衡 安定 調和體로서의 諸 特性

建築 構造物은 어떠한 形態이건 간에 地上이란 空間 Energy場 속에서 立體 Energy體로 構造化한다. 그러한 까닭에 垈地 및 庭園과 建築物과의 均衡 調和는 安定的 住居環境 Energy場을 形成 維持함에 있어서 不可分의 因緣關係를 지니고 있다고 하겠다.

立體空間 Energy體와 平面空間 Energy體가 維持하고 있는 最善의 Energy場은 두 Energy 關係에서 形成될 수 있는 均衡과 調和로운 同調場의 形態에 依한 것이어야 비로소 全美에 가까운 것이 될 수 있는데, 주어진 垈地의 平面的 空間 Energy場과 그 地上에 設置되는 立體的 空間 Energy場을 理想的으로 同調케 한다는 것은 매우 어려운 작업이라 하겠다.

建造物이 제아무리 理想的인 立體 Energy 安定과 均衡調和를 維持한다 할지라도, 立體 Energy體의 基礎安定空間인 垈地나 庭園과의 均衡安定秩序가 調和롭게 維持되지 못한다면 全體的이고 持續的인 安定 秩序는 도저히 期待할 수가 없는 것이다.

以上과 같은 觀點에서 다음과 같은 立體 Energy體 均衡 安定의 同調的 諸 特性을 觀察해보기로 한다.

(1) 建築 構造物과 垈地間의 均衡 同調 關係特性

建築 構造物이 垈地 및 庭園의 크기에 比해 너무 크거나 너무 작은 것은 立體 Energy 및 그 Energy場과의 平面空間 Energy 및 그 Energy場과의 調和安定을 무너뜨리는 結果가 되기 때문에 이들 間에는 가장 理想的이고 적절한 空間 Energy 比를 維持하지 않으면 아니 된다.

따라서 立體空間 Energy 및 그 Energy場과 平面空間 Energy 및 그 Energy場 間에는 다음과 같은 空間 Energy 比를 形成 維持함이 最善의 條件이 된다.

> 立體空間 ⊕Energy : 平面空間 ⊖Energy
> = 0.577 ~ 0.866 : 1 또는 1 : 0.577 ~ 0.866
> 全體空間 ⊕Energy : 立體空間 ⊖Energy = 1 : 0.5
> 全體空間 ⊕Energy : 平面空間 ⊖Energy = 1 : 0.5 ~ 0.866

卽, 建築 構造物의 크기가 100坪이면 마당이나 庭園의 크기는 57坪 乃至 170坪 程度가 가장 理想的이라 할 수 있다. 建築 構造物의 크기가 너무 크면 動的 突出特性이 强하여 住居 安定이 무너지는 活動的 Energy場을 形成하게 되고, 마당이나 庭園이 너무 크면 靜的 停滯 特性이 太强하여 陽氣運이 停滯되는 침잠적 Energy場이 形成되게 된다.

(2) 建築物의 前面 空間과 後面 空間의 調和

같은 平面 空間 中에서도 建築物의 前面 空間 Energy 및 그 Energy場을 ⊕Energy 又는 ⊕Energy場으로 後面 空間 Energy 및 그 Energy場을 ⊖Energy 又는 ⊖Energy場으로 볼 때

> ⊕Energy場 : ⊖Energy場 = 1 : 0.577 程度가 좋고
> ⊕Energy場 > ⊖Energy場 ⇒ 前進的이고 陽明한 同調場
> ⊕Energy場 < ⊖Energy場 ⇒ 退步的이고 隱暗한 同調場

따라서 가급적이면 建築物의 前面 空間은 恒常 밝고 풍부한 것이 理想的이며, 後面 空間은 絶對 必要한 것을 除外하고는 되도록이면 줄이는 것이 理想的이라 하겠다.

亦是 住居 空間에서 ⊕Energy場은 陽性的이고 男性的인 特性을 지닌 까닭에 ⊖Energy場인 庭園이나 마당 空間이 不調和를 維持한다는 것은 安樂한 家庭 空間을 創出함에는 매우 不合理한 要素가 된다고 볼 수 있기 때문이다.

이와 같은 原理와 마찬가지로 側面空間은 前面空間에 對하여 ⊖Energy場 空間이 되는 것이므로 必要 以外의 여유 공간을 確保하지 않는 것이 바람직한 調和라고 할 수 있겠다.

(3) 建築物과 담장과 대문의 立體的 同調 關係 特性

建築 構造物의 立體 Energy場은 담장이나 대문에 依한 立體的 Energy場과는 不可分의 相互 補完的 同調 Energy場을 形成하지 않으면 아니 된다.

담장이나 대문에 比해 너무 지나치게 큰 建造物은 그 住居的 安定條件을 喪失한 것이 되어 靜的 安定보다는 活動的 Energy場 空間을 創出하게 되는 것이고, 반대로 담장이나 대문에 比해 너무 지나치게 작은 建築物은 오히려 靜的 安定이 깨여져 침잠한 Energy場을 形成하게 된다.

따라서 이들 間에는 다음과 같은 安定된 Energy場 特性 關係를 具體化하는 것이 理想的이다.

① 住居 特性의 同調場

建築物의 高 : 담장의 높이 = 1 : 0.577 以下 ~ 0.5까지.
建築物의 高 : 대문의 높이 = 1 : 0.866 以下 ~ 0.577까지.

② 商業 및 業務 特性의 動的 同調場

建築物의 高 : 담장의 높이 = 1 : 0.5 以下
建築物의 高 : 대문의 높이 = 1 : 0.577 以下

③ 담장의 크기와 대문의 數

담장은 정원과 마당을 需用하면서 그 이음이 中斷되지 않아야 하며, 대문의
數는 必要한 出入口 以外 非常門만이 必要하다.

④ 담장과 建物의 거리

後面 및 側面 = 建物 높이 × 0.5
前面 = 建物 높이의 1.732배의 길이로 띄울 것.

⑤ 大門의 位置와 立體 Energy場 同調

담장을 四神砂의 Energy場으로 살피고 大門을 그中의 補完處에 設置함으로
써 本體 建築物이 지닌 地勢, 局勢, 風勢, 水勢의 不足 Energy場을 補完 維持한
다. 勿論 이보다 우선하는 것은 本體 Energy場에 對한 地勢, 局勢, 風勢, 水勢
의 同調的 役割이며 이에 따른 大門의 位置와 크기가 理想的으로 選擇되지 않으
면 아니 된다. 즉 地勢, 局勢, 風勢, 水勢의 最適 安定 維持點으로서 風水
Energy와 合成 同調하는 水勢 入力點에 大門을 設置하는 것이 가장 理想的이
고, 담장을 四神砂의 Energy場으로 살필 경우 亦是 水勢 入力點에 大門을 設置
하여 立體 Energy場에 대한 同調 Energy를 적절히 공급하는 것이 가장 합리적
이라 하겠다.

(4) 立體 Energy場의 調節 및 補完

建築 構造物의 크기를 決定함에 있어서 그 크기는 대개가 用途와 目的에 따라
서 定해지는 것이 原則이기 때문에 垈地나 庭園에 關係하여 決定되는 住居用 建
物 以外에는 거의 대부분이 垈地나 庭園에 關係없이 그 크기를 決定하는 것이 보
통이다.

이러한 境遇 立體構造의 空間 Energy場과 平面構造의 空間 Energy場 間에
는 그 均衡 安定의 調和를 維持하기가 매우 곤란하다.

따라서 이와 같은 不調和를 改善할 수 있는 方法으로서 平面空間 Energy場을
擴大하는 方案과 立體空間 Energy場을 擴大하는 方案의 2가지를 들 수 있다.

立體空間 Energy場이 平面空間 Energy場보다 지나친 크기로 不均衡이 일

어날 境遇는 平面空間을 擴大시켜 그 Energy場을 增加시킴으로써 陰陽 Energy場의 安定秩序를 維持하여야 하고, 立體空間 Energy場이 平面空間의 旣存 Energy場보다 훨씬 미치지 못할 程度로 작은 規模일 境遇에는 石物이나 나무에 依한 造景으로 立體空間 Energy場을 擴大시켜 陰陽 Energy場의 安定 秩序를 確保해야 한다.

勿論 單一構造의 條件에서 建造物을 增築하는 것도 한 좋은 方案이 될 수 있다.

나무나 庭園石 및 造形物 等은 一種의 立體構造의 Energy體로서 ⊕Energy 및 그 Energy場을 補完 增加시켜준다고 볼 수가 있으며 이러한 ⊕Energy場의 擴大方法은 어디까지나 補完의 次元을 超過하여서는 아니 되기 때문에 本體 建造物 ⊕Energy體의 25% 以內에서 補完되는 것이 合理的이라 하겠다.

建造物을 增築하는 境遇에 있어서도 增築 構造體를 本體構造와 同一한 Energy場 속에서, 旣存의 本體構造와 分離 干涉되지 않는 범위 內에서의 增築 構造를 形成하여 ⊕Energy場을 增加시켜야 한다. 이와 같은 원칙은 ⊕Energy 場이든 ⊖Energy場이든 그 同種의 Energy場이 分離되어 維持된다는 것은 Energy場 同調를 위해서는 매우 不安定한 갈등의 구조 形態가 된다는 것을 意味한다. 왜냐하면 分離設置된 Energy體 間에는 또 다른 形態의 ⊕ 및 ⊖ Energy場이 形成되고 새로운 構造의 陰陽 關係秩序가 나타나기 때문이다.

3) 立體 空間 Energy體의 安定과 基頭點의 役割

(1) 立體 空間 Energy體의 安定 條件

建造物 構造體가 立體 空間 Energy體로서의 役割과 機能을 다하기 爲하여서는 다음과 같은 몇 가지의 必須的 安定 條件이 前提되지 않으면 아니 된다.

첫째, 立體 構造 建造物의 最安定 設置를 爲해서는 무엇보다 먼저 背山 臨水 原則을 지켜야 한다.

主山 龍勢의 來脈 Energy와 穴場을 감아 도는 元辰水 및 周邊 水勢 Energy 는 穴場의 骨肉과 穴核의 氣血을 形成하는 根本 陰陽性의 Energy가 되고 있다 (地表 Energy 循環 秩序에 의해).

이러한 根本 陰陽 Energy 및 그 Energy場은 穴場 上에 建造된 建造 空間과

그 속의 生命體 現象에 對해 同調的이고 生起的인 生命 Energy 및 그 Energy 場을 供給하여 生體의 骨肉과 氣血을 形成하는 까닭에 穴場 上에서의 構造物과 生命體는 당연히 後面으로부터의 ⊕山 入力 Energy를 ⊖등에 업고, 穴前으로부터의 ⊖水勢 Energy를 ⊕발아래 거느림으로써만, 最善 最强의 山勢 陽氣 Energy와 最良 最美의 水勢 陰血 Energy를 人體 Energy場과 同調 醇化케 하여 性情과 骨肉과 氣血을 增長시킬 수가 있는 것이다.

따라서 山勢 Energy는 반드시 主 建造物의 中心에 머물러 安定케 해야 하고, 水勢 Energy는 主 建造物의 中心線上 前面을 크고 길게 감아 도는 것을 原則으로 해야 한다.

둘째는, 地盤의 平垣과 地氣 및 水氣의 安定이다. 地盤은 立體 構造物의 基底가 되는 까닭에 基礎地盤이 傾斜지고 함몰된 곳에서는 제아무리 훌륭한 建造物을 設置한다고 하더라도 이는 建造物의 持續的 均衡과 安定을 完成시킬 수는 없는 것이다. 아무리 傾斜진 곳을 깎아내거나, 깎여지고 무너진 곳을 메우고 다진다고 할지라도 이러한 穴場은 周邊 Energy場의 繼續的인 干涉作用은 勿論이려니와 主山 Energy體의 不實에 의해 結局은 破壞되어 安定을 잃고 말 것이기 때문이다.

地盤이 平垣한 곳에서는 良質의 地氣 Energy가 形成되게 마련인데 이러한 地氣 Energy場 속에서는 모든 生命活動이 보다 旺盛한 生命 Energy를 供給받게 된다는 것이며, 보다 質 높은 價値의 快適과 보다 善美한 平安을 保障받을 수가 있게 된다. 良質의 地氣 Energy 및 그 Energy場을 維持 保全시키고 地質 Energy의 質的 改善과 增進을 도모해주는 또 하나의 Energy源으로서는 水氣 Energy 및 그 Energy場을 들 수 있다.

善美한 地氣는 善美한 水氣에 의해서 發達하는 것이므로 훌륭한 穴場은 반드시 良質의 水氣同調를 받지 않으면 아니 된다. 一般的으로 水脈은 構造物을 破壞시키고, 人體 Energy場을 교란시켜 生命活動을 크게 干涉하는 매우 否定的인 Energy源으로 認識하게 되기 쉬우나, 이러한 境遇는 대개가 强大한 水脈 上이거나 길고 깊은 골짜기, 늪, 또한 水脈 Energy의 破壞線上 및 離脫線上에 建造物이 設置되어 있는 것이 대부분이고, 實質的으로 穴場內에서는 周邊 凝縮 Energy를 維持 保全시키고 入力側으로부터의 Energy 傳達을 活性化시키며

凝縮된 穴核 Energy를 保護, 育成, 增長시키는 매우 重要한 同調 Energy가 되고 있음을 잊어서는 아니 된다.

셋째로, 立體構造 空間 設計와 그의 配置는 Energy體 陰陽 安定 調和의 基本 秩序를 따라야 한다.

立體 構造物의 安定은 그 空間 自體가 지닌 集合的 構造體 調和와 空間과 空間 間의 質量的 特性 關係가 지니고 있는 相互體的 陰陽 調和, 그리고 空間과 공간 間의 配置的 特性 關係가 지니고 있는 位相的 陰陽 調和 等의 調和 秩序에 의해 그 成就 程度가 決定된다고 볼 수 있다.

空間 自體가 지닌 構造物 調和 安定은 무엇보다 構造物의 基底 Energy體가 立體 構造體를 充分히 支持 安定시켜낼 수 있는 적절한 面積과 幅을 確保하지 않으면 아니 되고, 이러한 條件을 充足시키기 爲하여서는 立體 構造物의 中心 垂直線과 基底 平面線의 끝이 만나는 角을 $\theta = \angle 60°$의 길이와 $\theta = \angle 30°$의 幅이 각각 넘도록 設計하는 것이 가장 理想的이다. 즉 建造物의 높이가 1이라고 하였을 때 建造物의 最少長은 2 × 1.732 이상을 確保해야 하고 建造物의 最少幅은 2 × 0.5 이상을 確保해야 한다.

主 立體 構造 空間과 副 立體構造 空間 間의 相互 質量的 調和 問題나 主 立體 空間과 周邊 平面空間 間의 質量的 特性 調和 問題 亦是 이는 반드시 Energy體의 陰陽 Energy 및 그 Energy場 安定原理에 合致하는 均衡 調和를 維持하도록 設計함이 緊要하다.

建造物과 建造物, 建造物과 庭園間의 配置 特性이 지니고 있는 相互 位相的 均衡 調和 또한 陰陽的 主從 秩序를 原則으로 하여 上下左右를 決定하여야 하고 그 配置方式에 따라 靜的安定 秩序를 擇할 것인가? 動的 安定 秩序를 擇할 것인가? 하는 事項은 全的으로 設計者와 使用者의 用途와 活用條件에 따른 選擇事項이 될 것이다.

卽, 商業用이나 集會用 事務室 및 室內 敎育場 等의 用途에 쓰이는 建造物과 庭園의 質量的 均衡秩序 또는 配置秩序는 動的 陰陽安定調和秩序原則에 따라 活動的 Energy 및 그 Energy場을 增加시켜주는 設置 計劃이 되어야 하고, 住居用이나 祈禱處 病院 療養施設 等의 建造物과 庭園과 均衡 및 配置 秩序는 靜的 陰陽安定調和秩序原則에 따라 平穩 廻向的 Energy 및 그 Energy場을 增長시

켜주는 設置 計劃이 되어야 할 것이다.

例를 들어 主 建築物과 副 建築物의 크기와 配置를 設計함에 있어서, 主建物인 ⊕Energy 및 그 Energy場을 1로 보았을 때 副建物인 ⊖Energy 및 그 Energy場을 0.5~0.577로 하여 設計하고, 그 配置 또한 主建物의 前面과 左右에다 陰陽 秩序에 適合한 充分한 距離를 確保하여 附屬建物을 配置함으로써 陰陽의 Energy흐름을 圓滿케 構造化하는 것이 매우 重要한 사항이라 할 것이다.

勿論 이때의 主建物과 附屬建物 間의 距離設計는 動的安定秩序에 따르는 用途에서는 主建物高의 0.577倍를 最少 距離로 維持하고, 靜的安定秩序에 따르는 用途일 境遇에는 主建物高의 1.732倍를 最少距離로 하여 配置計劃하는 것이 마땅하다.

그리고 建物과 庭園間에 있어서도 住居用이나 祈禱處, 病院, 療養院 等의 施設物 設計는 建物의 ⊕Energy 및 그 Energy場과 庭園의 ⊖Energy 및 그 Energy場을 0.5~0.577 : 1의 比率로 하여 靜的安定秩序原理에 맞추어 計劃하고, 事務室이나 集會場 및 商業用으로 使用되는 施設物의 設計는 建物과 庭園의 比를 1 : 0.5~0.577이 되게 하여 動的安定秩序를 維持케 하는 것이 가장 理想的이라 하겠다.

넷째, 建造物 施設의 構造的 設計는 山勢 및 水勢와의 Energy 同調를 原則으로 해야 한다.

入力되는 山勢 Energy가 主建造物의 中心에 머물도록 設計하는 것 못지않게 重要한 것은 좋은 水勢 Energy가 좋은 穴場을 감고 안아 주어야 하는 것이고, 또 이에 못지않게 緊要한 事實은 建造物의 立體構造 Energy 및 그 Energy場이 위의 良好한 山勢와 水勢 Energy 및 그 Energy場을 充分히 同調 받을 수 있느냐 없느냐 하는 問題이다.

建造物의 設置計劃에 있어서 山勢 入力 Energy는 背面에서, 水勢 育成 Energy는 前面에서 同調醇化케 하는 것이 根本原則이라 하였으나, 비록 이와 같은 計劃이 아무리 잘 設計되어 있다 할지라도 建造物 全體의 構造設計가 山勢 Energy를 逆하거나 水勢 Energy를 거부하는 如何한 形態의 設置 計劃도 결코 許容되어서는 아니 된다.

建造物의 背面을 建物全面과 같은 構造體 形態로 設計하여 창호가 너무 크고

많아진다거나 아니면 前面 凹凸과 같은 構造를 背面에도 凹凸케 設計하는 것 等은 모두가 建物 構造 Energy體가 山勢 Energy를 거역하는 것이 되는 것이고, 또 建造物의 前面 構造가 水勢의 進行을 지나치게 가로막아 거역하거나, 아니면 水勢의 進行을 建物의 등으로 가로막아 그 水氣 入力을 拒否하는 것 等의 이러한 設計計劃은, 水勢 Energy 및 그 Energy場의 同調를 얻지 못하고 干涉 Energy 만을 加重시켜 建造物 全體에 消滅 및 破壞 Energy를 充滿케 한다.

따라서 建造物의 背面은 凹凸의 入力 Energy 陷穽이 發生되지 않도록 設置 計劃해야 함은 勿論이고, 建造物 前面은 반드시 물을 거두어 들여서 庭園의 中心에 水氣 Energy 및 그 Energy場이 適切히 供給 維持되도록 設計 配置함이 가장 理想的이라 할 것이다.

위의 原理에 따라서 大門과 玄關의 位置 設計 또한 山勢와 水勢 Energy 및 그 Energy場을 拒逆하거나 거부하지 않아야 하는데, 建造物의 背面인 山勢 Energy 入力側에 大門이나 玄關이 設置됨으로써 산(陽) Energy 入力을 집 (陰) Energy 背 全體로 받아들이지 못하고 집(陽) Energy 面으로 받아들이게 되어 결국은 陽來陰受의 Energy 基本 同調秩序를 깨뜨리게 된다거나, 또는 大門과 玄關의 陽 Energy 面이 水勢의 陰 Energy 入力을 拒否하여 등을 돌리게 設置됨으로써 陰來陽受해야 할 建造物 前面의 Energy場 秩序가 根本的으로 消滅的 干涉을 받아 무너지게 되는 陰來陰受가 되고 만다면, 제아무리 좋은 明堂 위에서 제아무리 호화롭게 建造物을 設置하여 使用한다고 할지라도 이는 時間이 흘러가면 갈수록 보다 크고 急速한 Energy 離脫現象이 發生하게 되는 것이 되므로 建造物 構造體의 Energy나 그 속에서 活動하는 生命體 Energy는 머지않아 반드시 破壞되고 消滅되는 死滅 curve를 맞이하게 된다.

※ 家相과 庭園의 吉凶 原理
① 最吉相 : ㉠ 圓形構造 ㉡ 八角構造 ㉢ 四角構造
② 最凶相 : 銳角構造
③ 最凶 建物 配置
　　㉠ 口字 건물 배치 : 最凶(局地風 衝 회오리)
　　㉡ 乙字 건물 배치 : 大凶(局地風 沖 회오리)

ⓒ 後面 陷井 배치 : (T字 L字) 大凶
ⓔ 因字 정원 : 半吉(口字 內 정원이 큰 것)
ⓜ 困字 정원 : 凶(口字 內 정원 속 큰 나무)
ⓗ 囚字 정원 : 大凶(口字 內 정원 狹小 凶囚)

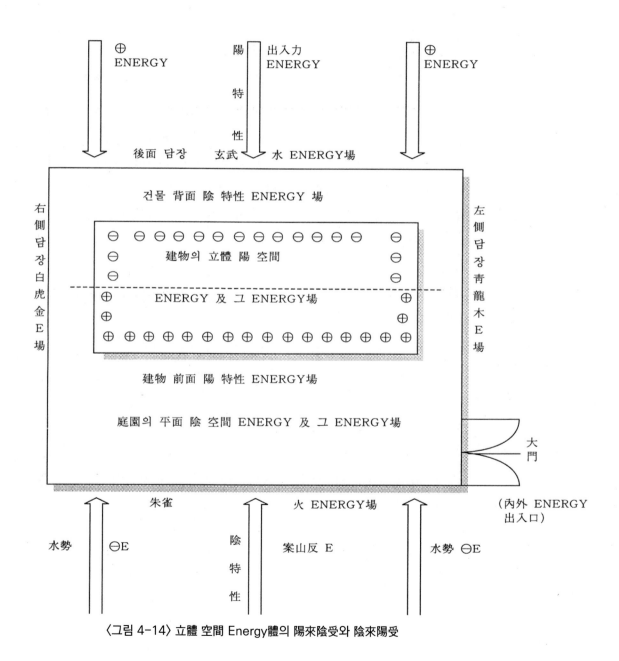

〈그림 4-14〉 立體 空間 Energy體의 陽來陰受와 陰來陽受

(2) 基頭點의 安定

基頭點이란 建造物의 立體的 Energy 凝縮 中心點을 意味한다. 窮極的으로 建造物 自體가 理想的인 安定 基頭點을 얻기 爲하여서는 建造物의 立體的 中心點과 構造體 무게의 中心點이 동시에 一致하는 곳에 立體構造 陽 Energy體의 Energy 凝縮 中心이 設定되어야 한다.

構造的으로는 最善美의 均衡 安定體를 形成하여야 하고 質的으로는 最良質의 立體 Energy場 凝縮 同調를 構成하여야 하며, 地勢的으로는 入力 中心 Energy의 同調 醇化를 확보해야 하고 水勢的으로는 環抱 Energy의 同調 育成을 함께 確保하지 않으면 아니 된다.

따라서 基頭點의 理想的 安定은 全建造物 構造體의 立體 Energy 및 그 Energy場 安定은 勿論 地氣 Energy 및 水氣 Energy의 效率的이고 安定的인 同調 醇化 育成을 增長 發達시킴으로써 善吉한 家相과 善美한 生命 Energy를 再創出하게 한다. 이와 같은 安定되고 均衡된 基頭點을 設計하기 爲하여서는 亦是 前記에서 說明한 Energy體의 陰陽 安定 配合秩序 原理를 따라 그 計劃이 樹立되어야 할 것이다.

우선 먼저, 建造物의 길이와 幅의 比는 1 : 0.577~0.866에 該當하는 것이 理想的이고, 建造物의 幅과 單位 層當 高의 比 또한 1 : 0.577이 되게 하여 그 建造物의 幅이 最少한 건물 높이의 1.732倍가 넘도록 設計하는 것이 보다 安定的이라 할 것이다. 또 庭園의 平面空間 Energy體의 基頭 中心點은 建造物의 基礎 面積을 除外한 담장內 全體空間의 Energy場 凝縮 中心點으로 하여야 하는데, 위의 建造物인 ⊕Energy 및 그 Energy場이 지닌 立體空間 Energy 凝縮 中心點과 庭園인 ⊖Energy 및 그 Energy場이 지닌 平面 空間 Energy 凝縮 中心點은 동시에 家相全體의 中心軸이 되어 地氣 Energy 入力 中心軸과 一致하는 一直線上에 놓여져야 한다.

이렇게 地氣入力 Energy 凝縮 中心軸과 立體空間 Energy 凝縮 中心軸 그리고 平面空間 Energy 凝縮 中心軸과 案山 反 Energy 凝縮 中心軸(水勢 Energy 中心軸)의 四軸 一切가 一直線上에서 合一하는 家相構造가 만들어질 때, 이를 最上 最善의 最吉 安定構造를 形成한 福된 家相이라고 말할 수 있다.

(3) 基頭點의 設計(Energy體 中心과 Energy場 中心)

① 圓의 基頭點과 Energy場 中心

　　圓의 中心 : 基頭點과 Energy場 中心點 共有

② 四正位(子午卯酉, 寅申巳亥, 辰戌丑未) 基頭點

　　四正位의 中心點 : 基頭點과 Energy場 中心點 共有

　　㉠ 直四角形 : 基頭點과 Energy場 中心點 同一

　　㉡ 不等邊 四角形 : Energy體 中心과 Energy場 中心이 同一 基頭點

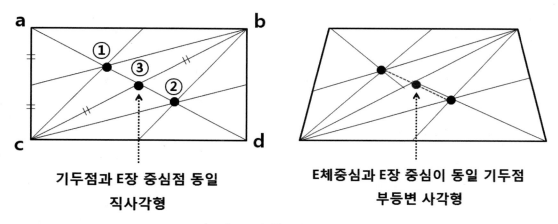

기두점과 E장 중심점 동일　　　　E체중심과 E장 중심이 동일 기두점
직사각형　　　　　　　　　　　　부등변 사각형

〈그림 4-15〉 基頭點의 設計

　　㉢ 正三合位 Energy體 中心(무게中心)과 Energy場 中心點(作用力 中心)은 서로 다르다.

　　㉣ 非三角形 Energy體 中心은 무게中心이고, Energy場 中心은 作用特性 中心이므로 Energy場 中心點이 날카로우면 該當因子의 刑沖破害特性 이 强하다.

③ 三合位 Energy體 및 그 Energy場의 基頭點 設計
　(理想的 安定 Energy體 및 그 Energy場 構造)

　　㉠ Energy體 基頭點(主 Energy體 中心點) : 무게中心點

ⓛ Energy場 基頭點(主 Energy場 中心點) : 尖端表皮點

Energy場 中心 : 申子辰의 子(玄水 Energy場), 寅午戌의 午(朱火 Energy場), 亥卯未의 卯(靑木 Energy場), 巳酉丑의 酉(白金 Energy場)

Energy體 中心 : 申子辰, 寅午戌, 亥卯未, 巳酉丑의 무게中心點(穴核)

※ Energy體 : Energy 本體의 Energy 總量

Energy場 : Energy 本體가 發生하는 Energy 波長의 영역(尖端表皮 作用 特性) 相互關係作用을 일으킨다.

④ 非安定 三角 Energy體

非安定 構造일수록 刑沖破害怨嗔殺이 强하다.

(4) 基頭點 設計의 原理(基頭點 : 氣運의 最適 安定點)

① 穴場의 基頭點 設定

穴場에서의 基本的 Energy 最適安定 中心點은 穴核點이 된다. 따라서 穴場의 部位別 凝縮 Energy 및 그 Energy場의 集合 中心點이 最善美한 安定點이 되는 것이고 그 凝縮特性에 따라 形態, 相(特性), 用이 달라진다.

例) 穴場部位 凝縮 Energy 變化要因으로 變形 Energy가 發生할 境遇 基頭點 變化가 發生함.

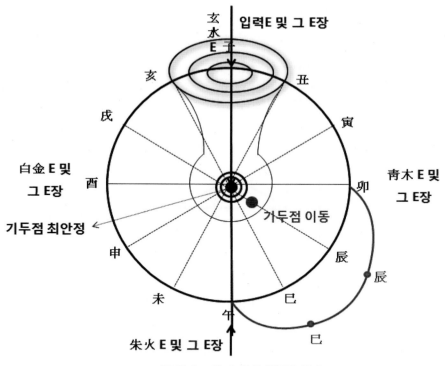

입력 E 및 그 E장

玄水 E 子

亥

戌

白金 E 및
그 E장

酉

申

未

朱火 E 및 그 E장

丑

寅

청木 E 및
그 E장

卯

기두점 최안정

가두점 이동

辰

辰

巳

巳

午

〈그림 4-16〉 穴場의 基頭點 設定

② 터와 穴場의 基頭點 差別性(터의 吉凶 判斷 基準)

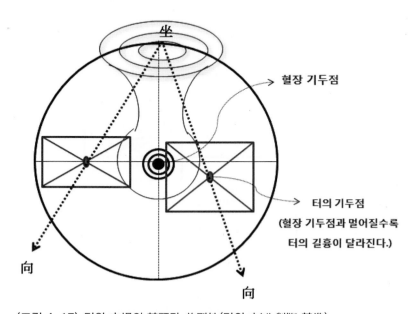

坐

혈장 기두점

터의 기두점

(혈장 기두점과 멀어질수록

터의 길흉이 달라진다.)

向

向

〈그림 4-17〉 터와 穴場의 基頭點 差別性(터의 吉凶 判斷 基準)

③ 터의 基頭點과 建築物의 基頭點

터의 基頭點보다 建築物의 基頭點 安定이 보다 于先하며 可及的이면 立體 Energy場 中心點이 穴場 中心과 가까울 것

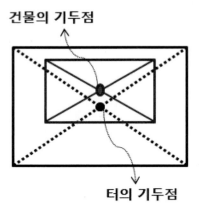

건물의 기두점

터의 기두점

〈그림 4-18〉 터의 基頭點과 建築物의 基頭點

④ 坐向 設定 → 中心 穴場이 不可時 坐 또는 向은 善美點을 택한다.

建物의 中心 基頭點과 庭園의 中心 基頭點 調和 : 建物의 基頭點과 庭園의 基頭點이 建築物 坐向과 同一할 때 吉하다(단, 建物 坐向은 穴場 坐向과 $\theta = \angle 30°$의 範圍를 벗어날 수 없다).

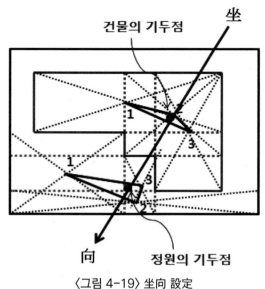

坐

건물의 기두점

向

정원의 기두점

〈그림 4-19〉 坐向 設定

※ 八卦 坐向의 無記性 分析(地氣坐 ⊖⊕ 配位 特性과 다름)

例) 壬子癸(坎坐) 天地 合成 Energy場 分析

　　• 壬子坐 : 配合坐位

　　• 癸丑坐 : 配合坐位

　　• 亥壬坐・子癸坐 : 不配合坐位

　　• 壬子癸坐 : 不配合 三字 無記 坐位(天體方局 水 Energy場)

　　• 子中心坐 : 壬子癸 三字 無記性 관찰 필요

　　以下 八卦坐 모두 天體方局 槪念이므로 要主意

⑤ 建物의 基頭點 設計와 庭園의 基頭點 設計

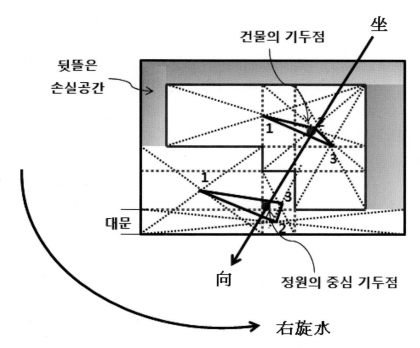

〈그림 4-20〉建物의 基頭點 設計와 庭園의 基頭點 設計

(5) 基頭點의 測定과 建築物의 坐向

① 建造物의 基頭點 測定

前記 基頭點의 安定條件에서 說明한 바와 같이 陽 Energy體 基頭點이란 立體構造 Energy體의 凝縮 Energy 中心點을 말하는 것으로서, 그 具體的인 質量的 Energy 中心點은 立體 空間構造의 形態特性에 따라 다음과 같이 각각 다르게 設定된다.

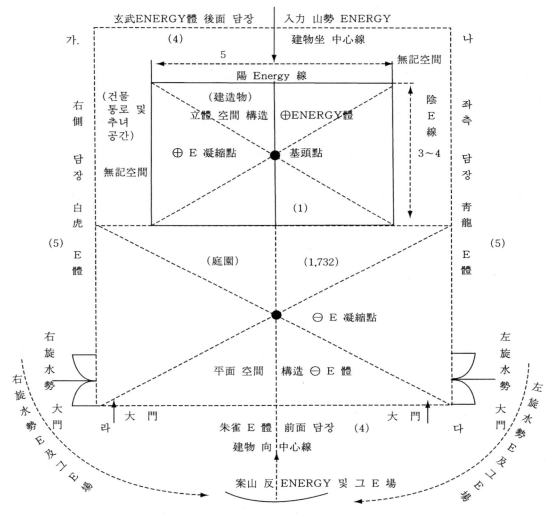

※ 入力 山勢 E 線中心 - 案山 反 E線 中心이 建造物 基頭點 - 庭園 E 凝縮點과 함께
一直線 上에서 均衡 安定되어야만 理想的인 家相이 된다.

〈그림 4-21〉標準建築 基頭와 坐向 및 大門

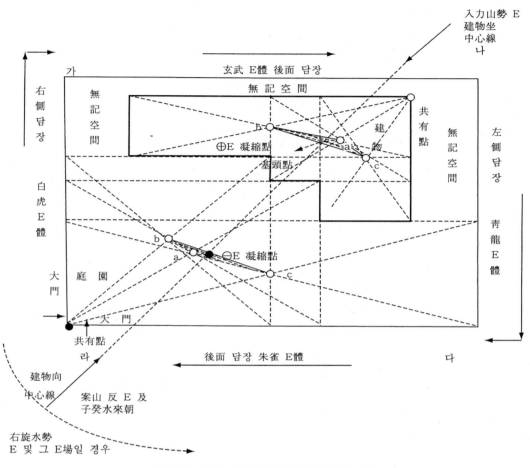

〈그림 4-22〉 變形 建築 基頭와 坐向 및 大門

※ 案山勢 및 水勢 Energy 및 그 Energy場에 의해 建造物의 坐向線이 變更
   되는 建築 構造를 設計하는 境遇에는 반드시 入力 山勢 Energy 中心線이
   建物 담장의 (나)코너點을 넘어서지 않아야 한다.

   위의 그림에서 보는 바와 같이 立體空間 Energy體의 凝縮 Energy 中心點인
基頭點은 〈그림 4-21〉에서와 같이 建造物의 立體的, 質量的, 中心點이 合致함
으로써 가장 均衡되고 安定된 構造 形態特性을 나타내게 되고, 또 〈그림 4-22〉
에서와 같이 水勢나 案山勢 Energy 및 그 Energy場의 反 Energy와 關鎖 特性
에 依하거나, 玄武 入力 Energy와 案山 Energy의 相互 對稱 中心線에 따라 建

物 坐向線을 變更할 境遇에 設計되는 構造 形態에서는 多少 複雜한 方式에 의해 그 基頭點 設定이 이루어지게 된다.

즉, 建造物을 한 邊角을 共有하는 四角構造로 分解한 後, 그 各各의 空間 中心點을 얻고 그 中心點 a, b, c를 잇는 三角構造의 中心點을 다시 얻어, 立體空間 Energy體의 凝縮 中心點을 삼는다.

'ㄱ'字形의 建造物에서는 2個 四角構造로 分解되므로 다음과 같이 設定된다.

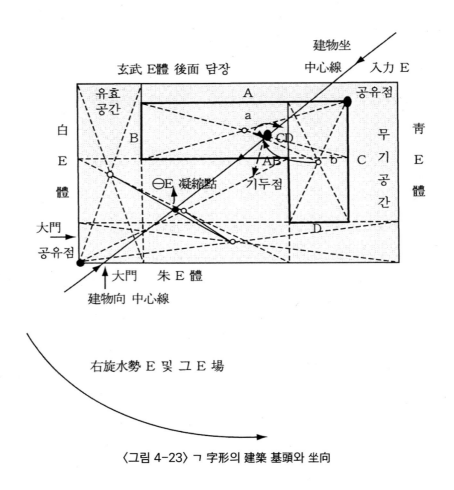

〈그림 4-23〉 ㄱ 字形의 建築 基頭와 坐向

② 庭園의 Energy 凝縮 中心點 測定

庭園이 지닌 陰 Energy體 凝縮點이란 平面 空間內 陰 Energy 및 그 Energy場의 凝縮中心點을 意味하는 것으로써, 담장內 建造物의 추녀와 그 立 體 空間을 除外한 全體 平面空間 Energy體의 Energy 凝縮 中心點을 말한다.

이는 建築物의 構造形態 및 配置에 따라, 庭園의 크기와 形態가 달라지기 때 문에 그 具體的인 凝縮點의 位置는 다음과 같이 設定된다.

〈그림 4-21〉의 境遇, 庭園은 매우 安定的인 位置에서 그 凝縮點이 設定되었 으므로, 陽特性 Energy體인 建築物의 基頭點과 함께 家相을 바르고 均衡되게 形成하는 理想的 設計가 되었다고 말할 수 있다. 建物 通路 및 建造物의 추녀를 無記空間으로 보고 이를 除外한 나머지 全平面 空間에서 그 Energy 中心點을 찾았다.

〈그림 4-22〉의 境遇, 水勢 및 案山勢나 玄武 山勢 入力線의 變化에 의해 建 物의 坐向 및 構造 形態가 變更되기 때문에 庭園의 陰 空間 Energy體 形態 또한 各各 달라진다.

이와 같은 平面 空間 Energy體의 Energy 凝縮 中心點은 建物의 基頭點 設 計와 同一한 方式으로 測定하여 設定함으로써 陽 Energy體 凝縮點과 陰 Energy體 凝縮點이 함께 同調 安定을 期할 수가 있다.

〈그림 4-23〉의 境遇, 建造物의 形態가 庭園空間의 確保를 爲해서 設計된 (ㄱ)字形 構造인 關係로 〈그림 4-21〉이나 〈그림 4-22〉와 같은 安定 家相이 이 루어진 것은 아니다.

그러나 入力 山勢나 案山 水勢 Energy 및 그 Energy場의 形成 條件에 따라 터의 形態 條件이 不得已할 境遇에는 이와 같은 空間 配置가 可能하다.

立體 構造 陽 空間 Energy體에서는 兩分된 中心의 平衡點이 Energy體 基頭 點으로 測定되는 反面, 平面 構造 陰 空間 Energy體에서는 三分된 中心의 凝縮 點이 庭園의 基頭點이 되므로 各 中心의 合成 凝縮이 되는 三角 凝縮點을 찾아 全體 凝縮 中心點을 잡는다.

즉, 庭園 마당의 無記 空間인 추녀 및 通路空間을 除外한 有效平面 空間을 四 角構造 平面空間으로 分解하여 그 各各의 Energy體 中心點을 찾고, 이 各各의 3等分된 中心點이 만나는 線을 연결하면 三角構造의 Energy 集合틀이 形成되

고, 이 三角틀 속의 凝縮點을 3꼭짓점과 3邊의 中心을 연결하여, 3線이 만나는 點으로 하면 全體 陰 Energy體 平面空間 構造의 凝縮 中心點이 測定된다.

③ 建築物의 坐向과 Energy 中心線

建築物이 지닌 立體的 陽 空間 Energy 및 그 Energy場의 凝縮點은 庭園이 지닌 平面的 陰 空間 Energy 및 그 Energy場의 凝縮點과 一直線 上에서 만나게 되는데, 이때 두 凝縮點의 連結線은 建造物의 坐向 中心線이 되고 이 坐向 中心線의 後端 入力側은 陽宅의 坐, 坐向 中心線의 前端 案山側은 陽宅의 向이 된다.

여기서 반드시 살펴야 할 것은 建造物의 坐向 中心線은 陽宅 Energy 및 그 Energy場을 形成하는 陰陽 Energy 交流 通路의 中心線이 되는 까닭에, 그 坐의 中心은 入力 山 Energy 中心線과 一致해야 하고 그 向의 中心은 案山 및 水勢 Energy의 凝縮 中心線과 合一하지 않으면 아니 된다.

즉, 入力 山勢 Energy 中心과 案勢 凝縮 Energy 中心은 建造物의 坐向 中心線인 陽宅 Energy 交流 通路를 따를 때, 보다 效率的인 Energy 同調가 發達하게 되고 보다 强力한 Energy 合成 凝縮이 일어나게 되어 能率的이고 善美한 良質의 凝縮 Energy 同調場을 形成케 한다.

따라서 入力 山 Energy 中心線과 案山 및 水勢 Energy 中心線이 만나는 一直線上에, 建物 陽 Energy 中心과 庭園 陰 Energy 中心이 함께 놓이게 되는 陽宅設計가 完成되었다고 한다면 이는 安定되고 善美强大한 Energy 中心線上에 가장 理想的인 坐向을 設定하였다고 말할 수가 있다.

4) 二重 立體 構造의 Energy場 調和

(1) 複層 單一 立體 構造

建造物의 構造가 빌딩 類와 같은 複層의 形態를 지녔을 境遇에는 먼저 各各의 個體別 單一 立體構造 Energy場을 把握한 後 그 同調 干涉 關係에 따른 合成 Energy場 調和를 살려야 한다.

즉, 基頭點의 位置가 各各의 層別 基頭 中心과 일치하는 境遇는 層間 Energy

場 同調가 善吉하게 이루어져 있다고 볼 수 있으나, 層間의 基頭 中心이 서로 一致하지 않는 複層 構造의 建築物에서는 層間 相互의 Energy場 同調가 不良하게 나타나거나 Energy 干涉이 일어나 上下層間의 Energy場 葛藤과 紛亂이 形成된다.

이러한 後者의 境遇에는 우선 單層의 基頭 中心線과 入力 Energy 中心線을 一直線上에서 맞추고 建物 坐向을 設計한 후 다음으로 複層 構造物의 基頭 中心을 修正토록 再設計하지 않으면 아니 된다.

다만 單層의 基頭 中心 坐向線과 複層의 基頭 中心線이 同一線上에 놓이게 된 경우에는 單層의 基頭 中心線과 庭園의 Energy 中心線을 連結하여 全體 建造物 坐向線을 設定해도 무방하다.

(2) 複列 二重 立體 構造

建造物의 構造가 同一垈地, 同一庭園 內에서 二重 複列로 建築된 것으로서, 이러한 立體 Energy體 複合構造의 Energy場 同調는 主體 Energy場과 從屬體 Energy場 間에 安定的인 陰陽秩序가 維持될 때 可能한 것이 되고, 이 境遇의 主 建物과 副 建物 間의 陰陽比는 1 : 0.577에 合當한 構造配置가 되어야 한다.

卽, 構造秩序와 配置秩序가 合理的인 陰陽秩序를 確保하지 못할 境遇, 이들 두 立體構造 ⊕Energy 및 그 Energy場 間에는 相互 葛藤的 干涉 Energy場이 形成되거나 아니면 陽 Energy場의 太過가 發生하여 陰 Energy場의 萎縮이 일어나게 된다. ⊕Energy 및 그 Energy場의 干涉은 相互 建造物 間의 刑·沖·破·害 殺을 일으킬 수 있는 干涉 配置的 構造로 形成되었을 때이고, 陽 Energy場의 太過가 發生하여 陰 Energy場의 萎縮이 일어날 境遇에는 建造物의 背向이 主 建物과 副 建物 모두 集合的이며 相互 同調的이 될 수 있도록 나란히 上乘的으로 配置되었을 때이다.

따라서 二重 立體 複列 配置 構造 속에서의 人體 Energy場 特性은 部分的으로 二重的 ⊕Energy特性에 길들여지기 쉽거나 ⊖Energy特性이 破壞되기 쉬우므로, 庭園을 二重的으로 너무 크게 設置하는 것도, 너무 적게 設置하는 것도, 建造物의 二重 三重的 複列式 設置 形態에서와 똑같이 그 合理的 陰陽 配置 秩序를 어긋나게 하고 있다.

根本的으로 複列式 二重 三重의 APT形 立體構造 形態는 一般住居를 目的으로 하는 住宅 空間으로서는 不適合한 것이며, 부득이할 경우에는 建物 棟當의 庭園構造가 建造物과 함께 獨立的으로 配置 될 수 있도록 設計하는 것이 合當하다 할 것이다. 때문에 共同 APT 團地內에서의 複列式 二重 三重的 立體構造 形態는 그 設計配置 過程에서, 우선하여 庭園에 對한 合理的 配置計劃을 보다 세심하게 考慮하지 않으면 아니 된다.

또 다른 境遇의 複列式 立體構造 建築形態로는 빌딩形 建造物을 들 수가 있는데, 이들은 대개가 商業, 業務用이거나 學校施設 또는 公共用 建物의 用途로 適合할 뿐 住居用으로는 不合理한 것이 된다.

이러한 경우 이들 多重의 複列式 構造 配置 過程에서는, 반드시 파생될 수 있는 相互 干涉的 刑, 沖, 破, 害 殺에 對한 우려를 再檢討하지 않으면 아니 되고, 비록 活動的 用途에 따른 陽性 親和的 構造配置 計劃에서 發生되는 問題點이라 할지라도 염려스러운 衝突的 不安定 要素와 干涉的 構造 要素는 細密하게 修正 再設計되지 않으면 아니 된다.

2. 家運論

1) 主 地勢에 依한 家運과 그 吉凶 長短

(1) 主來脈이 지닌 善惡, 美醜, 大小, 强弱, 遠近, 長短의 諸 特性에 따른 家運과 그 吉凶長短

主 來龍脈은 陽基의 境遇에서나 陰基의 境遇에서나 동일하게 穴場의 主 Energy를 供給하는 Energy源으로서 그 善惡 美醜나 大小 强弱 및 遠近 長短의 構造的 特性에 따라 穴 Energy 力量과 發應 特性이 달라진다.

善美 强大한 來龍脈이 長遠하지 못하고 短近하게 되면 穴場 力量과 Energy 發現은 짧고 미미한 것이 될 수밖에 없고, 醜惡한 來龍脈이 長遠 强大하게 되면 그 穴星의 Energy 力量과 發現은 매우 오래도록 凶暴하여 荒凉함만이 남게 된다. 따라서 家運이 오래도록 興盛하기 위해서는 무엇보다 來龍脈 Energy體의 構造的 特性이 善美强大해야 하고 長遠 厚富함이 그치지 아니해야 한다.

善美한 來脈 Energy體 構造下에서는 善美한 人性이 形成되고, 醜惡한 來脈 Energy體 構造下에서는 醜惡한 人品이 태어난다. 强大한 來脈이 長遠하면 强健한 人格이 代를 이어 再創造되고, 弱小한 來脈이 短近하면 虛弱한 人丁이 代를 이어 夭折키 쉽다.

또한 龍脈勢가 善美 强大하나 그 來脈이 長遠치 못하고 短近하면 家運이 오래 융성치 못하고 일찍 흥하여 일찍이 敗亡하고, 醜惡한 龍脈勢가 長遠하면 凶暴한 자손이 代를 이어 태어나 家勢를 滅케 하고 社會를 害한다.

(2) 主 穴場이 지닌 善惡 美醜 大小 强弱의 諸 特性에 따른 家運과 그 吉凶長短

主 來脈 龍勢의 特性이 後世의 家勢와 家運을 決定하는 것이라면, 主穴場의 Energy 및 그 Energy場 特性은 當代의 人性과 家運을 決定하는 中心要素가 된다고 보아야 할 것이다.

穴場의 Energy 및 그 Energy場은 家族構成의 構造的 創出은 물론 그 個體別 人格構造形成에 있어서도 決定的 영향력을 지닌 人性 再創造 能力源泉으로서, 그 特性이 善美强大한 穴場에서는 智·禮·仁·義·信의 均衡된 人性을 生産하고 强健한 五臟 六腑의 身體構造를 發達케 한다.*

따라서 人間 生命體의 善惡·美醜·大小·强弱 特性은 主穴場의 Energy 및 그 Energy場 特性에 의해 決定되고, 家族 構成의 틀과 家勢 및 家運의 興亡盛衰 역시 그 主 穴場이 지닌 力量과 特性 形態에 따라 決定된다고 볼 수 있다.

즉 陰宅에 있어서의 主穴場의 善惡美醜와 大小强弱 特性이 子孫의 人性·人相·體質 等 先天的 諸 人格特性을 決定짓는 것이라면, 陽基 主穴場의 善·惡·美·醜와 大·小·强·弱 特性은 生命 活動을 營爲하는 子孫 生命體의 後天的 諸 體質特性과 性情을 결정하고, 後天 社會活動 Energy와 家族運 등을 再調整 變化시켜가는 매우 중요한 역할을 담당하게 된다고 볼 수 있다.

---

* 陰宅篇 穴 Energy場과 子孫 Energy 特性 發顯 참조.

(3) 再凝縮 裝置의 善惡, 美醜, 大小, 强弱, 遠近, 長短의 諸 特性에 따른 家運과 그 吉凶長短

再凝縮裝置는 入首頭腦의 後端으로부터 供給되는 同調凝縮 Energy를 入首頭腦 入力側에서 發達된 橈棹性 Energy體를 통해 穴場內에 傳達함으로써, 入首頭腦 Energy는 물론 入穴脈 Energy를 增幅廣大시키는 「鬼砂 Energy體」가 있고, 蟬翼의 外郭으로부터 供給되는 青·白 凝縮同調 Energy를 蟬翼 外側面에서 發達된 橈棹性 Energy體를 통해 穴場內에 傳達함으로써 蟬翼 Energy는 물론 穴核 Energy를 倍加 增幅시키는 「曜砂 Energy體」가 있다.

그리고 纏脣의 外郭인 案山 Energy體로부터 供給되는 同調凝縮 反 Energy를 纏脣外側에서 發達된 橈棹性 Energy體를 통해 明堂內에 傳達함으로써, 纏脣 Energy는 물론 穴核明堂 Energy를 倍加 增大시키는 「官砂 Energy體」 等으로 大別하여 그 構造形態를 나눌 수가 있다.

위와 같은 再凝縮裝置는 그 構造形態가 지닌 特性에 따라 各各 다른 穴場의 Energy 特性을 나타내게 하는데, 이는 陰宅에서건 陽宅에서건 마찬가지의 發應效果를 나타낸다고 볼 수 있다.

즉, 鬼砂 Energy體가 善美强大한 것이 짧게 가까이에서 끝나게 되면 이는 全的으로 入首頭腦 Energy體를 再凝縮하기 위해 形成된 決定的인 構造體라고 말할 수 있다. 子孫의 頭腦活動은 물론 精神的 靈的 生活領域에 있어서 鬼砂 Energy體를 얻기 以前보다 倍加되는 能力과 力量을 增大同調시켜줌으로써 種性改良에 決定的 役割을 담당한다.

曜砂 Energy體가 善美强大한 것이 짧게 가까이에서 끝나게 되면 이 역시 青·白 Energy場의 同調를 가장 效率的으로 전달함으로써 蟬翼 Energy體를 倍 增設하게 되고, 穴核 Energy를 强力 再凝縮하게 되어 穴核 Energy 力量을 增强시키게 된다. 子孫의 壽命과 官運을 倍加시키고 成就慾을 發達케 하며 子孫의 數를 늘린다.

官砂 Energy體가 善美强大한 것이 짧게 가까이에서 끝나게 되면 이는 纏脣 Energy體를 가장 效率的으로 再凝縮 發達케 하는 것이 되므로, 明堂 Energy場을 밝고 平等케 하며, 穴核 Energy를 보다 安定시켜 고요케 한다. 子孫의 社會的 活動能力을 倍加시켜줌으로써 人倫的 處世觀을 再定立케 하고, 相對的 關係

力量을 改善시켜 人間과 財物과 出世의 特性價值를 보다 맑고 光明하게 發展시켜준다.

反對로 鬼砂 Energy 再凝縮 裝置가 醜惡, 庸劣하고 그 길이가 길어져서 늘어지게 되면 子孫의 精神狀態 및 頭腦健康은 虛弱해지거나 散漫해지고 또 凶暴 과격해지기도 하며 그 害惡 또한 長久하여 쉽사리 끊어지지를 아니한다.

曜砂 Energy 再凝縮 裝置가 醜陋粗惡하거나 庸劣하고 그 길이가 길어져서 늘어지게 되면, 曜星이 빛을 잃고 穴場 Energy를 離脫시켜 穴核凝縮을 妨害함은 물론 그 Energy 力量을 減少시킨다. 子孫의 健康運과 出世運, 官運 및 財運 等이 卑賤低俗하여 오래도록 回復하지를 못한다.

官砂 Energy 再凝縮 裝置가 醜陋 庸劣하고 그 길이가 길어져서 늘어지게 되면 明堂이 醜惡하거나 破口의 秩序가 不良하게 되어 穴核 Energy 保護維持 機能으로서의 纒脣 役割을 다하지 못한다. 子孫의 社會活動에 있어서 相對的 因果關係가 恒常 險難 複雜하게 되고, 일마다 件마다 百事가 不成이면서 家族의 心臟疾患이 婦人과 막내에게서 끊어지질 아니한다.

2) 局勢에 依한 家運과 그 吉凶長短

(1) 玄武 Energy 特性에 依한 家運과 그 吉凶長短

主入力 Energy源과 案山 및 靑·白 Energy 間의 善惡, 美醜, 大小, 强弱, 高低, 長短에 對한 均衡 調和로부터 家運과 家勢의 吉凶, 長短이 決定되는 것이므로, 무엇보다 個體 Energy場과 全體 Energy場의 同調 平等이 善美 强大하게 安定될 때 穴場의 家運과 生命運이 善美 强大하게 安定된다.

主體的 種性意志, 推進力, 生産能力, 頭腦活動能力, 指導力, 保護勢力, 後見能力, 名譽, 智慧, 官貴 等을 主管하므로, 크게 同調되는 玄水局 Energy場에서는 그 吉事 또한 크게 善美, 强大, 高長할 것이요, 크게 干涉되는 玄水局 Energy場에서는 그 凶事 또한 크게 醜惡, 弱小, 低短함으로 나타날 것이다.

鬼 Energy體의 特性과 그 單複의 裝置形態에 따라 穴 Energy의 善惡, 美醜, 大小, 强弱, 高低, 長短이 倍加되어 달라지게 되고, 家運과 人運의 吉凶長短 亦是 이와 같이 따라지게 된다.

(2) 案山 Energy 特性에 依한 家運과 그 吉凶長短

案山 Energy와 主玄武 및 靑·白 Energy 間의 善惡, 美醜, 大小, 强弱, 高低, 長短에 對한 均衡 調和로부터 家運과 家勢의 吉凶, 長短이 決定지어진다.

玄武의 主入力 Energy 및 그 Energy場을 Control하는 까닭에 全體 局 Energy場의 質的 向上을 增大 保存시키고, 家運과 家勢의 풍요적 安定을 維持 向上시킨다.

玄武 Energy場이 家運의 勢力을 主管한다면, 案山 Energy場은 家運의 安定을 主管한다고 볼 수 있다. 家運의 社會的 安定意志를 지님으로써 社會性, 調和性, 集合性的 機能을 提高시키고, 平等心과 克己心과 復禮心을 일깨운다.

靑白 Energy場의 秩序를 回復시킴으로써 家風을 確立케 하고, 大小事의 完成能力과 維持管理能力을 向上시켜 풍요한 人格體를 形成한다. 貯蓄心과 勤勉心, 忍耐心, 慈悲心 그리고 奉仕의 희생정신이 일구어진다. 官 Energy體의 特性에 따라 그 吉凶 長短 亦是 倍加됨은 마찬가지다.

(3) 靑·白 Energy 特性에 依한 家運과 그 吉凶長短

① 玄武 Energy體로부터 入力되는 靑龍 Energy體의 善惡, 美醜, 大小, 强弱, 高低, 長短에 따라 穴場 靑蟬翼의 善惡, 美醜, 大小, 强弱, 高低, 長短과 吉凶, 禍福이 決定된다.

　主 玄武 Energy와 靑木 Energy 間 調和되는 生命體의 根源 Energy 活動과 그 壽命을 決定짓는 가장 깊은 因緣現象으로서, 推進力과 强健함과 成就能力을 主管하고, 腎-肝, 膀-膽의 Energy 同調와 兄弟間 調和를 돕는다.

② 靑龍 Energy體와 白虎 Energy體 間의 Energy場 同調干涉에 따라 靑蟬翼과 白蟬翼의 善惡, 美醜, 大小, 强弱, 高低, 長短의 均衡調和가 決定되고, 그 均衡調和에 따라 吉凶 禍福의 質量的 生命調和가 決定된다.

　心性의 均衡, 仁義 均衡, 名譽와 財利의 均衡, 健康, 肝-肺, 膽-大腸의 均衡, 男女 夫婦 間 調和關係를 主管한다.

③ 靑·白 Energy體 또는 靑·白 蟬翼 Energy體에 그 曜砂 Energy體가 特

出하게 되면 그 單複에 따라 善惡, 美醜, 大小, 强弱, 高低, 長短의 吉凶이 倍加된다.

④ 靑·白 Energy體와 案山 Energy體間의 相互同調 干涉에 따라 穴場의 纏脣과 靑·白 蟬翼 間 Energy場 秩序가 形成되게 되는 것이므로, 靑木 - 朱火 Energy場 同調가 善美하면 靑 木氣의 安定이 優先하여 男性의 名譽와 健康이 發展하고, 白金 - 朱火 Energy場 同調가 善美하면 白金氣의 安定이 優先하여 財利와 女性의 活動이 旺盛해진다.

靑木(肝, 膽)Energy場과 朱火(心, 小腸) Energy場의 同調干涉 程度에 따라 肝膽과 心·小腸의 健康狀態와 그 靈魂의 善惡이 나타나게 되고, 白金(肺, 大腸)Energy場과 朱火(心, 小腸)의 同調干涉 程度에 따라 肺·大腸과 心·小腸의 健康狀態와 그 靈魂의 善惡이 드러나게 된다.

(4) 기타 明堂砂 및 水口砂 Energy 特性에 依한 家運과 그 吉凶 長短

① 局勢 Energy場 中 明堂砂 Energy體 特性에 依한 穴 Energy 運勢의 善惡, 美醜, 大小, 强弱, 高低, 長短은 水口砂 Energy 特性의 그것보다 더욱 迅速하고 效果的으로 나타나게 된다. Energy體 位置別, 遠近別, Energy 作用線과 角度別, 善惡, 美醜, 大小, 强弱, 高低, 長短의 特性이 그 吉凶, 長短의 速遲를 決定하게 된다.

② 局勢 Energy場 中 水口砂 Energy體 特性의 善惡, 美醜, 大小, 强弱, 高低, 長短은 穴 Energy 運勢의 根本的 형틀 構造를 決定하는 것으로서, 明堂砂 Energy 特性作用이 지니고 있는 吉凶의 質的 發應 作用에 비해 그 吉凶의 그릇과도 같은 特性 力量이 發應된다고 말할 수 있겠다.

3) 風水勢에 依한 家運과 그 吉凶長短

(1) 直來 風水勢에 依한 家運과 그 吉凶長短

① 直來强風 - 大河水 Energy의 直射處 → 凶極
② 直來弱風 - 小川水 Energy의 直射處 → 半凶

(2) 環抱風水勢에 依한 家運과 그 吉凶長短

(拒水局原則 – 去水局일 경우에는 吉勢는 半減하고 凶勢는 上昇한다.)

① 左來 左旋强風 大河水 Energy의 環包處 → 半吉
② 左來 左旋弱風 小川水 Energy의 環包處 → 大吉
③ 右來 右旋强風 大河水 Energy의 環包處 → 半吉
④ 右來 右旋弱風 小川水 Energy의 環包處 → 大吉

(3) 背回 風水勢에 依한 家運과 그 吉凶長短

① 背回 左旋 大河 風水勢 結穴處 → 青 Energy 先凶極 後小吉
② 背回 左旋 小川 風水勢 結穴處 → 青 Energy 先凶 後吉
③ 背回 右旋 大河 風水勢 結穴處 → 白 Energy 先凶極 後小吉
④ 背回 右旋 小川 風水勢 結穴處 → 白 Energy 先凶 後吉

4) 家相에 依한 家運과 그 吉凶長短

(1) 建物 配置特性에 依한 家運과 그 吉凶長短 → 背山臨水, 陽來陰受
(2) 建物 構造特性에 依한 家運과 그 吉凶長短 → 圓構造 및 4n角 構造 = 吉, △ 및 不正角 構造 = 凶
(3) 陰陽配合特性에 依한 吉運相 → ⊕ Energy場 : ⊖ Energy場 = 1 : 0.577 ~ 1 : 0.866
(4) 基頭安定 特性에 依한 吉運相 → 建物中心 ≒ 基頭 中心
(5) 玄關配置 特性에 依한 吉運相 → 穴場 明界水 入力處 出入
(6) 大門配置 特性에 依한 吉運相 → 元辰得來水 入力處 出入
(7) 庭園配置 特性에 依한 吉運相 → 建物 ⊕Energy場 : 庭園 ⊖Energy場 = 0.577 : 1 以下, 前面庭園 : 後面庭園 = 1 : 0.5 以下
(8) 담장配置 特性에 依한 吉運相 → 1層建物高 : 담장고 = 1 : 0.5 以下
(9) 坐向設定에 依한 吉運相 → 〔入力玄水 Energy體 中心(坐) - 家宅 中心 (穴心) - 朱火 Energy體 中心(向)〕이 一直線上에 있을 것

5) 家族運勢에 따른 家運과 그 吉凶長短

(1) 父母運勢에 따른 家運과 그 吉凶長短

   (父 + 母 Energy場) + (地勢 및 家勢 Energy場)

   = 圓形 同調 Energy場일 것

(2) 子孫運勢에 따른 家運과 그 吉凶長短

   (子孫 Energy場) + (地勢 Energy場 + 家勢 Energy場)

   = 圓形 同調 Energy場일 것

(3) 父-子 運勢에 따른 家運과 그 吉凶長短

   (父 + 子) Energy場 + (地勢 및 家勢) Energy場

   = 圓形 同調 Energy場일 것

6) Energy場 特性과 人性의 善 · 惡 · 美 · 醜

(1) 人體 Energy場 特性 ≒ 生活空間 Energy場 特性

(2) 生活空間 Energy場 特性의 安定特性 = (立體空間 Energy場 + 平面空間 Energy場)의 安定特性

(3) 立體空間 Energy場의 特性 = ⊕Energy場, 動的 Energy場, 安樂空間 Energy場

(4) 平面空間 Energy場의 特性 = ⊖Energy場, 靜的 Energy場, 快適空間 Energy場

(5) 人體 Energy場의 安定意志 = (安樂的 安定意志 + 快適的 安定意志)의 調和意志

(6) 人體 空間 滿足度 = 安樂度 + 快適度의 調和

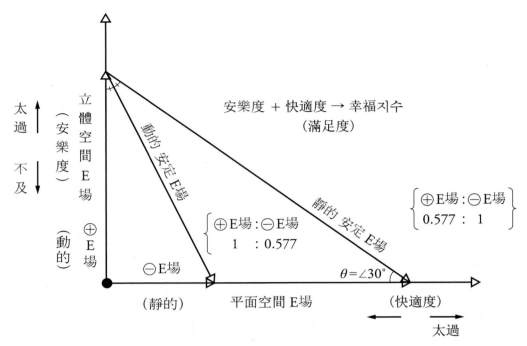

〈그림 4-24〉人體 空間 滿足度 = 安樂度 + 快適度의 調和

제4절 坐向論

1. 地氣 Energy場의 入力中心 Energy 坐向

(1) 正變易 直入首 Energy場의 入力中心 Energy 坐에서는 朱案砂 Energy
場의 撞背 入力中心 Energy 向을 定할 것

(2) 垂變易 直入首 Energy場의 入力中心 Energy 坐에서는 朱案砂 Energy
場의 開帳中心 Energy 向을 定할 것

(3) 縱變易 左旋入首 Energy場의 入力中心 Energy 坐에서는 朱案砂 左旋
凝縮 Energy場의 入力中心 Energy 向을 定할 것

(4) 縱變易 右旋入首 Energy場의 入力中心 Energy 坐에서는 朱案砂 右旋
凝縮 Energy場의 入力中心 Energy 向을 定할 것

(5) 橫變易 橫入首 Energy場의 入力中心 Energy 坐에서는 朱案砂 橫帶
Energy場의 中心 Energy 向을 定할 것

(6) 隱變易 隱入首 Energy場의 入力中心 Energy 坐에서는 朱案砂 立體 凝
縮 Energy場의 中心 Energy 向을 定할 것

2. 建造物의 立體空間 Energy體 坐向

(1) 立體空間 Energy場의 基頭中心 Energy 坐向(基頭測定法 參照)
建造物 立體 Energy場 中心과 基頭中心의 만나는 線이 地氣入力
Energy 中心線과 朱案砂 凝縮 Energy 中心線上에 놓이게 할 것

(2) 建造物 Energy體의 後面 ⊖ Energy場 中心이 地氣入力 Energy 中心
線과 $\theta = \angle 90°$로 만나는 坐線을 定할 것(陽來 陰受 原理 參照)

(3) 建造物 Energy體의 前面 ⊖ Energy場 中心이 朱案 Energy體 凝縮 中
心線과 $\theta = \angle +90°$로 만나는 向線을 定할 것(陰來陽受原理 參照)

(4) 建造物 立體 Energy場 中心 坐向線은 風水勢 Energy場의 入力中心線
과 受授角($\theta = +\angle 90°$ 以上角)

(5) 建造物 立體 Energy場의 中心 坐向線은 大門과 玄關의 Energy 入力線과 受授角($\theta = +\angle 90°$ 以上角)으로 만날 것(大門과 玄關의 風水勢 入力 原理 參照)

3. 庭園의 平面空間 Energy 坐向

(1) 平面 空間 Energy場의 基頭中心 Energy가 地氣 入力 Energy 中心과 만나는 坐. 庭園의 平面空間 Energy場 中心點과 建物의 立體空間 Energy場 中心點이 地氣 Energy 入力 中心線上에 놓일 것

(2) 平面空間 Energy場의 基頭中心 Energy가 朱案 Energy 凝縮中心線과 만나는 向. 庭園의 平面空間 Energy場 中心點과 建物의 立體空間 Energy場 中心點이 朱案 Energy 凝縮 中心線上에 놓일 것

(3) 庭園의 平面空間 Energy場 中心點과 建物의 立體空間 Energy場 中心點 連結線이 風水勢 Energy場의 入力 中心線上과 受授角($\theta = +\angle 90°$ 以上角)으로 만날 것

(4) 庭園의 平面空間 Energy場 中心點과 建物의 立體空間 Energy場 中心點 連結線이 玄關과 大門의 Energy 入力線과 受授角($\theta = +\angle 90°$ 以上角)으로 만날 것

4. 風水勢 Energy場의 入力 中心向

(1) 建造物 立體 Energy場 中心과 風水勢 Energy場의 入力 中心線이 受授角 $\theta = \angle + 90°$ 以上의 拒水向이 되도록 定할 것

(2) 建造物 玄關 Energy 入出線이 風水勢 Energy場의 入力 中心線과 $\theta = \angle + 90°$ 以上의 受授角이 되도록 拒水向을 定할 것

(3) 庭園 大門 Energy 入出線이 風水勢 Energy場의 入力 中心線과 $\theta = \angle + 90°$ 以上의 受授角이 되도록 拒水向을 定할 것

5. 基頭点과 坐向의 選擇

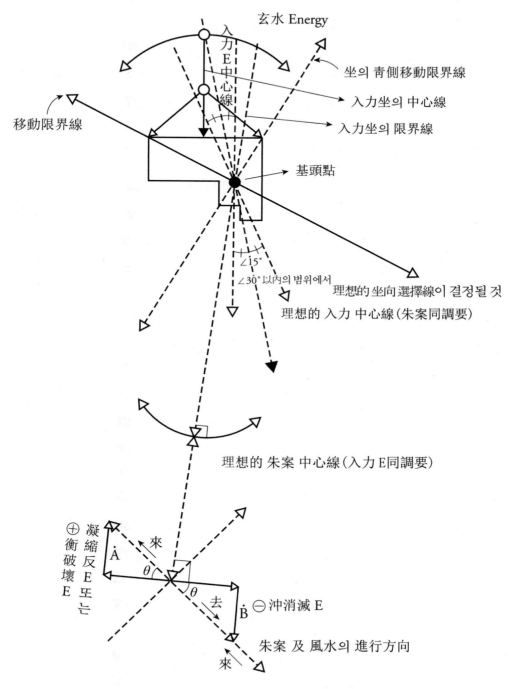

玄水 Energy

入力 E 中心線

坐의 靑側移動限界線

入力坐의 中心線

入力坐의 限界線

移動限界線

基頭點

∠15°
∠30° 以內의 범위에서

理想的 坐向 選擇線이 결정될 것

理想的 入力 中心線(朱案同調要)

理想的 朱案 中心線(入力 E同調要)

⊕ 凝縮反 E 또는 衡破壞 E

A

來

θ

θ

來

去

B

⊖沖消滅 E

朱案 及 風水의 進行方向

〈그림 4-25〉 基頭点과 坐向의 選擇

註 : $\dot{A}$: 朱案 및 風水의 來向時 凝縮 反 Energy Vector 量

$\dot{B}$: 朱案 및 風水의 去向時 離脫消滅 Energy Vector 量

⊕ : 衝 破壞 Energy. 直射 來向 Energy

⊖ : 沖 消滅 Energy. 直射 去向 Energy

入力 中心線과 建物 面間의 거리 × 0.577 × 2(= 1.154) 때의 坐向線 決定되고 基頭가 이 移動 限界線을 이탈하면 凶이다.

※ ① $\theta = 45°$ 時 反 Energy와 消滅 Energy는 均等하여 0(Zero) 凝縮이 形成된다.

② $\theta > 45°$ 時 反 Energy보다 消滅 Energy가 增加한다.

③ $\theta = 0° \sim 45°$에서는 消滅 Energy보다 反 Energy가 더 크게 作用하다가 $\theta = 0$點에서 最大 反 Energy을 發生한다.

6. 向 凝縮 Energy場의 種類

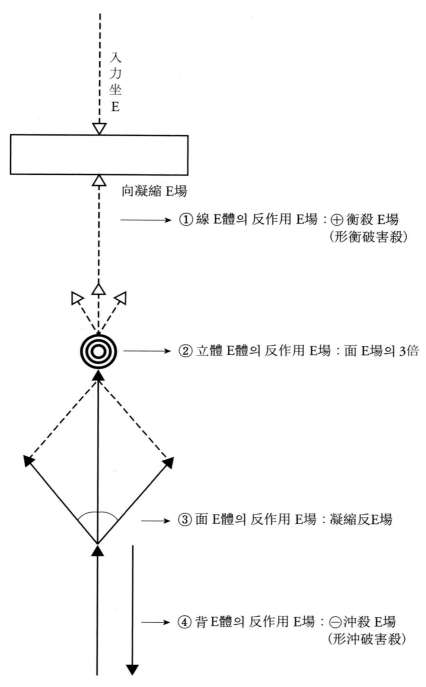

〈그림 4-26〉向 凝縮 Energy場의 種類

제5절 陽基施設 計劃論

1. 國家首都 設置 計劃

(1) 地勢 環境 計劃

① 國土의 最適 安定 中心處

② 主勢 Energy 및 그 Energy場의 最善 最大 入力處

③ 主勢 Energy 및 그 Energy場의 最善 開帳 安定處

(2) 局勢 環境 計劃

① 局 Energy 個體의 最善 最美 最大處

② 主勢 Energy에 對한 局 Energy場의 最適 安定 同調處

③ 局 Energy 相互間의 最適 安定 同調處

(3) 風水勢 環境 計劃

① 風水勢 相互間의 最適 同調 安定處

② 風水勢와 主勢間의 最適 同調 安定處

③ 風水勢와 周邊砂間의 最適 同調 安定處

2. 都市設計 計劃

(1) 區域 計劃

① 住居 區域計劃

② 商業 流通 區域計劃

③ 業務 情報 區域計劃

④ 敎育 硏究 區域計劃

⑤ 工業 製造 區域計劃

⑥ 文化體育 觀光 區域計劃

⑦ 委託 遊興 區域計劃

⑧ 農畜 園藝 區域計劃

⑨ 綠地 區域計劃

⑩ 衛生 福祉 區域計劃

(2) 道路 計劃

上記 區域에 따른 各各의 道路 計劃

(3) 電力 通信 및 Energy 施設 計劃

① 電力 施設 計劃

② 通信施設 計劃

③ Energy 施設計劃 燃料 및 熱 Energy

(4) 上下水 施設計劃

① 上水源 施設計劃. Energy 入力側. 自然江河水 管井 不可

② 上水道 供給計劃. Energy 入力側

③ 下水道 配置計劃. Energy 供給側에 基準

④下水處理 施設計劃 Energy 出力側

(5) 公園施設 計劃

① 都市外郭 公園施設計劃

② 都心內部 中央公園 施設計劃

③ 團地別 公園施設計劃

3. 都市施設物 設置計劃

(1) 公共 業務施設 設計

① 國家重要 機關 建物 設計

　〈國家首班 官邸設計. 重要機密機關 建物設計〉

② 國家 行政機關 建物 設計

③ 國家 立法機關 建物 設計

④ 國家 司法機關 建物 設計

(2) 住宅 設計

① 單獨 個人 住宅 設計

② 合同 共用 住宅 設計

③ 住商複合 住宅 設計

(3) 宗教 施設 計劃

① 聖堂 施設 設計

② 敎會 施設 設計

③ 寺刹 施設 設計

④ 其他 祈禱施設 設計

(4) 敎育施設 設計

① 初中大學 硏究施設 設計

② 硏修院 施設 設計

③ 圖書館 및 博物館 設計

(5) 一般 業務 施設 設計

① 業務 빌딩 設計

② 業務 團地 設計

③ 業務住居 複合建物 設計

(6) 商業施設 設計

① 專用 商街 施設物 設計
② 住商 複合 商業建物 設計
③ 單獨 商業 施設物 設計

(7) 工業 施設 設計

① 製造工場 施設物 設計
② 倉庫建物 設計
③ 管理業務 施設 設計

(8) 農畜 園藝 施設物 設計

① 農事用 管理舍 및 倉庫 設計
② 畜舍 및 汚水 處理施設 設計
③ 花藝 施設 設計

(9) 觀光 文化 및 慰樂體育施設 設計

① 觀光 施設 設計
② 文化 施設 設計
③ 委託 施設 設計
④ 體育 施設 設計

(10) 病院 幼兒園 및 養老院 施設 設計

① 病院 施設 設計
② 幼兒園 施設 設計
③ 養老院 施設 設計

4. 陽基穴場 基本設計 立坐立向 設定原理

穴場中心 建物基頭 庭園中心 合一線上
玄朱中心 藏風拒水 特秀峰頂 立坐立向
多峯玄朱 混亂할땐 特異峰에 立坐立向(于勢之道)
一字山이 整列커든 한가운데 立坐立向(中正之道)
獨秀峰이 우뚝커든 尖峰中에 立坐立向(獨立之道)
두개峰이 雙立커든 兩峰間에 立坐立向(中庸之道)
玄朱峰이 不安커든 入首朝來 立坐立向(相續之道)
鬼樂朝案 秀麗하면 特秀峰에 立坐立向(近親之道)
來脈朝水 相照하면 還抱中心 立坐立向(陰陽之道)
玄水立坐 設定限界 壬子癸線 넘지말고
朱火立向 設定限界 丙午丁線 넘지말고
玄朱坐向 最吉設定 最秀峰頂 第一이니
長孫爲主 立坐于先 直入直坐 最吉하고
次孫爲主 立向于先 拒水朝向 最吉하고
左旋穴場 天干立坐 右旋穴場 地支立坐
左旋到水 天干立向 右旋到水 地支立向
左旋右旋 相異坐向 長發支發 相異天地
天(干)地(支)坐向 男女長支 相異發應 原理일세
穴場基頭 穴場坐向 最善最吉 設定後에
建物基頭 무게中心 立坐陰陽 最善設計
最善穴核 最吉基頭 陰陽比率 合致하면
庭園中心 建物中心 玄朱中心 穴場中心
네가지가 合一하여 最善坐向 設定하네
庭園中心 基頭點에 大門吉神(氣) 들게하고
建物中心 基頭點에 玄關吉神(氣) 들게하고
안방中心 基頭點에 房門吉神(氣) 들게하고
客房中心 基頭點에 客門吉神(氣) 들게하고

居室中心 基頭點에 터主(地氣穴核)吉神 앉게하고

廚房中心 基頭點에 廚房吉神 놀게하고

玄關入口 團束하여 出入吉神 便케하면

五方吉神 힘을합쳐 子子孫孫 福을주네

玄水吉神 子孫智慧 智靈種子 創造하고

朱火吉神 社會活動 禮敬畏謙 북돋우고

靑木吉神 벼슬健康 仁德君子 改造하고

白金吉神 財貨藝技 義勇富武 일으키고

黃土吉神 自律意志 信念精靈 밝게하니

五方吉神 두루도와 極品子孫 낳는구나

吉神出入 어떠한가 꼼꼼히 살펴보세

터主鬼神 들어오는 地氣通路 끊치말고

天上貴人 감싸주는 空間通路 막지말고(빌딩, 巨木)

朱客坐向 子午線에 大門玄關 두지말고

家宅鬼神 앉아있는 建物中心 均衡잡고

庭園鬼神 安定處에 天神地神 놀게하고

大門玄關 案內鬼神 風水吉神 모셔오고

善美平穩 風水吉神 基頭品에 들게하고

大門鬼神 밝게웃어 돈鬼神을 들게하며

玄關鬼神 함께웃나 外神動靜 살핀後에

五方鬼神 놀고있는 居室中心 바로잡고

안방鬼神 기뻐하나 天地吉神 도움받아

앉을때나 누울때나 吉神入力 坐를삼고

善美朱火 吉神處所 中心品에 向을놓고

善美快適 風水氣運 明堂品에 안기도록

물이오면 拒水하고 물이가면 틀어막고

오는물은 끌어안고 가는물은 들게하고

바람오면 갈무리고 바람가면 감싸안고

거센바람 거센물길 慾心줄여 避해앉고

잔잔바람 잔잔물결 歡喜롭게 반겨담고

밤바람은 막아주고(등을지고) 낮바람은 담아안고

찬바람은 피해앉고 따슨바람 즐겨앉고

背山臨水 拒逆하여 敗家亡身 하지말고

天氣自然 順應하여 靈肉安定 이룬後에

天靈地靈 기쁨주어 子孫萬代 平케하세

無心靈魂 本맘으로 自律意志 善케하고

自律意志 善定으로 自律神經 平安하면

自律神經 平安行業 五臟六腑 便케하네

몸맘본맘 무엇인고 새겨보고 살펴보니

몸마음은 곪은마음 본마음은 밝은마음

보곪으고 들곪으고 먹곪으고 갖곪으고

놀곪으고 자곪으고 끊임없이 하곪은맘

그마음은 몸뚱마음 결국에는 滅亡하네

本마음은 무엇인고 生命創造 그맘일세

맑고淸淨 밝은光明 거룩하고 偉大하게

거짓없는 眞實行業 慈悲롭고 善美하게

끝이없는 懺悔마음 恩惠功德 깨달아서

변함없는 廻向行業 生命創造 이룩하네

아웅다웅 잘살자고 몸맘따라 奔走할제

本맘靈魂 어두워져 몸맘쫓아 墮落하니

自律意志 無明하여 自律神經 病이들고

自律神經 病이들면 五臟六腑 病이깊어

黃泉길이 눈앞인줄 衆生들은 모르는다.

몸마음은 無明하여 貪瞋痴에 얽혀가고

本마음은 光明하여 大智慧를 불밝히니

몸마음은 衆生낳고 本마음은 聖人낳아

몸맘지옥 本맘極樂 地獄天堂 갈라놓네

五臟六腑 不便함이 어디에서 生起는고?

身體筋肉 움직이는 自律神經 本주인이
氣脈血流 長短맞춰 生命活動 잇게하니
自律神經 不便하면 五臟六腑 따라가고
自律神經 便安하면 五臟六腑 和平하네
自律神經 本來모습 곰곰새겨 살펴보니
自律他律 根本모습 自律意志 本性이고
大自然의 生命攝理 그대로를 相續했네
大自然의 生命리듬 本性本質 그대로고
人間生命 人間意志 自律리듬 그대롤제
絶對靈魂 自律意志 光明智慧 불밝히면
大自然의 生命리듬 人間生命 리듬되고
本맘靈魂 自律意志 몸맘意志 불밝히네
人間몸맘 밝아지면 他律意志 光明하고
他律意志(人間無明) 불밝히면 몸맘意志 고요하고
몸맘意志 고요할제 人間無明 사라지고
몸맘無明 사라지면 本맘光明 더욱밝네
本맘光明 밝아질제 自律意志 드러나고
自律意志 밝음따라 自律神經 光明얻고
自律神經 光明따라 生命秩序 밝아지네
밝은秩序 맑은生命 自律意志 屬性이고
自然리듬 生命리듬 生命倉庫 한맘일세
몸맘본맘 하나되어 生命創造 불밝히면
네맘내맘 하나되어 大明天地 불밝히니
아플수도 죽을수도 차마할일 너무많아
弘益人間 生命創造 一平生이 모자른다.
네맘내맘 한마음이 本맘몸맘 두루밝혀
네몸내몸 하나되어 極樂淨土 이룩하면
天命地命 神命人命 하나되어 永生하리
天氣地氣 凝縮처에 人間生命 再創造로

仁義禮智 信念밝혀 人間種性 改造하세

5. 陽基陽宅 同調干涉 吉凶禍福 因果原理

陽基穴場 安定傾斜 六十度를 背坐하고
陽基穴場 危險傾斜 三十度內 凶禍나고
陽基穴場 斷脈處에 子孫絶孫 人敗官敗
陽基穴場 無脈處엔 멍텅구리 子孫나고
陽基穴場 安定處엔 富貴長命 子孫나고
陽基穴場 陽宅設計 背山臨水 根本이고
陽基穴場 陽宅設計 背水臨山 逆性亡身
陽基穴場 水脈石脈 病든子孫 連出하고
陽基穴場 陷井處엔 百事不成 人敗난다.
陽基陽宅 陽陰空間 立體空間(가로空間) 平面空間(세로空間)(높이⊖)
立體空間 建物空間⊕ 平面空間 庭園空間⊖
立體空間 活動意志 平面空間 安定意志
立體空間 快適指數⊕ 平面空間 安樂指數⊖
立體平面 陽陰比率 5대4나(5:3) 4대5나(3:5)
活動處는 陽을크게 安定處는 陰이크게
陰陽合當 垈地建物 陰陽吉神 몰려온다.
立體空間 凹凸나면 刑沖破害 夭折나고
平面空間 모가나면 비뚠人格 길러낸다.
陰陽不均 기억字집 基頭中心 둘데없고
陰陽不均 디귿字집 陷井訟事 끝이없네
幅이좁은 미음字집 안뜰좁아 人事陷井
幅이넓은 미음字집 안뜰넓어 因緣오네
빌딩숲속 얕은建物 빌딩風에 人敗財敗
넓은들판 외딴建物 평지풍파 못견디네

얕은곳에 얕은建物 閉塞氣運 發展없고
높은곳에 높은建物 八風殺에 무너진다.
正方圓뿔 富相建物 富貴榮華 불러오고
좁고모난 貧相建物 貧賤身世 못免한다.(四方干涉)
一層空虛 閉塞陰氣 疾病鬼神 불러온다
單獨집을 지을때는 玄朱靑白 四神삼고
두체以上 지을때는 建造物로 四神삼네
吉福鬼神 좋아하는 높은層高 집을짓고
貧賤鬼神 즐겨찾는 낮은層高 멀리하세
짧은집엔 짧은생각 길쭉한집 주책없고
모난방엔 모난子孫 비뚠방엔 비뚠子孫
좁은방에 막힌窮理 넓은방엔 넓은窮理
居室크면 福桶크고 안방크면 돈桶크네
너무크면 實速없고 너무작어 氣막히고
兩門두면 人敗損失 가운데門 氣갈르고
뒷門두면 씨앗들고 옆門두면 도둑드니
地氣天氣 드는곳에 健康鬼神 들게하고
風水吉神 오는곳에 돈鬼神을 들게하세

第3章　風水理論的 建築物 設計

제1절 生態 建築物의 風水 理論的 接近

1. 緒論

人間이 自然環境 속에서 보다 安定된 生命活動을 營爲해가기 위하여 가장 먼저 認識하여야 할 것은, "人間은 自然을 정복하며 살아가는 것이 아니라 自然이 人間을 包容할 때 비로소 바른 삶이 持續된다."는 事實이다.

이러한 認識의 大前提는 모든 生命體가 自然의 被造物인 까닭에 自然의 秩序에 順應하지 아니하는 어떠한 生命活動도 용서될 수 없다는 것이며, 반드시 自然이 形成해가는 生命的 環境條件에 따라서만 人間 生命 活動은 維持될 수 있다는 것이다.

여기에서 우리는 人間의 生命秩序와 自然의 生態環境秩序 사이에 연결되는 매우 중요한 根源的 生命 고리가 存在하고 있음을 깨닫게 된다. 보잘것없는 自然의 작은 것에서부터 보이지 않는 우주의 어느 것 하나에 이르기까지라도 우리의 生命體와 關係되지 아니하는 어떤 것도 存在할 수는 없으며, 이러한 우리의 生命活動 秩序組織은 全的으로 自然의 秩序組織 속에서 自然秩序組織原理를 따라서만 形成될 뿐이다.

이러한 까닭에 人間의 부단한 生命活動 向上追求나 生命環境 改善 勞力은 分明히 原則的인 것이어야 되며, 극히 自然的인 것이어야 하며 絶對 平等한 것이어야 한다.

마치 우리 人間이 社會組織의 規範原則과 法의 秩序를 지킬 때 그리고 宗敎的 善의 價値를 깨닫고 道德的 價値를 尊重할 때 人間社會가 밝아지고 社會기틀이 굳건해지는 것 이상으로 自然秩序를 尊重하고 自然原理에 順應하며 自然의 平等 心에 廻向하는 것은 未來 人間生命을 破滅에서 구하고 밝은 삶의 文化를 再創造 해갈 수 있는 유일한 대안임을 확신할 수 있겠다.

이와 같은 觀點을 살펴볼 때 人間의 生命活動秩序 組織과 自然의 生態 秩序組織間에는 어떤 분명한 形態의 關係秩序가 具體的으로 現象化되어 있다고 보아야 할 것이다.

自然의 環境 秩序組織과 生命活動 秩序組織間의 相互關係에 있어서 이들은 서로 保護하고 育成하며 이끌어가는 相互 同調的인 特性을 나타내게 되는데, 이 同調場의 合成은 곧 힘의 作用力 特性으로 現象化되어 物理的으로 나타나거나, 또는 具體的 構造特性으로 形像化하여 그 모습을 立體化하거나 하는 두 가지의 特性形態를 만들게 된다.

이는 各各의 秩序組織內에 內在된 고유의 特性을 同調的 作用力과 形像的 구 조틀로 具體化할 수 있는 個體別 Energy 및 그 Energy場이 존재하고 있음을 意味하는 것이며, 이들 Energy 및 그 Energy場의 相互的 同調關係作用은 새로 운 형태의 生命活動 秩序組織을 再構成하여 새 生命 Energy體를 形像化해가는 再創造 SYSTEM을 구축하게 된다.

2. 統一 Energy場의 原理와 構造

1) 統一 Energy場의 原理

人間의 生命活動 秩序組織이 自然의 生態秩序 組織體系에서 비롯되고 自然 의 生態秩序 組織體系는 自然의 環境秩序 組織體系에서 비롯되며, 自然의 環境 秩序 組織體系는 亦是 地球의 核 Energy場 秩序와 天體의 合成 Energy場 秩序 體系에 의해서 形成되어 있다.

이와 같은 現象은 달과 地球, 地球와 太陽, 太陽과 宇宙 그리고 人間과 宇宙 에 이르기까지, 어느 것 하나와의 關係에 있어서도 同質的이고 一體的이며 遺傳

相續的이고 從屬的인 一切的 同調 Energy場이 統一하고 있음을 나타낸다. 勿論 이와 反對의 異質的이고 個體的이며 非遺傳 相續的이고 獨立的인 一切 干涉 Energy場이 함께하고 있음도 分明하다.

그러나 이 모든 것은 全體的이고 根源的인 特性에 있어서는 窮極的으로 一致하는 統一的 關係 속에서 存在를 維持하게 되므로 여기에는 반드시 統一 Energy場이라는 一切的 Energy 구조들이 形成되게 된다.

2) 統一 Energy場의 構造와 秩序

上記와 같은 天體 Energy場과 地球 Energy場이 形成하는 地表의 生態環境 Energy場 構造秩序는 地表上의 一切 生命體에 그 生命活動 Energy場을 만들게 함은 勿論, 이들 地表 生態環境 Energy場과 人間 生態 Energy場 間에 있어서도 遺傳 相續的이고 從屬的이며 一體的인 統一的 Energy場 同調틀을 構造化하게 한다.

天體와 地球의 統一場에 의해 地表에 形成된 生態環境 Energy場 構造 中 가장 잘 發達되고 具體化된 秩序를 維持하고 있는 統一 Energy場 同調틀이 곧 地球表面에 形態化하고 있는 地表 山脈 Energy體 構造이다.

이 地球表面의 山脈構造는 地球循環 Energy가 集合된 地核 Energy의 活動 形態로서, 地表의 一切 生命 Energy를 生起同調케 하고 保護 育成 再創造케 하며, 地表上에 存在하는 어떤 生命體보다도 더 차원 높은 生命力과 根源的 生命秩序體系를 갖춘 集合 Energy 循環體라 말할 수 있다.

이 地表 山脈 構造體는 天體 Energy場과 地球 Energy場 同調에 의해 發達된 地表空間의 風, 水, 熱 Energy場과 함께 地表 上에서 形成되는 모든 Energy體의 變易秩序를 主管함은 물론 人間의 生體 Energy 및 그 Energy場을 同調干涉케 하는 主帝者的 母體로서의 役割을 擔當하는 까닭에, 그 Energy 및 Energy場의 變易秩序는 매우 정교하고도 組織的이며 大端히 아름답고도 위대한 것이라 하겠다.

앞으로 우리 人間의 限界的이고도 利己的인 삶의 價値認識構造가 이렇듯 성스럽고도 體系的인 生態環境 Energy體의 變易秩序를 올바로 把握하지 못한 채

無分別한 生命文化에만 執着하여 無計劃的 開發文化를 持續시켜간다면, 以後에 닥쳐올 人間生命體에 對한 不幸과 災殃은 豫見할 수 없을 정도의 크나큰 結果가 되어 무섭게 다가설지도 모른다.

江河나 山脈의 地表生態 Energy 흐름을 破壞하고 가로막는 無知한 人間들의 散漫한 開發文化가 그 度를 더해가고, 風水的 Energy場의 效率的 利用을 無視한 損失的 計劃建築 構造物이 날로 늘어만 가는 便宜主義的 現實 앞에 이제 우리는 茫然히 이대로 破滅을 지켜보며 살아가야 할 것인가? 아니면 地表生態 Energy場 環境을 保存시키고 人間生命 Energy場을 回復시키며 살아갈 것인가?

이것은 오늘을 살아가는 우리 인간이 하루빨리 지금까지의 迷惑에서 벗어나고 來日의 地球 生態環境을 保存하며 未來의 人間生命을 굳건히 지켜갈 수 있는 가장 거룩한 選擇的 決定 事項이 될 것이다.

가장 바람직한 오늘의 選擇을 爲해 地表 生態環境 Energy場의 實體와 여기에 同調合一 할 수 있는 人間 建築構造物의 理想的 Energy場 設計 및 配置計劃에 대해서 좀 더 具體的인 研究와 檢討를 해보기로 하자.

3. 風水的 生態環境 Energy場

1) 風水的 生態環境 Energy場의 形成秩序

前記에서 잠시 언급한 바와 같이 地球核 Energy場과 天體 Energy場 間에 形成되는 同調 Energy場은 具體的으로 地球表面에서 發散과 循環이라는 두 가지 形態의 Energy 構造틀을 만들게 되는데, 前者의 發散構造틀은 火山이라는 폭발형태로 地核 Energy를 發散하여 地球 Energy體 離散 Cycle을 조성해가고, 後者의 循環 構造틀은 山脈이라는 集合 Energy體로 地核 Energy 循環移動을 擔當케 함으로써 地球 Energy體 循環 Cycle을 조성해간다.

地球라는 核 Energy體는 太初 生成始作부터 그치는 날까지 生起 還元的인 循環 Cycle과 消滅 還元的인 離散 Cycle의 兩極軸을 부단히 지속적으로 進行함으로써, 한 軸으로는 生命 創造의 生起的 環境 Energy場 秩序를 구축하고 한 軸

으로는 生命 壞滅의 消滅的 環境 Energy場 秩序를 構築하여 地球表面이라는 兩極軸上에 生滅이 共存하는 生滅的 生態 環境 Energy場 構造秩序를 組織하게 된다.

이와 같이 形成된 生態環境 Energy場 構造體의 具體的 現象形態는 크게는 地表面의 山脈 Energy 構造體를 形成하여 生態 環境 Energy를 集合・同調・凝縮・核化하고, 작게는 地表 上에 風・水・熱의 空間 Energy 및 그 Energy場을 合成하여 地表生命 Energy體의 生命活動秩序를 한층 圓滿케 同調 變易시킴으로써 地球表面體와 空間 上에 生起的 生氣 Energy 運行이 원활한 生態環境 Energy場 維持秩序가 再創造되게 한다.

2) 生態環境秩序에 따른 人間生命 Energy 形成秩序

地球表面 Energy體와 空間 上에서 形成되는 生態 環境 Energy場의 維持秩序 背景에는 地球核力에 의한 核力場, 地球重力에 의한 重力場 그리고 地球 引力에 의한 引力場과 地磁氣에 의한 地磁氣力場, 地電氣에 의한 地電氣力場, 地電子力場, 陽子力場, 弱力場 그리고 또 기타 風力場・水力場・熱力場 등 各種의 環境 Ener-gy場이 함께 合成하여 同調하는 統一的 Energy場이라는 커다란 同調 Energy 틀이 存在하게 되는데, 위와 같은 地表 生態環境의 合成 同調 Energy場 組織틀 속에는 無限帶의 다양한 生命 同調 Energy場 채널이 無量으로 存在하게 된다.

이 多樣한 無限同調 Energy場 채널에 의해서 地表 現象 環境界에는 無限種의 生體 Energy 및 그 Energy場이 無量으로 供給되게 되고 이에 의한 無限種의 生命 Energy體 탄생과 그 集合들이 이루어져 現象으로 形體를 나투이게 된다.

같은 原理를 쫓아 人間 個體別 生命 Energy體에서 發現되는 生體 Energy場 構造秩序 역시 統一的인 地表의 生態 環境 Energy場 構造特性에 從屬되어 遺傳的이고 相續的이면서 그리고 從屬的이고 廻向的인 새로운 生命 Energy 秩序體系로 再創造 變易되어간다.

이상에서 살펴본 바와 같이 生態環境秩序에 따른 一切의 Energy場 秩序의 틀은 基本的으로 同調的이며 相續的이고 從屬的인 統一的 Energy 흐름 構造를

지니고 있다.

따라서 이러한 Energy 移動 循環秩序原理를 反하는 여하한 Energy場 構造도, 根源的인 生態 Energy場의 同調나 相續이나 從屬的 特性 領域에서 벗어나게 되면 그 相互的 關係秩序는 여지없이 破壞 消滅되고 만다. 이것은 人間의 生命文化에도 마찬가지다.

人間이 삶의 편리를 위해 만들어가는 生體 Energy場의 安定 노력이나 生命文化를 위한 人爲的 一切 Energy場 構造들이 統一的이고 근원적인 生態 組織秩序를 順應하지 아니하고 破壞시켜갈 때, 이들 無分別한 人爲的 一切 行爲들은 곧바로 人間 生體自身들의 個體 生命 Energy場을 破滅케 하는 從屬的이고 應報的인 不幸을 초래할 수밖에는 없을 것이다.

3) 地表 Energy體의 構造秩序와 生態 Energy 特性

(1) 板 Energy 構造秩序와 生態 Energy 特性

地表 板 平面 Energy 分布秩序로서 均等 Energy 分布特性은 維持하고 있으나 單位 Energy 密度가 빈약하여 他 Energy體의 保持量보다 훨씬 못 미치는 Energy 量을 지니고 있다. 따라서 生態的 人間生命 Energy 發生은 미약하다.

(2) 立體 Energy 構造秩序와 生態 Energy 特性

① 板 Energy 間 凝縮秩序 : 集合 Energy體 立體特性으로 Energy 凝縮秩序가 他力的 同調作用에 의해 形成된다. 生態的 生命 Energy 發生特性은 强健하나 부드러움이 부족하다.
② 地核 Energy 隆起秩序 : 地核 隆起에 依한 立體 Energy 特性으로 Energy 凝縮秩序가 自力的 同調作用에 의해 形成된다. 生態的 生命 Energy 特性은 부드러우나 强健함이 不足하다.

(3) 線 Energy 構造秩序와 生態 Energy 特性

① 板凝縮 安定過程에서의 線 Energy 構造體 : 外部周邊 Energy體의 同調 安定特性이 良好한 반면 外部 Energy體의 刑·沖·破·害 殺 干涉이 크

기도 하다. 生命同調 Energy와 干涉 Energy가 함께 强直하다.

② 隆起 Energy 凝縮安定에 依한 線 Energy 構造體 : 內部 隆起 Energy 體의 聚突 安定特性이 良好한 반면 外部 Energy體의 刑・沖・破・害 殺 干涉이 적다. 生命同調 Energy가 圓滿하나 그 Energy 量이 比較的 不 足하다.

4. 生態 建築計劃과 그 Energy場 設計

1) 地表 生態環境과 建築環境 計劃

지금까지 地表生態環境 Energy場을 說明하면서 人間 生命 Energy場이 全 的으로 生態環境 Energy場에 從屬되어 相續 同調하고 있음을 發見하였다.

善美・溫和한 生態環境 Energy場 속에서는 人間生命 Energy場도 善美・ 溫和한 構造를 維持할 수 있으며, 生態環境 Energy場이 凶暴 不良하게 되면 마 찬가지로 人間生命 Energy場도 凶暴 不良한 것이 되게 마련이다.

人間의 住居生活이 이 地球 上에서 營爲되고 삶의 文化가 地表 Energy體 上 에서 이루어지는 한, 地表 Energy體의 善・惡・美・醜나 大・小・强・弱 特性 이 人間生命 Energy體에 미치는 相續的이고 從屬的인 영향력은 절대로 벗어날 수가 없다. 따라서 地表의 生態環境 Energy場 속에 設置計劃되는 人間文化 施 設들은 반드시 生態環境 Energy場 特性을 破壞하거나 拒逆하거나 損傷시켜서 는 아니 된다.

人間 必要 構造物의 建築計劃은 親環境的이라기보다는 順應的 設計이어야 마땅하고 生態 Energy場의 Energy 흐름을 把握하지 않는 反生態的 建築設計 는 어떤 경우에도 排除되지 않으면 아니 된다.

建築構造物의 配置計劃은 地表生態 環境 Energy場의 Energy 흐름 配置와 合致해야 하고, 그러기 위한 建築構造物의 Energy場 設計는 보다 合理的으로 計劃되어야 한다.

아무리 地表 生態環境 Energy場의 Energy 回路를 파악하였다 할지라도 建 築構造物의 Energy場 回路가 分析的으로 設計되지 않았다면 이들의 合理的 同

調配置는 不可能하게 될 수밖에 없기 때문이다.

風水學的 建築環境을 論하는 이유는 위와 같은 地表 生態環境 Energy場의 Energy 回路를 확실하게 파악하자는 것이고, 風水學的 建築構造를 設計코저 하는 까닭은 보다 合理的인 建築 構造物의 善 Energy場 設計를 도모하여 建築 空間 Energy의 흐름을 安定케 하자는 것이다.

建築空間 Energy場의 安定된 秩序構築이야말로 우리 人間生命의 生體 Energy場 리듬을 가장 확고하게 安定시킬 수 있는 유일한 手段일 수밖에 없다.

理想的 生態環境 Energy場의 同調 속에서, 合理的인 建築構造 善 Energy 體를 配置計劃하고, 安定되고 쾌적한 建築空間 Energy를 再創造 循環케 하여 生體 Energy를 極大化 善性化하는 것은, 우리 人間의 生命文化를 가장 善美하게 維持 發展시키고 最强하게 相續시킬 수 있는 理想的인 패러다임이 될 것이라 確信한다.

2) 風水學的 Energy場 計劃

(1) 風水學的 生態環境 Energy場에 同調하는 理想的 建築構造 Energy場 計劃

① 主 地勢入力 Energy 및 그 Energy場과 建築 Energy 및 그 Energy場 同調

　㉠ 善美强大한 地勢 Energy 入力과 建築 Energy 坐의 合一

　㉡ 穴場 Energy 및 그 Energy場 中心과 建築 Energy 構造의 中心合一

　㉢ 穴場 Energy 및 그 Energy場의 大小强弱에 따른 建築物의 規格決定

② 局 地勢 Energy 및 그 Energy場과 建築 Energy 및 그 Energy場 同調

　㉠ 局 左右 地勢 Energy 및 그 Energy場과 建築物 左右 Energy 構造와의 同調設計

　㉡ 局 前後 地勢 Energy 및 그 Energy場과 建築物 前後 Energy 構造와의 同調設計

　㉢ 全體 局 Energy 및 Energy場에 따른 建物高의 同調設計

③ 風水勢 Energy 및 그 Energy場과 建築 Energy 및 그 Energy場 同調

　　㉠ 風水勢 Energy의 大小强弱善惡美醜에 따른 建築 Energy 構造 設計

　　㉡ 風水勢 Energy의 左右 旋到에 따른 建築 Energy 構造設計

　　㉢ 風水勢 Energy의 刑沖破害殺에 對한 建築 Energy 構造 補完 設計

(2) 風水學的 生態環境 Energy場에 同調하는 個體 建築構造物의 設計

① 個體構造物 設計配置와 全體構造物의 同調

② 個體構造物 設計配置와 穴 Energy場과의 同調

③ 個體構造物 Energy場 設計와 內部構造物 Energy場과의 同調

(3) 風水學的 生態建築 Energy 및 그 Energy場과 인테리어

① 內部設計構造의 配置

② 內部構造의 色相

③ 內部構造의 大小 强弱 設計

5. 生態建築 計劃의 施行方法

1) 理想的 建築環境 Energy場의 選擇

　人間生命體나 建築構造物이 그 自體로서의 本然的 壽命을 다하기 爲하여서는 무엇보다 먼저 理想的인 建築環境 Energy場을 確保할 수 있는 同調 Energy를 얻어야 하는데 이러한 同調 Energy 들은 理想的인 風水 空間 Energy場의 選擇으로부터 얻어지는 것이다.

　風水的 善 空間 Energy場이 維持되고 있는 理想的 生態環境 Energy場의 選擇事項에 對해서 좀 더 살펴보기로 한다.

(1) 都市 施設計劃에 따른 理想的 生態環境 Energy場

① 地勢入力 Energy의 善惡 · 美醜 · 大小 · 强弱 選擇

② 局勢 Energy場의 善惡・美醜・大小・强弱 選擇
③ 風水勢 Energy場의 善惡・美醜・大小・强弱 選擇

(2) 農漁村 施設計劃에 따른 理想的 生態環境 Energy場

① 地勢의 選擇
② 局勢의 選擇
③ 風水勢의 選擇

(3) 道路 施設計劃에 따른 理想的 生態環境 Energy場

① 山勢의 保護 計劃
② 水勢의 利用 計劃

(4) 共同 住居 施設計劃에 따른 理想的 生態環境 Energy場

① 地氣 入力 Energy 優先
② 局勢의 安定 優先
③ 風水勢의 安定 優先

(5) 單獨 住居 施設計劃에 따른 理想的 生態環境 Energy場

① 穴場의 測定
② 水勢의 測定
③ 局勢의 安定 計劃

(6) 事業用 建築施設計劃에 따른 理想的 生態環境 Energy場

① 主入力 地勢 Energy와 水勢 Energy의 同調 計劃
② 局 安定 Energy와 風勢 Energy의 安定 同調

(7) 商業用 建築施設計劃에 따른 理想的 生態環境 Energy場

① 主勢入力 Energy와 白虎 Energy와의 同調 計劃

② 案山 Energy 同調計劃
③ 水勢 Energy 優先 計劃

(8) 國家公共機關 施設計劃에 따른 理想的 生態環境 Energy場

① 主入力 地勢 Energy의 優先 計劃
② 主勢와 靑・白・案山 Energy와의 同調 計劃

(9) 敎育機關 施設計劃에 따른 理想的 生態環境 Energy場

① 主勢入力 優先 計劃
② 靑龍 Energy 優先 計劃
③ 地勢安定 優先 計劃

(10) 宗敎 施設計劃에 따른 理想的 生態環境 Energy場

① 地氣 入力 Energy 安定
② 局凝縮 Energy 安定
③ 風水 Energy 安定

(11) 病院 等 福祉 施設計劃에 따른 理想的 生態環境 Energy場

① 地勢 安定 計劃
② 水勢 安定 計劃
③ 風勢 安定 計劃

(12) 各種 文化施設計劃에 따른 理想的 生態環境 Energy場

① 自然空間調和 優先 計劃
② 空間 Energy 安定 優先 計劃

(13) 其他 構造物 施設計劃에 따른 理想的 生態環境 Energy場

① 上下水 施設 環境 優先 計劃

② 燃料施設 環境 優先 計劃

③ 各種 Energy 施設環境 優先 計劃

2) 理想的 建築構造 Energy場의 細部設計

理想的 建築構造가 完成되기 爲하여서는 理想的인 生態環境 Energy場과 構造體인 立體 空間 Energy場이 相互同調 合一的으로 關係함으로써, 窮極的으로 人間 生體 Energy場과 空間 Energy場이 最適의 條件에서 同調合一할 수 있는 安定된 空間 Energy場을 具體的으로 設計하는 것이 重要한 計劃 事項이라 할 것이다.

(1) 都市 施設 建築構造의 理想的 Energy場 設計

① Building構造의 安定 Energy場 設計
② 街路施設의 Energy場 設計
③ 上下水 燃料施設의 Energy場 設計

(2) 農漁村 施設 建築構造의 理想的 Energy場 設計

① 住居施設의 Energy場 設計
② 家畜施設의 Energy場 設計
③ 農水産施設의 Energy場 設計

(3) 公園 施設 建築構造의 理想的 Energy場 設計

① 公園空間 施設의 Energy場 設計
② 公園樹石 施設의 Energy場 設計
③ 公園構造物 施設의 Energy場 設計
④ 公園水環境 施設의 Energy場 設計

(4) 共同 住居 施設 建築構造의 理想的 Energy場 設計

① A・P・T 構造의 Energy場 設計

② 駐車空間의 Energy場 設計

③ 冷煖房, 上下水 施設의 Energy場 設計

(5) 單獨 住居 施設 建築構造의 理想的 Energy場 設計

① 垈地 Energy場 設計

② 建物 Energy場 設計

③ 庭園 Energy場 設計

(6) 事業用 施設 建築構造의 理想的 Energy場 設計

① 外部 Energy場 設計

② 內部 Energy場 設計

(7) 商業用 施設 建築構造의 理想的 Energy場 設計

① 매장의 Energy場 設計

② 駐車空間의 Energy場 設計

(8) 國家公共機關 施設 建築構造의 理想的 Energy場 設計

① 全體構造 Energy場 設計

② 內部構造 Energy場 設計

(9) 敎育機關 建築構造의 理想的 Energy場 設計

① 敎育施設의 Energy場 設計

② 硏究施設의 Energy場 設計

③ 其他施設의 Energy場 設計

(10) 宗敎施設 建築構造의 理想的 Energy場 設計

① 祈禱施設의 Energy場 設計

② 集會施設의 Energy場 設計

③ 住居施設의 Energy場 設計

(11) 病院等 福祉施設 建築構造의 理想的 Energy場 設計

① 治療施設의 Energy場 設計
② 療養施設의 Energy場 設計
③ 福祉施設의 Energy場 設計

(12) 各種文化施設建築構造의 理想的 Energy場 設計

① 文化 觀覽施設의 Energy場 設計
② 文化 製作施設의 Energy場 設計
③ 文化 保管施設의 Energy場 設計

(13) 其他 附帶施設 建築構造의 理想的 Energy場 設計

① 上下水 施設의 Energy場 設計
② 燃料施設의 Energy場 設計
③ 各種 Energy 施設의 Energy場 設計

3) 生態 環境 Energy場에 대한 理想的인 構造物 配置計劃

風水的 善 Energy場인 生態環境 Energy場에는 地勢 固有의 Energy 位相 特性과 地勢 部分別 Energy 大小强弱特性이 建築코저하는 構造物의 Energy 및 그 Energy場 特性과 각기 다르게 內在되어 나타나가기 쉽다.

이때에는 生態環境 Energy場의 建造物 Energy場이 合一 同調 할 수 있도록 建物構造 配置改善에 依한 生氣 Energy場 同調를 도모하지 않으면 아니 된다.

(1) 都市 施設 建築 構造物의 理想的 配置計劃

① 都市 施設環境의 Energy場 測定
② 都市 施設物의 Energy場 配置設計
③ 合一 同調 Energy場 設計

(2) 農漁村 施設 建築 構造物의 理想的 配置計劃

① 農漁村 施設環境의 Energy場 測定

② 農漁村 施設物의 Energy場 配置設計

③ 合一同調 Energy場 設計

(3) 公園 施設 構造物의 理想的 配置計劃

① 公園 施設 環境의 Energy場 測定

② 公園 施設物의 Energy場 配置設計

③ 合一同調 Energy場 設計

(4) 共同 住居 施設 建築 構造物의 理想的 配置計劃

① 共同住居 施設環境의 Energy場 測定

② 共同住居 施設物의 Energy場 配置設計

③ 合一同調 Energy場 設計

(5) 單獨 住居 施設 建築 構造物의 理想的 配置計劃

① 單獨住居 施設環境의 Energy場 測定

② 單獨住居 施設物의 Energy場 配置設計

③ 合一同調 Energy場 設計

(6) 事務用 施設 建築 構造物의 理想的 配置計劃

① 事務用 施設環境의 Energy場 測定

② 事務用 施設物의 Energy場 配置設計

③ 合一同調 Energy場 設計

(7) 商業用 施設 建築 構造物의 理想的 配置計劃

① 商業用 施設環境의 Energy場 測定

② 商業用 施設物의 Energy場 配置設計

③ 合一同調 Energy場 設計

(8) 國家公共機關 施設 建築 構造物의 理想的 配置計劃

① 國家公共機關 施設環境의 Energy場 測定
② 國家公共機關 施設物의 Energy場 配置設計
③ 合一同調 Energy場 設計

(9) 敎育機關 施設 建築 構造物의 理想的 配置計劃

① 敎育機關 施設環境의 Energy場 測定
② 敎育機關 施設物의 Energy場 配置設計
③ 合一同調 Energy場 設計

(10) 病院 等 福祉 施設 建築物의 理想的 配置計劃

① 病院 施設環境의 Energy場 測定
② 病院 施設物의 Energy場 配置設計
③ 合一同調 Energy場 設計

(11) 宗敎施設 建築 構造物의 理想的 配置計劃

① 宗敎施設環境의 Energy場 測定
② 宗敎 施設物의 Energy場 配置設計
③ 合一同調 Energy場 設計

(12) 各種 文化施設 建築 構造物의 理想的 配置計劃

① 各種 文化施設環境의 Energy場 測定
② 各種 文化 施設物의 Energy場 配置設計
③ 合一同調 Energy場 設計

(13) 其他 施設 建築 構造物의 理想的 配置計劃

① 上下水 施設의 Energy場 配置設計

② 燃料 施設의 Energy場 配置設計

③ 各種 Energy 施設 Energy場 配置設計

4) 理想的인 建築 構造物의 個體 Energy場 設計

理想的 生態環境 Energy場의 選擇이 理想的 建築構造 Energy場과 그 配置 特性에 의해서 生氣 同調 Energy場 增大를 實現시켜나가는 것 못지않게 建築 構造物 個體別 材料의 生氣的 Energy 및 그 Energy場을 精密하게 分析 把握 設置하는 것도 全般的 生體 同調 Energy를 確保함에 있어서는 매우 重要한 事項이라 할 것이다.

特히 建築材料의 諸般 Energy 特性이 人體에 미치는 영향에 대해서는 더더욱 細密한 檢討와 利用方法의 硏究가 뒤따르지 않으면 안 될 것이다.

(1) 都市 施設 建築 構造物個體의 理想的 Energy場 設計

① 都市 建物 個體의 Energy場 設計

② 個體別 材質의 Energy場 設計

③ 其他 周邊 構造物 및 全體同調 Energy場 設計

(2) 農漁村 施設 建築 構造物個體의 理想的 Energy場 設計

① 農漁村 建物 個體의 Energy場 設計

② 個體別 材質의 Energy場 設計

③ 其他 周邊 構造物 및 全體同調 Energy場 設計

(3) 公園 施設 建築 構造物個體의 理想的 Energy場 設計

① 公園施設 個體의 Energy場 設計

② 個體別 材質의 Energy場 設計

③ 其他 周邊 構造物 및 全體同調 Energy場 設計

(4) 共同 住居 施設 建築 構造物個體의 理想的 Energy場 設計

① 共同 住居 施設 個體의 Energy場 設計

② 個體別 材質의 Energy場 設計

③ 其他 周邊 構造物 및 全體同調 Energy場 設計

(5) 單獨 住居 施設 建築 構造物 個體의 理想的 Energy場 設計

① 單獨 住居 施設 個體의 Energy場 設計

② 個體別 材質의 Energy場 設計

③ 其他 周邊 構造物 및 全體同調 Energy場 設計

(6) 事務用 施設 建築 構造物個體의 理想的 Energy場 設計

① 事務用 施設 個體의 Energy場 設計

② 個體別 材質의 Energy場 設計

③ 其他 周邊 構造物 및 全體同調 Energy場 設計

(7) 商業用 施設 建築 構造物個體의 理想的 Energy場 設計

① 商業用 施設 個體의 Energy場 設計

② 個體別 材質의 Energy場 設計

③ 其他 周邊 構造物 및 全體同調 Energy場 設計

(8) 國家公共機關 施設 建築 構造物個體의 理想的 Energy場 設計

① 國家公共機關 施設 個體의 Energy場 設計

② 個體別 材質의 Energy場 設計

③ 其他 周邊 構造物 및 全體同調 Energy場 設計

(9) 教育機關 施設 建築 構造物個體의 理想的 Energy場 設計

① 教育機關 施設 個體의 Energy場 設計

② 個體別 材質의 Energy場 設計

③ 其他 周邊 構造物 및 全體同調 Energy場 設計

(10) 宗敎 施設 建築 構造物個體의 理想的 Energy場 設計

① 宗敎 施設 個體의 Energy場 設計
② 個體別 材質의 Energy場 設計
③ 其他 周邊 構造物 및 全體同調 Energy場 設計

(11) 病院 等 福祉 施設 建築 構造物個體의 理想的 Energy場 設計

① 病院 等 福祉 施設 個體의 Energy場 設計
② 個體別 材質의 Energy場 設計
③ 其他 周邊 構造物 및 全體同調 Energy場 設計

(12) 各種 文化 施設 建築 構造物個體의 理想的 Energy場 設計

① 各種 文化施設 個體의 Energy場 設計
② 個體別 材質의 Energy場 設計
③ 其他 周邊 構造物 및 全體同調 Energy場 設計

(13) 其他 施設 建築 構造物個體의 理想的 Energy場 設計

① 上下水 施設 材의 Energy場 設計
② 燃料施設 材의 Energy場 設計
③ 各種 Energy 施設材의 Energy場 設計

6. 風水學的 建築 構造物의 生態的 利用 計劃

1) 人體 Energy 및 그 Energy場의 分析

(1) 人體 Energy의 構成
① 元素的 構成 : H・O・N・C・T 五大 元素 Energy場

② 物質的 構成 : 水·火·木·金·土 五大 Energy場

③ 靈的 構成 : Energy의 統制 能力

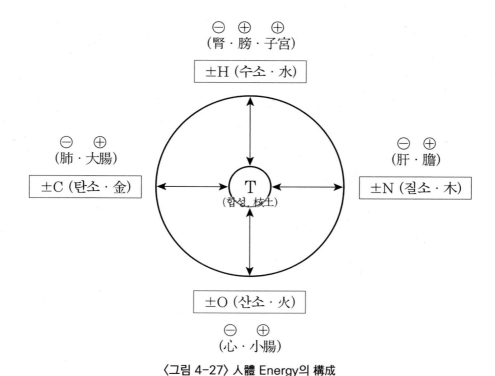

〈그림 4-27〉 人體 Energy의 構成

(2) 人體 Energy 및 그 Energy場의 特性(의학 및 공학적 연구 요망)

① H 및 水 Energy 特性 作用

② O 및 火 Energy 特性 作用

③ N 및 木 Energy 特性 作用

④ C 및 金 Energy 特性 作用

⑤ Energy 調整 作用과 統制 作用

(3) 人體 Energy 및 그 Energy場의 同調와 干涉

① H Energy의 同調와 干涉

　㉠ H - O의 同調와 干涉

⊕ H - ⊖ O의 同調와 干涉

⊕ H - ⊕ O의 同調와 干涉

⊖ H - ⊖ O의 同調와 干涉

⊖ H - ⊕ O의 同調와 干涉

ⓛ H - N의 同調와 干涉

　⊕ H - ⊖ N의 同調와 干涉

　⊕ H - ⊕ N의 同調와 干涉

　⊖ H - ⊖ N의 同調와 干涉

　⊖ H - ⊕ N의 同調와 干涉

ⓒ H - C의 同調와 干涉

　⊕ H - ⊖ C의 同調와 干涉

　⊕ H - ⊕ C의 同調와 干涉

　⊖ H - ⊖ C의 同調와 干涉

　⊖ H - ⊕ C의 同調와 干涉

ⓔ H - T의 同調와 干涉

　⊕ H - ⊖ T의 同調와 干涉

　⊕ H - ⊕ T의 同調와 干涉

　⊖ H - ⊖ T의 同調와 干涉

　⊖ H - ⊕ T의 同調와 干涉

ⓜ H - H의 同調와 干涉

　⊕ H - ⊕ H의 同調와 干涉

　⊕ H - ⊖ H의 同調와 干涉

　⊖ H - ⊖ H의 同調와 干涉

② O Energy의 同調와 干涉

　㉠ O - H의 同調와 干涉

　　⊕ O - ⊖ H의 同調와 干涉

　　⊕ O - ⊕ H의 同調와 干涉

　　⊖ O - ⊖ H의 同調와 干涉

⊖ O - ⊕ H의 同調와 干涉

ⓒ O - N의 同調와 干涉

⊕ O - ⊖ N의 同調와 干涉

⊕ O - ⊕ N의 同調와 干涉

⊖ O - ⊖ N의 同調와 干涉

⊖ O - ⊕ N의 同調와 干涉

ⓒ O - C의 同調와 干涉

⊕ O - ⊖ C의 同調와 干涉

⊕ O - ⊕ C의 同調와 干涉

⊖ O - ⊖ C의 同調와 干涉

⊖ O - ⊕ C의 同調와 干涉

ⓔ O - T의 同調와 干涉

⊕ O - ⊖ T의 同調와 干涉

⊕ O - ⊕ T의 同調와 干涉

⊖ O - ⊖ T의 同調와 干涉

⊖ O - ⊕ T의 同調와 干涉

ⓜ O - O의 同調와 干涉

⊕ O - ⊕ O의 同調와 干涉

⊕ O - ⊖ O의 同調와 干涉

⊖ O - ⊖ O의 同調와 干涉

③ N Energy의 同調와 干涉

ⓐ N - H의 同調와 干涉

⊕ N - ⊖ H의 同調와 干涉

⊕ N - ⊕ H의 同調와 干涉

⊖ N - ⊖ H의 同調와 干涉

⊖ N - ⊕ H의 同調와 干涉

ⓑ N - O의 同調와 干涉

⊕ N - ⊖ O의 同調와 干涉

⊕ N - ⊕ O의 同調와 干涉

⊖ N - ⊖ O의 同調와 干涉

⊖ N - ⊕ O의 同調와 干涉

ⓒ N - C의 同調의 干涉

⊕ N - ⊖ C의 同調와 干涉

⊕ N - ⊕ C의 同調와 干涉

⊖ N - ⊖ C의 同調와 干涉

⊖ N - ⊕ C의 同調와 干涉

ⓔ N - T의 同調와 干涉

⊕ N - ⊖ T의 同調와 干涉

⊕ N - ⊕ T의 同調와 干涉

⊖ N - ⊖ T의 同調와 干涉

⊖ N - ⊕ T의 同調와 干涉

ⓜ N - N의 同調와 干涉

⊕ N - ⊕ N의 同調와 干涉

⊕ N - ⊖ N의 同調와 干涉

⊖ N - ⊖ N의 同調와 干涉

④ C Energy 同調와 干涉

㉠ C - H의 同調와 干涉

⊕ C - ⊖ H의 同調와 干涉

⊕ C - ⊕ H의 同調와 干涉

⊖ C - ⊖ H의 同調와 干涉

⊖ C - ⊕ H의 同調와 干涉

㉡ C - O의 同調와 干涉

⊕ C - ⊖ O의 同調와 干涉

⊕ C - ⊕ O의 同調와 干涉

⊖ C - ⊖ O의 同調와 干涉

⊖ C - ⊕ O의 同調와 干涉

© C - N의 同調와 干涉

　⊕ C - ⊖ N의 同調와 干涉

　⊕ C - ⊕ N의 同調와 干涉

　⊖ C - ⊖ N의 同調와 干涉

　⊖ C - ⊕ N의 同調와 干涉

② C - T의 同調와 干涉

　⊕ C - ⊖ T의 同調와 干涉

　⊕ C - ⊕ T의 同調와 干涉

　⊖ C - ⊖ T의 同調와 干涉

　⊖ C - ⊕ T의 同調와 干涉

◎ C - C의 同調와 干涉

　⊕ C - ⊕ C의 同調와 干涉

　⊕ C - ⊖ C의 同調와 干涉

　⊖ C - ⊖ C의 同調와 干涉

⑤ T Energy의 同調와 干涉

㉠ T - H의 同調와 干涉

　⊕ T - ⊖ H의 同調와 干涉

　⊕ T - ⊕ H의 同調와 干涉

　⊖ T - ⊖ H의 同調와 干涉

　⊖ T - ⊕ H의 同調와 干涉

㉡ T - O의 同調와 干涉

　⊕ T - ⊖ O의 同調와 干涉

　⊕ T - ⊕ O의 同調와 干涉

　⊖ T - ⊖ O의 同調와 干涉

　⊖ T - ⊕ O의 同調와 干涉

㉢ T - N의 同調와 干涉

　⊕ T - ⊖ N의 同調와 干涉

　⊕ T - ⊕ N의 同調와 干涉

⊖ T - ⊖ N의 同調와 干涉

　　⊖ T - ⊕ N의 同調와 干涉

　ⓔ T - C의 同調와 干涉

　　⊕ T - ⊖ C의 同調와 干涉

　　⊕ T - ⊕ C의 同調와 干涉

　　⊖ T - ⊖ C의 同調와 干涉

　　⊖ T - ⊕ C의 同調와 干涉

　ⓜ T - T의 同調와 干涉

　　⊕ T - ⊕ T의 同調와 干涉

　　⊕ T - ⊖ T의 同調와 干涉

　　⊖ T - ⊖ T의 同調와 干涉

2) 人體 Energy場과 風水的 Energy場의 同調 干涉

(1) 人體 Energy場과 生態環境 Energy場의 同調 干涉

① 地勢 Energy場과의 同調 干涉

② 水 Energy場과의 同調 干涉

③ 風 Energy場과의 同調 干涉

④ 局 Energy場과의 同調 干涉

⑤ 熱 Energy場과의 同調 干涉

(2) 人體 Energy場과 建築構造 Energy場과의 同調 干涉

① 建物 Energy場과의 同調 干涉

② 構造物 個體 Energy 및 材質 Energy場과의 同調 干涉

③ 配置 特性에 의한 Energy場 同調 干涉

(3) 人體 Energy場과 建築物 內部 Energy場의 同調 干涉

① 內部 構造 設計와의 同調干涉

② 內部 構造體의 大小 强弱 善惡 美醜와의 同調 干涉

③ 內部 構造 配置와의 同調干涉
④ 內部 構造 色相과의 同調干涉

3) 人體 Energy場과 建築物 外部 Energy場의 同調 于涉

(1) 外部 構造 設計配置와의 同調 干涉
(2) 外部 構造體의 大小 強弱 善惡 美醜와의 同調 干涉
(3) 外部 色相 Energy와의 同調 干涉

4) 人體 Energy場과 庭園 Energy場의 同調 干涉

(1) 庭園의 大小 高低에 依한 同調 干涉

① 建築立體空間 ⊕Energy場과 庭園 平面空間 ⊖Energy場과의 關係에 의한 同調 干涉
② 庭園 大小 高低 Energy場에 의한 同調 干涉

(2) 庭園 樹石의 大小 Energy場에 依한 同調 干涉

① 나무의 크기에 따른 人體 Energy場 同調
② 나무의 色相과 香氣에 의한 Energy場 同調
③ 庭園石의 크기에 따른 Energy場 同調

(3) 庭園 素材의 善惡 Energy場에 依한 同調 干涉

① 나무의 Energy場과 人體 Energy場 同調
② 庭園石의 Energy場과 人體 Energy場 同調
③ 庭園水의 Energy場과 人體 Energy場 同調

(4) 庭園 配置特性에 依한 同調 干涉

① 正面 配置와 人體 Energy場 同調
② 側面 配置와 人體 Energy場 同調

③ 後面 配置와 人體 Energy場 同調

(5) 建物 內外部 音響 Energy에 依한 同調 干涉

① 內部 音響 Energy 및 그 Energy場에 의한 同調 干涉
② 外部 音響 Energy 및 그 Energy場에 의한 同調 干涉
③ 善美 音響 Energy場의 同調 選擇과 凶惡 音響 Energy場의 干涉 排除

7. 結論

이상의 諸 테마에서 考察해본 바와 같이 地球 表面에 設置 運營되고 있는 一切의 人間 文化 施設들은 地球 生態 環境이 지니고 있는 Energy 흐름을 順從하면서 設計되어야 한다는 것이다.

이러한 順從的 人間 文化行爲야말로 보다 永遠하고 安樂한 人間生活 文化를 일구어갈 수 있다는 보장이요, 智慧이다.

無計劃한 人間의 開發的 思考는 不合理한 施設과 無分別한 投資로 하여금 엄청난 文化的 및 經濟的 損失을 낳게 하고, 自然 生態 Energy場의 無知한 破壞 行爲는 급기야 人間 自身의 生命消滅을 促進하고 있다.

未來의 建築行爲가 오늘을 踏襲하고 있는 限 來日의 快適하고 安樂한 住居 文化는 期待할 수 없으며, 오늘의 建築 文化가 再創造 改善되지 않는 限 내일의 삶의 文化는 그 方向을 잃고 말 것이다.

보다 빠른 속도로 오늘의 不合理한 都市 設計 計劃을 是正 改善하고, 보다 次元 높은 智慧로 來日의 住居 文化를 研究 發展시켜간다면, 그 結果는 반드시 風水的 生態 環境 Energy場과의 훌륭한 調和空間을 建設케 될 것이며, 平安하고 福된 未來 人間 文化가 再創造 發展될 것이 分明해질 것이다.

제2절 陽基 建築物 設計

1. 建築의 基本 設計 原則

1) 穴場의 中心(基頭點)의 設定

(1) 地氣 Energy 入力 中心線과 穴核 確認 設定(地氣 基頭點 設定)

(2) 構造物의 무게中心과 穴核 中心點 合一(建物 基頭點 設定)

(3) 庭園 中心點과 穴場 明堂 中心點 合一(庭園 基頭點 設定)

(4) 地氣 Energy 入力 中心 ↔ 建物 基頭 中心 ↔ 庭園 基頭 中心의 直線 連結 ↔ 坐向線

(5) 玄水 Energy場 中心과 朱火 Energy場 中心의 連結 → 坐向線과 合一할 것
  - 庭園 基頭點 上에 地氣와 環境 Energy가 合一할 것
  - 立體空間 → ⊕性 親和的 特性(男)
  - 平面空間 → ⊖性 親和的 特性(女)

2) 建築 構造物의 設計 原則

(1) 地氣 Energy 入力線에 坐向線을 맞출 것

(2) 地氣 Energy 入力線 上을 破損, 陷穽, 凹凸 等으로 刑·沖·破·害하지 말 것

(3) 建築 構造物(⊕Energy體)과 庭園(⊖Energy體)은 陰陽合成의 最善比率을 維持할 것
  - 住居休息 安定 構造 ⇒ ⊕ : ⊖ = 0.5~0.577 : 1
  - 活動商業 事務室 構造 ⇒ ⊕ : ⊖ = 1 : 0.5~0.577

(4) 建築物 構造의 陰陽比가 合理的일 것
  가로(⊕Energy場) : 세로(⊖Energy場) = 1 : 0.577~0.866

(5) 庭園 空間(⊖Energy場)의 陰陽比가 合理的일 것

가로(⊕Energy場) : 세로(⊖Energy場) = 1 : 0.866 ~0.577

(6) 建築 構造物의 基頭點 設計가 理想的일 것

〈基頭點의 設計는 반드시 무게中心點으로 할 것〉

(穴核心과 基頭點의 一致가 最善設計이므로)

(7) 複合構造의 建築物 設計時는 반드시 區分하여 陰陽比를 맞추어 設計하고
역시 統合 全體構造도 이에 準한다.

(8) 上下層間의 均衡과 安定原則

- 建築物 + 地氣 Energy → 生命(健康) Energy場 同調
- 建築物 + 環境 Energy場 → 生活(財物) Energy場 同調

3) 大門 設計

(1) 地氣 Energy Zone과 環境 Energy zone의 合成點에 設計할 것
(2) 環境 Energy Zone의 入力側에 設計할 것
(3) 地氣 Energy Zone의 入力點에 設計할 수도 있음(사이드)

4) 房門 設計

(1) 環境 Energy Zone 入力側 設計
(2) 地氣 Energy Zone 入力側 設計
- 環境 Energy Zone의 定意 : 陽基 最近接 風水 Energy Zone

2. 建築物의 基頭點 設計와 坐向 計劃

1) 基頭點의 設計(主 中心 Energy 卽 主人)

(1) 穴場의 基頭點(⊕Energy場 基頭) 設計

① 穴場의 基頭點은 穴核 中心을 取한다.
② 穴核 中心을 얻지 못할 때는 穴場核의 最近點을 取한다.

③ 穴場의 基頭點이 穴場 밖(靑・白 界水線)으로 벗어나게 될 때는 穴場을 버리든가 不得已할 境遇 四神에 依支한다.

④ 四神 中 靑・白・案山에 依支할 境遇에는 基頭點의 設計가 難異하므로 坐・向・水勢 中 于先 勢力을 中心으로 設計한다.

⑤ 靑木 Energy場을 依支할 境遇는 반드시 右旋 水勢를 얻을 것

⑥ 白金 Energy場을 依支할 境遇는 반드시 左旋 水勢를 얻을 것

⑦ 案山 Energy場을 依支할 境遇는 左右旋 纒護水가 없으므로 반드시 玄水 Energy場 또는 靑白 Energy場의 照應을 얻을 것

※ ④, ⑤, ⑥, ⑦ : 裨補砂 設置가 必要하다.

(2) 住宅 및 諸般 建造物의 基頭點 設計

① 個別 獨立住宅의 基頭點

　　㉠ 무게中心點　　　　　　　　　　　　㉡ 陰陽中心點

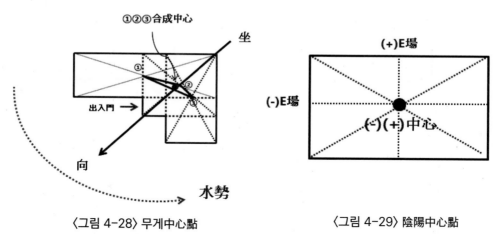

〈그림 4-28〉 무게中心點　　　　　　〈그림 4-29〉 陰陽中心點

ⓒ 左右中心點   ⓔ 前後中心點

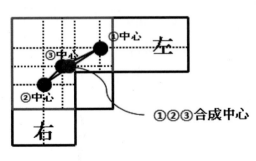

〈그림 4-30〉左右中心點

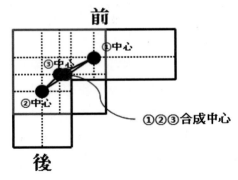

〈그림 4-31〉前後中心點

ⓜ 上下中心點

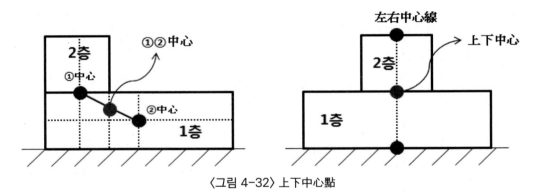

〈그림 4-32〉上下中心點

② 個別 獨立住宅의 基頭點 合成(理想的 基頭點 設計)

合成 基頭點 = ㉠基頭中心 + ㉡基頭中心 + ㉢基頭中心 + ㉣基頭中心
+ ㉤基頭中心이 一致할 것

③ 共同住宅의 基頭點 設計

(局 Energy場이 于先하므로 局 Energy場에 따라 主人 特性이 나타난다.)

㉠ 單獨形 共同住宅의 基頭點 → 亦是 單獨住宅의 基頭點 設計에 準한다.

㉡ 複合形 共同住宅의 基頭點 → 個別 建造物 基頭中心 合成

㉢ 團地形 共同住宅의 基頭點 → 個別 基頭 設計

④ 公同施設物 構造와 事務빌딩構造의 基頭點 設計

　　㉠ 中心 建築物의 基頭點 于先原則

　　㉡ 重要 施設物의 基頭點 于先原則

　　㉢ 中心人事 位置의 基頭點 于先原則

　　㉣ 重要業務位相의 基頭點 于先原則

⑤ 宗敎 및 祈禱施設의 基頭點 設計

　　㉠ 宗敎指導施設의 基頭中心 于先原則

　　㉡ 宗敎祈禱施設의 基頭中心 于先原則

　　㉢ 宗敎行事施設의 基頭中心 于先原則

⑥ 慰樂 演藝·體育·公演 集會施設의 基頭點 設計

　　㉠ 活動中心人의 位相中心 基頭點 于先原則

　　㉡ 觀覽人의 位相中心 基頭點 于先原則

　　㉢ 目的中心의 基頭點 于先原則(敎育·團合·慰勞 等 行事目的 中心位相
　　　　于先)

2) 坐向 計劃의 細部 設計

(1) 穴場의 坐向 設計(立坐 設計)

※ 正入首坐는 陰陽合坐, 右旋入首坐는 地支分金, 左旋入首坐는 天干分金

① 玄水 Energy場 中心의 坐向 設定

　　穴核을 基頭點으로 設定하고 玄水 Energy體 中心을 坐로 設計

② 樂砂 Energy場 中心의 坐向 設定 : 左右 樂砂 中 優秀樂 中心을 坐로 設計

③ 托砂 Energy場 中心의 坐向 設定 : 左右 托砂 中 優秀 善美 托을 坐로 設計

④ 鬼砂 Energy場 中心의 坐向 設定 : 左右 正鬼砂 中 優秀 鬼 Energy體 中
　　心을 坐로 設計

⑤ 來龍脈 Energy場 中心의 坐向 設定 : 來龍脈 上 優秀峰을 中心으로 坐로
　　設計

(2) 穴場 坐向線의 限界

① 壬子 中心 坐向 設計(正坐法)(絶對坐向 壬子) 天地 陰陽配合 坐向 設計
(來龍脈 또는 玄水 : 入首頭腦, 正鬼 中心)

② 乾亥坐 中 亥字 中心 坐向 設計 : 乾亥坐 中 亥字만 選擇한다.
(玄水右端 樂托 Energy場의 玄水側)

③ 癸丑坐 中 癸字 中心 坐向 設計 : 癸丑坐 中 癸字만 選擇한다.
(玄水左端 樂托 Energy場의 玄水側)

④ 上記 諸 坐向線은 亥壬子癸 四字 中 가장 理想的 坐向線이 壬子坐이다.
　　　　　　　　　　└ 立坐使用 可能範圍

(乾亥 中 乾坐는 玄水特性을 벗어나 白金 特性으로 가깝고, 癸丑 中 丑坐
는 亦是 玄水 特性을 벗어나 靑木 特性으로 가까운 故로 亥坐보다 癸坐를
于先하여 壬子癸 三字를 주로 쓴다 → 後日 東舍宅坐가 되었다.)

⑤ 따라서 壬子坐의 左右 許用 坐向線 限界는 左로 15° 右로 15°를 限界角으
로 하고 左右 ±22.5°를 許用 限界角으로 한다.

　㉠ 壬子癸 : 陽宅, 八卦 方位論의 坐向限界 (∠45°)

　　壬과 癸 사이의 子(坎)를 中心으로 하며 壬子癸를 넘지 않는다.

　㉡ 壬子 : 陰宅, 十二方位論의 坐向限界 (∠30°) 壬과 子 사이의 中心線을
　　基準으로 한다. → 配合

(3) 朱火(朱雀案山) 中心의 穴場 坐向 設計(立向 設計)

① 正案 中心의 坐向 設定 : 中心坐와 同一한 案向은 丙午向이다(正向法).

② 最優秀 朱案砂 Energy場 中心 坐向 設定 : 正案이 不實할 境遇 最優秀案
中心 坐向

③ 最優秀 水口砂 中心 坐向 設定 : 水口砂 中 最優秀 水口砂 中心 坐向 設計

④ 最善美 風水勢 Energy場 中心 坐向 設定 : 風勢 水勢 中 最善美 Energy
場 中心向 設計

　㉠ 最善美風 : 穴場을 감도는 고요, 실바람, 남실바람, 溫風

　㉡ 最善美水 : 穴場을 灣弓하거나 朝來 融聚하는 水勢

⑤ 多重 朱火의 中心 設定

　　㉠ 最優秀峰 中心向 設計

　　㉡ 朱案砂 Energy場 Vector 合成 中心向 設計

　　㉢ 多重案 中心向 設計

※ 水體나 多列峰時 中央 立向

(4) 朱火 立向線의 限界

① 壬子坐의 丙午向이 最優善이다(絶對坐向).

② 亥坐의 巳向, 癸坐의 丁向을 주로 設計할 境遇 玄水 Energy場과 朱火 Energy場의 對應點에서 穴場이 놓여있나를 必히 確認要

③ 乾坐巽向과 丑坐未向은 特案 特樂의 境遇 이외에는 使用치 않는다. → 怪 穴로 본다.

④ 水勢 立向의 境遇에는 穴場形成이 回龍顧祖 또는 回龍特性일 境遇에만 限 한다(南出北流 西出東流 等 風水勢力).

※ 坐向 原則

　　- 立坐 : 左旋穴은 右旋水得, 右旋穴은 左旋水得

　　- 立向 : 天干坐는 左旋水時, 地支坐는 右旋水時

※ 長房 爲主는 立坐 于先하고(立坐 原則에 따르고)

　　次房 爲主는 立向 于先할 것(立向 原則에 따른다.)

3) 建築物의 基頭點(⊕Energy場 基頭) 設定과 坐向 設計(穴場 中心과의 合致 目標)

(1) 穴場核 中心 基頭와의 合一 計劃

① 建物 基頭點 設計

　　㉠ 陰陽比率의 安定 → (安定親和的 比率) 陰 : 陽 = 1 : 0.577~0.866

　　　　　　　　　　　　　　(活動親和的 比率) 陰 : 陽 = 0.577~0.866 : 1

　　㉡ 陰陽設計의 原則 → 가로(陽) 세로(陰) 原則

ⓒ 基頭點 中心의 安定原則

ⓐ ⊕ 四角構造 中心 基頭 安定   ⓑ ⊖ 四角構造 中心 基頭 安定

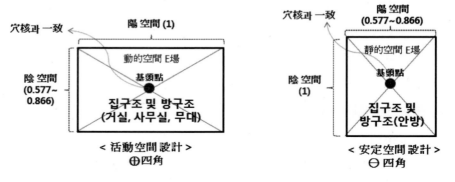

〈그림 4-33〉基頭點 中心의 安定原則

ⓒ ㄱ 構造 中心 基頭 安定

(ㄱ字 ㄴ字 構造에서 주로 基頭點 設定이 不安하여 建物 밖이나 가장자리로 設計되지 않도록 할 것)

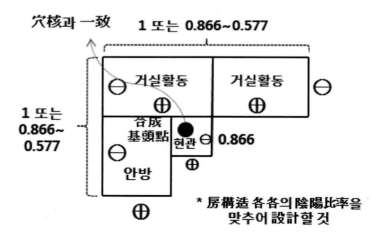

〈그림 4-34〉 ㄱ 構造 中心 基頭 安定

② 建物 基頭點과 穴核 中心點과의 合致 設計

㉠ 建物 基頭點은 주로 居室 또는 안방 中心에 둔다.

㉡ 안방 爲主 基頭(安定爲主, 젊은 사람 爲主 空間設計)

居室 爲主 基頭(活動爲主, 老人 爲主 空間設計)

ⓒ 事務用 建築物의 境遇는 活動爲主의 空間 基頭 設計

ⓓ 公演場 講演場 建築物의 境遇는 公演壇 講演壇 爲主의 空間基頭 設計

ⓔ 商業空間의 境遇(事務室 空間 包含)

    ⓐ 앞면의 길이와 賣出額은 比例한다.

    ⓑ 깊이와 積財(閉塞)는 比例한다.

    ⓒ 活動空間 比率原則에 準한다.

    ⓓ 높이 ⊕空間을 確保(層高를 높일 것)

ⓕ 建築空間의 安定 基頭가 不安定할 境遇는 基頭空間 높이를 더 높게 設計한다(무게를 더한다. ⊕空間 : 財物과 健康 空間).

※ 집은 立體空間 ⊕空間 Energy場, 庭園은 平面空間 ⊖空間 Energy場으로 본다.

    立體공간 : 平面공간 = (動的設計) $1 : 0.577 \sim 0.866$

                             (靜的設計) $0.577 \sim 0.866 : 1$

※ 부엌(活動空間), 화장실(安定空間), 베란다(活動空間), 현관(出入空間)

※ 사거리 코너 建築物의 環境 Energy場 入力 設計

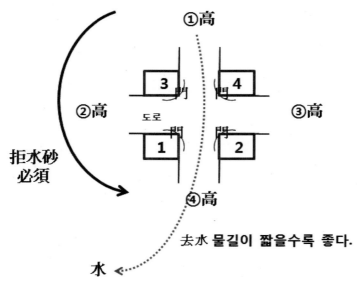

〈그림 4-35〉 사거리 코너 建築物의 環境 Energy場 入力 設計

※ ① 터귀신, ② 집귀신(家神), ③ 門귀신(大門神, 玄關神)의 出入設計
   (出入 Energy場)→ 理想的 設計空間에서 돈귀신과 건강귀신이 들어온다.

4) 庭園의 基頭點(⊖Energy場 基頭) 設定과 坐向 設計

(1) 庭園의 基頭點 設定

① 庭園의 基頭點은 庭園構造의 中心點이 되게 한다.

② 庭園의 基頭點은 建築物 基頭點과 一直線에 둔다.

③ 大門의 出入線과 庭園의 基頭點을 一直線에 둔다.

※ 家宅 基頭 : 卯酉 中心에 둔다.
   庭園 基頭 : 辰申 中心에 둔다.

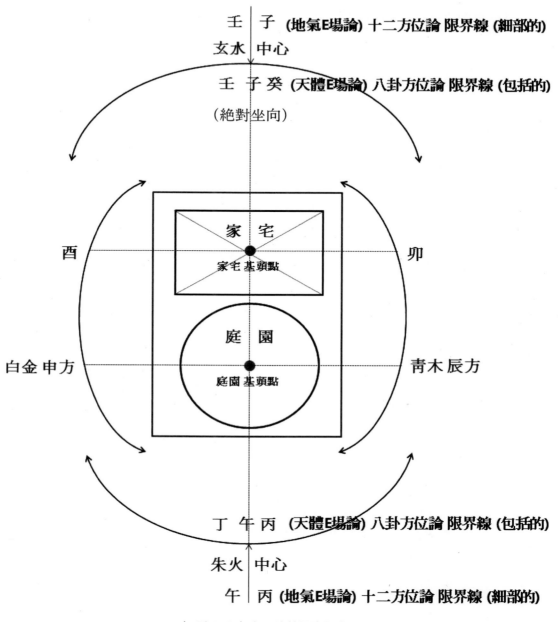

壬　子 **(地氣E場論) 十二方位論 限界線 (細部的)**

玄水│中心

壬　子 癸 **(天體E場論) 八卦方位論 限界線 (包括的)**

(絶對坐向)

酉　　　　　　　　　　　　　　　卯

家　宅

家宅 基頭點

庭　園

庭園 基頭點

白金 申方　　　　　　　　　　青木 辰方

丁　午 丙 **(天體E場論) 八卦方位論 限界線 (包括的)**

朱火│中心

午│丙 **(地氣E場論) 十二方位論 限界線 (細部的)**

〈그림 4-36〉 庭園의 基頭點 設定

※ 地氣 Energy場 壬子는 天體 Energy場 壬子癸에 從屬性이고, 天體
Energy場(八卦 Energy場) 壬子癸는 地氣 Energy場을 相續한다.

(2) 庭園의 坐向 設計(絶對坐向)

① 庭園의 立坐

  ㉠ 家宅의 基頭點에 立坐한다(穴-家 基頭 同一時).
  ㉡ 穴場의 基頭點에 立坐한다(穴-家 基頭 兩立時).
  ㉢ 玄水의 中心點에 立坐한다(穴-家 基頭點 不安時).

② 庭園의 立向

  ㉠ 朱火의 中心에 立向한다.
  ㉡ 還抱水의 中心에 立向한다.
  ㉢ 朝來水 또는 融聚水의 中心에 立向한다.
  ※ 特異峰 中心은 例外

③ 庭園 坐向의 限界

  ㉠ 家宅 基頭點의 壬子癸(壬子)坐와 丙午丁(丙午)向을 넘지 말 것
  ㉡ 穴場 基頭點의 坐向線을 넘지 말 것
  ㉢ 玄朱 中心點의 限界線(壬子·丙午)을 넘지 말 것
    基本 坐向線

④ 庭園과 大門의 出入線 限界

  ㉠ 大門 出入線과 庭園 坐向線은 直角線上에 둔다.
  ㉡ 庭園 基頭와 大門線上에 靑木辰(靑木氣 最大 凝縮點) 白金申(白金氣 最大 凝縮點)方을 둔다.
  ㉢ 穴場 中心, 建物 中心, 玄朱 中心으로부터 ∠30°(壬子線)를 넘지 말 것

※ 十二 Energy場에 의한 眞龍脈 穴場의 吉神(凶神) 同調原理(Energy場 同調原理)
  穴核 : 生命同調 凝縮 Energy. 鬼神 卽 Energy場(氣)
  ① 來龍脈神(地氣Energy場)
  ② 四方神(玄水神, 朱火神, 靑木神, 白金神)

③ 穴土神(터鬼神)

④ 家房神(집鬼神)

⑤ 마당神(庭園神)

⑥ 大門神

⑦ 玄關神(門鬼神)

⑧ 안방神(돈鬼神)

⑨ 居室神(命鬼神)

⑩ 주방神(밥鬼神)

⑪ 厠間神

⑫ 風水神

의 合成同調下에 生命活動이 維持된다.

5) 合成 坐向의 設定

(1) 穴場坐向의 設定
　　① 玄水-朱火 中心線 設定
　　② 靑木-白金 中心線 設定
　　③ 子午卯酉 合致點 設定
(2) 垈地坐向의 設定 : 穴場 坐向 設定原理에 準한다.
(3) 建物坐向의 設定 : 穴場基頭 坐向線과 建物基頭 坐向線이 一直線上에서
　　合致할 것
(4) 庭園基頭 坐向 設定 : 穴場 – 建物·庭園 基頭點의 坐向線은 一直線上에
　　서 合致할 것

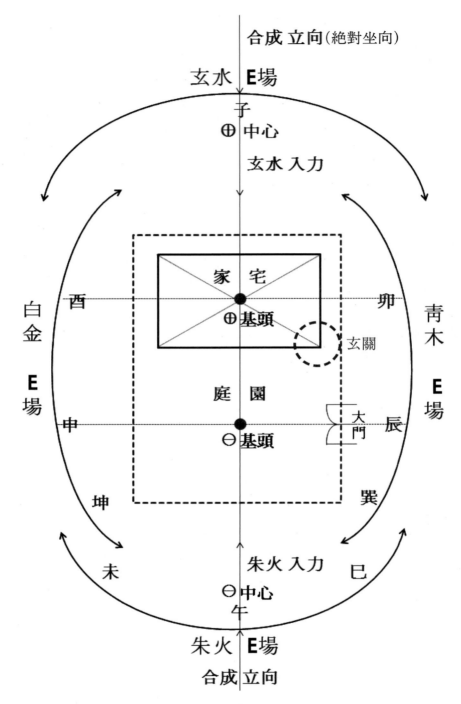

〈그림 4-37〉 合成 坐向의 設定

※ 註

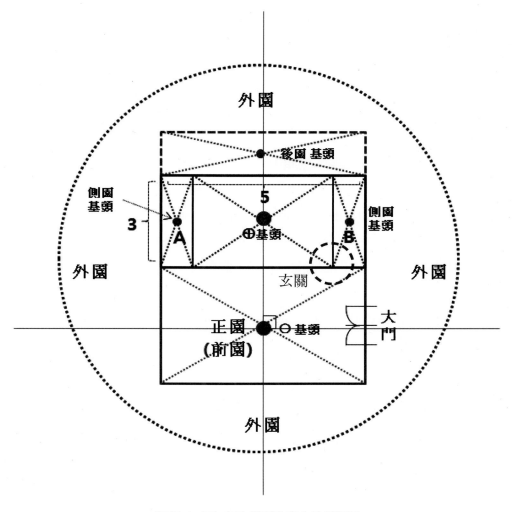

〈그림 4-38〉 庭園 基頭點 設定의 詳細圖

① 前園(明堂)基頭와 後園基頭의 中心線은 建物 基頭坐向線과 一直線上 合致

② 前園과 後園의 比는 (正 : 後 = 1 : 0.577)로 後園比가 낮을 것

③ 側園의 幅이 3m 以下일 땐 建物 補助空間으로 본다.

※ 前園(正園) 則 正室, 後園 則 後室, 側園 則 側室, 外園 則 客室

前大後小 正室平安, 後大前小 後室得勢, 前大側小 正室安定

側大前小 正室不安, 正大外小 正室太强, 正小外大 正室不便

6) 大門과 玄關의 設定

(1) 大門의 設定

① 大門의 設定方位는 建物 基頭中心으로부터 測定한다.

左旋水到 則 乙辰巽巳 中 設定하되 辰巽 吉神 入力 崔吉

右旋水到 則 未坤申庚 中 設定하되 坤申 吉神 入力 崔吉

② 大門의 設定方位는 前園의 基頭點 子午線과 ∠90°線 上에 設定한다.

③ 後園이나 側園의 大門設置는 可及的 避한다.

不得已할 境遇 그 規模를 縮小한다.

(後園側 大門設置時 後園 Energy場 增大로 後室得勢)

※ 正園 : 後園 = 1 : 0.577(5 : 3 以下일 것)

※ 辰巽 坤申 大門 設定의 當爲性

- 靑白 Energy場 腕部 凝縮點

- 朱火 巳未 Energy場의 凝縮點

- 風水 Energy場의 入力點

(2) 玄關의 設定

① 玄關의 設定 方位는 居室 또는 內室의 基頭點으로부터 測定한다. 左右旋
   水到에 따라 大門設定原理를 選擇한다.

② 玄關의 設定方位 역시 居室 및 內室 基頭 坐向線과 ∠90°線上에 둔다.

③ 左右旋水到에 따라 左側園 또는 右側園에서 進入時는 乙辰巽巳 또는 未坤
   申庚에 두되 辰巽坤申을 주로 한다.

④ 庭園에서 玄關吉神을 맞을 境遇 玄關의 構造設計를 特別考慮하고 環境吉
   神(Energy場)의 進入을 圓滿 圓闊케 할 것

※ 居室 또는 안방 基頭點과 不一致한 建物 基頭일 때
- 兩分 基頭時 : ⊖⊕ 兩分
- 官貴富의 葛藤構造

※ 庭園에서 玄關 進入 境遇(1)

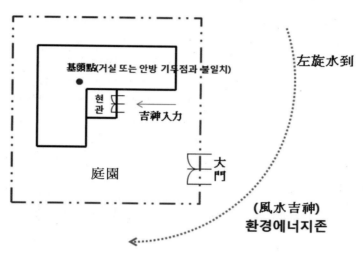

〈그림 4-39〉庭園에서 玄關 進入圖(1)

※ 庭園에서 玄關 進入 境遇(2)

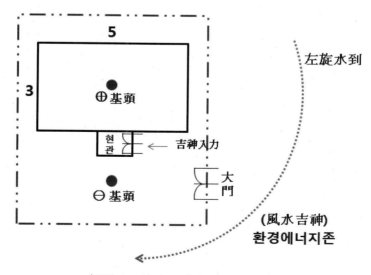

〈그림 4-40〉庭園에서 玄關 進入圖(2)

※ 醇化 原理

⊕Energy場 太過時 陽性 親和的 特性化

⊖Energy場 太過時 陰性 親和的 特性化

3. 基頭點의 設定 原理와 目的

1) 旣存理論의 基頭點 設定 原理와 目的

(1) 建築物의 中心設定에 의한 房, 玄關, 居室, 부엌 等의 東西舍宅理論의 適
   用을 위한 基頭點 設定 目的
   ※ 穴場核 中心 基頭를 考慮치 않는 不合理性

(2) 따라서 建築物 基頭點 設定에 의한 建物 坐向 設計 目的

(3) 建物 坐向에 의한 陽宅三要 等 諸 空簡構造物間의 關係設定

(4) 庭園의 別途 基頭 設定에 의한 大門方向의 設定 必要性

(5) 故로 建築物의 基頭點에 의한 玄關 設定 目的과 庭園 基頭點에 의한 大門
   設定 目的이 兩分되었음.
   (⊕基頭 ⊖基頭 分離 卽 ⊕主人 ⊖主人의 葛藤構造 形成)

2) 現代理論의 基頭點 設定 原理와 그 使用 目的

※ 大門 → 外氣 出入, 玄關 → 庭園氣 出入, 房門 → 居室 Energy場 出入

※ 通路는 風水 Energy Zone에 따른다.

(1) 穴場의 穴核과 基頭點의 一致化로 인한 力量 極大化

(2) 基頭點 一致에 의한 庭園 基頭點 設定과 陽基 坐向 設定

(3) 統一 基頭點에 의한 玄關 及 大門 設定
   (玄關 及 大門 方位 決定의 絶對性 卽 辰巽巳 또는 未坤申 方位의 不變論)
   - 集合意志 → 聚突現象 (生氣凝縮) 分擘以前
   - 會合意志 → 穴核化現象 (穴核果 形成) 立體分擘
   - 離散意志 → 緣分擘現象 (消滅進行) 保護砂 또는 枝脚 橈棹

(4) 環境 Energy場 出入 特性과의 理想的 關係論

　　(左旋水 右旋水에 의한 坐向 選擇과 大門 及 玄關 房門의 選擇)

※ 房門은 居室空間 Energy場 出入이 理想的일 것.

3) 基頭點의 設定 目的

※ 破口 卽 大門 玄關의 位置는 穴核의 破口點이 合當하고, 庭園 卽 明堂의 破
　口點이 大門 또는 玄關 設定이 되는 것은 不當하다.

(1) 旣在 理論에서의 基頭點은 穴場核의 中心 槪念을 于先하지 않은 關係로
　　建物과 庭園의 基頭點을 各各 設定함
(2) 東西舍宅論(東舍宅 坎離震巽과 西舍宅 乾坤艮兌)의 配合構造를 위한 基
　　頭點 設定 方式
(3) 統一 基頭點의 合理的 目的性과 效用性 － 建物 基頭에 穴核坐
　　　　　　　　　　　　　　　　　　　　－ 居室 基頭에 穴核坐
　　　　　　　　　　　　　　　　　　　　－ 안방 基頭에 穴核坐

　① 穴場核과 基頭點을 統一시킴으로써 穴場 Energy와 陽基 Energy場
　　의 同氣同調 效率을 極大로 善用할 수 있다.
　② 基頭點의 統一로 庭園의 基頭點 設定 目的이 坐向設定에 局限한다. 實
　　質的으로 庭園 基頭는 平面空間과 環境 Energy場의 安定點을 確保
　　함에 그 目的이 있다. (庭園 Energy場) (風水 Energy場)
　③ 따라서 大門의 設置目的이 外部環境 Energy場의 安定的 出入에 있고
　　庭園의 中心은 平面空間에 入力된 環境 Energy場의 最善安定에 그
　　目的이 있다.
　④ 玄關의 設置目的 또한 庭園空間의 安定 Energy場을 居室空間으로 引
　　込시키는 데 그 目的이 있으므로 역시 辰巽巳 또는 未坤申方이 必然的
　　이다.
　⑤ 內室과 居室 關係는 陰陽의 關係로 居室 陰空間 Energy場의 善吉 出
　　入處가 안방門이 되어야 한다(⊖ 空間 Energy場 : 平面, 庭園, 居室,
　　外氣 / ⊕ 空間 Energy場 : 立體, 建物, 안방, 內氣).

⑥ 建物 基頭點과 穴核의 一致로 陽基의 穴核 Energy場 同調를 最吉化
할 수 있으므로 建物 內 各 處所의 出入門은 善吉環境 Energy場의 入
力側에 두는 것을 最上으로 한다.

※ 穴場의 基本 : 正入首 正坐(正變易 來脈)
　天干坐는 局 中心, 地支坐는 穴場 中心
　局 優善하면 天干坐가 되고, 穴場 優善하면 地支坐가 된다.

4. 房門의 細部 設計

1) 房門의 概念

外部環境 風水의 善美 Energy場이 大門의 理想的 Energy Zone을 타고(左
旋 또는 右旋) 庭園의 中心基頭를 감돌아 쌓이면서 庭園(明堂)의 合成 地氣
Energy場으로 融合된다. 이 融合된 Energy場은 역시 理想的 Energy Zone
通路인 玄關을 통해 居室空間에 積聚(融聚)되게 되는데 이 積聚 平面 空間
Energy場은 內室 立體 空間 Energy場과 相互 同調하지 않으면 아니 된다. 따
라서 ⊖⊕空間 Energy場의 合成同調가 가장 잘 形成되기 위해서는 그 居室 安
定 Energy場의 善美 Energy Zone에 따른 出入口 即 房門의 設計가 가장 중요
한 選擇設計事項이다.

2) 房門의 設計

(1) 大門設計에서와 마찬가지로 居室空間의 Energy흐름 方向은 大體的으
로 外氣 風水 環境 Energy Zone의 影響을 全的으로 받게 된다. 때문에
玄關의 設計方向과 同一한 Energy Zone을 選擇하는 것이 가장 理想的
인 것이고, 不可能할 경우 地氣 Energy Zone 入力方向을 選擇하는 것
도 次善이 될 수 있다.
(2) 이러한 設計 基本 原則은 주로 明堂 穴場에서는 確然한 設定이 可能하나
明穴이 되지 못하는 곳에서의 設定方式은 多少間 어려움이 發生한다. 이

를 爲해

(3) 地勢地形에 따른 房門(玄關包含)의 選擇 設定 方法으로 東西南北 四圍를 于先 먼저 살피고, 建物 基頭點으로부터 約 30~50m 以內의 地勢地形을 살피고 그 順位別 高低 現況을 ①②③④番으로 確認한 後 ②番 出入門이 最上, ①番 次善, ③番 次惡, ④番 最惡으로 區分 設定한다.

(4) 當該 房門의 設定이 ②①番이 不可할 境遇 次次善의 方法으로 房門(또는 玄關) 入口에서의 追加的 別途門 方向 轉換構造를 試圖한다.

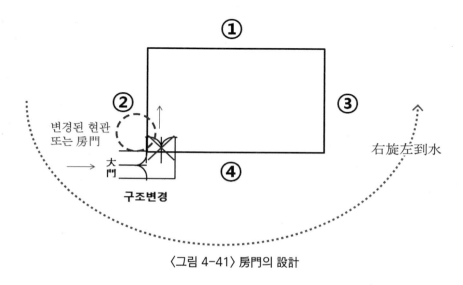

〈그림 4-41〉 房門의 設計

3) 房門 設定과 室內 配置物과의 相互 同調

(1) 房門設定이 決定되면 室內配置物에 의한 Energy 進行妨害를 最小化해야 한다(什器類, 冊床, 倚子 等 家具配置).

(2) 寢臺는 可及的 室內 中心 基頭點에 背山臨水形으로 둔다.

(3) 옷장 및 家具의 過多로 內室構造가 5 : 4 또는 5 : 3을 維持하지 못할 境遇 家具 또는 옷장은 他空間(門 方位가 不利한 다른 房)으로 移動한다.

(4) 學生 倚子, 冊床은 亦是 背山臨水의 構造로 한다.

(5) 內室의 位置는 玄關 入力 Energy Zone의 最適 安定 位置에 두고, 가장
理想的 環境 Energy場이 凝縮 同調되게 房門 位置를 設定한다.

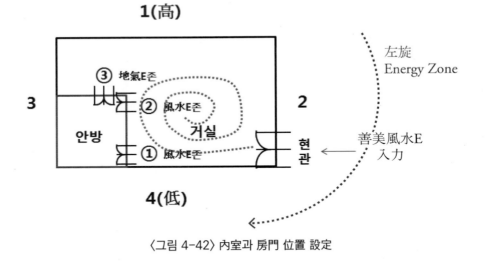

〈그림 4-42〉內室과 房門 位置 設定

5. 大門·玄關의 配置 計劃과 破口 同調論

1) 穴場에서의 立坐立向과 大門玄關의 入力 Energy場 同調

(1) 穴場에서의 立坐立向

① 來龍脈 入首脈上의 方位 → 相對坐向 測定
② 穴場에서의 立坐立向 測定 → 絶對坐向 測定
③ 來龍入首脈과 穴場 同調關係 測定 → 相對方位의 變換測定

(2) 穴場에서의 坐向과 大門·玄關 配置 同調

① 絶對方位의 坐向 : 來龍脈上의 進行方向은 事實上 測定의 어려움이 發生
하므로 이를 簡便한 方法으로서 佩鐵輪圖를 利用한다. 卽 相對方位를 利
用하나 實質的으로는 穴場이 決果하면 이에 따른 逆測定에 의한 來脈入首
方位가 決定된다. 즉, 來龍入首가 丙午라고 하면 穴場의 絶對坐向은 壬子
坐 丙午向인 故로 實際的 來龍入首는 壬子坐가 되는 것이고, 癸丑 右旋入

首라면 그 方位가 어떠하든 간에 癸丑龍이 되며, 乾亥 左旋入首라 하면 亦是 그 方位가 어떠하든 간에 乾亥 來龍이 되는 것이다. 이와 같이 左旋 一節이냐 二節이냐에 따라 測定되며 右旋 一節이냐 右旋 二節이냐에 따라 서로 마찬가지다.

② 便宜上의 相對坐向과 그 利用 及 解決 : 絶對坐向은 穴場의 結核果를 根本으로 하여 決定된 것이므로 그 測定은 道眼의 能力에 의한 一切的 認識이 絶對必要하다. 이러한 能力이 不足할 境遇 佩鐵에 依持한 方位測定을 試圖할 수밖에 없다.

③ 따라서 穴場의 坐向決定은 거의 不變한 것이고 다만 事情上 또는 地理現況上 그 坐向을 變位시켜야 할 때는 $\theta = \angle 30°$ 以內에서 設定함이 可하다.

④ 穴場의 坐向이 決定되면, 다음 段階로 穴坐와 入首脈과의 同調, 穴向과 朱火 Energy場과의 同調, 穴坐向과 風水勢 Energy場과의 同調 等에 대하여 細密히 分析 檢定하여야 한다.

(3) 穴場 坐向과 大門 及 玄關의 Energy場 同調

① 壬子 丙午 坐向이 絶對坐向線일 때 大門玄關의 位置設定은 左右旋 直入直坐를 不問하고 그 穴場의 破口處인 風水Energy場 入出口를 選擇하는 것이 가장 理想的이고 效率的이다.

② 따라서 絶對坐向 穴場의 絶對門 出入方位는 辰巽巳, 未坤申이 가장 理想的이라 하겠다. 다만 境遇에 따라 그 方位가 變更된다고 한다면 이는 分明 그에 따른 瑕疵가 發生하고 있음을 把握해야 한다.

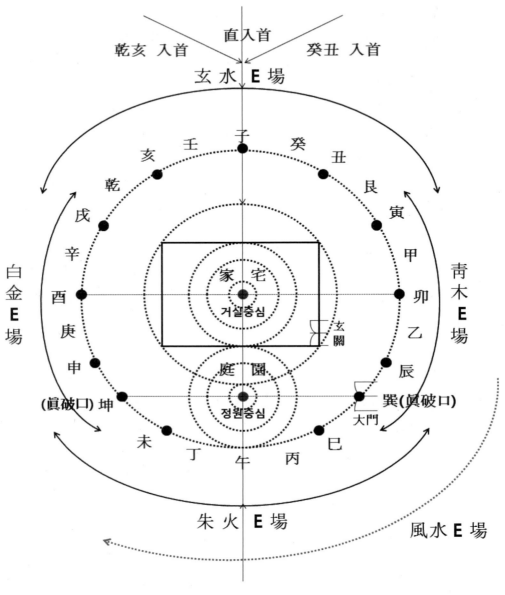

<그림 4-43> 穴場 坐向과 大門 及 玄關의 Energy場 同調

※ 善吉 風水

① 朝來風水

② 融聚風水

③ 還抱風水

※ 凶惡 風水(刑·沖·破·害)

① 直穿殺風水(三殺)

② 反背去殺風水(三殺)

③ 割剪殺風水(三殺)

6. 絶對坐向과 相對坐向의 大門 同調 關係論

– 背山臨水則 穴場貴賤 藏風得水則 穴場吉神

1) 絶對坐向(地氣 Energy 方位)의 大門 及 玄關 吉神

(1) 壬子立坐 丙午立向의 大門 玄關 吉神

① 左旋水 大門 吉神 : 辰巽巳의 變位吉神

② 右旋水 大門 吉神 : 未坤申의 變位吉神

③ 朝來 融聚水의 大門 吉神 : 穴前 融聚 風水, 朝來 當朝 風水, 青·白 元辰 風水

   – 直入直坐穴 : 巽巳, 丁未 吉神

   – 左旋穴 : 巽巳 吉神

   – 右旋穴 : 丁未 吉神

2) 相對坐向(佩鐵方位, 天體 Energy 方位)의 大門 及 玄關 吉神

(1) 左旋水 大門 玄關 吉神 : 健康, 名譽, 子孫, 男便, 벼슬, 仁德

① 壬子 立坐(貴節) 丙午 立向의 大門 玄關 吉神 : 絶對坐向과 同一

② 癸丑 立坐(富節) 丁未 立向의 大門 玄關 吉神 : 巳丙午의 丙午 吉神
   癸丑丁未 坐向 吉神 : 丙午 印食 水火同調 富庫吉神

③ 艮寅 立坐(孫節) 坤申 立向의 大門 玄關 吉神 : 午丁未의 丁未 吉神
   艮寅坤申 坐向 吉神 : 丁未 印食 木火同調 命庫吉神

④ 甲卯 立坐(貴節) 庚酉 立向의 大門 玄關 吉神 : 未坤申의 坤申 吉神
   甲卯庚酉 坐向 吉神 : 坤申 印食 木金同調 收藏吉神

⑤ 乙辰 立坐(富節) 辛戌 立向의 大門 玄關 吉神 : 申庚酉의 庚酉 吉神
   乙辰辛戌 坐向 吉神 : 庚酉 印食 木金同調 富革 吉神

⑥ 巽巳 立坐(孫節) 乾亥 立向의 大門 玄關 吉神 : 酉辛戌의 辛戌 吉神
   巽巳乾亥 坐向 吉神 : 辛戌 印食 木火金同調 官富 吉神

⑦ 丙午 立坐(貴節) 壬子 立向의 大門 玄關 吉神 : 戌乾亥의 乾亥 吉神
   丙午壬子 坐向 吉神 : 乾亥 印食 水火同調 富貴 吉神

⑧ 丁未立坐(富節) 癸丑立向의 大門 玄關 吉神 : 亥壬子의 壬子 吉神

　丁未癸丑坐向 吉神 : 壬子 印食 水火同調 富官 吉神

⑨ 坤申 立坐(孫節) 艮寅 立向의 大門 玄關 吉神 : 子癸丑의 癸丑 吉神

　坤申艮寅 坐向 吉神 : 癸丑 印食 金水同調 武富 吉神

⑩ 庚酉 立坐(貴節) 甲卯 立向의 大門 玄關 吉神 : 丑艮寅의 艮寅 吉神

　庚酉甲卯 坐向 吉神 : 艮寅 印食 金木同調 財官 吉神 武官 吉神

⑪ 辛戌 立坐(富節) 乙辰 立向의 大門 玄關 吉神 : 寅甲卯의 甲卯 吉神

　辛戌乙辰 坐向 吉神 : 甲卯 印食 金木同調 商才 吉神

⑫ 乾亥 立坐(孫節) 巽巳 立向의 大門 玄關 吉神 : 卯乙辰의 乙辰 吉神

　乾亥巽巳 坐向 吉神 : 乙辰 印食 金水木同調 官貴 吉神

(2) 右旋水 大門 玄關 吉神

① 壬子立坐 丙午立向의 大門 玄關 吉神 : 絶對坐向과 同一

② 癸丑立坐 丁未立向의 大門 玄關 吉神 : 申庚酉의 庚酉 吉神

　癸丑丁未坐向 吉神 : 庚酉 印財 水金同調 官富吉神

③ 艮寅立坐 坤申立向의 大門 玄關 吉神 : 酉辛戌의 辛戌 吉神

　艮寅坤申坐向 吉神 : 辛戌 印財 木金同調 命官吉神

④ 甲卯立坐 庚酉立向의 大門 玄關 吉神 : 戌乾亥의 乾亥 吉神

　甲卯庚酉坐向 吉神 : 乾亥 印財 木金水同調 官富貴吉神

⑤ 乙辰立坐 辛戌立向의 大門 玄關 吉神 : 亥壬子의 壬子 吉神

　乙辰辛戌坐向 吉神 : 壬子 印財 木水同調 官貴 吉神

⑥ 巽巳立坐 乾亥立向의 大門 玄關 吉神 : 子癸丑의 癸丑 吉神

　巽巳乾亥坐向 吉神 : 癸丑 印財 木火水同調 官富貴 吉神

⑦ 丙午立坐 壬子立向의 大門 玄關 吉神 : 丑艮寅의 艮寅 吉神

　丙午壬子坐向 吉神 : 艮寅 印財 火木同調 官命富庫 吉神

⑧ 丁未立坐 癸丑立向의 大門 玄關 吉神 : 寅甲卯의 甲卯 吉神

　丁未癸丑坐向 吉神 : 甲卯 印財 火木同調 富官 吉神

⑨ 坤申立坐 艮寅立向의 大門 玄關 吉神 : 卯乙辰의 乙辰 吉神

　坤申艮寅坐向 吉神 : 乙辰 印財 金木同調 武富官收藏 吉神

⑩ 庚酉立坐 甲卯立向의 大門 玄關 吉神 : 辰巽巳의 巽巳 吉神

　庚酉甲卯坐向 吉神 : 巽巳 印財 金木火同調 官富庫 吉神

⑪ 辛戌立坐 乙辰立向의 大門 玄關 吉神 : 巳丙午의 丙午 吉神

　辛戌乙辰坐向 吉神 : 丙午 印財 金火同調 武富庫 吉神

⑫ 乾亥立坐 巽巳立向의 大門 玄關 吉神 : 午丁未의 丁未 吉神

　乾亥巽巳坐向 吉神 : 丁未 印財 金水火同調 財官庫 吉神

3) 朝來 融聚水에 衣한 風水 吉神 大門 破口

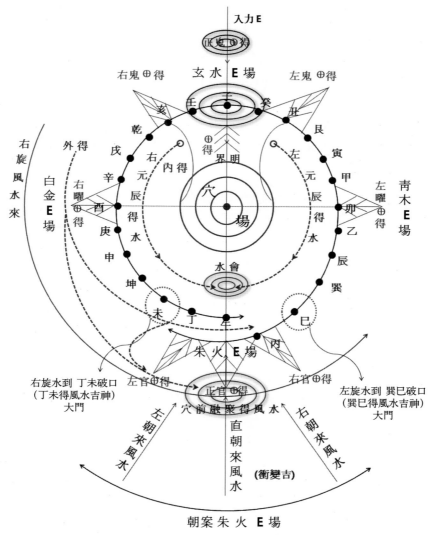

〈그림 4-44〉 朝來 融聚水에 衣한 風水 吉神 大門 破口

※ 融聚 原理 : 拒水砂(青白曜 또는 官砂 Energy體)에 衣한 安定 聚會 風水
　　寫射割剪 不可 朝來

4) 還抱 灣弓水에 衣한 風水 吉神 大門 破口

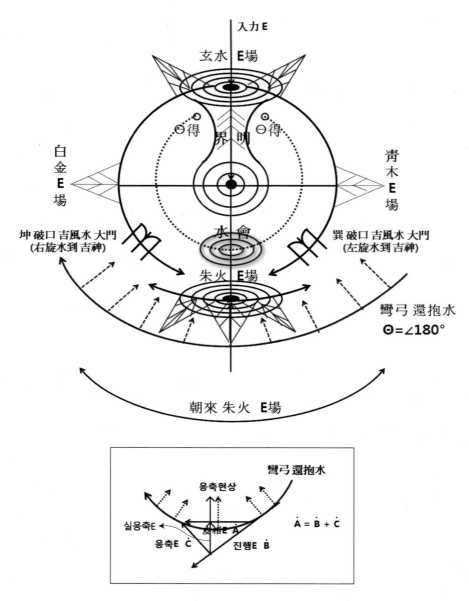

〈그림 4-45〉 還抱 灣弓水에 衣한 風水 吉神 大門 破口

5) 靑·白 關鎖(左右 交鎖) 元辰水에 衣한 風水 吉神 大門 破口 定格

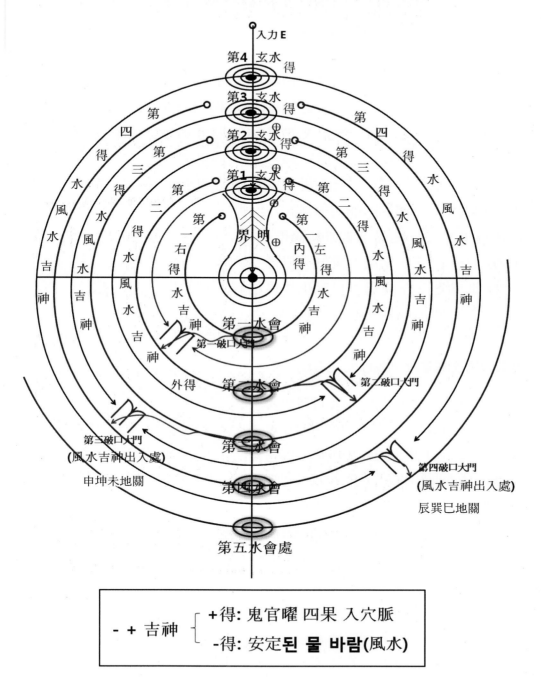

- +吉神
  - +得: 鬼官曜 四果 入穴脈
  - -得: 安定된 물 바람(風水)

〈그림 4-46〉靑·白 關鎖(左右 交鎖) 元辰水에 衣한 風水 吉神 大門 破口 定格

6) 穴場 氣勢 形局別 破口 大門 定格 吉神

(1) 子午卯酉 四定位 坐局穴 : 乾坤艮巽 大門 吉神

(2) 寅申巳亥 四定位 坐局穴 : 乙辛丁癸 大門 吉神

(3) 辰戌丑未 四定位 坐局穴 : 甲丙庚壬 大門 吉神

(4) 申子辰水 三合局穴 : 申子辰 陽得(地氣得) 階下 陰得 破口(風水得)

(5) 寅午戌火 三合局穴 : 寅午戌 陽得 階下 陰得 破口

(6) 亥卯未木 三合局穴 : 亥卯未 陽得 階下 陰得 破口

(7) 巳酉丑金 三合局穴 : 巳酉丑 陽得 階下 陰得 破口

(8) 坤壬乙 三合 定局 : 申子辰 陽得 吉神

(9) 乾甲丁 三合 定局 : 亥卯未 陽得 吉神

(10) 艮丙辛 三合 定局 : 寅午戌 陽得 吉神

(11) 巽庚癸 三合 定局 : 巳酉丑 陽得 吉神

　　　→ ⊕得 不可時 偏脈 偏穴 不配合穴이 된다.

7) 破口大門 形成理致 穴場呼吸 生命秩序

穴場穴核 生命現象 內氣外氣 呼吸出入

內穴生氣 育成發現 破口關門 生命呼吸

穴核明堂 破口關門 內外生氣 呼吸同調

穴場穴核 關門破口 內外吉神 出入呼吸

內氣呼吸 外氣出入 內得安定 外得醇化

內氣循還 凝縮生起 外氣出入 活命育成

呼氣內明 吸氣外命 內命主靈 外命客神

內氣呼吸 生命貴神 外氣出入 生育富神

呼吸貴神 氣骨精靈 出入富神 血肉臟腑

穴場本體 主靈呼吸 外局四神 護圍吉神

穴場破口 核明關門 出入外神 乘福吉慶

呼吸破口 生起關門 厚德吉神 出入通路

陽得內氣 外氣陰合 內明陽陰 核氣育成

陰得內氣　外氣陽合　內明陰陽　核氣增幅
陽氣陰得　陰氣陽得　生命確大　風水妙用
陽陰生氣　相生造化　生命活氣　創造秩序
外氣陽得　四神局勢　鬼官曜止　吉神凝縮
外氣陰得　融聚水風　穴前堂來　醇化育成
外氣陰陽　關門吉神　內氣陰陽　凝縮同調
外陽主氣　四神曜官　外陰主氣　堂朝風水
四神曜官　吉格吉神　堂朝風水　吉品吉神
吉格吉品　陰陽吉神　內核同調　品格上昇
外陽得神　善美同調　內核主靈　平等康寧
外陰得神　調潤清靜　內核品格　五德圓滿
調潤水神　關門出入　穴場調潤　穴核厚德
清靜風神　關門出入　穴場康寧　核力增大
外氣陽神　上下強健　壬子丙午　善美凝縮
外氣陽得　左神強健　甲卯乙辰　善美凝縮
外氣陽得　右神強健　庚申辛酉　善美凝縮
外氣陰得　巽神善美　辰巽巳核　圓滿厚德
外氣陰得　坤申善美　未坤申核　圓滿厚德
辰巳合居　左關健實　巽破安定　吉神出入
未申合居　右關健實　坤破安定　吉神出入
未巳合居　下關健實　堂朝融聚　吉神出入
外氣陽得　上下頭神　玄朱貴格　穴核凝縮
外氣陽得　左肩吉神　玄靑貴格　穴核凝縮
外氣陽得　右肩吉神　玄白富格　穴核凝縮
外氣陰得　左元辰神　入穴貴品　圓滿成核
外氣陰得　右元辰神　入穴富品　圓滿成核
左肩外氣　陰陽吉神　丑艮寅核　善美強健
右肩外氣　陰陽吉神　戌乾亥核　善美強健

7. 得水氣勢와 形相에 따른 破口大門의 吉神定格

1) 朝來當前 融聚水에 依한 得風水吉神과 破口大門의 定格

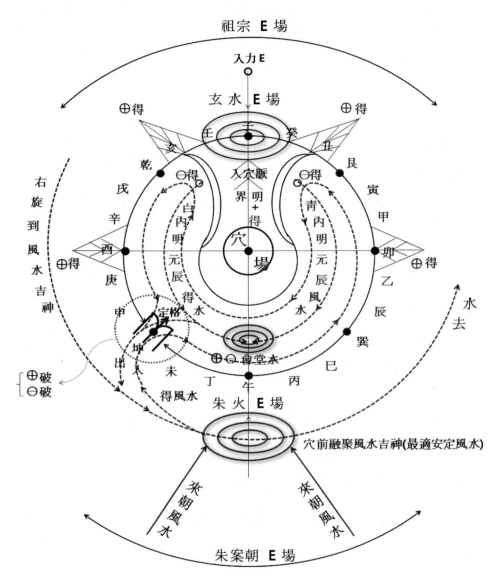

〈그림 4-47〉 朝來當前 融聚水에 依한 得風水吉神과 破口大門의 定格

2) 還抱 彎弓水에 依한 得風水 吉神과 破口大門의 定格

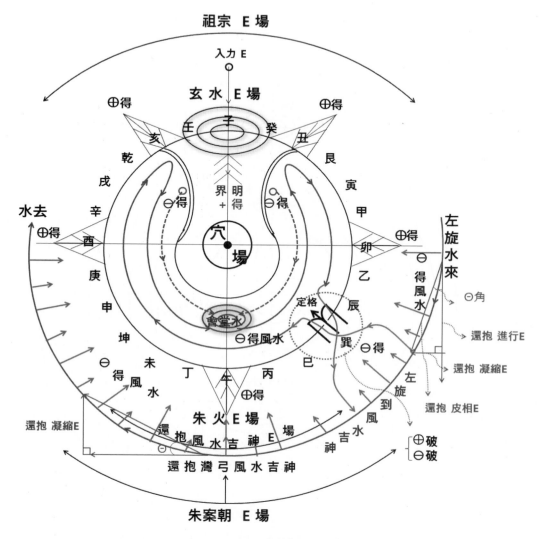

〈그림 4-48〉還抱 彎弓水에 依한 得風水 吉神과 破口大門의 定格

3) 靑白 關鎖砂에 依한 得風水 吉神과 破口大門의 定格

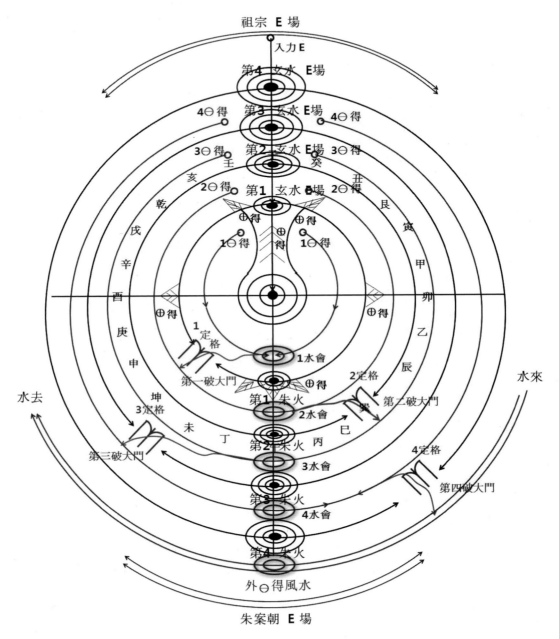

<그림 4-49> 靑白 關鎖砂에 依한 得風水 吉神과 破口大門의 定格

제3절 陽基 建築物 設計, 陽基設計計劃 例

조감도(예시)

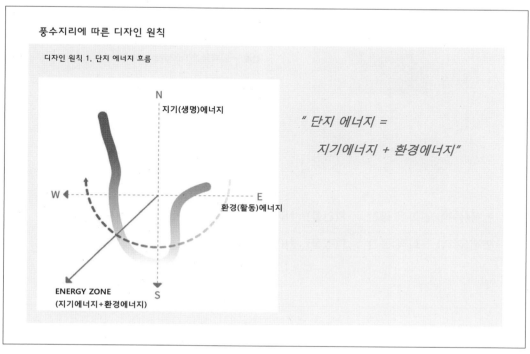

풍수지리에 따른 디자인 원칙

디자인 원칙 1. 단지 에너지 흐름

N
지기(생명)에너지

W ◄ ───── E
환경(활동)에너지

S

ENERGY ZONE
(지기에너지+환경에너지)

" 단지 에너지 =

지기에너지 + 환경에너지"

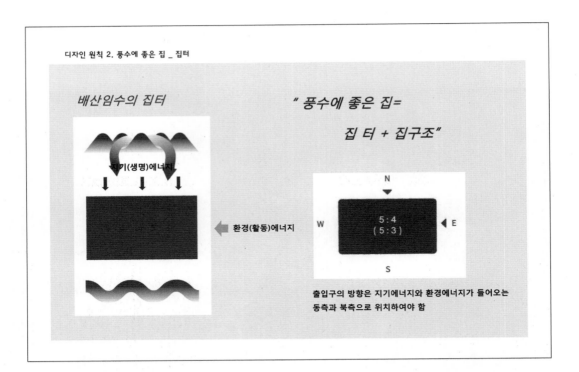

디자인 원칙 2. 풍수에 좋은 집 _ 집터

배산임수의 집터

지기(생명)에너지

환경(활동)에너지

" 풍수에 좋은 집=

집 터 + 집구조 "

N

W   5 : 4
    (5 : 3)   E

S

출입구의 방향은 지기에너지와 환경에너지가 들어오는
동측과 북측으로 위치하여야 함

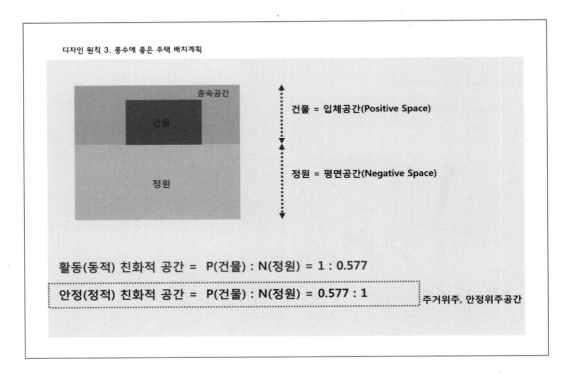

디자인 원칙 3. 풍수에 좋은 주택 배치계획

종속공간

건물

정원

건물 = 입체공간(Positive Space)

정원 = 평면공간(Negative Space)

활동(동적) 친화적 공간 = P(건물) : N(정원) = 1 : 0.577

안정(정적) 친화적 공간 = P(건물) : N(정원) = 0.577 : 1   주거위주, 안정위주공간

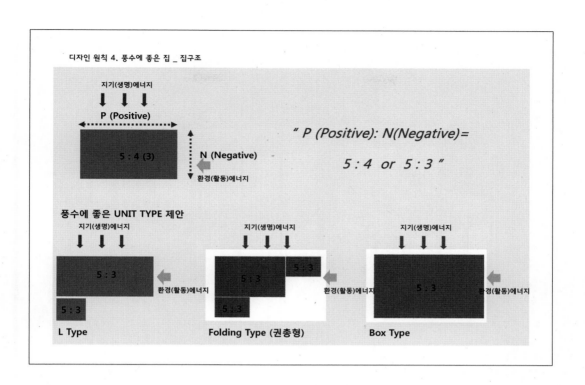

디자인 원칙 4. 풍수에 좋은 집 _ 집구조

지기(생명)에너지

P (Positive)

5 : 4 (3)

N (Negative)

환경(활동)에너지

" P (Positive): N(Negative)=

5 : 4 or 5 : 3 "

풍수에 좋은 UNIT TYPE 제안

지기(생명)에너지

5 : 3

5 : 3

환경(활동)에너지

L Type

지기(생명)에너지

5 : 3

5 : 3

5 : 3

환경(활동)에너지

Folding Type (권총형)

지기(생명)에너지

5 : 3

환경(활동)에너지

Box Type

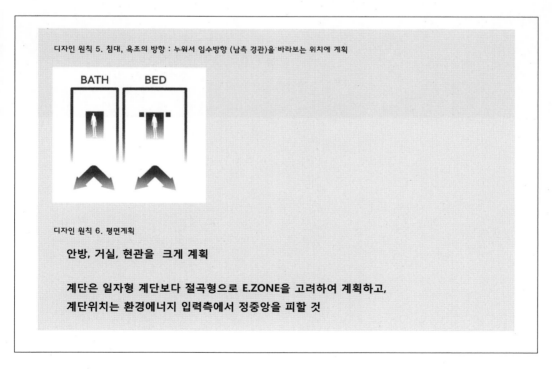

디자인 원칙 5. 침대, 욕조의 방향 : 누워서 임수방향 (남측 경관)을 바라보는 위치에 계획

BATH   BED

디자인 원칙 6. 평면계획

안방, 거실, 현관을 크게 계획

계단은 일자형 계단보다 절곡형으로 E.ZONE을 고려하여 계획하고,
계단위치는 환경에너지 입력측에서 정중앙을 피할 것

L Type

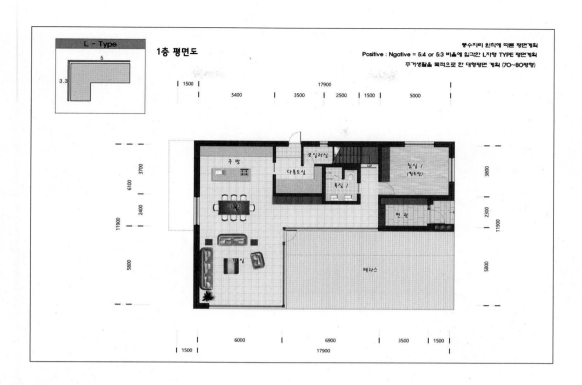

L - Type

1층 평면도

풍수지리 원칙에 따른 평면계획
Positive : Ngative = 5:4 or 5:3 비율에 입각한 L지형 TYPE 평면계획
주거생활을 목적으로 한 대형평면 계획 (70~80평형)

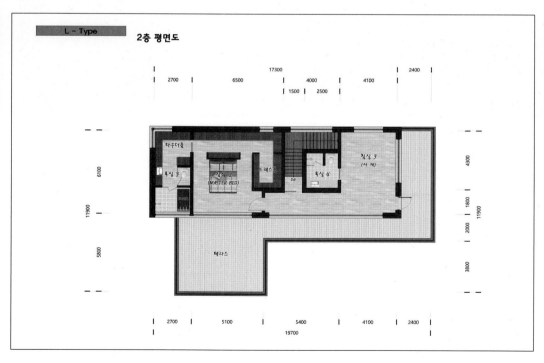

L - Type

2층 평면도

Folding Type _권총형

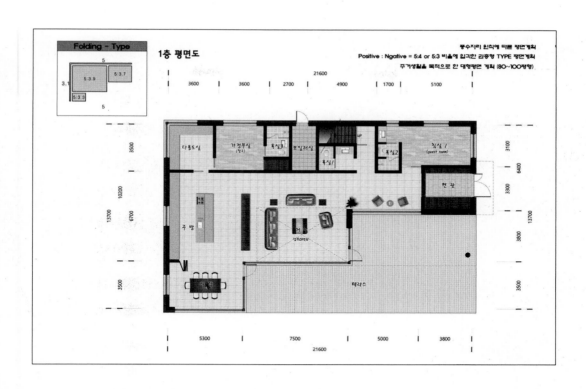

1층 평면도

풍수지리 원칙에 따른 평면계획
Positive : Ngative = 5:4 or 5:3 비율에 입각한 김종형 TYPE 평면계획
주거생활을 목적으로 한 대형평면 계획 (80~100평형)

Folding - Type

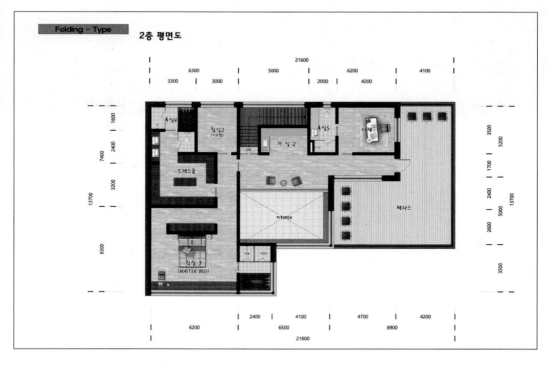

Folding - Type

2층 평면도

Box Type

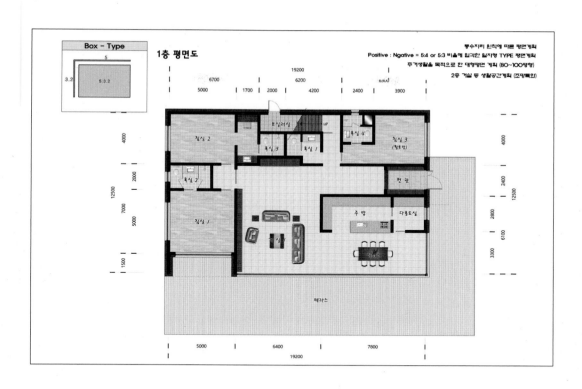

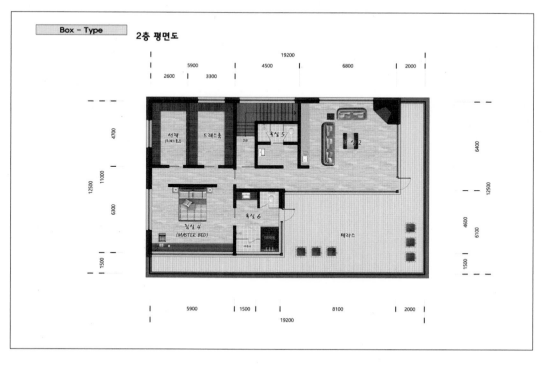

第5篇 風水地理 因果論

風水地理學의 根本要諦는 因緣果性相論이다. 萬物의 性理, 形勢 및 作用原理가
모두 여기에 基礎하고 있음을 留念하기 바란다.

第1章　　　　　　　　　　　風水地理 因果論

제1절 祖宗山 因果論

1. 太祖山 因果論

(1) 太宗祖山 聳拔 出脈地에 子孫 必히 極貴한다.

(2) 太宗祖山이 善美 强健하면 子孫 역시 善美 强健하고
太宗祖山이 長遠 吉福이면 子孫 또한 長遠 昌盛하다.

(3) 太宗祖山이 祥瑞로우면 雲霧 雲霓 祥瑞롭고 祥瑞 吉氣 出脈地에 須是 子孫 衆多하다.

(4) 祖宗 明山明氣는 夜望雲霓로 生處 覓하라.

(5) 雲霓 先生 絶高頂이요, 此亦是 始正龍 吉脈이다.

(6) 祖宗 善美强大함이 小祖 善美强大함을 生出하지 못하면,
穴星은 不吉하거나 無結케 된다.

2. 小祖山 因果論

(1) 小祖山이 多 分擘 枝龍으로 未 結穴이면
此 來龍 小祖山은 駐蹕山이 된다.

(2) 祖宗은 遠來後 作穴하나, 眞小祖는 數節 以後 作穴한다.

(3) 小祖 以後 多節이면 來脈入首 輕虛하고
　　太多 節脈 入穴處에 穴氣 力量 不足하다.

(4) 有 小祖이면 結穴 來龍하여 力重氣强하고,
　　無 小祖이면 行途龍脈하여 無福 弱力地가 된다.

(5) 猗斜 不正 小祖山下, 偏心子孫 煩出하고
　　孤露 崚嶒 小祖山下 獨善遇人 連出하며
　　朣腫 矗惡 小祖山下, 凶暴惡疾 不絶하고
　　巉巖 帶殺 小祖山下, 少年夭折 不止하며
　　醜陋 萎靡 小祖山下, 醜惡心相 連綿하고
　　軟弱 困頓 小祖山下, 虛弱腦精 連代하니
　　凶惡 節節 小祖山下에 凶惡種種 禍患發이로다.

(6) 小祖 以前 得 中祖이면 來脈力量과 穴場氣勢는 倍加한다.
(7) 平岡 平地 小祖山은 束氣結咽 聚突處다.
(8) 小祖 主星에 正座近枕하면 穴 氣力은 强大하고 福祿은 速發한다.

3. 中, 小祖의 開帳 因果論

(1) 正出穿心 開帳幅은 五・六里에서 十數里에 그쳐서
　　한눈에 보여야 吉한 것이고,
　　正出穿心 來龍은 3~5節 거리 以內에서 完了되어야
　　그 氣勢와 力量이 强大한 것이다.

(2) 出脈變易의 秩序가 整頓되고 氣脈進行의 勢力이 强健하면
　　圓峯聚起가 豊富 厚德하여 秀貴名人이 連出한다.

(3) 假 龍脈 穿心 Energy體는
　　其一이 偏斜醜陋요
　　其二가 緩漫散亂이며
　　其三은 無精無氣요

其四는 不收無關이며

其五는 堂局破鎖이고

其六이 朝應無情이로다.

(4) 開帳穿心 出脈腦形은

其一이 土金腦이요

其二가 金水腦이며

其三은 水木腦이다.

(5) 穿出脈 左右 護脈砂가 吉格이면 穴星 纏護砂도 吉格이 된다.

開帳局이 廣大하면 出身子孫 廣大하고.

穿出脈이 正大하면 中道正大 人品 난다.

(6) 穿出來脈 剝換 因果

老脈은 嫩脈으로 換生하고

粗脈은 細脈으로 剝皮하며

凶脈은 吉脈으로 換骨하고

醜龍이 美龍으로 剝面하면 大剝小眞이요 大生小從이니

奇剝異換함이 奇異發應하야 貴人吉福이로다.

(7) 開帳 左出脈下 靑孫昌盛하고

開帳 右出脈下 白孫昌盛하며

開帳 穿心 正出脈下 本孫宗家昌盛한다.

(8) 玄武 祖山 開帳하면 案山 朝山 開帳하고

玄武 祖山 開張하면 案山 朝山 開張한다.

4. 穿心 出脈 因果論

(1) 穿落 出脈 特性과 變易傳來 特性이 特異非凡하면

此來脈은 必是 成穴하여 富貴名人 特出한다.

(2) 穿脈特性과 變易特性이 不良 不善하면
　　來脈入首 亦是 不善 不美하야 不良 敗人 續出한다.

(3) 穿心 出脈이 如生蛇屈曲 下嶺하고 枝龍 支脚이 護帶를 이루면
　　此脈下에는 須是 大穴結作하고 大人出하며
　　穿心 出脈이 不起不伏하고 瘦弱萎靡하여 不動直硬이면
　　此脈下에는 須是 賤作 虛穴하여 敗亡絶人한다.

(4) 出脈來龍이 無星無曜하여 低伏潛行하면
　　其 應果 亦是 不正 無能奸邪하다.

(5) 穿心 出脈龍이 光明正大하고 圓滿厚富하면
　　此脈 結作은 曠大圓正하고 名振 大意 長出한다.

(6) 後龍 節節 凶凶한데 入首來脈 吉吉하면
　　三節吉善 三代發福하고 五節吉善 五代發應한다.

(7) 後龍 節節 吉吉한데 入首來脈 凶凶하면,
　　三節凶凶 三代後發 二節凶凶 二代後發이로다.

(8) 穿心이 無傳變, 無穿落, 無過峽, 無退卸하면
　　此脈은 無秀氣, 無應氣, 無氣力의 僞龍이니
　　此處는 必是 凶氣 殺脈地요, 假穴虛花로다.

5. 過峽 因果論

(1) 龍眞則 過峽善美하고 過峽善美則 作穴善美하며,
　　中出過峽則 正脈正穴하고 正人正大하다.

(2) 善過 善峽이 過了峽이면 鶴膝蜂腰 眞吉處요,
　　一起一伏이 結了結이면 到頭 當有奇異踪이니라.

(3) 善美過峽은 透迤嫩巧하며 活動悠揚한데
　　如 蜘蛛過水요, 如 藕斷絲連이며,

如 馬跡渡河요, 如 草蛇灰線이며,

有 扛夾周密하고 界水分明하야 未風吹하고 不水劫하면

必是 吉脈 來龍하여 善美强大의 吉福 作穴하라라.

(4) 過峽의 第一 嫌은 風吹요, 第二 忌는 水劫이로다.

(5) 來龍脈의 生死吉凶은 過峽界水의 良否에 따른다.

(6) 貴格 過峽相 :

日月, 旗鼓, 天馬, 貴人,

金箱, 玉印, 垂纓, 串珠,

龜蛇, 獅象, 釽笏, 戈干,

倉庫, 櫃廚, 金樽 等의 吉相 吉形.

(7) 峽左空缺則 穴左空缺하고, 峽右空缺則 穴右空缺한다.

(8) 正出峽下 穴在正

左出峽下 穴在左

右出峽下 穴在右

峽正出 過斜則 穴正出 斜倒

峽倒出 過正則 穴側出 正倒

峽透頂 出脈則 穴在脚下

峽脚下 出脈則 穴在頂上.

(9) 峽中左砂 短縮則, 穴前左砂 先倒

峽中右砂 短縮則, 穴前右砂 先倒

(10) 龜蛇峽이 龜蛇를 또 만나면 佳하듯이

過峽이 吉砂重逢하면 佳增益善하나니

石脈過峽이 石曜重逢하야 佳益한데

池湖過峽도 池湖重逢하여 佳益하더라.

(11) 子午卯西 出過는 子午卯西 向이 益善이요

乾坤艮巽 出過는 乾坤艮巽 向이 益善이더라.

甲庚丙壬 出過는 甲庚丙壬 向이 益善이요

乙辛丁癸 出過는 乙辛丁癸 向이 益善이요

寅申巳亥 出過는 寅申巳亥 向이 益善이요

辰戌丑未 出過는 辰戌丑未 向이 益善이더라.

(12) 出脈來龍이 過峽을 낳는 것은 出脈勢를 中出코저 함이요

過峽이 來龍脈에서 發達하고저 하는 것은

來龍脈 Energy의 再充積이 再生産을 擔當케 함이로다.

(13) 吉過 善峽의 特性.

脈相은 中出해야 하고

形態는 活動함이 있어야 하며

其 星體는 特異하게 빼어나야 하고,

勢力은 飛揚하는 듯 하며

護從은 周密하고

界水는 分明하며, 맞이하고 보냄이 가지런하고

左右扛夾은 同調應氣하며

高過하여도 急硬强悍하지 않고

低過하여도 無氣力한 傷痕이 없어야 하며

長過하여도 風水劫을 받지 않고

短過하여도 組惡腫肉이 없으며

濶過일지라도 懶散치 않고

陜過라도 破碎가 없으며

直過라도 死硬치 않고

遠過中이라도 包藏이 있으며

穿田할지라도 水劫이 없고

渡水하여도 石梁이 있으며

奇巧異常한 池湖, 靈泉, 怪石 等의 貴格이 그 特性이다.

(14) 凶過惡峽의 特性.

過峽이 醜惡 空缺하고

風水에 刑沖破害하며

너무 긴 것이 鶴膝蜂腰를 두지 않고

草蛇灰線이 없으며

穿田하여도 正脈分水가 없고

蛛絲馬跡이 없으며

兩傍에 迎送扛夾이 없고

渡水하여도 石梁이 없으며

護가 낮고 峽이 멀면

이것은 脫卸 脫殺이 없는 凶過, 惡峽으로 되는 것이다.

凶禍惡逆地다.

(15) 過峽의 諸 形態別 因果

　① 陽過 : 陽突出過 故로 陽脈 陽穴果

　② 陰過 : 陰屈出過 故로 陰脈 陰穴果

　③ 平地過 : 平地隱脈 界水分明出過로서 善吉穴果

　④ 穿田過 : 穿出脈이 田中獨高하므로 外柔內剛果

　⑤ 池湖過 : 石梁脈으로서 氣通하므로 無肉筋不通血이나 可善果

　⑥ 草坪過 : 草蛇灰線 出脈過峽 故로 厚德穴果

　⑦ 半嶺過 : 偏嶺으로 病過이나 偏側有枝면 可善果

　⑧ 高過 : 護山周密하면 過脈力量이 强健하므로 窩鉗吉穴 結果

　⑨ 低過 : 入力이 부족하나 案砂 反 Energy가 吉하므로 厚富 乳穴 結果

　⑩ 正過 : 正中出脈으로 正變 正入하면 大穴大果

　⑪ 斜過 : 偏出斜測하면 穴果 亦是 偏斜하나 變正 卽 吉果

　⑫ 明過 : 明正出過脈結은 必是 明果

　⑬ 偸過 : 偸脈非厚하나 穴星 輕快하다

　⑭ 長過 : 逶迤曲脈이면 非風吹 故로 善果 美穴

　⑮ 短過 : 非風吹, 無水劫이므로 峽 分明하면 善美한 果

　⑯ 硬過 : 硬脈이 直奪하면 大貴善果

　⑰ 直過 : 直長하나 小聚나 枝支가 過中에 있으면 必是 善果

⑱ 大過 : 厚長强健하여 大聚하면 大穴結果한다.

⑲ 小過 : 左右 靑白 周密하면 善美吉穴 結果한다.

⑳ 遠過 : 左右 保護砂가 發達하면 遠脈過도 可結한다.

㉑ 濶過 : 脊脈이 發達하면 필히 集結이 可하다.

㉒ 雙脈過 : 雙脈 集合分明하면 力量 倍加 成穴한다.

㉓ 渡水過 : 玉池穴을 낳기도 하고, 石梁渡水 善結한다.

제2절 來龍脈 因果論

1. 幹龍脈 因果論

(1) 大幹龍脈 大人出, 中幹龍脈 中人出, 小幹龍脈 小人出

(2) 大枝龍脈 大護從出, 中枝龍脈 中護從出, 小枝龍脈 小護從出

(3) 大從山에 大從人出, 中從山에 中從人出, 小從山에 小從人出

(4) 本身 主龍脈에 嫡子出하고 傍龍 測身脈에 庶子出한다.

(5) 山凝 强大하면 大貴人이 出生하고(枝龍으로 分別하라)
　　山凝 弱少하면 小貴人이 出生한다.(枝龍으로 分別하라)

(6) 山縮 重大하면 大富人이 出生하고(硬度로서 分別하라)(貴人出)
　　山縮 輕小하면 小富人이 出生한다.(硬度로서 分別하라)(賤人出)

(7) 幹龍吉處 在其麓이요, 枝龍吉處 在其巓이라.

(8) 善美幹龍은 磊落起伏으로 逶迤奔走高聳코저 하고, 善美枝龍은 相交引連
　　으로 隱隱隆隆 低伏코저 한다.

(9) 吉伏者는 高低分明하고
　　善聳者는 來勢不斷이며
　　假脈者는 分水模糊하고
　　巧枝妙龍은 脊脈分曉하며
　　界水明白 須顯處라야 巧妙正傍이 皆穴證據이니라,

(10) 吹風幹龍者는 卽凶 惡發하고
　　　水劫枝龍者는 卽敗 不吉하다.

(11) 大幹龍脈은 起伏이 生氣發이요
　　　枝龍來脈은 止會가 生氣發이다.

(12) 大幹龍은 星峯이 起立體하여 生脈하고
　　　枝龍脈은 分枝廻曲하여 生脈한다.

(13) 大幹脈穴은 藏風局果이니 嫌忌 靑白內谷深하고, 忌風吹하며
　　　枝龍脈穴은 得水局果이니 嫌忌 靑白內谷高하고, 忌水侵한다.

(14) 大幹龍脈은 山廻處에서 得果하고
　　　枝龍來脈은 水廻處에서 得果한다.

(15) 高山來脈者 如龍如虎이나 其回頭處에 對案星峯해야 眞氣 凝縮하고
　　　平地來脈者 草蛇灰線이나 其分止處에 對纒水會해야 眞氣 凝縮한다.

(16) 高山來脈이 落平田하여 聚突開鉗口하면 暗火開紅 灰中火요
　　　高山來脈이 落平田하여 無聚無開鉗口하면 死火帶殺 灰中炭이로다.

(17) 平田 結穴은 田前蛾眉帶로 凝縮되는데
　　　雖 如穴이나 非水會處면 假穴分明하니
　　　山向法에 依持하여 凶厄을 自招치 말라.

(18) 必是 平田 龍脈은 山水 節目이 同一體임을 認知하라.
　　　不然이면 眞蹤을 亡失하나니라.

(19) 山止水會 卽 眞枝脈也. 無止脚은 非山止요 無水回는 非水會라.
　　　右到水는 右旋이 眞回요 左到水는 左旋이 眞回이니라.

2. 中小祖 來脈 因果論

(1) 吉格來脈 本身과 眞來의 貴相
　　　起伏奔走, 頭面端正, 星峯秀麗, 枝龍護從,
　　　支脚護身, 落穿傳變, 帳盖臺屛, 走馬蘆鞭,
　　　串珠, 玉字, 介字, 之字, 抛梭, 展趐, 飛蛾 等의
　　　來出脈 貴相은 必是 吉福 貴穴을 出한다.

(2) 吉格枝龍과 眞護의 貴相

　　星頭峰巒, 天乙太乙, 旗鼓, 天馬, 貴人, 倉庫,
　　文官, 武庫, 纏護來送, 下手關攔, 捍門水口 等의
　　貴砂 吉格 枝龍은 善美强大한 作穴 緣分들이다.

(3) 凶格 來脈 本身과 假來의 賤相

　　吉星 不在, 諸格 不合, 怯弱, 死硬, 朧腫, 粗惡直長,
　　無枝龍, 散亂支, 尖銳鬼劫, 坐下無氣, 無結作, 穴前順水龍虎 等은
　　假龍本身 또는 假枝, 假局이다.

(4) 幹龍脈이 善美해도 成穴處에 假結虛花이면
　　不吉 敗亡 本身이거나 護從枝脈 出身이다.

(5) 小祖下脈 善美하면, 眞龍眞的 成穴이요
　　小祖下脈 凶惡하면, 假龍虛花 亡地로다.

(6) 本身來脈 善美하면, 枝龍 支脚 善美하고
　　枝龍 橈棹 貴吉하면, 本身 成穴 貴吉하다.

(7) 本身來脈 醜陋하면, 枝龍 支脚 凶惡하고
　　枝龍 橈棹 醜陋하면, 本身 열매 賤劣하다.

(8) 橫變開帳 양 어깨는 富貴孫名 本據地요
　　天祿天馬 金土峯案 富貴孫名 任用이며
　　文官武庫 重木峯案 富貴孫名 應發이요
　　左右靑白 輔弼峯은 富貴孫名 持續이니
　　陽倉陰庫 靑白峯은 富貴孫名 施設일러라.

(9) 枝龍橈棹 없는 脈下, 賤한 奴婢 生出하고
　　分擘枝龍 醜陋하니 弱骨僞人 웬 말인가?
　　散漫萎靡 無取拾은 虛耗孫勢 不收인데
　　反背無情 내 달으니 不忠五逆 막을손가?
　　凶惡尖利 反射하면 殺人橫厄 누가 막고
　　偏脈上에 短逆破碎 痼疾病을 어이 하나?

(10) 枝龍, 橈棹, 支脚, 止脚은 本身龍虎, 性情이요
　　　子孫 善惡 吉凶 貴賤은 龍脈 性相 그대롤세.

(11) 天乙 太乙 우뚝하여 臺閣位의 予孫낳고
　　　日月 輔弼 자상하니 公卿位의 後孫이라
　　　玉佩 文武는 王候極品 貴人낳고
　　　男倉 女庫는 財盛富蓄 昌永하다.

(12) 展旗 頓戟은 威武 子孫 出將하고
　　　左右 侍從은 尊榮 貴人 連出하네
　　　御屏 馬旗로 出將入相 담보하고
　　　文筆印笏로 神童 壯元 立見일세.

(13) 來龍脈의 醜惡 特性
　　　① 尖利 - 不收未拾커나 帶殺劫克하니 短命財敗.
　　　② 瘦弱崚嶒 - 虛耗弱骨質의 게으른 予孫이 난다.
　　　③ 拖拽 - 洩氣漏脈이니 人丁夭死하고 財物 亡失한다.
　　　④ 太重 - 太過한즉 不及과 같으니 過慾 過漫으로 亡한다.
　　　⑤ 如鎗 - 세 발 노구와 같이 長硬하니 剛暴 子孫 夭折한다.
　　　⑥ 重尸 - 尸身을 쌓은 것과 같으니 少年死가 連出한다.
　　　⑦ 斷頭 - 脈 Energy의 斷折이 發生하니 必是 斷命孫이다.
　　　⑧ 破碎 - 來龍脈 前後 左右 上下에서 凝縮同調가 不足하거나
　　　　　　　 入力 Energy가 不良하니 必是 凶人出이다.
　　　⑨ 瘢痕 - 護衛不良하고 周邊 干涉하니 靈肉에 病이 든다.
　　　⑩ 崩陷 - 來脈 不振 不縮이며 周邊 刑沖하니 橫厄 不絶이로다.
　　　⑪ 短縮 - 入力 不足하여 來脈 不進이니 庸劣 予孫出이다.
　　　⑫ 粗頑醜岩 - 破山硬石에 醜陋하니 凶暴 子孫 태어난다.

(14) 左右 枝龍 均等하니 靑白 子孫 均吉하고
　　　左右 枝龍 不均하니 靑白 子孫 不平이네.
　　　左短股면 靑小하고 右短股면 白弱하며
　　　左右 枝龍 先後따라 靑白 子孫 先後한다.

(15) 本身穿中 太强하면 本孫 子孫 太强하고
    左右枝龍 太强하면 靑白孫이 太强하네.
    左右出脈 太强하면 本孫 子孫 虛弱하고
    正出脈이 太强하면 枝孫 人丁 降勢로다.

(16) 正中穿心 出脈下에 正明大人 連出하고
    左便出脈 結果地엔 白虎孫이 不起하며
    右便出脈 結果地엔 靑龍孫이 不起로다.

(17) 衆山擁從은 眞脈 眞人出이요
    單獨孤寒은 賤脈 貧人出이다.

(18) 護從重重이면 重貴 重福하고
    護從長短이면 貴福 역시 長短하네.

(19) 護從一重이면 一代貴人이요
    十重護從이면 宰相出振일세.

(20) 本身來龍 長强하면 護從脈도 長强하고
    本身來龍 短小하면 護從脈도 短小하다.

(21) 大龍 來脈 本身에는 大護從脈이 自生하여
    本身邊이 陽突厚富한 Positive 特性이 되니 大人出하고
    小龍 來脈 本身에는 護從脈이 不足하여
    本身邊이 陰屈瘦弱한 Negative 特性이 되니 小人出한다.

(22) 眞龍眞穴의 護從脈은
    그 大小, 强弱, 高低, 遠近이 알맞지 못하면
    手下 護從人을 곁에 두기가 힘이 들고
    너무 低級하거나 멀면 그 쓰임이 어렵다.

(23) 眞龍正脈을 分別함에는 그 大小, 長短, 高低, 强弱이 要點이다.
    무리 山이 함께 짧으면 긴 山이 正脈이요
    무리 山이 함께 길면 짧은 山이 正脈이며
    무리 山이 高强하면 柔軟함이 正脈이요

무리 山이 柔軟하면 高强함이 正脈이다.
무리 山이 반드시 中正을 纏護함이 本이요
中正 本身은 반드시 光明正大함이 本이다.

(24) 老大한 龍脈이나 立體山 Energy體의 氣力은
그 重厚柔軟함과 靜的 長大함은 吉하나
活動性이 微弱한 故로 厚德者는 出하여도 枝巧者는 不足하다.

(25) 嫩少한 龍脈이나 多節 分擘枝의 氣力은
그 重厚 强健함과 靜的 長大함은 不足하나
活動性의 動的 細氣는 發達하였으므로
厚德大人은 不出이라도 細枝 强氣者는 多出이다.

(26) 光明正大의 經世人은 老嫩이 先後하며 相生하고
立體 Energy와 線 Energy가 相調하여
結穴하는 곳에서만 비로소 出現하게 된다.

(27) 長遠來龍 結穴處엔 子孫 長遠 이어지고
短近來龍 結穴處엔 子孫 長遠 不可로다.

(28) 大小强弱 祖宗山下 大小强弱 種字나고
眞僞正邪 來龍脈下 眞僞正邪 子孫되며
善惡美醜 過峽下에 善惡美醜 子孫잇고
眞僞正邪 頭腦下에 眞僞正邪 人品나며
眞僞正邪 蟬翼속에 眞僞正邪 兄弟되고
眞僞正邪 纏肩속에 眞僞正邪 그릇나며
善惡美醜 案對따라 善惡美醜 社會살고
善惡美醜 靑白따라 善惡美醜 成功하며
善惡美醜 水勢따라 善惡美醜 살림되고
善惡美醜 風勢따라 善惡美醜 健康되며
眞僞正邪 入穴脈下 眞僞正邪 열매 맺고
吉凶長短 明堂穴上 吉凶長短 人生난다.

(29) 眞龍善脈下에 虛花僞果 빈번해도
　　　假龍僞脈下엔 眞的實果 不可로다.

(30) 貴人 入相 官祿者는 中出穿心 正過脈下 眞龍眞的 美穴에서 태어나고
　　　賤人 無官 薄福者는 無穿偏出 邪過脈下 僞龍假結 惡穴에서 태어난다.

(31) 正落中出 來龍脈下 正貴 正人 出生하고
　　　偏落旁出 來龍脈下 偏邪 賤人 出生한다.

(32) 祖山 星峯不顯이면 來脈 入力 賤格이요
　　　起伏 不明 破頭面이면, 來脈 出力 衰殘이며
　　　偏斜 過脈 風吹하면 移動 脈氣病이 들고
　　　石帶巒頭 巉巖하면, 聚氣 孫勢 殺伐하다.
　　　橈棹支脚 尖利反逆, 無氣 來脈 無記子孫
　　　左空 右缺 邊生邊死, 病脈子孫 痼疾일세.
　　　擁腫 粗頑 聚集處엔 壅固執과 癌든 子孫
　　　崚嶒 瘦削 來脈處엔 怠慢 凶心 斷命 子孫
　　　散漫 無收 低伏處엔 人丁 財物 메마르고
　　　長腰 直硬 老脈엔 家勢 人財 무너진다.

(33) 山水風火를 거느리고 돌보는 山 Energy는
　　　高貴하고 光明한 龍穴果를 만들어 善德人을 낳고
　　　山水風火에 지배당하고 놀림당하는 山 Energy는
　　　賤薄하고 庸劣한 龍穴果를 만들어 愚昧人을 낳는다.

(34) 大幹 종마루의 中出脊은 駐蹕山 駐蹕峯에서 始作한 正龍일 때 비로소
　　　貴穴善果를 낳고, 枝龍 分擘脈의 旁出脈骨은 비록 秀麗하고 善美해 보이
　　　나 그 組織의 不實에서 이미 小穴 賤果를 決定하고 만다.

(35) 龍走 斜飛 山水去이면, 必是 假龍 無結處요
　　　龍起 脈上 山水拒이면 必是 眞龍 貴果結이라.

(36) 龍脈의 勢는 그 行之로서 生命 Energy를 싣고
　　　穴場의 勢는 그 安定으로 生命 Energy를 發한다.

3. 來龍脈 行止의 因果論

(1) 觀山 第一義는 龍脈 行止에 있고
    看山 第一義는 水勢 行止에 있다.

(2) 氣脈은 行起에서 得하고
    穴核은 止靜에서 得한다.

(3) 山去 水去處는 龍行 未住요
    山走 水走地는 無脈 無穴處라.

(4) 山勢奔走하면 龍脈行過途요
    水勢峻急하면 門戶 不關攔이니
    此中 何處에도 眞穴證據는 없도다.

(5) 未止 行龍은 無止脚 不縮脈이요
    旣止 立脈은 有止脚 凝縮脈이로다.

(6) 旣止 凝縮龍은 小朝 玄武頂을 善美尊重케 하고
    水止 洋悠匯면 朝案 明堂局을 善美厚德케 한다.

(7) 大起 大止處는 眞龍大穴을 낳고
    大聚 大會水는 大貴大富를 낳는다.

(8) 水勢 峻急 不匯處는 門戶 不關不止處요
    山水 不結 無聚處는 羅城不衛 行脈處다.

(9) 山去 水去 隨送去하면 必有 人敗 財敗하고
    山走 斜飛 水 不停이면 百事 不實不成이라.

(10) 分擘 長龍 이끌리면 홀로 老人 늘어나고
     龍脈散亂 不定이면 젊은 靑春 無靈하다.

(11) 短少 橈棹 鬼脈處에 腦卒中風 代를 잇고
     長大 支龍 劫脈處에 非命子孫 代를 잇는다.

(12) 鬼劫龍 無結處에 神廟祠堂 어찌서고
    長大支龍 無結處엔 陽基인들 어찌서나.

(13) 來龍 背壁 陽穴地엔 萬古 子孫 貧賤하고
    來龍 面壁 陽穴地엔 萬古子孫 富貴하다.

(14) 橈棹 支脚 등에 업은 背壁 陰宅 絶孫되고
    分擘 枝龍 감싸안은 面壁 陰宅 孫盛토다.

(15) 立體 分擘 枝龍 發端엔 背面이 不明하다.
    成穴 結作 善惡美醜에는 先後가 分明하다.

(16) 分擘 鬼劫(鬼曜官)이 本龍漏洩이라도 無鬼이면 無官이요
    無劫(鬼曜官)이면 無福일세.

(17) 君臣相戀 夫婦相思는 玄朱(水火)의 道理요
    兄弟友愛 骨肉相親은 靑白(木金)의 道理로다.

(18) 賓主 相見 分明하면 上下敬愛 眞情하고
    靑白陰陽 和親하면 家率同氣 和愛롭다.

(19) 客山 應穴龍이 陰 Energy場을 펼친 곳에
    主山 作穴龍은 陽 Energy場을 낳게 된다.

(20) 陰客은 先到함이 地靈의 道理요
    陽主는 後着함이 順天의 道理로다.

(21) 主山 本身은 胎生이 主靈이요
    朱火 靑白은 胎生이 客神이다.

(22) 先到客神이 흩어진 곳에 後着 主靈은 머물지 않네.

(23) 主靈은 常淸淨하여 光明함이 本이요
    客神은 常朝應하야 同調함이 本이로다.

(24) 主靈은 穿落傳變의 定格相을 이어가고
    客神은 過峽度脈과 脫卸를 不容한다.

(25) 星峯이 孤露하면 客神의 머리되고
　　　星面이 峻開하면 客神의 얼굴되네.
　　　星枝가 庸劣하면 客神의 팔다리요
　　　星足이 斂伏하면 客神의 다리로다.

(26) 主靈은 水神이 안아 돎을 반겨하고
　　　客靈은 水神을 안아 줌을 즐겨하네.

(27) 主靈은 風神을 안이주려 애를 쓰고
　　　客靈은 風神을 보내려고 애를 쓰네.

(28) 風神 水神 안겨돌면 主靈 明堂 밝아지고
　　　風神 水神 달아나면 主靈客靈이 反目하네.

(29) 客神의 품은 先迎하여 安樂함이 그윽하고
　　　主靈의 뜻은 光明하게 安寧함이 高明토다.

(30) 主靈은 客神품에 主靈果를 낳고저 하고
　　　客神은 主靈의 意志에 따라 키우려 하네.

(31) 穴後에 送・托・樂 神靈이 吉兆요
　　　穴前에 朝・案・應 對神이 吉兆로다.

(32) 待衛來輔神은 穴前左右立이요
　　　遶纒關迎神은 穴堂前 拱揖일세.

(33) 二水相交 風吹水劫인 곳에 枝龍餘氣는 虛花無果일러라.

(34) 穴後 枝龍 托案關纒 餘氣轉變 用神이나
　　　大幹龍 大穴後에 小枝 小穴 어찌하나.

(35) 脈窮氣散 水劫風吹 大幹龍의 逆賊이요
　　　山窮水盡 大窮盡處 餘氣用神 忠臣일세.

(36) 水星은 北鎭하고 火星은 南朝하며
　　　木星은 東健하고 金星은 西照하네.

(37) 纏脣餘氣 順水處엔 離鄉子孫 連出하고,
　　曜鬼餘氣 長走處엔 겹집살림 不斷일세.

(38) 吉龍 餘脈은 成穴同調가 使命이요
　　吉穴 餘氣는 收拾安定이 最善일세.

4. 來龍脈 五變易相 因果論

(1) 山隴(壟) 大幹脈은 起伏垂變이 貴相이요
　　平崗 主龍脈은 婉轉透迤함이 第一相이며
　　平地 平受脈은 平中突起함이 秀相일러라.

(2) 起伏은 一起 一伏하야 壟龍의 上法이고
　　仙帶는 屈曲悠揚하야 平崗의 上法인데
　　平中突起는 一寸高低하여 平受의 上法으로, 山水를 境界하네.

(3) 初分 落脈 結穴處엔 祖·樂·托·過 分明하고
　　中分 落脈 結穴處엔 餘枝護從 關欄인데
　　末分 落脈 結穴處엔 據江臨河 신비롭다.

(4) 正變易 正變位龍 光明한 聖人낳고
　　垂變易 正變位龍 殊勝한 僧徒나니
　　橫變易 正變位龍 嫡庶同居 和愛롭다.
　　縱變易 正變位龍 嫡室子孫 發福地요
　　隱變易 正變位龍 一時發應 아쉬워라.

(5) 生强順應 四吉龍은 四吉穴孫 길러내고
　　死弱退逆 四凶龍은 四凶穴孫 連出한다.
　　應揖胎衡 樞機龍은 子孫繁昌 보장하고
　　枉鬼遊毒 絶狂龍은 敗亡子孫 밀어낸다.
　　孤龍老龍 敗踏龍은 貧賤子孫 줄을 잇고
　　無記脈 無記穴에 無記子孫 웬 말인고?

(6) 一起一伏 分牙布瓜 鳳翥魚躍 生龍旺穴
　　無起無伏 粗頑擁腫 窮苦下賤 絶祠絶滅.

(7) 勢力奔走 弘大하면 猛虎出林 氣像이요

(8) 收拾없이 虛浮하면 風吹水劫 不融일세.

(9) 順立星峰 順布枝龍 團聚行度 開帳龍은
　　先到照應 水案照揖 孝順和睦 百子千孫.

(10) 側立星峰 逆布枝龍 乖戾行度 望後龍은
　　　長幼夭絶 凶暴忤逆 男女老少 悖倫子孫.

(11) 進次星峰 調連枝龍 次序行度 前進龍은
　　　最貴最富 文章出世 發福子孫 門前盛市

(12) 失次 星峰 不調枝龍 後低行度 退後龍은
　　　後事漸失 凶事多難 無力子孫 重重하다.

(13) 祖宗尊貴 護從重重. 前後相應 福德龍은
　　　祖上陰德 奴僕供養 和睦康寧 安樂子孫.

(14) 隱病來脈 枝龍不調 左右不衡 病破龍은
　　　祖上不具 凶事人敗 夭絶家散 無益後孫.

(15) 反走離折 敲側尖石 無記分擘 鬼劫龍은
　　　長幼官事 短息疾患 侵劫盜賊 官災疾病.

(16) 脫卸不足 岩壁醜惡 枝龍尖利 凶殺龍은
　　　殺氣凶露 臃腫硬直 凶狼强暴 慘刑子孫.

5. 入首來脈 出脈相 因果論

(1) 過峽入脈 中正出은 開帳貫中 正出하고
　　左右均布 護中穿心 光明正大 賢人達士.

(2) 過峽入脈 左傾出은 靑木優先 結作하고
    白金周密 先應朝對 靑木融聚 靑發子孫.

(3) 過峽入脈 右傾出은 白金優先 結作하고
    靑木周密 先應朝對 白金融聚 白發子孫.

(4) 纏護凝縮 周密하면 善美蟬翼 近孫昌盛.

(5) 纏護疑縮 長大木金 強健仙帶 後孫大發.

(6) 中正出은 最上이요
    左右出은 先次인데
    中正出果는 王候極品出이요
    偏出實果는 小福 小康出이네.

(7) 先偏 後正出果는 小貴 中富出可요
    先正 後偏出果는 小福 小貴出可라.

(8) 交互偏出 後中果는 小人發福 充實하고
    閃跡巧妙 後中果는 小人次貴 充分하다.

(9) 左出結作 裁穴法은 靑木特性 일으키고
    右出結作 裁穴法은 白金特性 일으켜라.

(10) 左出脈 成穴處는 得金造白이 으뜸이요
     右出脈 成穴處는 得木造靑이 으뜸이로다.

(11) 藏風聚氣 來龍成局 大中小로 구별하면
     大成局 中成局은 陽基都邑 되게하고
     小成局 緊密處엔 陰宅明堂 알을낳네.

(12) 山體星辰 分別象은 陰陽觀法 第一이요
     穴場明堂 分別象은 五氣觀法 第一일세.
     立體構造 Energy體 五星觀法 으뜸이고
     線脈構造 Energy體 五變易法 으뜸일세.

(13) 來脈變位 生龍角은 ∠30°의 n倍요.
　　　中道無記 安定角은 ∠45°의 n倍다.

(14) ∠30°의 n倍는 現象存在의 變易意志요
　　　∠45°의 n倍는 中道存在의 安定意志로다.

(15) 五星立體 善氣象은 善變易象 來脈낳고
　　　善變易象 來龍脈은 善美穴場 明堂낳네.

(16) 立體方正象은 土方厚重星이요
　　　立體光圓象은 金圓周堅星이요
　　　立體曲動象은 水曲流動星이요
　　　立體直聳象은 木直條達星이요
　　　立體尖銳象은 火銳炎焰星이요
　　　立體集合象은 五體聚講星이로다.

(17) 土方厚重 中正穴場 極品王候 五福子孫
　　　金圓周堅 光圓穴場 石崇大富 賢妻子孫
　　　水曲流動 曲動穴場 智慧聰明 顯貴子孫
　　　木直條達 直聳穴場 文人達士 벼슬子孫
　　　火銳炎焰 尖銳穴場 文章發達 藝名子孫
　　　五體聚講 尊嚴穴場 (官)極品聖賢 王候將相.

(18) 土方善美 中正穴場 어진子孫 절로나고
　　　金圓善美 白局穴場 武人 巨富함께나고
　　　水曲高强 玄局穴場 智慧 功名 顯達 子孫
　　　木直長大 靑局穴場 科名 官職連出하고
　　　火銳善美 朱局穴場 社會 名振하는구나.

(19) 土方厚星 淸·肥·醜은 尊·富·滯·性 相用하고
　　　金圓堅星 淸·肥·醜은 官·武·厲·性 相用하고
　　　水曲流星 淸·肥·醜은 秀·柔·蕩·性 相用하고
　　　木直聳星 淸·肥·醜은 文·才·刑·性 相用하고

火銳炎星 清·肥·醜은 顯·燥·殺·性 相用하네.

(20) 高山五體 强大龍에 强健子孫 應驗있고
     平崗五體 長遠龍에 어진子孫 應驗있고
     野山五體 善美龍엔 忍耐子孫 發福일세.

(21) 土體 來龍脈은 莊重雄厚함이 最吉相이고
     金體 來龍脈은 肥平圓靜함이 最吉相이요
     水體 來龍脈은 層層流動함이 最吉相이요
     木體 來龍脈은 淸直高聳함이 最吉相이요
     火體 來龍脈은 炎焰尖銳함이 最吉相이로다.

(22) 土體 頭頂相은 方平濶厚함이 最上이요
     金體 頭頂相은 圓滿平肥함이 最上이요
     水體 頭頂相은 圓曲流通함이 最上이요
     木體 頭頂相은 圓靜聳直함이 最上이요
     火體 頭頂相은 飛斜尖帶함이 最上일세.

(23) 土體 下關相은 齊平端重함이 最善이요
     金體 下關相은 圓齊肥潤함이 最善이요
     水體 下關相은 平舖曲流함이 最善이요
     木體 下關相은 淸潔端嚴함이 最善이요
     火體 下關相은 飛走曜帶함이 最善일러라.

(24) 土體 太實은 壅肥 閉塞이요
     土體 太虛은 陷井 落氣(脈)이며
     金體 太實은 飽滿 壅塞이요
     金體 太虛은 破碎 缺散이네
     水體 太實은 蕩然 不收하고
     水體 太虛은 散漫 涸氣하며
     木體 太實은 擁腫 不聳이요
     木體 太虛은 枯木 折摺이며

火體 太實은 銳焰 散滅이요
火體 太虛은 反逆 燥陋일세.

(25) 五星 聚講은 相生이 으뜸이고
正中 穴場은 土金이 第一이며
靑木 白金은 千萬年 不變이요
玄水 朱火는 水火星이 相交일세

(26) 成穴五勢 무엇인가 곰곰이 살펴보니
主山 來龍 保局 風水 穴場勢가 그것이라.
主山勢에 主山神靈, 保局勢에 客山神靈
玄武來龍 主靈意志, 朝案勢에 客靈意志
靑龍勢에 木神意志, 白虎勢에 金神意志
水火木金 四神緣이 風水神을 四神삼아
本靈安定 시키고저 穴場果勢 집을짓네.

(27) 龍眞이면 眞穴낳고, 龍不眞이면 假眞穴이라
有龍에도 無穴이면 不可葬이요
有穴에도 無龍이면 不可葬이노라.

(28) 五體 來龍 星辰峰에 五體 五氣 入首하고
五體 五氣 入首脈에 五形 五變 入穴하며
五形 五變 入穴場에 五理 五黃 열매로다.

6. 來脈入首 善惡美醜 大小强弱 吉凶因果

來脈變位 相對變易 穴場變位 絶對變易
來脈方位 相對坐向 穴場方位 絶對坐向
來脈方位 穴場方位 相互同調 善氣發現
來脈方位 穴場方位 相互干涉 惡氣發現
來脈入首 穴核入穴 三十度의 n倍變位

壬子入首 壬子入穴 直入直坐 正變極貴

壬子入首 聚集圓滿 相絶同調 極品極貴(正鬼)

壬子入首 三十度變 癸丑(左旋)乾亥(右旋) 單鬼同調(左右鬼)

壬子入首 六十度變 艮寅(左旋)辛戌(右旋) 雙鬼同調

壬子入首 癸丑穴場 左旋穴核 靑孫昌盛(相對方位)

壬子入首 乾亥穴場 右旋穴核 白孫昌盛(相對方位)

壬子入首 艮寅穴場 左旋再凝 靑貴倍增

壬子入首 辛戌穴場 右旋再凝 白富倍增

壬子癸丑 左旋同調 子丑合腦 印劫合發(偏父)

壬子乾亥 右旋同調 子亥合腦 正偏合發(偏母)

壬子艮寅 左旋雙調 子寅合居(頭靑合氣) 靑孫雙發(印食合發)

壬子辛戌 右旋雙調 子戌合居(頭白合氣) 白孫雙發(印財劫合)

癸丑入首 三十度變 艮寅(左旋)壬子(右旋) 單鬼同調

癸丑入首 六十度變 甲卯(左旋)乾亥(右旋) 雙鬼同調

癸丑入首 艮寅穴場 左旋穴核 靑孫昌盛

癸丑入首 壬子穴場 右旋穴核 白孫昌盛

癸丑入首 甲卯穴場 左旋再凝 靑貴倍增

癸丑入首 乾亥穴場 右旋再凝 白富倍增

癸丑入首 左旋同調 比食合印 靑孫發應

癸丑入首 右旋同調 比財合印 白孫發應

艮寅入首 左旋同調(甲卯乙辰) 正偏食印 靑孫發應

艮寅入首 右旋同調(壬子乾亥) 食財合印 白孫發應

甲卯入首 左旋同調(乙辰巽巳) 食官劫印 靑末發應

甲卯入首 右旋同調(艮寅癸丑) 正偏食印 白長發應

乙辰入首 左旋同調(巽巳丙午) 食官合印 靑末發應

乙辰入首 右旋同調(甲卯艮寅) 食財劫印 白長發應

巽巳入首 左旋同調(丙午丁未) 食官劫印 靑末發應

巽巳入首 右旋同調(乙辰甲卯) 食官劫印 靑中發應

丙午入首 左旋同調(丁未坤申) 官財劫印 靑白發應

丙午入首 右旋同調(巽巳乙辰) 官食劫印 靑白末發
丁未入首 左旋同調(坤申庚酉) 官食劫印 靑白末發
丁未入首 右旋同調(丙午巽巳) 官劫食印 白末發應
坤申入首 左旋同調(庚酉辛戌) 財劫食印 白中發應
坤申入首 右旋同調(丁未丙午) 財官劫印 白末發應
庚酉入首 左旋同調(辛戌乾亥) 財劫食印 白長發應
庚酉入首 右旋同調(坤申丁未) 財劫食印 白末發應
辛戌入首 左旋同調(乾亥壬子) 財劫食印 靑長發應
辛戌入首 右旋同調(庚酉坤申) 財劫合印 白中末發
乾亥入首 左旋同調(壬子癸丑) 財劫食印 靑長發應
乾亥入首 右旋同調(辛戌庚酉) 財劫合印 白長發應

7. 陽得陰得 陽破陰破 陽神陰神 陽吉陰吉

穴場穴核 陽得陰得 地氣陽得 風水陰得
穴場穴核 內得外得 內得堂板 外得外氣
陽得階下 陰得吉神 陰得上位 陽得吉神
陽破同席 陰得陰破 陰破同席 外得吉神
陽得同調 陰神醇化 陰得同調 陽神醇化
陽神純粹 陰神善吉 陰神純粹 陽神善吉
陰陽同調 穴場穴核 種子性相 善吉創造
陽突氣勢 地氣陽得 秀氣陽明 陽氣發應
地氣凝縮 陽得吉神 純粹風水 陰得吉神
陰陽吉神 相互同調 穴場穴核 生氣增幅
善美陽破 善吉陰得 善美陰破 善吉風水
陽突氣勢 地氣陽得 秀氣陽明 陽氣陽神
陰屈氣勢 風水陰得 溫氣淸明 陰氣陰神
陰屈形相 風水聚會 調潤溫和 陰氣融合
陽得氣勢 頭纒翼核 鬼曜官星 陽氣凝縮

陰得形相　界分屈低　內外得氣　風寒燥火
內氣外氣　陰陽調和　相互相生　融氣活發
陽氣生得　陰氣活得　陰陽同調　生命活動
陽得吉神　內外突起　線立聚集　凝縮砂神
陰得吉神　內外風水　左右安抱　生氣醇化
內得善吉　外得後吉　內得先發　外得後發
陽得善吉　種子主靈　氣骨官貴　智慧道理
陰得善吉　種田客神　血肉富名　禮敬道理
陰得陽得　融合聚凝　善吉種性　創造道理
山而水得　地氣安定　水而山得　水神安定
山胞水得　水勢安定　水氣調潤　水神吉善
山而風得　地脈換氣　風而山得　風神清明
水而風得　水氣生還　風而水得　風氣潤和
水胞風得　水質改善　風胞水得　風質改善
改善風水　穴核融聚　陽陰吉神　穴核改增
改善吉神　生命增幅　仁義禮智　主靈創造
陽得吉神　善美發應　陰得吉神　後善發應
陽得陰得　同調年月　陰陽合神　同調發現
刑沖破害　年月日時　陰陽凶神　干涉發露
刑沖破害　當該穴場　當該年月　凶神出入

제3절 四神砂 因果論

1. 玄水 Energy場 因果論

※ 主山玄武 主靈玄水 智精氣骨 腎膀子宮

種性入力 善惡美醜 種子命運 吉凶長短(貴賤長夭)
一次入力 中心聚氣 二次入力 穿心出生
三次入力 左端出生 四次入力 右端出生
五次入力 過峽出生 六次入力 重聚中心
七次入力 穿心重出 八次入力 左鬼龍出
九次入力 右鬼龍生 十次入力 穴脈出生
玄水正氣 子水宗孫 左玄側氣 丑水偏孫
右玄側氣 亥水偏母 穿心不明 宗孫不明
中心出强 宗孫因緣 左玄出强 靑木孫勢
右玄出强 白金孫勢 中心末强 末子孫勢
中玄自沖 孫命고비 左玄自沖 靑命고비
右玄自沖 白命고비 自沖回生 安定命運
中玄回沖 命고비多 左玄回沖 靑고비多
右玄回沖 白고비多 回沖回生 고비安定
善吉上玄 申子辰生 善吉左玄 巳酉丑生
善吉右玄 亥卯未生 善吉中末 子午中生
善吉中出 壬子透出 善吉左出 寅辰透出
善吉右出 戊申透出 善吉中入 子午透出
上玄强健 子宮健康 左玄强健 脾宮健康
右玄强健 腎宮健康 中末强健 腎心健康
中出强健 本孫康寧 左出强健 靑孫康寧
右出强健 白孫康寧 中末强健 末孫康寧

中玄美醜　中出美醜　左玄美醜　左龍美醜
右玄美醜　右龍美醜　中末美醜　入穴美醜
後玄善美　來祖善美　後玄強健　祖脈強健
後玄正突　後頭正突　中玄正突　前頭正突
中末正突　中面正突　左右均等　面相安定
合居玄水　官祿貴命　精靈康寧　子孫昌盛
正玄合居　申子辰水　寅戌雙生　午朱相對
左玄合居　巳酉丑金　子午求授　未朱相對
右玄合居　亥卯未木　寅戌雙合　子午求授
獨居玄水　小祿小貴　主靈葛藤　子孫孤命
正玄獨居　吉福孤獨　左右玄合　太過不及
左玄獨居　凶運不幸　刑沖破害　改命易運
右玄獨居　健康自慢　刑沖破害　健康苦難
玄水左或　子丑因果　合化土變　正玄不利
玄水右或　亥子因果　正側同席　玄水葛藤
三玄太過　腎膀實虛　心小逼迫　脾胃萎縮
二玄太強　腎膀實症　心小萎縮　脾胃疲勞
玄水不及　腎膀虛症　心小實燥　脾胃實病
玄水太虛　腎膀虛脈　心小虛脈　脾胃亂調
後玄太虛　遠祖不實　上玄太虛　近祖不實
中玄太虛　長孫不實　左玄太虛　靑孫不實
右玄太虛　白孫不實　末玄太虛　本孫不實
玄水善美　祖孫善美　祖孫本性　善美種子
玄水聚氣　祖宗氣相　入首頭腦　聚突穴場
玄水低陷　祖宗不實　入穴陰脈　宗孫不實
玄水破害　祖宗相破　入脈破欽　子孫不具
玄水刑沖　祖宗刑沖　頭腦刑沖　子孫刑沖
玄水合居　靑白股會　頭腦正突　子孫官貴
玄水怨嗔　靑白反背　頭唇相怨　祖孫怨嗔

玄水六害　靑白刑破　頭腦蟬翼　相刑相破
玄水劫殺　朝案劫迫　頭脣劫迫　子孫逼迫
玄水桃花　靑白相符　頭蟬相背　子孫彷徨
玄水帝旺　聚氣凝縮　頭腦特異　子孫極貴
玄水冠祿　凝結集氣　頭腦聚集　子孫靈特
玄水基底　壹六節勢　玄水筋土　十一十六
玄水良聚　來脈長遠　玄水明聚　頭腦明聚
玄水特融　穴場特融　三十一六　頭腦特融
玄水特異　曾孫特異　壬子特出　子孫特發
壬水天氣　玄天氣場　子水地氣　玄地氣體
甲庚天調　玄天旺盛　申辰地結　玄地凝縮
壬己天和　玄天和愛　子丑地合　玄地和樂
壬乙相生　癸戊相合　左旋右旋　通氣秩序
壬丁對坐　玄朱天稱　子午均衡　中心堅固
壬丙對峙　己丑己未對峙　巳亥相衝　丑未相刑
壬甲天凋　壬辛相生　子卯刑生　子酉破生
玄水不安　左右無情　虛張聲勢　核果不實
玄頭案朝　一直線上　特坐玄水　特向朱火
玄頭入坐　長孫發應　案朝入向　支孫發應
玄水凝縮　必有次序　來脈入出　必有所應
玄水後頭　一六加十　玄水前頭　二七加十
玄水左頭　三七加十　玄水右頭　四九加十
玄水中穿　五十加十　玄水上頭　一周加十
中出來龍　成脈次序　穿心過峽　成穴意志
節頭一六　穿過二七　穿過保護　三八四九
節聚中心　五十加十　節聚左右　三八四九
鬼頭次序　左先右後　曜星次序　左先右後
官節正中　玄朱同調　左先右後　立體正突
玄水正中　四神正局　成穴意志　穴場同調

玄水必有 眞穴證左 立體垂頭 聚集圓正
玄水必有 眞穴證左 來龍過峽 立體善美
玄水必有 眞穴證左 分擘立體 穿心均衡
玄水必有 眞穴證左 穿心來脈 束氣立體
玄水必有 眞穴證左 刑沖破害 無缺圓滿
玄水必有 眞穴證左 穿心來脈 安定變位
玄水必有 眞穴證左 前後左右 上下均衡
入首入力 腦髓供給 纏脣入力 心腎安定
玄水後腦 朱火前腦 穴場黃土 中腦中心
青白寅戌 左右上額 青白辰申 左右下面
左右兩曜 左右耳骨 左右官星 左右兩顎
左右兩鬼 左右後骨 左右中曜 左右觀骨
子午卯酉 心腎魂魄 寅申巳亥 五臟六腑
辰戌丑未 四季脾胃 中央黃土 信念意志
玄水越窺 祖蔭不良 玄水斜傾 祖上不德
托山玄水 養祖官鬼 樂山玄水 養祖相續
左托玄水 左祖官貴 右托玄水 右祖官貴
左樂玄水 左祖孫勢 右樂玄水 右祖孫勢
左玄缺損 左祖損命 左玄空亡 左孫缺損
右玄缺損 右祖損命 右玄空亡 右孫缺損
正玄特出 宗孫特發 正玄中出 本孫特發
左玄特出 靑孫特發 右玄特出 白孫特發
左玄出脈 靑孫爲主 右玄出脈 白孫爲主
左玄子孫 肝實肺虛 右玄子孫 肺實肝虛

2. 朱火 Energy場 因果論

朝案朱雀 客靈朱火 禮敬血肉 心小心胞
先到翔舞 善惡美醜 種子孕育 富貴長短

穿心二七 十二十七 (左)靑蟬餘氣 (右)白蟬餘氣
朱火立體 正斜平竣 正午左右 未巳結局
正午配位 正子玄水 正午陰位 正子陽位
左朱配位 右白申金 右朱配位 左靑辰木
正朱立體 穴核直凝 左右朱火 右左穴凝
正朱沖破 正午自沖 心實心虛 腎虛腎實
左未沖破 白金虛實 右巳沖破 靑木虛實
午子同調 穴劫正格 朱玄同調 穴場正位
未申同調 右穴圓滿 巳辰同調 左穴圓滿
朝山善惡 玄水善惡 朱案正坐 穴頭正坐
正朱同調 左肩右肩 正客(神)貴人 陰位發露
未朱同調 左卯右亥 偏神貴人 人文發露
巳朱同調 左丑右酉 偏客貴人 劍舞發露
正朱強健 正室康寧 妻財社會 禮敬藝庫
左朱強健 左室康寧 財色兼取 客神葛藤
右朱強健 右室康寧 才色兼取 文神葛藤
正朱合居 富貴昌庫 正心正客 福祿積聚
正午合居 寅午戌火 辰申雙生 子玄相對
正午獨居 富貴孤獨 左右朱合 太過不及
左朱獨居 彷徨天下 刑沖破害 左往右往
右朱獨居 偏學虛榮 刑沖破害 左衝右突
正朱背走 纏脣沖殺 心小虛脫 社會背信
左朱背走 左纏沖殺 左心虛脫 妻財難敬
右朱背走 右纏沖殺 右心虛脫 人文難去
朱火基底 二七節勢 朱火筋土 十二十七
朱火良到 朝案善美 朱火善胞 纏朱特聚
朱火特融 穴纏特縮 曾孫子孫 丙午特出
丙火天氣 朱火天場 午火地氣 朱火地體
子午特立 極貴子孫 合居天地 極品極貴

朱火凝縮 必有次序 朝案特來 必有吉慶
朱火撞背 二七相對 朱火正面 正玄相對
朱火左面 右玄相對 朱火右面 左玄相對
朱火中出 必有立體 中出分擘 必有止脚
先倒朱火 巳午未場 青白關鎖 辰申凝作
青白辰申 關鎖凝縮 穴場左右 下腕凝縮
穴場左右 下腕凝作 穴核左右 下腕必作
辰申必作 申子辰水 入穴入力 倍加增强
二次入力 入穴脈氣 七次入力 纏脣基礎
十二入力 纏脣發生 十七入力 纏脣成就
二二入力 纏脣發達 二七入力 纏脣凝縮
朱火必有 眞穴證左 遠近强柔 正邪善惡
朱火必有 眞穴證左 當背立體 左右開翼
朱火必有 眞穴證左 朱火朝來 聚水融結
朱火必有 眞穴證左 穴凝圓滿 安定필드
朱火必有 眞穴證左 來朝圓形 撞背필드
朱火必有 眞穴證左 先倒不然 立體後着
朱火必有 眞穴證左 撞背左右 暗官特異
朱火必有 眞穴證左 青腕白腕 特秀曜發
正朱同調 末孫發福 正朱空缺 末孫敗缺
左朱同調 白末發福 左朱空缺 白末敗缺
右朱同調 青末發福 右朱空缺 青末敗缺
朱火特出 朱孫特發 朱火空亡 社會缺損

3. 青龍·白虎 Energy場 因果論

左龍青木 仁德魂靈 肝膽筋經 子孫運氣
右虎白金 義勇魄靈 肺大脚骨 女命運氣
青白必有 眞穴證左 纏護育成 凝縮實現

靑白必有 眞穴證左 靑白變位 安定秩序
靑白必有 眞穴證左 刑沖破害 無缺侍立
靑白必有 眞穴證左 背面橈棹 正面無枝
靑白必有 眞穴證左 相對三神 均衡安定
靑白寅戌 左右後腦 靑白入力 主靈通脈
靑白辰申 左右前腦 靑白凝縮 客神通脈
靑木入力 三八秩序 纏護育成 凝縮關鎖
三次入力 纏護秩序 八次入力 育成秩序
十三入力 育成凝縮 十八入力 凝縮關鎖
靑木朱雀 完成後發 三十三次 三十八次
特關靑發(別途靑木) (二十三次 二十八次)
靑木必有 眞穴證左 左旋變位 侍立凝縮
靑木必有 眞穴證左 玄水左出 三八秩序
靑木必有 眞穴證左 朱火案內 左纏凝縮
靑木必有 眞穴證左 白金保護 纏脣凝縮
靑木必有 眞穴證左 靑朱合一 辰巳關鎖
靑木必有 眞穴證左 線體立象 左旋安定
靑木必有 眞穴證左 外水拒收 穴場安定
靑木同調 靑孫發福 靑木空缺 靑孫敗缺
下靑同調 靑末發福 下靑空缺 靑末敗缺
上靑同調 靑長發福 上靑空缺 靑長敗缺
靑木特出 靑孫特發 靑木空亡 孫官缺損
白金必有 眞穴證左 右旋變位 侍立凝縮
白金必有 眞穴證左 玄水右出 四九秩序
白金必有 眞穴證左 朱靑案內 右纏凝縮
白金必有 眞穴證左 白朱合一 申未關鎖
白金入力 四九秩序 纏護育成 凝縮關鎖
四次入力 纏護秩序 九次入力 育成秩序
十四入力 凝縮育成 十九入力 凝縮關鎖

白金朱雀 完成後發 特關白發(別途白金)
白金同調 白孫發福 白金空缺 白孫敗缺
上白同調 白長發福 上白空缺 白長財缺
下白同調 白末發福 下白空缺 白末財缺
白金特出 白孫特出 白金空亡 富武缺損

4. 先到後着 因果論

朱火先到 玄水後着 善美穴場 成穴證據
玄水先到 朱火後着 不良穴場 非穴證據
他山朱火 先到秩序 天人地穴 成就順序
一次朱火 二次玄水 三次靑木 四次白金
五次入首(穴場基底) 六次頭腦 七次纏脣 八次靑翼
九次白翼 十次穴場 再次凝縮 速發穴核
自山朱火 先後秩序 天地人穴 成就順序
一次玄水 二次入首 三次靑木 四次白金
五次頭腦(穴場基底) 六次聚氣 七次纏(毬)脣 八次靑翼
九次白翼 十次穴場 十一聚頭 十二纏脣
十三靑曜 十四白曜 十五穴中 十六縮頭
十七朱縮 十八靑關 十九白關 二十穴核
他山朱火 先後秩序 朱火先到 玄水後着
朱→玄→靑→白→穴場→凝縮 善美厚德 朱性發應
白山朱火 先後秩序 玄水先到 朱火後着
玄頭再縮 入首途中 朱雀成就 靑白後着
玄→頭→靑→白→朱關→穴縮 强直智勇 玄性發應
朱火先到 玄水後着 必有纏(毬)脣 立體垂直
朱火先到 玄水後着 必有靑先 白金後着
玄水先到 朱火後着 必有玄首 凝縮待期
玄水先到 朱火後着 必有靑白 關鎖凝縮

入首頭腦 第一立體 纏(毡)脣朱雀 第二立體

靑木蟬翼 第三立體 白金蟬翼 第四立體

穴場穴核 第五立體 Energy場 틀今成型

玄水强力 乳突穴場 朱火力强 窩鉗穴場

玄水陽突 乳突穴核 朱火陰縮 窩鉗穴核

頭毡力强 陽突穴核 兩翼力强 陰屈穴核

先生玄水 後生朱火 先到朱火 後着玄水

先凝縮水 後凝縮火 先凝縮火 後凝木金

先生朱火 後生靑木 先到朱火 後着靑木

先生靑木 後生白金 先到金木 後着木金

先生靑木 後着過程 必有中途 立體凝縮

先生白金 後着過程 必有中途 逆性立體

先生靑木 先到關鎖 右旋水流 拒水順理

後生白金 先到關鎖 左旋水流 拒水順理

左旋水會 白金案內 右旋水會 靑木案內

朝來水會 獨峰案內 彎弓水會 曜官案內

先一頭腦 後二入穴 先三靑木 後四白金

先五穴場 後穴凝縮 水火木金 再凝進行

先六頭腦 後七朱雀 先八靑曜 後九白曜

先十穴核 後積聚凝 十一十二 十三十四

先一頭基 後六頭聚 先二入穴 後七朱雀

先三靑護(基) 後四白護(基) 先八靑曜 後九白曜

先五穴基 後十穴核 十一次後 再凝縮節

先頭後脣 先靑後白 四凝以後 穴場凝縮

四神凝縮 同調秩序 四神圓滿 圓形凝縮

先凝上下 後凝前後 先凝前後 後凝左右

上下左右 六方同調 最從後結(着) 穴核凝縮

5. 山水背面 因果論

背는뒷등　面은얼굴　삼라만상　陰陽등배
⊖背⊕面　生成秩序　先到後着　⊖⊕分別
⊖母⊕息　母등息배　母後息前　穴核基準
祖宗山峯　背面識相　前頭後頭　進聚先後
來龍進脈　背面識相　前端後端　突側屈側
左側右側　背面不分　左旋右旋　背面不詳
入首來脈　背面識相　前端後端　左側右側
四神砂體　背面識相　穴場中心　眞面目相
背山등쪽　面山배쪽　後面突枉　前面屈身
玄水面體　垂頭照臨　背後突枉　面前抱擁
朱火面體　翔舞抱衛　背後朝托　面前拱揖
靑白面體　侍立纏護　背後橈突　面前擁衛
水口砂體　背面識相　穴場向心　應伏朝揖
穴場穴板　背面識相　頭腦纏脣　左右蟬翼
明鬼曜官　穴場凝縮　圓暈中心　子午卯酉
風水動體　背面識相　穴後風水　背風背水
穴前風水　面風面水　元辰背水(風)　朝來面水(風)
方位作用　背面識相　玄朱相應　面對方位
宗祖相應　背面方位　靑白相應　面對方位
朝案相助　背面方位　環抱背走　相反背面
90°를 꺾어돌아 만고충신 拱揖해도
얼굴한번 들고돌면 다시못볼 背身일세

제4절 穴場 因果論

1. 入穴脈相 因果論

(1) 入穴成核 精靈意志 黃土脾胃 生命精氣
　　正變正中 入穴場에 大富大貴 長久하고
　　縱變分枝 入穴場에 中富中貴 長遠하며
　　橫變傍受 入穴場에 嫡庶子孫 昌盛하고
　　垂變正脈 入穴場에 僧徒賢人 突出하며
　　隱變突脈 入穴場에 高大貴人 크게나고
　　眞穴傍穴 分作脈엔 傍穴子孫 滅亡한다.

(2) 撞背直入 直脈穴엔 最貴最富 子孫나고
　　橫變傍入 橫帶穴엔 鬼樂貴人 連出하며
　　登穴不知 高堂結穴 飛龍上天 淸貴나고
　　平地撒落 隱脈結穴 水中潛龍 昇天하네.
　　回龍顧祖 孝脈穴에 萬古忠臣 孝子나고
　　眞龍本身 벼개삼은 閃入結穴 後室子孫

(3) 正偏大小 高低長短 俗眼看脈 可能하나
　　曲直斷續 善惡美醜 神眼觀穴 可能토다.

(4) 中正入首 端正穴脈 極吉後孫 多福하고
　　左右入首 偏斜穴脈 偏法手段 能熟하다.
　　龍大脈小 巧脈穴場 極貴才士 連出하고
　　大脈入首 濶脈穴場 有妻取妾 防策없네.
　　長脈入首 直脈穴場 早老夭死 어찌하고
　　短脈入首 短脈穴場 濶脈인가 살펴보세.

(5) 貫頂高脈 淺薄頭面 過峽出氣 다시보고
　　脚下分擘 低脈穴場 分界水를 다시보세

屈曲過脈 曲脈穴場 大小屈曲 分別하고
直脈直長 直入穴에 長短生死 問題로다.
高山跌斷 斷脈穴場 藕斷絲連 生死證據
斷續脈이 難解커든 束脈有無 가름하세.

2. 成穴 水勢 因果論

(1) 平田洋朝 來水勢엔 受水低曜 忠臣이요
　　急流衝射 凶朝水도 天高穴엔 特來水라.

(2) 逆局拒水 좋아마소 貧小穴場 凶禍水고
　　下關淸白 短縮해도 藏聚風水 最纏일세.

(3) 當面朝來 平吉水도 不受下關 凶沖水요
　　大河特朝 두려워도 水口受砂 最善일세.

(4) 彎環抱穴 橫帶水도 下關順水 不吉하고
　　左旋右旋 橫繞水도 不藏不受 病이로다.

(5) 穴前臨水 大湖大池 極貴極富 子孫낳고
　　穴前深水 淸淨(美)하면 極吉後事 長久하다.

(6) 山交水廻 大明地도 穴見去水 凶禍地요
　　山去水去 同去地도 不見去水 安定일세.

(7) 不見水穴 한탄말라 穴場藏聚 살폈는가.
　　山中盤聚 藏風地엔 계곡수가 淸貴로다.

(8) 不見水穴 淸貧處에 巨富子孫 왠말인고
　　藏風 盤聚融結後에 餘氣倉庫 秘密일세.

3. 成穴 風勢 因果論

(1) 물길따라 바람가고저 하고 바람따라 물이가고저 하니
　　물길위에 바람이 일고 바람아래 물길이 가네.
　　바람은 멎고자 아니하고 물길은 그치려 아니하고
　　바람길 보이는 곳엔 물길 또한 숨어서 잦으려 하니
　　바람은 물을 보고 함께 살아 옛자고 하네.
　　사람아! 바람은 바람길 따라 살고저 하고
　　물은 물길 따라 살고저 한다네.
　　바람이 살고저 한곳 바람이 살게 해주고,
　　물들이 살고저 한곳 물들이 살게 해주면,
　　사람은 사람 살곳에 절로 살수 있다고 하네.

　　山은 물따라 動코저 하고 물은 山따라 靜코저 하네.
　　산이 이제 靜코저 하나 물이 아직 머물지 않고,
　　물이 이제 靜코저 하나 山이 아직 머물지 않네.
　　山 물아! 山이 動코저커던 물도 함께 動코저 하렴.
　　물이 靜코저커든 山도 같이 靜코저 하렴.
　　山 물이 한데 얼려 動靜 길을 가노라면,
　　山이 머물려 할 때 물도 벌써 저만치 머무려느니.

　　山이 멀다고 하면 물은 짧다고 하네.
　　물이 멀다고 하면 山은 또 짧다고 하네.
　　山 물아! 너희 서로 다투지 말라.
　　山이 멀다고 커든, 물아 멀리라도 따라 가주려무나.
　　물이 멀다고 커든 山아 더멀리라도 따라 가주려무나.
　　산은 외롭다고 서러워 하네. 물은 그를 보고 웃어워하네.
　　물은 허전타고 두려워하네. 산은 그를 보고 애닲다 하네.
　　山 물아! 서럽고 두려웁고 아시워해도 너희들 다정하여
　　함께 있으면 따스한 보금자리 꽃이 피리니.

산은 바쁘다고 달려만 가네.

물도 같이 바쁘다고 따라만가네.

물은 급하다고 곧바로 가려하네.

山은 조용타고 쉬어서 가려하네.

山 물아! 급하다고 뛰지 말고 조용타고 쉬지 말라.

급하면 급할수록 천천히 가고 한가롭고 한가할수록 부지런해지렴.

바람이 잦으려하나 산물이 어느새 저만치 가네

산물이 멈추려하나 바람은 저만치 도망을 가네

바람은 서운타고 시샘을 하네

산물이 다정타고 투기를 하네

山 물아 ! 바람이 시세우거든 달래여 주고서 가렴

바람이 사나웁거든 기어이 안고서 가렴.

(2) 風水生氣 陰得方엔 元辰得이 最上이요
　　內外風水 出入實相 藏風得水 秘訣일세.

(3) 藏風은 나무 끝에 멎고 得水는 木根에 잔대,
　　잎 끝에 부는 바람 고요를 시세움 할세,
　　木根에 찬 界水 穴을 시셈하는도다.

(4) 高山高脈 天穴處가 風吹를 두려워하니
　　低山低脈 地穴處도 水浸을 두려워하네.
　　非高非低 人穴處는 덩달아 두려웁다가
　　고개들어 살펴보니 下關枝龍이 도망을 가려하네.

(5) 生死去來 無記脈은 變易橫序 秘密이고
　　善惡美醜 大小强弱 同調秩序 秘密일세
　　高低長短 正斜曲直 陰陽따라 變易하고
　　左右上下 安定秩序 30°의 秘密일세.

(6) 中道性의 現象原理 45° 因緣 法則
　　生起性의 現象原理 30° 因緣 法則
　　消滅性의 現象原理 刑・殺・破・害 無記 法則
　　山水風火 四大源理 時空上의 同調法則

(7) 現象萬物 生滅相은 絶對平等 回向意志
　　安定均衡 集合意志 ∠60°의 秘密이고
　　安定均衡 移動意志 ∠30°의 秘密이며
　　離散壞滅 消滅意志 無記脚의 秘密이고
　　本性回向 中道意志 ∠45° 秘密일세.

4. 成穴場 因果論

(1) 成穴因果 吉凶禍福 千萬里가 서로달라
　　一尺 높이들면 鬪殺傷龍 犯罡하고(水)(玄水傷)
　　一尺 낮게들면 脫脈傷穴 犯蕩하며(火)(朱火傷)
　　一尺 左로들면 脫脈傷翼 犯木하고(靑木傷)
　　一尺 右로들면 脫脈傷翼 犯金하며(白金傷)
　　一尺 깊이들면 脫氣傷穴 犯濕하고(土)(黃土傷)
　　一尺 얕게들면 脫穴傷皮 犯風하네(天)(穴場傷)

(2) 一分左로 등을두면 靑長孫이 빛을잃고
　　一分右로 등을두면 白次孫이 빛을잃고
　　一分左로 앞을두면 靑木社會 힘을잃고
　　一分右로 앞을두면 白金社會 힘을잃네.

(3) 成穴性 五體星은 水木火土金性이요
　　五體마다 다른穴場 窩鉗乳突 四相일세
　　五星穴場 五氣證穴 四神凝縮 育成이요
　　五變五用 不明證驗 粗雜峻急 虛耗일세.

(4) 穴場性相 微妙한 法
　　窩鉗乳突 陰陽動靜
　　窩鉗中에 陰靜陽動
　　乳突中에 陽動陰靜
　　窩鉗中에 深淺濶狹
　　乳突中에 高低長短 五星相用 太過不及
　　大小强弱 善惡美醜 厚薄肥瘦 充缺滿空 富貴長夭 吉凶千里

(5) 窩鉗成穴 第一證驗 曜帶 兩掬 力量이요
　　乳突成穴 第一證驗 鬼官 凝縮 力量일세
　　高山天穴 眞性穴象 窩鉗星이 最吉하고
　　平崗平地 眞性穴象 乳突星이 最吉일세
　　窩鉗眞星 第一局은 近案凝縮 周密이고
　　乳突眞星 第一局은 玄秀朱華 雙璧일세

(6) 曲・直・長・短・雙鉗 五格
　　仙宮 單堤 疊指 三格
　　鉗中 微乳 頭面 必俯
　　鉗中 微窩 頭面 必仰

(7) 鉗頭不圓 破鎖首요
　　直長漏槽 貫頂首요
　　界水淋頭 水浸首요
　　水傾穴心 必生災라.

(8) 分擘間이 似鉗口요
　　橈棹間이 似鉗口며
　　支脚間에 似鉗口요
　　止脚間에 似鉗口라.
　　誤點後에 子孫災殃
　　絶滅短命 財寶敗退

(9) 醜惡鉗象 非穴星은 子孫絶滅
　　敗産處는 頭腦不端 鉗中不聚
　　兩鉗頑硬 元辰射中
　　粗大露胎 兩鉗太短
　　外明廣野 元辰太長
　　兩鉗不弓 兩角不掬
　　兩鉗不交 相鬪尖射
　　머리다리 가슴단전
　　內外元辰 不藏일세.

(10) 長短大小 四正乳穴
　　雙垂 三垂 紐, 不紐, 會
　　靑白蟬翼 周纏緊掬
　　入首頭腦 光明端正
　　纏脣明堂 厚富安定
　　缺露凹折 風水吹穿
　　水界分明 環抱平坦

(11) 乳象穴場 正格點穴 缺露凹折 避凶하세.
　　身俯하면 脫殺處에 面仰하면 湊毬脈에
　　穴身空缺 無情偏斜 風吹水穿 살펴보세.
　　粗頑臃腫 峻急稜嶒 突露硬塞 醜陋穴은
　　軍賊少亡 孤寒絶嗣 人敗財敗 못면하네.

(12) 斜曲乳象 似乳頭요
　　曲動乳心 似乳果며
　　非垂非融 似乳房이요
　　非圓非抱 似乳身일세.

(13) 兩掬中心 雙乳穴은 大小强弱 相等이요
　　高低長短 厚薄肥瘦 偏正美惡 乳頭雙等

雙垂三垂 平等 乳頭 均衡安定 最吉일세.

(14) 大小雙三 仰俯突象 藏風得水 平中突起
　　　水界明白 來脈分曉 頭腦圓正 鬼曜官秀

(15) 仰突穴에 湊毯點穴
　　　（金氣墜處 金星點穴
　　　水氣動處 水星點穴
　　　木氣剪處 木星點穴
　　　火氣剪處 火星點穴）
　　　俯突穴엔 湊簷點穴

(16) 粗腫頑懶 非大突穴
　　　高低不分 非小突穴
　　　雙突穴場 均等證據
　　　大小高低 肥瘦長短
　　　頭足面體 入穴明脈

(17) 行龍引脈이 似突穴場이요
　　　水口羅星이 似突穴場이요
　　　墩埠止脚이 似突穴場이요
　　　漏脈龍神이 似突穴場이요
　　　食庫獨峯砂 似突穴場이요
　　　金箱玉印砂 似突穴場일세.

(18) 窩鉗乳突 變星穴場
　　　怪異巧妙 多變多樣
　　　邊窩倂窩 合鉗分鉗
　　　水中突起 側閃乳頭

(19) 平坡死塊는 非邊非並窩요
　　　氈斜支脚은 非側非閃乳요
　　　界水漏槽는 非合非分鉗이며

潤蕩頑硬은 肥鵠非倂突일세.

(20) 乳頭光彩 不振은 僞乳穴場이요
　　　粗飽峻急 醜陋는 僞窩穴場이며
　　　兩掬無情 瀉脚은 僞鉗穴場이요
　　　外洋山水 長去는 僞突穴場일세.

(21) 乳突穴場 黃土果는 窩中에서 열리고
　　　窩鉗穴場 黃土果는 乳中에서 열리고
　　　幷三乳突 黃土果는 正中心에 열리고
　　　閃側穴場 黃土果는 빗긴곳에 매달렸네.

(22) 乳突穴場 深淺高는 乳突幅이 결정하고
　　　窩鉗穴場 深淺高는 內元辰의 長短일세
　　　乳突穴場 發應力은 玄水星辰 으뜸이요
　　　窩鉗穴場 持續力은 朱火凝縮 으뜸일세.

(23) 本身穴엔 本孫子孫 枝龍穴엔 枝孫子孫
　　　正脈入穴 長宗孫이 側腦穴場 側室孫이
　　　平面入穴 末孫發應 橫脈入穴 嫡庶同居.
　　　雙脈入穴 雙童子孫 無頭無翼 子孫折滅.

(24) 金木水火 土星五體 窩鉗乳突 四穴象은
　　　正坐 側坐 臥坐 따라 갖은吉凶 번잡하다.
　　　圓滿端正 金體正坐 四象따라 正中裁穴
　　　圓滿側端 金體側坐 四象따라 側傍裁穴
　　　圓滿身仰 金體臥身 四象따라 頭頂裁穴
　　　頭圓身聳 木體正坐 四象따라 正中裁穴
　　　頭圓側聳 木體側坐 四象따라 側傍裁穴
　　　面仰身平 木體長臥 四象따라 苞節裁穴
　　　頭圓身曲 水體正坐 四象따라 正中裁穴
　　　頭圓側端 水體側坐 四象따라 側傍裁穴

面仰身曲 水體側臥 四象따라 頭頂裁穴
頭方身端 土體正坐 四象따라 正中裁穴
頭方身側 土體側坐 四象따라 側傍裁穴
面仰身方 土體側臥 四象따라 頭頂裁穴
頭火尖端 祖案曜官 木水金土 빛이나고
風寒燥濕 入火하면 焚涸鎔焦 消滅한다.
九星正格 龍穴因果 先人말씀 들어보소
頭圓身高 太陽星은 高圓覆鍾 左輔星
頭圓身方 太陰星은 方帶半月 右弼星
頭圓身曲 金水星은 武曲飛鳳 正側平
身聳木尖 紫炁(紫氣)星은 食狼木星 長直星
皆體方帶 天財星은 巨門三體 頭腦別
頭圓脚尖 天罡星은 脚下尖峰 破軍星
尖利芒掃 燥火星 尖頭廉貞 極凶星
頭圓脚直 孤曜星 覆磬方帶 祿存星
水體屈曲 掃蕩星 展旗文曲 天水星
太陽金水 天財星 太陰紫氣(紫炁) 五吉星
天罡燥火 孤曜星 掃蕩四皆 凶克星

(25) 穴場星體 眞面目은 立體性相 淸肥醜라.
正體側身 平面陰陽 局同調와 主勢意志
身立面仰 倒臥象은 融聚中의 變易이고
一切成穴 마무리는 靑白外水 善惡일세.
五氣星體 立坐臥相 大小高低 肥瘦陰陽
仰俯따라 窩鉗乳突 長短曲直 雙單일세.

(26) 穴場四課 무엇인고 頭腦 蟬翼 纏脣 核果
入首頭腦 第一意志 自己頭腦 聚氣集積
入首頭腦 第二意志 入穴脈에 主氣入力
入首頭腦 第三意志 靑龍蟬翼 城을쌓고

入首頭腦 第四意志 白虎蟬翼 城을쌓고
入首頭腦 第五意志 穴核室에 집을짓고
入首頭腦 第六意志 頭腦起運 强化하고
入首頭腦 第七意志 明堂纏脣 基臺닦고
入首頭腦 第八意志 다시 靑龍曜砂 凝縮
入首頭腦 第九意志 다시 白虎曜砂 凝縮
入首頭腦 第十意志 穴核室에 알을낳고
入首頭腦 第十一意志 穴核實果 鬼砂凝縮
入首頭腦 第十二意志 纏官凝縮 同調核果
入首頭腦 第十三意志 靑木下端 關을쌓고
入首頭腦 第十四意志 白金下端 關을쌓고
入首頭腦 第十五意志 穴核果를 익게하네.

(27) 어화! 地師님네 穴場得破 아시는가?
山火風水方位得과 山火風水方位破는
山得 火得 風得 水得 方位得의 得破順理
山得第一 入首來脈 第二得이 聚突頭腦
第三得은 鬼曜官印 第四得은 明堂平垣
得마다 陽突處요 破마다 陰屈處니
山陽突은 聚氣橈棹 山陰屈은 變易藏聚
山得山破 바로읽어 山의生死 力量아소
穴場火得 무엇인가 다시곰곰 생각하소
地火天火 兩得火는 天地創造 본대론데
穴場속의 地火得은 天火得과 因緣일세
明堂地得 陽明하고 靑白關鎖 有情한즉
地火天火 兩得處는 이곳밖에 또있는가.
穴場火破 論할지니 정신차려 들어보소
明堂끝이 맑고맑아 平正 周密잃지 않고
靑白關이 맑고 맑아 緊密鎖를 이룩하면

그것이 地火天火 兩火破의 定格일세

風得水得 어떻한가 우리벗님 함께보세

바람따라 물이가고 물을따라 바람가니

水得處에 風得이요 風破處에 水破일세

界水分界 明確한곳 風水得氣 分明하고

纏護臨關 分明할제 元辰風水 分明하네

明堂會合 風水得處 明堂止處 風水破處

靑白關鎖 緊衿象은 得破成就 말함일세

山陽突은 ⊕得氣요 山陰屈은 ⊖得氣네

⊖得氣의 第一樂은 藏聚地氣 風水始得

陽突 陰屈 止盡處가 風水得破 止盡處일세.

方位得破 論을할제 우리道伴 모여보세

方位得은 무엇인고 天地變易 秩序이네

天氣變易 太陽낳고 太陽變易 地氣낳고

天氣따라 變易하는 地氣變位 地表中에

穴場成果 열두邊이 天氣地氣 다숨겼네

天地核果 主性相이 天氣的中 緣을 만나

열두마당 核果特性 增幅上昇 方位同調

方位마다 天氣特性 地氣場과 同調하네

(28) 核果穴場 열두마당 山火風水方位 同調場마다

陽得陰得 差別特性 確然하네

陽得氣는 山氣主요 陰得氣는 水氣主요

陽得氣는 入力氣요 陰得氣는 藏聚氣네

子의陽得 壬子入穴, 子의陰得 癸丑士요

丑의陽得 壬子頭腦, 丑의陰得 艮寅癸요

寅의陽得 癸丑鬼砂, 寅의陰得 甲卯靑木

卯의陽得 艮寅曜砂, 卯의陰得 乙辰靑末

辰의陽得 甲卯曜砂, 辰의陰得 巽巳凝縮

巳의陽得 丙午纏脣, 巳의陰得 乙辰靑末이요
午의陽得 丙午朱入, 午의陰得 巽巳丁未
未의陽得 丙午朱火, 未의陰得 坤申金末
申의陽得 庚酉曜砂, 申의陰得 丁未凝縮
酉의陽得 辛戌曜砂, 酉의陰得 坤申白末
戌의陽得 乾亥鬼砂, 戌의陰得 辛酉白金
亥의陽得 壬子頭腦, 亥의陰得 辛戌乾壬

(29) 壬子過去 現在未來 乾亥 壬子 癸丑이요
    癸丑過去 現在未來 壬子 癸丑 艮寅이요
    艮寅過去 現在未來 癸丑 艮寅 甲卯이요
    甲卯過去 現在未來 艮寅 甲卯 乙辰이요
    乙辰過去 現在未來 甲卯 乙辰 巽巳이요
    丙午過去 現在未來 巽巳 丙午 丁未이요
    丁未過去 現在未來 丙午 丁未 坤申이요
    坤申過去 現在未來 庚酉 坤申 丁未이요
    庚酉過去 現在未來 辛戌 庚酉 坤申이요
    辛戌過去 現在未來 乾亥 辛戌 庚酉이요
    乾亥過去 現在未來 壬子 乾亥 辛戌일세.

(30) 界明會堂 穴場證據 入穴脈과 纏脣이고
    入穴明堂 光明大會 英雄豪傑 出地로다.
    穴場內堂 靑白內堂 案山內堂 三內堂은
    穴場內界 靑白內界 案山界가 적셔주고
    穴場內會 靑白內會 案山內會 分明하면
    入出融聚 藏風得水 眞明堂이 이아닌가?

(31) 眞龍落穴 必聚衆水 眞穴明堂 必住衆水
    左旋水城 左邊會堂 靑木親堂 眞穴處요
    右旋水城 右邊會堂 白金親堂 眞穴處라
    正中潮入 正中會堂 正中明堂 眞穴일세

潮水遠來　大明廣堂　應當眞穴　高明處요
元辰長遠　局順安定　應當眞穴　低明處라.

(32) 橫龍結穴　必有枕樂　無樂穴場　僞實非果
　　　左肩枕樂　左腹結穴　右肩枕樂　右腹結穴
　　　中央枕樂　正中結穴
　　　左肩太過枕樂　穴在右結　右肩太過枕樂　穴在左結

(33) 橫龍結穴　必有鬼樂　後宮空缺　融聚不能
　　　鬼立左肩　穴在左結　鬼立右肩　穴在右結
　　　鬼立高峰　穴住高明　鬼立低峯　穴住低臥
　　　鬼立太長　不融不聚　鬼立太低　散漫無結
　　　後宮仰瓦　必鬼孝順　橫穴成敗　鬼樂善惡

(34) 靑木有力　靑依結穴　白金有力　白依結穴
　　　靑白低待　地穴扞葬　靑白高待　天穴扞葬
　　　靑木逆水　穴依靑木　白金逆水　穴依白金
　　　靑白有情　穴在中央　有情따라　穴場依持

(35) 纒護待衛　纒脣明堂　脣氈明堂　橫穴必發
　　　纒護凝縮　曜官明瞭　脣氈平坦　朱火緊密

(36) 前後照蓋　兩畔夾耳　天心十道　發露天機
　　　高仰則脫　偏斜則虛　不拱不挾　不應不縮

(37) 界明會堂聚는　分合證穴　分明하고
　　　內外重會合은　穴場力量　證明하네.
　　　乳突穴場　界明會堂　善惡美醜　正斜偏平
　　　窩鉗穴場　界明會堂　高低長短　差別일세.

(38) 山體粗惡　入首粗惡　入穴核果　粗惡하고
　　　山體單寒　入首單寒　入穴核果　單寒하며
　　　山體散漫　入首散漫　入穴核果　散漫하고

山體虛耗 入首虛耗 入穴核果 虛耗하며
山體醜陋 入首醜陋 入穴核果 醜陋하고
山體清秀 入首清秀 入穴核果 清秀하며
山體峻急 入首峻急 入穴核果 峻急하고
山體臃腫 入首臃腫 入穴核果 臃腫하며
山體空缺 入首空缺 入穴核果 空缺하고
山體凹斷 入首凹斷 入穴核果 凹斷하며
山體瘦削 入首瘦削 入穴核果 瘦削하고
山體突露 入首突露 入穴核果 突露하며
山體破面 入首破面 入穴核果 破面되고
山體石沙 入首石沙 入穴核果 石沙하며
山體幽冷 入首幽冷 入穴核果 幽冷하고
山體尖細 入首尖細 入穴核果 尖細하네
山體蕩軟 入首蕩軟 入穴核果 蕩軟하고
山體頑硬 入首頑硬 入穴核果 頑硬하네
山體巉巖 入首巉巖 入穴核果 巉巖하고
山體懶坦 入首懶坦 入穴核果 懶坦한다.

(39) 에화라! 地師님들 穴場모습 論을하세
이세상에 最上모습 圓滿밖에 또있는가?
圓滿本性 圓滿氣像 圓滿氣는 圓滿形相
圓滿相이 圓滿同調 圓滿場은 圓滿神靈
直聳木性 直聳氣像 直聳氣가 直聳形相
直聳相이 直聳同調 直聳場은 直聳神靈
曲節水性 曲節氣像 曲節氣가 曲節形相
曲節相이 曲節同調 曲節場은 曲節神靈
方平土性 方平氣像 方平氣가 方平形相
方平相이 方平同調 方平場은 方平神靈
尖銳火性 尖銳氣像 尖銳氣는 尖銳形相

尖銳相이 尖銳同調 尖銳場은 尖銳神靈
圓直合性 圓直氣像 圓直氣는 圓直形相
圓直相이 圓直同調 圓直場은 圓直神靈
圓曲合性 圓曲氣像 圓曲氣가 圓曲形相
圓曲相이 圓曲同調 圓曲場은 圓曲神靈
圓方合性 圓方氣像 圓方氣가 圓方形相
圓方相이 圓方同調 圓方場은 圓方神靈
圓尖合性 圓尖氣像 圓尖氣는 圓尖形相
圓尖相이 圓尖同調 圓尖場은 圓尖神靈
千態萬相 穴場모습 九性밖엔 없을손가?
曲直合性 曲直氣像 曲直氣는 曲直形相
曲直相이 曲直同調 曲直場은 曲直神靈
直尖合性 直尖氣像 直尖氣가 直尖形相
直尖相이 直尖同調 直尖場은 直尖神靈
平曲合性 平曲氣像 平曲氣는 平曲形相
平曲相이 平曲同調 平曲場은 平曲神靈
方直合性 方直氣像 方直氣가 方直形相
方直相이 方直同調 方直場은 方直神靈
方尖合性 方尖氣像 方尖氣는 方尖形相
方尖相이 方尖同調 方尖場은 方尖神靈
尖曲合性 尖曲氣像 尖曲氣가 尖曲形相
尖曲相이 尖曲同調 尖曲場은 尖曲神靈

(40) 主山來龍 眞假善惡 穴場核心 眞假善惡
主山來龍 生死去來 客山補局 生死去來
主山來龍 强弱順逆 客山補局 强弱順逆
主山來龍 老嫩美醜 客山補局 老嫩美醜
主山來龍 長大하면 客山補局 廣大하고
主山來龍 短少하면 客山補局 狹小하고

主山來龍 高聳하면 客山補局 熊衛하고
主山來龍 低伏하면 客山補局 伏從한다.

(41) 朱火先到 安定이면 靑白次着 凝縮하고
靑白次着 凝縮하면 入首穴場 熟果한다.

(42) 穴場病勢 觀을할제 어느病이 두려운가
粗陋하여 醜惡하면 우선보기 두려웁고
斬指擢痕 項에들면 碎石破産 다가오고
斷肩折臂 風水入穴 短命橫死 風水病害
左右上下 陷井들면 左右上下 子孫陷井
左右上下 沖殺들면 左右上下 子孫沖殺
粗大魚胞 非苞非氣 둔한자손 氣脈없고
貫頂串脈 星峰破頭 長孫短命 精神病者
不起星頭 如竹非節 宗孫子息 힘을잃고
墜足露胎 龍虎短縮 落胎短命 어이할고
繃面浪痕 破碎參差 橫厄苦를 못면하고
斬折如斷 非束非脈 自殺子孫 누가막나
大小不分 受殺無記 入力기운 어이없고
直長頑硬 吐殺無脈 水土病을 안고가네

(43) 穴場三勢 무엇인가 先人들과 討論하세
立勢坐勢 臥勢되면 天穴人穴 地穴되고
形勢氣像 살펴보면 穴場力量 드러나네
身聳氣上 立勢天穴 身屈氣藏 坐勢人穴
身仰氣下 臥勢地穴 서고앉고 누웠세라.

(44) 穴場力量 어떠한가 神靈님께 물어보세
善惡美醜 大小强弱 高低長短 圓方曲直
正斜平峻 仰壓傾倒 厚薄肥瘦 尖射反走
本來마음 어떠하고 本來意志 무엇인가

衆生마음 일깨워서 바로알게 하여이다.
善美穴場 本來모습 醜惡氣運 因緣멀고
强大穴場 本來모습 弱小氣運 因緣멀고
高雄穴場 本來모습 低陷氣運 因緣멀고
圓方穴場 本來모습 曲直氣運 因緣멀고
正平穴場 本來모습 斜峻氣運 因緣멀고
衛繞穴場 本來모습 仰壓氣運 因緣멀고
端坐穴場 本來모습 傾倒氣運 因緣멀고
厚肥穴場 本來모습 薄瘦氣運 因緣멀고
尖射穴場 本來모습 反走氣運 因緣멀고
沖殺穴場 本來모습 衝殺氣運 因緣멀다.

(45) 穴場砂殺 어떠한가 砂神靈께 물어보세
射探沖破 壓反斷走 尖斜飛逆 衝陷傾倒
射尖殺은 徒配橫死 斜探殺은 盜賊損財
反沖殺은 强盜맞고 飛走殺은 財産털고
破傾殺은 家散病敗 倒走殺은 子孫疾病
衝壓殺은 下剋橫死 斷陷殺은 短命事故.

(46) 刑剋沖破 衝穿割坑 水神靈께 물어보세
두들기면 刑이되고 箭이오면 剋이되고
뽑아가면 沖이되고 부서지면 破가되고
몰아치면 衝이되고 뚫고가면 穿이되고
脚을치면 割이되고 窟을파면 坑이되네
刑이오면 刑罰이요 剋이오면 自滅이요
沖이되면 破産이요 破가오면 病淫이요
衝이되면 急殺이요 穿이되면 非命橫死
割이되면 가난이요 坑이되면 감옥일세.

(47) 穴場堂殺 무엇인고 主靈님께 물어보세
衝射崩陷 分傾瀉側 缺斜逼狹 刑沖破害

堂을치면 衝이되고 찔러오면 射가되고
무너지면 崩이되고 패이며는 陷이되고
나누이면 分이되고 엎어지면 傾이되고
빨려가면 瀉가되고 빗겨지면 側이되고
曠이되면 缺이오고 기울으면 斜가되고
억누르면 逼이되고 좁으면은 狹이온다.
衝이되면 非命橫死 射가오면 急殺맞고
崩이되면 家産蕩盡 陷이오면 陷井파고
分이되면 兄弟相爭 傾이오면 엎어지고
瀉가되면 흩어지고 側이되면 妻子不安
缺이되면 人敗財敗 斜가오면 人財損失
逼이되면 억압받고 狹이되면 貧窮토다.

5. 裁穴 因果論

(1) 來龍入首 陽來하면 入穴脈頭 隱受하고
　　 來龍入首 陰來하면 入穴脈頭 陽受한다.
　　 斜來入首 正에裁穴 正來入首 斜에裁穴
　　 直來入首 曲에裁穴 曲來入首 直에裁穴
　　 急來入首 緩에裁穴 緩來入首 急에裁穴
　　 硬來入首 軟에裁穴 軟來入首 硬에裁穴
　　 高脈入首 低平에裁穴 低平入首 高에裁穴

(2) 微亡隱顯之間圓暈 隱隱微微彷彷佛佛
　　 上界下合界明會堂 太極證暈九尺臥席

(3) 穴場中心 圓暈核心 上下弦에 十字中心
　　 動中之靜 太極穴核 突中有窩 開塋淺扦
　　 靜中之動 太極穴核 窩中有突 開塋沈扦

(4) 穴場乘金 太極兩分
　　穴場相水 分界合水
　　穴場印木 穴前纏脣
　　穴場穴土 穴核中心

(5) 來脈이 陰陽이면 穴場또한 陰陽이고
　　穴場이 陰陽이면 穴核또한 陰陽이니
　　陽來하면 陰受하고 陰來하면 陽受하네
　　肥起頭腦 陽穴脈엔 陰穴核을 찾아보고
　　瘦陷頭腦 陰穴脈엔 陽穴核을 찾아보세.

(6) 穴場陰陽 厚薄肥瘦 突起陷跌 찾아보세
　　上肥下薄 下肥上瘦 上起下陷 下起上陷
　　上截肥起 下截瘦陷 下截肥起 上截瘦陷
　　左邊肥起 右邊瘦陷 右邊肥起 左邊瘦陷
　　水火旣齊 陰陽運行 半陰半陽 中居之道

(7) 立坐臥勢 天地人穴
　　身聳身屈 身仰일세
　　立天身聳 上浮氣요
　　坐人身屈 中藏氣며
　　臥地身仰 下墜氣라.
　　天穴에는 凭高, 仰高, 騎形穴
　　人穴에는 腰中結穴 藏殺穴
　　地穴에는 乳頭, 脫殺, 藏龜穴
　　天穴에는 蓋法이나 撞法이요
　　人穴에는 撞法이나 依法이며
　　地穴에는 粘法이나 撞法일세.

(8) 太過한卽 不及이요 不及인卽 太虛일세
　　太高해도 天罡穴 太低해도 泥水穴

主貴는 天穴 高明處에 살고
主富는 人地 深暗處에서 사네.

(9) 高明貴地는 淸秀 廣太闊하고
低暗富地는 不明 不秀突하니
高山明堂엔 嫌忌 吹風裁穴이요
低暗明堂엔 嫌忌 水沈裁穴일세.

(10) 朱火案山 低應處에 地穴臥格 避凶하고
左右靑白 低應따라 下點裁穴 妙數로세.
木金朱火 高大하면 高明天穴 上點하고
非高非低 靑白朱火 人穴下點 宜當하다.
天穴處上 下點裁穴 頑鈍子孫 離鄕敗絶.

(11) 高明點穴은 藏風之道요
低平點穴은 得水之道이나
太高穴場은 바람에 숨기 어렵고
太低穴場 眞脈찾기 어려우니
高點裁穴則 傷龍될까 두려웁고
低點裁穴則 傷穴될까 두렵도다.
高點則 犯罡氣요 低點則 犯蕩氣라
犯罡氣는 殺이되고 犯蕩氣는 絶이로다.

(12) 高穴點裁엔 藏風而 下點이니
藏風就氣엔 窩鉗이 要訣이고
低穴點裁엔 就水而 下點이니
得水就氣엔 低平四臣 勢强일세.

(13) 天人地 三才穴에 世俗사람 속지말라.
上中下 三停穴은 藏風避風 就水要訣.
天然地氣 맺힌곳은 穴證依果 分明한데
俗師眼目 不明하야 假穴眞穴 作爲로다.

天人地 三才穴象 俗師眼目 또 흐린다.
正面側面 側坡穴의 天然造化 어찌알고?

(14) 위로앉고 내려앉고 피해앉고 숨어앉고
　　世俗地師 點穴할젠 入首殺을 살펴보세
　　尖利急硬 主要殺處 頭腦蟬翼 兩날개요
　　明堂纏脣 直峻帶殺 이것또한 凶殺일세
　　來脈緩和 悠揚하고 直硬峻急 아니하면
　　藏殺穴로 下葬하여 撞法으로 點裁하리
　　來脈入首 尖利하고 急硬穴星 吐出커든
　　壓殺穴로 下葬하여 蓋法으로 點裁하리
　　來脈入首 直尖하고 四勢中集에 粘·脫不可커든
　　閃殺穴로 下葬하여 倚法으로 點裁하리라
　　來脈入首 峻急하고 四應이 下集이면
　　脫殺穴로 下葬하여 粘法으로 點裁하리.

(15) 穴星頭腦 圓正하고 左右蟬翼 安纏하여
　　神殺이 藏伏하고 尖直이 不現커든
　　藏殺穴로 下葬하여 撞法으로 點裁하리.

(16) 穴星頭腦 無圓하고 左右蟬翼 不護하야
　　神殺이 出現하고 尖直이 現顯커든
　　壓殺穴로 下葬하여 蓋法으로 點裁하리.

(17) 穴星頭腦 偏斜하고 左右蟬翼 偏直하야
　　神殺이 偏露하고 尖直이 偏出커든
　　閃殺穴로 下葬하여 倚法으로 點裁하려.

(18) 穴星頭腦 峻急하고 左右蟬翼 低平하야
　　神殺이 도망하고 硬直이 내달으니
　　脫殺穴로 下葬하여 粘法으로 點裁하리.

(19) 天穴上聚 高雄聚穴 立體平坦 上點穴이요

地穴下聚 低雌聚穴 平體纏脣 下點穴일세.

(20) 下關逆水 先到龍虎 順逆饒減 살펴보세.
下關外水 順龍虎는 饒가되여 穴을안고
下關外水 逆龍虎는 減이되여 先到하네
先到龍山 逆水減龍 右旋水가 貴人낳고
先到虎山 逆水減虎 左旋水가 富를낳네.

(21) 局勢團聚 水勢衆會 羅城周密 風勢融結.
補缺障空 不陷不跌 上分下合 窩鉗乳突
不曠明堂 合水靈泉 元辰來當 遠潮橫帶

(22) 氣脈上聚 應當高穴 四神高則 有情이요
氣脈下聚 應當低穴 四神低則 有情이요
氣脈中聚 應當中居 四神中護 有情이요
氣脈左聚 應當左居 四神靑木 特異有情
氣脈右聚 應當右居 四神白金 特異有情.

(23) 堂氣歸聚 氈脣鋪展 周旋相與 厭棄之狀
咫尺之間 高低偏斜 毫釐之間 有情無情

(24) 眞龍眞穴은 好山好水요
萬山萬水가 就山就水라
奇山秀水도 迎接不能이면
朝對成空이요 貧朝失穴이로다.

(25) 鬼砂 Energy는 穴核凝縮 善吉砂요
角砂 Energy는 穴場干涉 凶惡砂라
龍耳鬼砂 枕樂이면 三年內에 發福이요
龍角的中 枕樂이면 三年內에 家敗로다.

(26) 趣吉避凶은 藏神伏殺이요
官對立向하고 朝對就祿이면

諸山諸水도 重重同調리라
好砂好水는 美女精兵인데
貴賤進退가 夫將意志로나
眞龍眞穴엔 善吉用權이로다.

(27) 左山이 壓塚이면 右側에다 穴場짓고
     右山이 壓塚이면 左側에다 穴場짓네
     左山이 醜惡이면 右側으로 避해안고
     右山이 醜惡하면 左側으로 避하라네.

(28) 群雄을 降伏코저 높은곳에 올라앉고
     四獸를 和平코저 낮은곳에 내려앉고
     飛砂를 避難코저 數尺을 물려앉고
     水走를 避難코저 數尺을 나가앉고
     左山이 無情하면 右山으로 돌아앉고
     右山이 無情하면 左山을 바라보고
     靑木白金 無情하면 中間으로 바라보니
     鬼神客神 반겨맞는 避凶控製 妙數로다.

(29) 人身骨格 動節穴處 山穴處가 거기련가
     頂門百會 咽喉肩井 心腦奶乳 臍中丹田
     膀胱懷抱 曲池搭膝 鼠肉挽藍 掬搭擺脚
     垂頭節腰 獻花脚跟 指掌左右 仙宮當心
     胯頭陰囊 脚脛合谷 隱遁隱密 貴穴處네.

(30) 指掌七穴 左右仙宮 四吉三凶 살펴보세
     大指一節 大富穴은 頭腦端正 水流入庫
     二指一節 紅旗穴은 上聚下圓 妙用이며
     二指二節 曲池穴은 元辰聚水 後樂吉證
     大指點塩 指中毬穴 水勢入庫 頭圓일세
     大指表頭 絶穴에는 無白無靑 水去處요

無頭下散 虎口穴은 子孫絶滅 掃蕩일세
無頭下尖 燥火穴은 大凶瘟火急發일세.

(31) 中指到處 掌心穴 元辰回泡 貴穴證
　　　左右掌心 左右交虱 仙人弓脚 紐會變穴.

(32) 外聳千重 諸神砂, 不如眼弓 一貴案
　　　穴下漏槽 元辰射, 千重萬重 無關欄

(33) 來脈入首後 局勢 水勢得
　　　形勢善用變 水神 吉曲直
　　　龍虎有情美 賓主 相應善
　　　地勢入力坐 案勢 來朝向.

(34) 入穴脈上 盤針坐定 穴核心中 盤針坐定
　　　明堂中心 盤針向定 的中坐向 天星度法
　　　陽山陽得 陽水來去 陰山陰得 陰水來去
　　　지은대로 坐를하고 지은대로 向을하라.

6. 穴場 部位 坐向別 Energy場 特性分析

※ 絶對坐向 : 根本穴場 四神關係 作用特性 　　} 絶對坐向特性에 대한
　 相對坐向 : 穴場內在 方位特性(佩鐵方位) 　} 相對方位特性 關係

1) 立體水頭(玄水) 12方別 同調干涉 因果應報

(1) 玄水中突 12方別 同調干涉 因果應報(※ 玄水 正鬼 入首頭腦 12方別 因果應報)

① 玄水中突 壬子坐位 純水加得 極貴賢孫
② 玄水中突 丙午坐位 純水合火 極貴洪福
③ 玄水中突 甲卯坐位 純(刑)水加木 極品官貴
④ 玄水中突 庚酉坐位 純(破)水加金 極貴富武

⑤ 玄水中突 癸丑坐位 合水配土 中品官貴

⑥ 玄水中突 乾亥坐位 混局益水 上品孫勢

⑦ 玄水中突 丁未坐位 怨水加燥 中品外官

⑧ 玄水中突 巽巳坐位 混水加火 上品文官

⑨ 玄水中突 艮寅坐位 合水加木 上品孫勢

⑩ 玄水中突 乙辰坐位 純水加得 極品官祿

⑪ 玄水中突 辛戌坐位 合水加金 上品福祿

⑫ 玄水中突 坤申坐位 純水加得 極品官貴

(2) 玄水 左端 12方別 同調干涉 因果應報(※ 玄水 左鬼 入首頭腦 12方別 因果應報)

① 玄水左厚 壬子穴場 合水配水 偏父官貴

② 玄水左厚 癸丑穴場 混水加得 偏父富庫

③ 玄水左厚 艮寅穴場 混水得木 偏父孫勢

④ 玄水左厚 甲卯穴場 混水加木 中品官祿

⑤ 玄水左厚 乙辰穴場 破水加木 中品富祿

⑥ 玄水左厚 巽巳穴場 合水加火 上品文貴

⑦ 玄水左厚 丙午穴場 怨水加火 中品富貴

⑧ 玄水左厚 丁未穴場 對水加土 中品公職

⑨ 玄水左厚 坤申穴場 混水加金 上品武官

⑩ 玄水左厚 庚酉穴場 合水得金 上品武官

⑪ 玄水左厚 辛戌穴場 刑水加金 中品武富

⑫ 玄水左厚 乾亥穴場 混局加水 嫡庶同居

(3) 玄水 右端 12方別 同調干涉 因果應報(※ 玄水 右鬼 入首頭腦 12方別 因果應報)

① 玄水右厚 壬子穴場 混水得水 次庶孫勢

② 玄水右厚 癸丑穴場 混水加土 偏母孫富

③ 玄水右厚 艮寅穴場 破水合木 次孫官祿

④ 玄水右厚 甲卯穴場 合水合木 次孫官祿

⑤ 玄水右厚 乙辰穴場 怨水加木 中品富祿

⑥ 玄水右厚 巽巳穴場 對水加火 中品官貴

⑦ 玄水右厚 丙午穴場 混水得火 中品富命

⑧ 玄水右厚 丁未穴場 合水得木 外官富命

⑨ 玄水右厚 坤申穴場 害水加金 武官貴命

⑩ 玄水右厚 庚酉穴場 混水加金 次庶官錄

⑪ 玄水右厚 辛戌穴場 混水合金 次孫富貴

⑫ 玄水右厚 乾亥穴場 混水加得 孫勢旺命

2) 立體朱火 12方別 同調干涉 因果應報

(1) 朱火中突 12方別 同調干涉 因果應報(※ 朱火 正官 纏脣凝縮 12方別 因果應報)

① 朱火中突 丙午配位 純火加得 極富庫命

② 朱火中突 壬子配位 純火合水 極品富貴

③ 朱火中突 甲卯配位 純(破)火加木 上品富官

④ 朱火中突 庚酉配位 純(刑)火加金 上品富祿

⑤ 朱火中突 巽巳配位 混局益火 中品文富

⑥ 朱火中突 丁未配位 合局配土 上品公富

⑦ 朱火中突 癸丑配位 怨火加土 中品富貴

⑧ 朱火中突 乾亥配位 混火加水 中品富命

⑨ 朱火中突 艮寅配位 純火加得 極品富祿

⑩ 朱火中突 乙辰配位 合火加土 上品富貴

⑪ 朱火中突 辛戌配位 純火加得 極品富祿

⑫ 朱火中突 坤申配位 合火加金 上品富武

(2) 朱火左厚 12方別 同調干涉 因果應報(※ 朱火 左官 纏脣凝縮 12方別 因果應報)

① 朱火左厚 壬子穴場 怨火加水 中品富貴

② 朱火左厚 癸丑穴場 對火加土 中品公富

③ 朱火左厚 艮寅穴場 混火加木 中品孫命

④ 朱火左厚 甲卯穴場 合火得木 上品外交

⑤ 朱火左厚 乙辰穴場 混火加土 上品外交

⑥ 朱火左厚 巽巳穴場 混局加火 上品文交

⑦ 朱火左厚 丙午穴場 合局配火 上品富交

⑧ 朱火左厚 丁未穴場 混局加得 上品富命

⑨ 朱火左厚 坤申穴場 混火合金 中品武財

⑩ 朱火左厚 庚酉穴場 混火加金 中品武藝

⑪ 朱火左厚 辛戌穴場 破火加土 中品藝技

⑫ 朱火左厚 乾亥穴場 合火得木 上品外交

(3) 朱火右厚 12方別 同調干涉 因果應報(※ 朱火 右官 纏脣凝縮 12方別 因果應報)

① 朱火右厚 壬子穴場 混火加水 中品文貴

② 朱火右厚 癸丑穴場 合火得土 上品文富

③ 朱火右厚 艮寅穴場 刑火加木 中品文命

④ 朱火右厚 甲卯穴場 混火合木 上品文藝

⑤ 朱火右厚 乙辰穴場 混火配土 上品文達

⑥ 朱火右厚 巽巳穴場 混局加得 極品文貴

⑦ 朱火右厚 丙午穴場 混局合火 中品文富

⑧ 朱火右厚 丁未穴場 混局合土 中品文富

⑨ 朱火右厚 坤申穴場 刑火加金 中品文孫

⑩ 朱火右厚 庚酉穴場 合火得金 上品文祿

⑪ 朱火右厚 辛戌穴場 怨火加土 中品文藝

⑫ 朱火右厚 乾亥穴場 對火加水 中品文貴

3) 左旋靑木 12方別 同調干涉 因果應報

(1) 靑木 中曜 12方別 同調干涉 因果應報(※ 靑木 中曜 左旋凝縮 12方別 因果應報)

① 靑木中曜 壬子凝縮 純(刑)木合水 中品官貴

② 靑木中曜 癸丑凝縮 混木加土 中品富祿

③ 靑木中曜 艮寅凝縮 混局加木 中品官孫

④ 靑木中曜 甲卯凝縮 純木加得 上品官祿

⑤ 靑木中曜 乙辰凝縮 混局加土 中品官祿

⑥ 靑木中曜 巽巳凝縮 混局合火 上品文貴

⑦ 靑木中曜 丙午凝縮 純(破)木加火 中品富祿

⑧ 靑木中曜 丁未凝縮 純木加得 上品外官

⑨ 靑木中曜 坤申凝縮 怨木加金 中品財孫

⑩ 靑木中曜 庚酉凝縮 純木對金 中品官財

⑪ 靑木中曜 辛戌凝縮 合木配土 上品才能

⑫ 靑木中曜 乾亥凝縮 純木加得 上品孫命

(2) 靑木上曜 12方別 同調干涉 因果應報(※ 靑木 上曜 左旋凝縮 12方別 因果應報)

① 靑木上曜 壬子凝縮 合木加水 上品官貴

② 靑木上曜 癸丑凝縮 混木加土 中品財庫

③ 靑木上曜 艮寅凝縮 純木加木 上品貴孫

④ 靑木上曜 甲卯凝縮 混局加木 中品權勢

⑤ 靑木上曜 乙辰凝縮 混局加土 上品貴富

⑥ 靑木上曜 巽巳凝縮 刑木加火 中品文貴

⑦ 靑木上曜 丙午凝縮 合木得火 上品富命

⑧ 靑木上曜 丁未凝縮 混木加土 中品財孫

⑨ 靑木上曜 坤申凝縮 刑木加金 中品官財

⑩ 靑木上曜 庚酉凝縮 怨木加金 中品武官

⑪ 靑木上曜 辛戌凝縮 合木得火 上品富權

⑫ 靑木上曜 乾亥凝縮 破木配水 中品權命

(3) 靑木下曜 12方別 同調干涉 因果應報(※ 靑木 下曜 左旋凝縮 12方別 因果應報)

① 靑木下曜 壬子凝縮 合木得水 上品貴官

② 靑木下曜 癸丑凝縮 破木加土 中品財庫

③ 靑木下曜 艮寅凝縮 合木加木 上品官祿

④ 靑木下曜 甲卯凝縮 混局害木 中品財祿

⑤ 靑木下曜 乙辰凝縮 純木加得 上品商財

⑥ 靑木下曜 巽巳凝縮 合木金火 上品文貴

⑦ 靑木下曜 丙午凝縮 合木加火 上品財官

⑧ 靑木下曜 丁未凝縮 混木加土 中品外官

⑨ 靑木下曜 坤申凝縮 合木得水 上品貴命

⑩ 靑木下曜 庚酉凝縮 合木配金 上品財武

⑪ 靑木下曜 辛戌凝縮 合木加土 上品財庫

⑫ 靑木下曜 乾亥凝縮 怨木加水 中品商財

4) 右旋白金 12方別 同調干涉 因果應報

(1) 白金中曜 12方別 同調干涉 因果應報(※ 白金 中曜 右旋凝縮 12方別 因果應報)

① 白金中曜 壬子凝縮 純金合水 上品武官

② 白金中曜 癸丑凝縮 純金加得 上品武財

③ 白金中曜 艮寅凝縮 怨金加木 中品武官

④ 白金中曜 甲卯凝縮 純金對木 中品文武

⑤ 白金中曜 乙辰凝縮 合金配土 上品文武

⑥ 白金中曜 巽巳凝縮 純金加得 上品文財

⑦ 白金中曜 丙午凝縮 純(桃刑)金加火 上品富武

⑧ 白金中曜 丁未凝縮 混金加土 中品外財

⑨ 白金中曜 坤申凝縮 混局加金 上品武官

⑩ 白金中曜 庚酉凝縮 純金加得 上品武財

⑪ 白金中曜 辛戌凝縮 混局加土 上品武藝

⑫ 白金中曜 乾亥凝縮 混金加水 中品體藝

(2) 白金上曜 12方別 同調干涉 因果應報(※ 白金 上曜 右旋凝縮 12方別 因果應報)

① 白金上曜 壬子凝縮 合金加水 上品智藝

② 白金上曜 癸丑凝縮 刑木加土 中品財技

③ 白金上曜 艮寅凝縮 合金得火 上品財孫

④ 白金上曜 甲卯凝縮 合金配木 上品財藝

⑤ 白金上曜 乙辰凝縮 對金加土 中品財智

⑥ 白金上曜 巽巳凝縮 怨金加火 中品學藝

⑦ 白金上曜 丙午凝縮 合金得火 上品財庫

⑧ 白金上曜 丁未凝縮 破金加土 中品外交

⑨ 白金上曜 坤申凝縮 混局加金 中品武藝

⑩ 白金上曜 庚酉凝縮 混局加金 上品武藝

⑪ 白金上曜 辛戌凝縮 純金加土 上品智藝

⑫ 白金上曜 乾亥凝縮 合金加水 上品智孫

(3) 白金下曜 12方別 同調干涉 因果應報(※ 白金 下曜 右旋凝縮 12方別 因果應報)

① 白金下曜 壬子凝縮 合金得水 上品武官

② 白金下曜 癸丑凝縮 混金加土 中品武體

③ 白金下曜 艮寅凝縮 對金加木 上品武財

④ 白金下曜 甲卯凝縮 怨金加木 中品武藝

⑤ 白金下曜 乙辰凝縮 合金得水 上品文武

⑥ 白金下曜 巽巳凝縮 刑金加火 上品武財(文)

⑦ 白金下曜 丙午凝縮 合金加火 上品財庫

⑧ 白金下曜 丁未凝縮 合金配土 中品財(外)武

⑨ 白金下曜 坤申凝縮 純金加得 上品武官

⑩ 白金下曜 庚酉凝縮 混局加金 上品武財

⑪ 白金下曜 辛戌凝縮 混局加土 上品武才

⑫ 白金下曜 乾亥凝縮 害金加水 中品武官

7. 用事年月 以後發應 年次數別(年月日時 次別) 因果原理

1·6年次 申子辰發 2·7年次 寅午戌發(年月日時別)
3·8年次 亥卯未發 4·9年次 巳酉丑發(年月日時別) 當該穴場發應
5·10年次 辰戌丑未 年次數別 相互同調(合居同調)

申子辰年 申子辰生 申子辰穴 申子辰發
寅午戌年 寅午戌生 寅午戌穴 寅午戌發
亥卯未年 亥卯未生 亥卯未穴 亥卯未發   綜合 發應因果는 用事 年月
巳酉丑年 巳酉丑生 巳酉丑穴 巳酉丑發   以後 年次數別 發應과 陰陽
合居年月 合居運生 合居穴場 合居運發   配位 年月日時가 함께 合成
同調日時 同調命運 同調穴性 同調特發   되어 나타난다.

8. 穴場穴核 陰陽吉神 大門同調 因果原理

陽得內神 陰得外神 內神穴氣 外神風水
陽得陰得 內外吉神 融聚合居 穴核同調
陽陰內外 吉神同調 陰得內外 大門出入
穴核大門 相互同調 善美强大 生命發露
穴場穴核 歲運同調 陽得陰得 吉神發露
穴場陰陽 當該穴場 當該年月 吉神發露
陽得年月 陽神發露 陰得年月 陰神發露
立坐年月 立坐得神 立向年月 立向得神
入首年月 入首得神 四果年月 四果得神
鬼官曜年 鬼官曜發 得水年月 得風水發
破口年月 破口神發 大門年月 門神特發
立坐年月 三合坐發 立向年月 朝案神發
大門年月 吉神出入 破口吉神 融聚合居
絕對坐向 拾分發現 相對坐向 半之半發

地神從屬　大門吉神　坐向大門　相合吉神
坐向大門　合居年月　地神水神　風神合居
坐向大門　三合年月　內神外神　相調發現
陽得陰得　合居年月　三合二合　同調發現

9. 穴場穴核 內部地氣 凝縮組織 形成原理

直入直坐　穴場穴核　子午卯酉　主結子午
正變入穴　聚突必須　十字組織　中心縱脈
縱變入穴　左旋組織　癸丑鬼體　垂直組脈
縱變入穴　右旋組織　乾亥鬼體　垂直組脈
垂變入穴　起龍組織　子午中心　直立從脈
橫變入穴　臥線組織　亥子丑鬼　垂直橫脈
隱變入穴　起突組織　子午卯酉　均等組脈
入首頭腦　直立橫組　垂頭入穴　圓滿凝縮
左右蟬翼　偏立抱核　左右旋組　蜿蜒凝縮
纏脣官星　直立抱核　橫組抱立　核質純調
圓暈穴核　楕圓抱核　穴心球組　調潤黃土
入力鬼星　直立橫組　垂直強質　最善凝縮
蟬翼曜星　直立橫組　垂直抱核　圓暈凝縮
纏脣官星　直立橫組　垂直抱核　明堂凝縮
入首組織　縱立進行　橈棹組織　橫立反進
入力組織　縱立直進　鬼官曜星　橫立逆進
纏脣組織　偏立旋抱　穴核組織　楕圓凝縮

10. 穴場穴核 內外得破 相互同調 因果原理(陰陽宅 穴場 同一 原理)

內得破口 吉神定格 元辰風水 從屬決定(內明堂得破)

外得破口 吉神定格 局勢風水 從屬決定(外明堂得破)

內得破口 一局定格 左破巽巳 右破未坤(二局元辰從屬)

外得破口 二局定格 左破無結 右破未坤(一局巽破時)

外得破口 三局定格 右破無結 左破巽巳(二局坤破時)

外得破口 四局定格 左破無結 右破未坤(三局巽破時)

朝來融聚 內外得破 巽巳未坤 相互交鎖(交鎖破口)

穴場完成 定格破口 基頭安定 一穴一破

住居安定 一破一門 正破正門 設定原則

玄水立坐 壬子中心 巽坤正破 正門吉神

朱火立坐 丙午中心 乾艮正破 正門吉神

靑木立坐 甲卯中心 坤乾正破 正門吉神

白金立坐 庚酉中心 艮巽正破 正門吉神

朝水融聚 正破正門 朱火左右 關門吉神

左旋穴場 右破大門 右旋穴場 左破大門

右旋水到 右破大門 左旋水到 左破大門

穴場水勢 合一破口 山勢水勢 陰陽同調

山氣水氣 陰陽合一 山神水神 合一吉神

左旋穴場 右旋水吉 右旋吉神 坤門出入

右旋穴場 左旋水吉 左旋吉神 巽門出入

直入穴場 朝來水吉 融聚吉神 關門出入

絶對坐向 水火同調 相對坐向 相對同調

相對同調 四位同調 水火木金 四方吉神

水火同調 五變坐向 火水同調 五變坐向

木金同調 七變坐向 金木同調 七變坐向

水火木金 四圍吉神 卄十四變 坐別因果

藏風得水 環境吉神 關門正道 出入因果

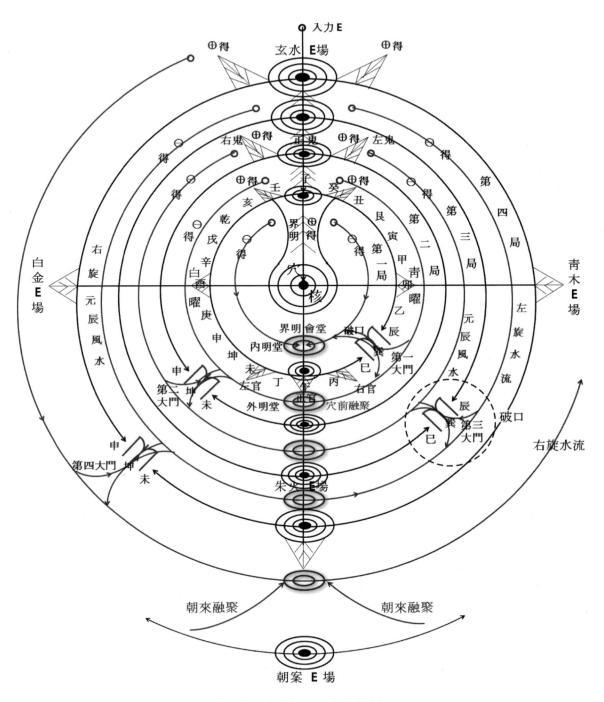

〈그림 5-1〉 定格破口 大門 結成圖

11. 穴場穴核 藏風得水 善惡吉凶 因果原理

穴場穴核 藏風得水 生命創造 維持增長
得水崔吉 地氣調潤 生氣流通 生命現象(生活潤澤)
藏風最善 地氣凝縮 生氣淨化 生命還元(生體醇化)
水卽風藏 風卽水藏 水生風善 風生水吉
水而風取 風而水取 水而藏風 風而得水
水則風質 風卽水質 水卽生風 風卽生水
第一得水 堂前朝來 融聚合水 朝案水會
第二得水 元辰還胞 融聚貯水 明堂水會
第三得水 左右內外 灣抱弓水 明堂胞會
第一藏風 融聚含水 風勢安定 局勢安風
第二藏風 朝來含水 風量安定 善吉外風
第三藏風 彎胞含水 風速安定 還抱溫風
極品得水 融聚還胞 水勢安定 良質水量
極品藏風 旋會凝縮 氣勢安定 溫和徵風
善吉堂水 朝融會抱 貯泉塘衝 廻注湖潮
善吉堂風 徵溫含水 堂會凝縮 循還生氣
穴場穴核 得破構造 穴場容量 穴核能力
陽突陽得 陰屈陰得 陽得陽破 陰得陰破
陽突構造 五岳五宮 首纏翼核 界明會堂
陰屈構造 得風得水 內明得水 內明得風
陽得吉神 鬼官曜砂 天地四神 凝縮生氣
陰得吉神 藏風得水 界水會堂 外神出入
陽得吉神 出入通路 穴場明堂 五岳五宮
陰得吉神 出入通路 關鎖破口 明堂核果
正鬼入穴 左鬼靑玄 右鬼白玄 玄水吉神
正官正朱 左官白腕 右官靑腕 朱火吉神
左曜靑翼 右曜白翼 內外靑白 再凝吉神

玄水地氣 陽得位相 乾亥壬子 癸丑鬼神(印神)
朱火庫氣 陽得位相 巽巳丙午 丁未官神(官神)
靑木官氣 陽得位相 艮寅甲卯 乙辰曜神(食神)
白金才氣 陽得位相 坤申庚酉 辛戌曜神(財神)
陰得風水 出入位相 巽巳未坤 左右吉神(定格吉神)
元辰藏風 得水定格 穴前堂到 明堂聚會(內外明堂融聚水)
得水吉神 正格正品 堂前融聚 巽坤出入(∠180°纏護聚會)
得風吉神 正格正品 微風會水 巽坤出入(堂前融氣安風)
破口吉門 正格吉神 朝融抱貯 差別位相
左旋右旋 還抱吉神 左巽右坤 大門出入
朝來堂前 融聚吉神 巽巳未坤 大門出入

12. 穴場穴核 四定位을 貴 · 孫 · 富節 安定因果

子午卯酉 四貴官節 壬子丙午 甲卯庚酉
寅申巳亥 四孫生節 艮寅坤申 巽巳乾亥
辰戌丑未 四富庫節 乙辰辛戌 癸丑丁未

四貴官節 刑沖破害 亥壬 子癸 巳丙 午丁(孫人貴敗)
（貴因 / 孫因）

四貴官節 刑沖破害 寅甲 卯乙 申庚 酉辛(雙因貴敗)
（貴因 / 孫因）

四孫生節 刑沖破害 戌乾丑艮 辰巽未坤(富人孫敗)
四孫生節 刑沖破害 亥壬巳丙 寅甲申庚(雙因孫敗)(孫人貴敗)
四富庫節 刑沖破害 卯乙午丁 酉辛子癸(貴人財敗)
四富庫節 刑沖破害 辰巽未坤 戌乾丑艮(雙人財敗)(富人孫敗)

13. 穴場穴核 二字無記 人敗 · 財敗 · 病敗 子孫

二字無記 干涉四果 刑沖破害 殺氣子孫
二字無記 干涉四果 亥壬子癸 巳丙午丁(地因天殺) ⎱
二字無記 干涉四果 寅甲卯乙 申庚酉辛(地因天殺) ⎰ 貴節無記
二字無記 干涉四果 丑艮寅甲 未坤申庚(地因天殺) ⎱
二字無記 干涉四果 辰巽巳丙 戌乾亥壬(地因天殺) ⎰ 孫節無記
二字無記 干涉四果 子癸丑艮 午丁未坤(地因天殺) ⎱
二字無記 干涉四果 卯乙辰巽 酉辛戌乾(地因天殺) ⎰ 富節無記

※ 註: 無記節의 特性上 貴孫富節 無記因子는 相互 交行함으로써 雙干涉을
　일으킨다.

穴場穴核 三字無記 貴敗孫敗 富敗子孫
三字無記 干涉四果 刑沖破害 干涉子孫
貴節無記 三字四果 壬子癸殺 丙午丁殺(縱中心殺)
貴節無記 三字四果 甲卯乙殺 庚酉辛殺(橫中心殺)
孫節無記 三字四果 艮寅甲殺 坤申庚殺(間方人敗殺)
孫節無記 三字四果 巽巳丙殺 乾亥壬殺(艮方人敗殺)
富節無記 三字四果 癸丑艮殺 乙辰巽殺(艮方財敗殺)
富節無記 三字四果 丁未坤殺 辛戌乾殺(艮方財敗殺)
貴節無記 三字四果 亥壬子殺 巳丙午殺(水火太過殺)
　　　　　　　　 (玄水殺)　(朱火殺)
貴節無記 三字四果 寅甲卯殺 申庚酉殺(木金太過殺)
　　　　　　　　 (靑木殺)　(白金殺)
孫節無記 三字四果 丑艮寅殺 未坤申殺(陰土殺)
孫節無記 三字四果 辰巽巳殺 戌乾亥殺(陽土殺)
富節無記 三字四果 子癸丑殺 午丁未殺(玄朱殺)
富節無記 三字四果 卯乙辰殺 酉辛戌殺(靑白殺)

穴場穴核 玄水無記 (亥壬)(子癸) 人敗官敗

穴場穴核 朱火無記 (巳丙)(午丁) 人敗財敗(官敗)

穴場穴核 靑木無記 (卯乙)(辰巽) 官人財敗

穴場穴核 白金無記 (酉辛)(戌乾) 官人財敗

穴場穴核 艮方無記 (丑艮)(寅甲)(未坤)(申庚) 孫敗官敗

14. 穴場穴核 配合太過 三字無記 干涉因果

(亥)壬子(癸) 貴節太過 貴節印殺 (孫)(貴)(財)敗

亥壬子果 三字干涉 孫因貴敗 官訟誤死 : 水太過

壬子癸果 三字干涉 財因貴敗 官訟破産 : 火不及

(巳)丙午(丁) 貴節太過 貴節官殺 (孫)(貴)(財)敗

巳丙午果 三字干涉 孫因官敗 官訟誤死 : 火太過

丙午丁果 三字干涉 財因官敗 官訟破産 : 水不及

(寅)甲卯(乙) 貴節太過 貴節食殺 (孫)(貴)(財)敗

寅甲卯果 三字干涉 孫因食敗 官訟誤死 : 木太過

甲卯乙果 三字干涉 財因食敗 官訟破産 : 金不及

(申)庚酉(辛) 三字干涉 貴節財殺 (孫)(貴)(財)敗

申庚酉果 三字干涉 孫因財敗 官訟誤死 : 金太過

庚酉辛果 三字干涉 財因財敗 官訟破産 : 木不及

(戌)乾亥(壬) 孫節太過 孫節劫殺 (富)(孫)(貴)敗

戌乾亥果 三字干涉 財因孫敗 相避病敗 : 間太過

乾亥壬果 三字干涉 貴因孫敗 相避誤死(人敗) : 軸不及

(丑)艮寅(甲) 孫節太過 孫節劫殺 (富)(孫)(貴)敗

丑艮因果 三字干涉 印因孫敗 相避病敗 : 間太過

艮寅甲果 三字干涉 食因孫敗 相避誤死(人敗) : 軸不及

※ 註〈無橈棹 無聚氣點 無記變易 變化節이 無記成果 無記核穴〉

(辰)巽巳(丙) 孫節太過 變化劫殺 (富)(孫)(貴)敗

辰巽巳果 三字干涉 食因孫敗 相避病敗 : 間太過

巽巳丙果 三字干涉 官因孫敗 相避誤死(人敗) : 軸不及

(未)坤申(庚) 變化太過 變化劫殺 (富)(孫)(貴)敗

未坤申果 三字干涉 艮寅孫敗 相避病敗 : 間太過

坤申庚果 三字干涉 財因孫敗 相避人敗 : 軸不及

(卯)乙辰(巽) 富節無記 富節食殺 (貴)(富)(巽)敗

卯乙辰果 三字干涉 食因財敗 盜賊破産 : 木太過

乙辰巽果 三字干涉 孫因(劫因)財敗 盜賊人敗(不具) : 金不及

(午)丁未(坤) 富節無記 富節官殺 (貴)(富)(財)敗

午丁未果 三字無記 官因財敗 盜賊破産 : 火太過

丁未坤果 三字無記 孫因(劫因)財敗 盜賊人敗(不具) : 水不及

(酉)辛戌(乾) 富節無記 富節財殺 (貴)(富)(孫)敗

酉辛戌果 三字無記 財因財敗 盜賊破産 : 金太過

辛戌乾果 三字無記 劫因(孫因)財敗 盜賊人敗(不具) : 木不及

(子)癸丑(艮) 富節無記 富節印殺 (貴)(富)(孫)敗

子癸丑果 三字無記 印因財敗 盜賊破産 : 水太過

癸丑艮果 三字無記 孫因(劫因)財敗 盜賊人敗(不具) : 火不及

※ 註:〈(乾坤艮巽 間軸特性)(辰戌丑未 戌己邊性)〉

〈(乾中戌戌壬)(坤中己未庚)(艮中己丑甲)(巽中戌辰乙)〉

15. 穴場穴核 八卦特性 生成因果 發現原理

穴場穴核 坎中男水 壬子癸居 亥子丑生(玄水成)

穴場穴核 離中女火 丙午丁居 巳午未生(朱火成)

穴場穴核 震長男木 甲卯乙居 寅卯辰生(青木成)

穴場穴核 兌少女金 庚酉辛居 申酉戌生(白金成)

穴場穴核 艮少男土 癸己_丑甲居 丑艮寅生(間土木成)
穴場穴核 坤老母土 丁己_未庚居 未坤申生(間土金成)
穴場穴核 巽長女木 乙戊_辰丙居 辰巽巳生(間木火成)
穴場穴核 乾老父金 辛戊_戌壬居 戌乾亥生(間金水成)

16. 穴場穴核 形成構造 十二部位 凝縮秩序(特性)

壬子穴核 ⊕突頭腦 正骨入穴 立面凝縮
(一六正玄 聚突直穿 穴核圓滿 入力秩序) ⟩ 穴心 入力

癸丑穴核 ⊖平鎖骨 入穴分擘 線面凝縮
(一六左玄 聚氣垂頭 入力開帳 凝縮秩序) ⟩ 左核室 擴帳

艮寅穴核 ⊕突肩臂 癸丑左旋 立面凝縮
(三八上曜 肩臂關節 上關纏護 凝縮秩序) ⟩ 一次 青穴核凝縮

甲卯穴核 ⊖平臂腕 艮寅左旋 線面凝縮
(三八左翼 下腕臂骨 左核育成 成長秩序) ⟩ 左穴 育成長

乙辰穴核 ⊕突腕骨 甲卯左旋 立面凝縮
(三八下曜 左腕關節 下關左核 凝縮秩序) ⟩ 二次 青穴核 凝縮

巽巳穴核 ⊖平青關 丙午右旋 線面凝縮
(二七右官 手掌器皿 核室關門 凝縮秩序) ⟩ 左核室 받침

丙午穴核 ⊕突正關 朝來撞前 立面凝縮
(二七正官 手掌器皿 核室管藏 凝縮秩序) ⟩ 中心 核室器皿

丁未穴核 ⊖平右關 丙午左旋 線面凝縮
(二七左官 手掌器皿 核室右關 凝縮秩序) ⟩ 右核室 받침

坤申穴核 ⊕突白關 庚酉右旋 立面凝縮
(四九下曜 右腕關節 下關右核 收藏秩序) ⟩ 二次 白右腕凝縮

庚酉穴核 ⊖平臂腕 辛戌右旋 線面凝縮
(四九右翼 下腕臂骨 右核育成 成長秩序) ⟩ 右穴 育成長

{ 辛戌穴核 ⊕突肩臂 乾亥右旋 立面凝縮 } 一次 白穴核凝縮
{ (四九上曜 肩臂關節 上關纏護 凝縮秩序) }

{ 乾亥穴核 ⊖平鎖骨 入穴分擘 線面凝縮 } 右核室 擴張
{ (一六右玄 聚氣垂頭 入力開帳 凝縮秩序) }

※ 穴場性相
生成秩序
{
一先生性 六後成相 十一十六 玄水性相
二先生性 七後成相 十二十七 朱火性相
三先生性 八後成相 十三十八 靑木性相
四先生性 九後成相 十四十九 白金性相
五先生性 十後成相 十五二十 穴土性相
天體運氣 最善凝縮 五十穴土 先室後核
}

{
子寅辰午 辛戌陽部 陽突厚富 圓滿凝縮
丑亥酉未 巳卯陰部 陰平厚德 均等育成
} 核室陰陽特性

{
子寅辰部 陽中陽氣 水木相生 生命發起
午申戌部 陽中陰氣 火金相助 生命活動
丑亥卯部 陰中陽氣 水木相生 生命育成
未巳酉部 陰中陰氣 火金相助 生命安定
} 核室相生特性

{
子寅辰實 午申戌實 相對均縮 穴核融結
子寅辰虛 午申戌虛 相對均弱 穴核亂調
丑亥卯實 未巳酉實 相對均縮 穴核育成
丑亥卯虛 未巳酉虛 相對均弱 穴核亂調
} 核室虛實特性

{
丑亥卯實 陰中陽緣 玄靑相生 官命强健
丑亥卯虛 陰中陽緣 玄靑葛藤 官命不安
未巳酉實 陰中陰緣 朱白相助 藝富武緣
未巳酉虛 陰中陰緣 朱白葛藤 財祿不安
子寅辰實 陽中陽緣 玄靑相生 官命孫祿
子寅辰虛 陽中陽緣 玄靑葛藤 孫命不安
午申戌實 陽中陰緣 朱白相助 武藝富祿
午申戌虛 陽中陰緣 朱白葛藤 武藝財亂
} 核室陰陽虛實特性

```
┌ 壬子癸丑  玄水陰陽  艮寅乾亥  天關陰陽
├ 甲卯辛戌  青白陰陽  乙辰庚酉  青白陰陽 ┤ 核室陰陽配位特性
└ 巽巳坤申  地關陰陽  丙午丁未  朱火陰陽
```

玄水穴核 種性智慧 壬子癸丑 乾亥貴祿
朱火穴核 禮敬社會 丙午巽巳 丁未關庫
青木穴核 孫勢仁德 甲卯艮寅 乙辰活力
白金穴核 正義勇才 庚酉辛戌 坤申收藏
水火穴場 種性意志 主客同調 創造特性
水木穴場 成長意志 種子出世 活力特性
水土穴場 信念意志 種子生產 思慮特性
水金穴場 企劃意志 武富藝技 強健特性
木火穴場 成就意志 官祿孫勢 成功特性
木土穴場 立身意志 官祿安定 進取特性
木金穴場 爭取意志 多才多能 過慾特性
火土穴場 種育意志 福祿增振 收納特性
火金穴場 收穫意志 財武藝祿 經榮特性
玄水同調 穴核特性 朱火相對 均等意志
朱火同調 穴核特性 玄水相對 均等意志
青木同調 穴核特性 白金相對 均等意志
白金同調 穴核特性 青木相對 均等意志

```
          ┌ 壬子凝縮  直入生氣  丙午同調  穴核融結(正鬼凝縮)
  玄水     │
  穴核同調 ┤ 癸丑凝縮  左旋生氣  丁未同調  穴核擴張(左鬼凝縮)
          │
          └ 乾亥凝縮  右旋生氣  巽巳同調  穴核擴張(右鬼凝縮)
          ┌ 丙午凝縮  直撞官托  壬子同調  穴核凝結(正官凝縮)
  朱火     │
  穴核同調 ┤ 丁未凝縮  左撞官托  癸丑同調  穴核凝結(左官凝縮)
          │
          └ 巽巳凝縮  右撞官托  乾亥同調  穴核凝結(右官凝縮)
```

青木
穴核同調
- 甲卯凝縮 橫核翼托 庚酉同調 穴核育成(中曜凝縮)
- 艮寅凝縮 核間曜托 坤申同調 穴核育成(上曜凝縮)
- 乙辰凝縮 核間曜托 辛戌同調 穴核凝縮(下曜凝縮)

白金
穴核同調
- 庚酉凝縮 橫核翼托 甲卯同調 穴核育成(中曜凝縮)
- 辛戌凝縮 核間曜托 乙辰同調 穴核育成(上曜凝縮)
- 坤申凝縮 核間曜托 艮寅同調 穴核凝縮(下曜凝縮)

天體 Energy
核 同調
- 玄水同調 中玄凝縮 壬子旺盛 生氣圓滿
- 朱火同調 中朱凝縮 丙午旺盛 圓融氣結
- 靑木同調 左肩腕縮 甲寅乙辰 建帶氣活
- 白金同調 右肩腕縮 辛戌坤申 建帶氣活

17. 穴場穴核 太過空亡 刑沖破害 因果原理

- 子午卯酉 子空亡殺 午卯午酉 太過刑破
- 子午卯酉 午空亡殺 子卯子酉 太過刑破 　四正貴節
- 子午卯酉 卯空亡殺 子酉午酉 太過刑破 　刑沖破害
- 子午卯酉 酉空亡殺 子卯午卯 太過刑破

- 寅申巳亥 寅空亡殺 巳申巳亥 太過刑破
- 寅申巳亥 申空亡殺 寅巳巳亥 太過刑破 　四生孫節
- 寅申巳亥 巳空亡殺 寅申寅亥 太過刑破 　刑沖破害
- 寅申巳亥 亥空亡殺 寅申巳申 太過刑破

- 辰戌丑未 辰空亡殺 戌丑戌未 太過刑破
- 辰戌丑未 戌空亡殺 辰丑丑未 太過刑破 　四庫富節
- 辰戌丑未 丑空亡殺 辰戌戌未 太過刑破 　刑沖破害
- 辰戌丑未 未空亡殺 辰戌戌丑 太過刑破

亥子丑水	太過穴核	官星不及	午火沖殺
巳午未火	太過穴核	印星不及	子水沖殺
寅卯辰木	太過穴核	財星不及	酉金沖殺
申酉戌金	太過穴核	食星不及	卯木沖殺

四局太過
刑沖破害

丑艮寅關	左天太過	未坤申關	地坤沖殺
戌乾亥關	右天太過	辰巽巳關	地巽沖殺
辰巽巳關	左地太過	戌乾亥關	乾天沖殺
未坤申關	右地太過	丑艮寅關	艮天沖殺

四關太過
刑沖破害

壬子癸丑	玄水配位	丙午丁未	朱火配位
甲卯辛戌	上穴配位	乙辰庚酉	下穴配位
艮寅乾亥	上關配位	巽巳坤申	下關配位

穴場配位秩序

壬子癸丑	玄配太過	丙午丁未	朱配空虛
丙午丁未	朱配太過	壬子癸丑	玄配空虛
甲卯辛戌	上配太過	乙辰庚酉	下配空虛
乙辰庚酉	下配太過	甲卯辛戌	上配公許

穴場配位
太過殺

艮寅乾亥	上關太過	巽巳坤申	下關空虛
巽巳坤申	下關太過	艮寅乾亥	上關空虛

穴場配位
太過殺

甲卯太過	辛戌空虛	辛戌太過	甲卯空虛
壬子太過	癸丑空虛	癸丑太過	壬子空虛
乙辰太過	庚酉空虛	庚酉太過	乙辰空虛
丙午太過	丁未空虛	丁未太過	丙午空虛
艮寅太過	乾亥空虛	乾亥太過	艮寅空虛
巽巳太過	坤申空虛	坤申太過	巽巳空虛

穴場配位
空虛殺

壬子癸丑 印星陰陽 突平積聚 無記不用
丙午丁未 官星陰陽 突平直立 無記不用
甲卯乙辰 食星陰陽 突平凝縮 無記不用　　穴場陰陽
辛戌庚酉 財星陰陽 突平育成 無記不用　　　無記相
艮寅乾亥 天關陰陽 突平纏護 無記不用
巽巳坤申 地關陰陽 突平凝官 無記不用

壬子乾亥 印星同調 突平不明 玄水無記
丙午巽巳 官星同調 突平不明 朱火無記　　陰陽不明
甲卯艮寅 食星同調 突平不明 青木無記　　　無記同調
坤申庚酉 財星同調 突平不明 白金無記

癸丑左印 財星同調 突平不明 財庫無記
丁未左官 食星同調 突平不明 食庫無記　　陰陽不明
乙辰下食 印星同調 突平不明 印庫無記　　　庫藏無記
辛戌上財 官星同調 突平不明 官庫無記

　　財庫無記 卽 庚酉無記　食庫無記 卽 甲卯無記
※　印庫無記 卽 壬子無記　官庫無記 卽 丙午無記　　庫藏
　　癸丑財庫 卽 庚酉同調　丁未食庫 卽 甲卯同調　　同調
　　乙辰印庫 卽 壬子同調　辛戌官庫 卽 丙午同調　　穴場

18. 穴場空亡 刑沖破害 當該年月 當該日生

子午卯穴　子午卯年　子午卯生　酉白空亡(子酉, 午酉)殺
子午酉穴　子午酉年　子午酉生　卯青空亡(子卯, 午卯)殺
子卯酉穴　子卯酉年　子卯酉生　午朱空亡(午卯, 午酉)殺
午卯酉穴　午卯酉年　午卯酉生　子玄空亡(子卯, 子酉)殺
亥子丑穴　亥子丑年　亥子丑生　午朱空亡(玄水太過)
巳午未穴　巳午未年　巳午未生　子玄空亡(朱火太過)
寅卯辰穴　寅卯辰年　寅卯辰生　酉白空亡(青木太過)

申酉戌穴　申酉戌年　申酉戌生　卯靑空亡(白金太過)

玄水空亡　玄水年月　玄水日生　水不及殺

朱火空亡　朱火年月　朱火日生　火不及殺

靑木空亡　靑木年月　靑木日生　木不及殺

白金空亡　白金年月　白金日生　金不及殺

艮關空亡　丑艮寅年　丑艮寅生　靑不及殺

乾關空亡　戌乾亥年　戌乾亥生　白不及殺

巽關空亡　辰巽巳年　辰巽巳生　靑朱不及

坤關空亡　未坤申年　未坤申生　白朱不及

19. 水災火災 風災三災 空亡穴場 因果原理

申子辰穴　申子辰生　寅卯辰年　艮巽殺忌

(艮風災忌　巽水災忌　午火災忌　子卯刑忌)

寅午戌穴　寅午戌生　申酉戌年　乾坤殺忌

(乾風災忌　坤水災忌　子水災忌　午火災忌)

亥卯未穴　亥卯未生　巳午未年　巽坤殺忌

(巽火水災　坤火水災　子卯午卯　卯酉殺忌)

巳酉丑穴　巳酉丑生　亥子丑年　乾艮殺忌

(乾風災忌　艮風災忌　卯酉子酉　金財殺忌)

水太過穴　水太過生　水太過年　水太過殺

火太過穴　火太過生　火太過年　火太過殺

木太過穴　木太過生　木太過年　木太過殺

金太過穴　金太過生　金太過年　金太過殺

水不及穴　水不及生　水不及年　水不及殺

火不及穴　火不及生　火不及年　火不及殺

木不及穴　木不及生　木不及年　木不及殺

金不及穴　金不及生　金不及年　金不及殺

20. 生旺庫宮 三間同調 穴核發應 因果原理

(1) 年月生起 日命旺盛 時命收庫 穴運同調
　　(祖上農事 本人活命 子孫守庫 一生榮華(祖上蔭德))

(2) 年月生起 日命收庫 時命旺盛 穴運同調
　　(祖上耕作 本人收穫 子孫福德 一生農事)

(3) 年月旺盛 日命生起 時命收庫 穴運同調
　　(祖上榮華 本人農事 子孫收庫 一生孝行)

(4) 年月旺盛 日命收庫 時命生起 穴運同調
　　(祖上榮華 本人收庫 子孫耕作 一生守庫)

(5) 年月收庫 日命生起 時命旺盛 穴運同調
　　(祖上收庫 本人農事 子孫榮華 一生耕作)

(6) 年月收庫 日命旺盛 時命生起 穴運同調
　　(祖上收庫 本人榮華 子孫農事 一生福德)

※ 주로 三合生運이 三合穴場 三合歲運과 同調할 境遇 그 力量發應이 最吉速
　 發한다.

※ 三間三合(人間 空間 時間)運이 合致하지 않을 境遇에도(個別命宮) 이에
　 準하나 그 力量은 半吉한다.

※ 例)

○ 申	壬子	○ 辰	⇒ 日命基準(最吉)
生起	旺盛	收庫	
戊寅	丁巳	丙戌	⇒ 個別命宮(半吉)

21. 衝殺沖殺 刑沖破害 山殺水殺 因果原理

衝殺穴場 枝橈支衝 山殺水殺 風殺三災
沖殺穴場 反背走殺 山走水走 風走三沖

衝殺三災 刑沖破怨(害) 人敗財敗 孫敗官敗

沖殺三災 自沖回擊 人敗財敗 孫敗病敗

- 子午衝穴 子午衝年 子午衝生 子午衝殺(刑衝破害殺)
- 子午沖穴 子午沖年 子午沖生 子午沖殺(自沖重沖殺)
- 卯酉衝穴 卯酉衝年 卯酉衝生 卯酉衝殺(刑衝破害殺)
- 卯酉沖穴 卯酉沖年 卯酉沖生 卯酉沖殺(自沖重沖殺)
- 寅申衝穴 寅申衝年 寅申衝生 寅申衝殺(刑衝破害殺)
- 寅申沖穴 寅申沖年 寅申沖生 寅申沖殺(自沖重沖殺)
- 巳亥衝穴 巳亥衝年 巳亥衝生 巳亥衝殺(刑衝破害殺)
- 巳亥沖穴 巳亥沖年 巳亥沖生 巳亥沖殺(自沖重沖殺)
- 辰戌衝穴 辰戌衝年 辰戌衝生 辰戌衝殺(刑衝破害殺)
- 辰戌沖穴 辰戌沖年 辰戌沖生 辰戌沖殺(自沖重沖殺)
- 丑未衝穴 丑未衝年 丑未衝生 丑未衝殺(刑衝破害殺)
- 丑未沖穴 丑未沖年 丑未沖生 丑未沖殺(自沖重沖殺)

※ 衝殺 : 一方太過 又는 不及時, 自沖空亡時, 回沖時에도 發生

- 180°山風水衝 對立相擊 刑沖破殺
  (子午卯酉 寅申巳亥 辰戌丑未 對稱衝擊)
- 90°衝 側面被擊 相互反擊 刑沖破殺
  (寅巳申刑 丑戌未刑 子卯午酉 辰丑寅亥)
- 60°衝 山風水殺 鬼曜官殺 交鎖相衝
  (玄水亥丑 山殺水殺 朱火巳未 水殺風殺)
- 30°衝 山風水殺 割剪害怨 銳角衝殺
  (子未丑午 寅酉卯申 辰亥巳戌 割剪害怨)
- 180°山風水沖 相互反背 自沖回沖
  (子午卯酉 寅申巳亥 辰戌丑未 對稱飛走)

90°沖 山水風沖 反背飛走 直角沖殺

(子卯子酉 午卯午酉 寅巳巳申 辰丑戌未)

60°沖 山水風沖 交鎖飛走 鬼曜官沖

(亥丑亥沖 巳未朱沖 寅辰靑沖 辛戌白沖 空亡殺)

30°沖 山水風沖 左右空亡 刑害怨嗔

(子未丑午 寅酉申卯 辰亥戌巳 子巳午亥 銳角沖殺)

子沖未沖 卽 午丑怨嗔殺 寅沖酉沖 卽 申卯怨嗔殺

辰沖亥沖 卽 戌巳怨嗔殺 戌沖巳沖 卽 辰亥怨嗔殺

子沖巳沖 卽 午亥怨害殺 午沖亥沖 卽 子巳怨害殺

衝擊殺卽 刑沖破殺 衝卽刑破 害怨嗔殺

沖空亡卽 太虛空殺 太空亡卽 虛空破殺

180°山水風衝 玄朱靑白 三衝擊殺

90°山水風擊 玄朱靑白 直角擊殺

60°山水風擊 鬼樂曜官 風水擊殺

30°山水風擊 鬼樂曜官 風水割剪

180°山水風沖 玄朱靑白 相對空欽

90°山水風沖 左右直角 背走空欽

60°山水風沖 鬼樂曜官 無記空亡

30°山水風沖 鬼樂曜官 當該空欽

子玄亥倂 右玄無記 左父先亡 右母後亡(右玄惑)

子玄丑倂 左玄無記 右母先亡 左父後亡(左玄惑)

午朱巳倂 右朱無記 右女倂惑 右末色難(右朱惑)

午朱未倂 左朱無記 左女倂惑 左末色難(左朱惑)

卯靑寅倂 上靑無記 長孫倂惑 官孫不利(上靑惑)

卯靑辰倂 下靑無記 三孫倂惑 官孫不利(下靑惑)

酉白戌倂 上白無記 長女倂惑 次孫惑亂(上白惑)

酉白申倂 下白無記 次女倂惑 末孫惑亂(下白惑)

제5절 陽基·陽宅 因果論

1. 陽基入脈 穴場構成 必須條件 因果原理

正變易龍 陽基穴場 直入直坐 得水于先
縱變易龍 陽基穴場 左旋右旋 朱案于先
垂變易龍 陽基穴場 定格起伏（$\theta = \angle 30°變位$）青白于先
橫變易龍 陽基穴場 左入右入 鬼官于先
隱變易龍 陽基穴場 定格聚突 四神于先
回龍顧祖 陽基穴場 左右關拒 關鎖于先
正變入穴 十字穴場 子午卯酉 陽突陰屈
縱變入穴 左右曜鬼 癸丑乾亥 三合二合
左旋入穴 癸丑頭腦 癸丑壬子 巳酉丑合
右旋入穴 乾亥頭腦 乾亥艮寅 亥卯未合
垂變入穴 聚氣頭腦 壬子癸丑 丙午丁未
壬子癸丑 垂變入力 丙午丁未 纏脣必須
橫變入穴 三合二合 壬子丙午 鬼官必須
隱變入穴 突起頭腦 四定三合 陽得必須
回龍入穴 左右旋頭 拒水逆關 陰得必須
子午卯酉 突穴陽得 四神朝來 君子道理
申子辰合 左右陰得 朱火緊密 極品富貴
子午陽得 玄朱頭纏 中心明確 富貴公明
卯酉陰得 青白纏護 陰神還抱 社會活潑
窩鉗乳突 四象穴場 得破分別 形相理致
窩形穴場 陰得成核 下關必須 破口定格
鉗形穴場 陰得合得 左右育成 朱凝必須
窩鉗穴場 陰得造化 三合凝縮 朱帶必須
乳形穴場 入力最善 壬子丙午 同調必須

突形穴場 四神最善 子午卯酉 同調必須
地支穴場 天干得運 地得天運 氣勢强健
天干穴場 地支得氣 天得地氣 品性厚德
天地同調 穴場穴核 陽得陰得 吉神充滿
天地合得 厚富穴場 天地合居 穴核圓滿
坤壬乙局 天合陽得 地合階下(申子辰下) 得破吉神
艮丙辛局 天合陽得 地合階下(寅午戌下) 得破吉神
乾甲丁局 天合陽得 地合階下(亥卯未下) 得破吉神
巽庚癸局 天合陽得 地合階下(巳酉丑下) 得破吉神
申子辰局 地合階下 三合陰得 得破吉神
寅午戌局 地合階下 三合陰得 得破吉神
亥卯未局 地合階下 三合陰得 得破吉神
巳酉丑局 地合階下 三合陰得 得破吉神

2. 陽基穴場 生氣同調 Energy場 因果應報

生氣感應 同調原理 同氣感應 同期感應
同氣感應 同氣同調 同期感應 同期同調
同氣同調 同氣醇化 同期同調 粒子同調
同氣醇化 陽基同調 粒子同調 陰基同調
父子感應 同期感應 兄弟感應 同氣感應
祖孫感應 同期粒子 地氣感應 同氣醇化
同期粒子 電子同調 同氣醇化 Energy場
電子同調 生命(生氣)粒子 醇化同調 生命(生氣)波長
父子之間 同期關係 兄弟之間 同氣關係
同氣感應 陰陽分離 陽的感應 陰的感應
陽的感應 同期同調(感應) 陰的感應 同氣同調(感應)
陰宅穴場 同期感應 陽宅穴場 同氣感應

同期感應 陰基原理 天地人氣 粒子同調

同氣感應 陽基原理 天地人氣 醇化同調

열두갈래 天地人氣 粒子波動 Energy場

直接同調 粒子同調 間接同調 필드同調(field場)

天氣第一 地氣第二 人氣第三 家相第四

頭基第五 入出第六 環境第七 風水第八

天氣地氣 人氣宅氣 風氣水氣 出入環境

Energy Zone 秩序좇아 陰氣陽氣 生命合成

하늘氣運 땅속氣運 家宅氣運 庭園氣運

땅鬼神과 집鬼神과 門鬼神과 사람氣運

바람鬼神 平安따라 물鬼神이 놀고간다.

天地鬼神 人間鬼神 물바람이 福을불러

健康鬼神 出世鬼神 名譽鬼神 돈鬼神이

無量大福 길을찾아 사시사철 노니는다.

天地人氣 空時安定 環境融縮 理想秩序

入力秩序 停止秩序 分合秩序 安定秩序

左旋秩序 右旋秩序 上氣(上昇)秩序 下氣(下降)秩序

聚積秩序 融合秩序 出力秩序 移動秩序

空間安定 三合配位 申子辰水 寅午戌火(陽局配位)

陰局配位 Energy場 亥卯未木 巳酉丑金

時間配位 Energy場 二合六氣 $\ominus\oplus$配位

時空配位 Energy場 子寅子戌 午辰午申

寅丑戌亥 辰巳申未 時空同調 穴核凝縮

時空合凝 天地人氣 最善生命 最適創造

三元五氣 同調陽基 穴核生命 最善安定

明堂터젼 善吉配置 善吉福祿 善吉出入

天地人氣 合成同調 生命眞氣 生成秩序

核力場氣 重力場氣 引力場氣 斥力場氣

強力場氣 弱力場氣 電氣場氣 磁氣場氣

熱力場氣　水力場氣　風力場氣　天體場氣
열두마당　한데얼켜　地氣場을　創造하네
統一場이　무엇인고　生命場이　어드멘고
合成同調　한마당에　萬物生命　노니는다.
山脈秩序　五大型틀　正垂縱橫　隱變易틀
局勢秩序　四大型틀　玄朱靑白　水火木金
穴場秩序　八大型틀　四定三合　合居凝縮
環境秩序　八大型틀　還抱朝來　聚融會貯
方位秩序　六大型틀　玄朱坐向　四正坐向
四猛坐向　四庫坐向　陽突坐向　陰平坐向
玄坐朱向　主客原理　陰陽發應　天機發說
陽坐爲主　陽者發應　陰坐爲主　陰者發應
陽向爲主　陽者先發　陰向爲主　陰者先發
坐吉向應　陽孫發應　向吉坐應　陰孫發應
主靈客神　魂魄平等　五德具足　仁義禮智
天地人氣　安定同調　天世萬世　生命創造
陰基穴場　凝縮同調　集中聚氣　圓滿特性
陽基穴場　融合同調　平聚融縮　合成特性
陰基穴場　Energy場　强集凝聚　四勢同調
陽基穴場　Energy場　厚廣平坦　風水同調
山水入力　安定同調　之體建物　厚重圓滿
龍砂穴方　環境入出　同調리듬　圓滿型틀
立體平面　同調空間　風水環境　入出安定
天地氣運　立平氣運　山水氣運　人間同調
天地運勢　時空同調　人間運勢　리듬同調
地勢水勢　風勢運勢　天勢人勢　統一場勢
수소산소　질소탄소　凝縮同調　生命創造
智禮仁義　同調意志　弘益信念　萬世平和

穴場特性　年運特性　人間特性　合成同調
年運流周　穴運流周　人運流周　同氣同調
類類相從　根本原理　同氣同調　生命本能
善美穴場　善美子孫　善美年月　善美同調
善美宅氣　善美時空　善美人間　因緣同調
善美同氣　善美同調　善美類類　善美發現
善美因緣　善美生活　善美子孫　善美歷史
同期同調　生命創造　同氣同調　生命育成
同期同調　陽生同調　同氣同調　陰生同調
同期同氣　合成同調　善美人間　生氣同調
穴場中心　宅基中心　陰陽中心　同調設計
地氣中心　宅基中心　天氣同調　風水同調
宅基原理　陰陽同調　均衡平等　安定同調
上下安定　前後安定　左右安定　大小安定
穴核中心　宅基中心　明堂中心　庭園中心
居室活動　爲主設計　居室中心　基頭設定
內室活動　爲主設計　內室中心　基頭設定
高聚宅基　風吹干涉　低聚宅基　濕浸干涉
先取地勢　後取地形　先取地氣　後取風水
先取氣勢　後取形相　先取環境　後取宅基
氣勢安定　形相安定　環境安定　空間安定
立體空間　平面空間　風水環境　相互同調
宅基氣相　安定第一　氣相風水　同調第一
氣相同調　基頭第一　風水同調　入力第一
氣相風水　合成同調　生氣同調　圓滿人間
氣勢基頭　宅相基頭　一體中心　合成基頭
氣勢中心　形相中心　穴宅中心　風水同調
左旋水會　白金案內　白金得氣　氣相安定
右旋水會　靑木案內　靑木得氣　氣相安定

朝來水會 獨峰案內 獨峰得氣 氣相安定
環抱水會 曜官案內 曜官得氣 氣相安定

※ 一切基頭 同氣同調 人間同調 年月日時

子午年月 子午同調 卯酉年月 卯酉同調 ┐
寅申年月 寅申同調 巳亥年月 巳亥同調 ├ 四定位 對稱 于先同調 原則
辰戌年月 辰戌同調 丑未年月 丑未同調 ┘

子丑年月 子丑同調 寅亥年月 寅亥同調 ┐
卯戌年月 卯戌同調 辰酉年月 辰酉同調 ├ 陰陽 配位 于先同調 原則
巳申年月 巳申同調 午未年月 午未同調 ┘

子午卯酉 年月日時 子午卯酉 穴場同調 ┐
寅申巳亥 年月日時 寅申巳亥 穴場同調 ├ 四定位 于先 同調 原則
辰戌丑未 年月日時 辰戌丑未 穴場同調 ┘

申子辰水 年月日時 申子辰水 穴場同調 ┐
寅午戌火 年月日時 寅午戌火 穴場同調 ├ 三合位 于先 同調 原則
亥卯未木 年月日時 亥卯未木 穴場同調 │
巳酉丑金 年月日時 巳酉丑金 穴場同調 ┘

子寅辰午 申戌年月 子寅辰午 申戌同調 ┐
丑亥酉未 巳卯年月 丑亥酉未 巳卯同調 ┘ 合居 同調 于先 原則

子午卯酉 四正貴神 極品貴人 連出하고
寅申巳亥 四猛武神 極品武貴 連出하고
辰戌丑未 四庫財神 極品財富 連出한다.
申子辰玄 三果水神 最上孫貴 連出하고
寅午戌朱 三果火神 最上官富 連出하고
亥卯未靑 三果木神 最上官名 連出하고
巳酉丑金 三果金神 最上武財 連出한다.
四定位믄 四果穴場 三合位믄 合居穴場
四定位믄 三合位믄 年運人運 因緣同調

陰陽和合 山水同調 最速發現 因緣吉水
壬癸(子丑)坐山 午水橫財 乾亥艮寅 巽水橫財
庚辛亥坐 卯水橫財 艮寅甲卯 坤水橫財
乾亥坐山 庚辛橫財 甲卯坐山 庚辛橫財
甲卯坐山 子癸橫財 午離坐山 壬寅橫財
巽峰双秀 壯元運出 巽山辛峰 尙書運出
亥山巽辛 高聳相公 寅山庚水 庚山卯水
庚山丁辛 秀峰穴場 兵權武將 子孫運出
庚酉辛方 運中秀峰 劍戟秀砂 武將運出
庚山金印 辛山銀印 土體印砂 吉善壯元
亥山丙丁 艮山丁辛 壽(秀)長高峰 壽相人出
艮山丙丁 庚辛秀峰 國富巨富 特出子孫
庚山卯艮 水來富峰 艮山丁峰 水來中富
兌山丁峰 奇異秀麓 神童子孫 少年登科
艮丙兌丁 震庚六秀 長壽健康 子孫運出
艮山丙水 巽山辛水 震山庚水 兌山丁水
富貴康寧 無病長壽 國泰民安 社會奉仕
巽峰丁水 庚震艮出 乾艮丁卯 巽丙水吉

寅方窺峰 靑孫凶亡 子丑窺峰 死方子孫
戌亥窺峰 女孫凶亡 午未窺峰 盜賊子孫
甲震窺峰 病亂子孫 左右窺峰 賤한子孫
丁未越峰 賢女出孫 朱火窺峰 項結子孫
十二部位 穴場所應 衆生菩薩 因果應報
子午衆生 子孫富貴 世世孫孫 萬世榮華
子午菩薩 智禮靈神 世世衆生 濟度聖業
卯酉衆生 貪慾煩惱 天方地軸 左右往倀(갈팡질팡)
卯酉菩薩 自由自在 東奔西走 救濟報施
寅申衆生 人身創業 改革業障 一生奔走

寅申菩薩 忍信創造 忍辱精進 勤勉報施
巳亥衆生 思量分別 貪益過慾 極端解決
巳亥菩薩 思量解脫 人文道學 名振四海
辰戌衆生 是非陳述 言辯舌禍 自業自得
辰戌菩薩 眞理慧言 十方光明 慈悲布德
丑未衆生 家業執着 公職奉仕 福祉厚生
丑未菩薩 公業利他 正業淸廉 忠誠報施
子丑衆生 子孫煩惱 玄水無明 混濁貴命
子丑菩薩 智慧自由 千手千眼 光明業障
寅亥衆生 吉凶双存 善惡不分 靈肉葛藤
寅亥菩薩 人間解脫 忍辱精進 光明成就
卯戌衆生 妙術一生 千變萬化 能手能爛
卯戌菩薩 妙有眞覺 利他報施 慈悲喜捨
辰酉衆生 有益盡力 黑白不分 過慾不利
辰酉菩薩 眞實有餘 聲聞利他 廣度恩慧
巳申衆生 事理不信 自他不容 鬪爭火急
巳申菩薩 信頼思量 文武禮智 勇猛精進
午未衆生 五貪奔走 妻財同席 理事葛藤
午未菩薩 五常濟度 弘益衆生 社會平等

子丑人生 自祝마라 畜妾子孫 念慮된다.
子寅衆生 自認마라 仁慈함을 잃는도다
子卯살림 自妙陷穽 妙한子孫 걱정되고
子辰人生 自振하니 眞實子孫 榮華로다.
子巳衆生 自利事觀 刺事氣質 史者特性
子午人格 自力五福 五吉子孫 自存五常
子未人生 子未롭고 未來子孫 子未걱정
子申人物 自强信條 神靈子孫 信義롭다.
子酉衆生 自慢自由 管理徹底 有益資産

子戌人生　自然述述　術者精進　無窮無盡
子亥衆生　子孫解決　太過重疊　害子걱정
子子人生　自身自沖　自己自覺　靈魂修行
丑子人生　祝願子孫　前生業障　自省祝福
丑丑人生　축축하고　마른후엔　딱딱하다.
丑寅衆生　丑報寅生　業障消滅　仁業祝願
丑卯人生　祝願妙有　一生謹修　墓事畜成
丑辰衆生　丑報嗔積　一生念佛　嗔解祝願
丑巳人生　祝福祝辭　認苦修行　師門祝吉
丑午人生　蓄城誤解　一心邁進　五福蓄善
丑未衆生　畜生迷妄　一心忠誠　未來祝福
丑申衆生　祝願神將　業障消滅　神命祝福
丑酉人生　祝願有益　前業蕩減　有餘蓄善
丑戌人生　築工術者　苦盡甘來　述懷祝福
丑亥衆生　縮融解弛　一心合一　解脫祝願
寅子人生　仁義慈愛　謙讓積善　自成人格
寅丑衆生　忍苦築城　惡業蕩減　蓄善人物
寅卯衆生　人生妙用　讓步之德　妙花人氣
寅辰人生　人物振揚　謙虛謙遜　眞率人品
寅巳人生　人刑思理　仁義均等　四海人物
寅午衆生　人生五福　喜捨儉約　五德人格
寅未衆生　人間迷惑　勤勉自重　美人幸福
寅申衆生　人生辛苦　克己復禮　神通人物
寅酉衆生　人格有別　克己忍苦　有益人生
寅戌人生　人物述述　勤勉誠實　術家因緣
寅亥衆生　人間苦海　先凶堪耐　解決人事
卯子衆生　妙用子孫　一心忍耐　子子妙吉
卯丑衆生　妙事築城　前業蕩減　祝願妙策
卯寅衆生　妙한因緣　一路邁進　人生妙用

卯卯衆生 妙事妙行 自重忍耐 妙理妙業
卯辰衆生 妙行進退 愼重精進 眞理妙用
卯巳人生 描寫現象 一路精進 四方苗田
卯午衆生 妙한傲氣 謹愼自重 五技妙用
卯未衆生 妙한美貌 自重自愛 美妙人生
卯申衆生 妙한神靈 祈禱精進 神通妙用
卯酉衆生 妙한誘惑 省察忍耐 有益妙策
卯戌人生 妙한術策 善吉善用 術述妙理
卯亥人生 妙한解決 一心一道 解脫妙用
辰子人生 進取子孫 勤勉誠實 自登振名
辰丑人生 眞心祝禱 業障消滅 蓄善眞言
辰寅衆生 進取人格 謙遜讓步 仁義眞理
辰卯衆生 進路妙行 大義邁進 妙事進取
辰辰衆生 振進過速 愼重言行 眞理振作
辰巳人生 進士及第 眞理探究 史學振作
辰午人生 進取誤解 隱忍自重 五福進取
辰未人生 眞味生命 不儉不遜 未盡衆生
辰申人生 眞理信賴 窮究精進 神通進取
辰酉人生 進取有利 謙遜讓步 裕餘眞利
辰戌人生 眞率述懷 眞實窮究 術法振進
辰亥衆生 眞率解法 平等和解 解放嗔心
巳子人生 使者命運 人格修行 自燈事理
巳丑人生 社會祝福 仁義禮智 祝禱使命
巳寅衆生 事恩忍苦 救世濟民 人類尊師
巳卯人生 事實妙寫 一路邁進 妙理事達
巳辰人生 社會進出 一心精進 振名四海
巳巳人生 巳巳롭고 儉勤節約 事事解決
巳午人生 事事誤解 貪慾自制 五福社賜
巳未人生 四海美人 正道正行 未來社稷

巳申人生 四方神將 正義具現 神通思量
巳酉人格 社會有益 火急自制 有望人事
巳戌人生 事理述懷 眞實分析 藝能名士
巳亥人格 事理誤解 眞理信念 解脫思惟
午子人生 五福子孫 衆生善導 悟道自由
午丑人生 五方祝禱 神命祈禱 祝福五吉
午寅衆生 五德人生 謙遜儉素 人格五常
午卯衆生 奧妙人格 每事愼重 妙體悟得
午辰衆生 誤診念慮 言行修鍊 眞業五福
午巳衆生 五貪思考 慾望制御 事理悟得
午午衆生 誤解誤判 自覺忠誠 五吉五福
午未衆生 誤算未來 信賴安定 善美五德
午申衆生 五德信念 慈悲喜捨 神命悟道
午酉衆生 誤診有感 相生和解 有益五行
午戌衆生 五計術策 每事愼重 術家烏衣(五義)
午亥衆生 誤解人格 每時分明 海印五覺
未子衆生 迷感子孫 心身安定 慈悲美貌
未丑衆生 未練祝禱 智禮完成 仁義君者
未寅衆生 美人子孫 言行謙遜 人格美麗
未卯衆生 美妙人生 勤勉誠實 妙未一生
未辰衆生 未盡人生 信賴精進 眞味人生
未巳衆生 迷惑人事 每事集中 史學美術
未午人生 未盡五德 五常具足 悟道未來
未未衆生 未來迷忙 忠直奉仕 未來美德
未申衆生 未來信念 宗教哲學 神通微妙
未酉衆生 未來有益 筋氣忍耐 有望美來
未戌衆生 微妙術法 正業精進 藝術美學
未亥衆生 未盡解放 精誠一路 解脫善美
申子人生 信賴子孫 謙遜勤儉 自得伸張

申丑人生 信用蓄積 每事細密 蓄善信用
申寅人生 信望人格 自省自重 人生神通
申卯人生 神妙葛藤 一路邁進 妙理神通
申辰人生 辛勝進取 合理思慮 眞如神靈
申巳人生 紳士人格 和愛自尊 事觀信賴
申午人生 信望五德 一念精進 悟道神通
申未人生 神命迷妙 靈魂淸淨 未來神通
申申人生 新業信條 謙遜自重 信賴信望
申酉人生 心身餘有 强性自制 有益刷新
申戌人生 神通術士 文武兼備(智勇德兼) 術法信賴(術家信用)
申亥人生 心身傷害 怨憎解放 解脫神命
酉子衆生 有利自慢 謙遜讓步 自然有益
酉丑衆生 有益蓄積 積善積德 祝福有慶
酉寅衆生 有感人生 心身安定 人格有德
酉卯衆生 有感迷妙 一心一事 妙理遺傳
酉辰衆生 有益盡力 慾心自制 眞業遺産
酉巳衆生 有正史觀 一心正道 人死留名
酉午衆生 有情五慾 忍耐邁進 五福裕餘
酉未衆生 有德美人 勤勉誠實 未來裕福
酉申衆生 有相信條 獨善自制 有德信念
酉酉衆生 悠悠蕩蕩 普施積善 有益有利
酉戌衆生 有利術策 自重自省 術藝遺德
酉亥衆生 有益誤解 忍耐修行 解法有命
戌子人生 術家子孫 勇猛精進 自成藝術
戌丑人生 術道祝禱 業障消滅 祝福藝術
戌寅衆生 術策人物 大義善用 活人法術
戌卯衆生 術法妙用 慾心調節 妙理述解
戌辰衆生 術法振進 一道精進 眞實述懷
戌巳衆生 術士增得 謙讓之德 事事述述

戌午衆生 術家五德 儉素節約 五吉述述

戌未衆生 術策迷妄 正業正道(行) 未來藝術

戌申衆生 術士信用 信望勢力 神通術家

戌酉衆生 術策有感 性急自制 有益藝術

戌戌衆生 過多述述 知技自重 述述解決

戌亥衆生 述述解決 利害超然 解脫術述

亥子人生 解放子孫 常時覺省 慈悲海印

亥丑人生 解決祝禱 一念集中 祝願解脫

亥寅人生 解決人物 善行功德 人品解脫

亥卯人生 解決妙策 愼重省察 妙用海印

亥辰人生 誤解怨嗔 積善普施 眞如解脫

亥巳人生 解釋思量 對峙解消 思念海印

亥午人生 解誤葛藤 平等眞心 五福四海

亥未人生 解決未完 精靈一體 未來解放

亥申人生 解決信條 正義正道 信賴解決

亥酉人生 解放遺産 勤勉誠實 有望解決

亥戌人生 解決術述 正法正行 述述解決

亥亥人生 解釋解弛 靈肉强健 害惡解放

3. 陽基穴場 基本設計 基頭坐向 設計原則

(1) 穴場堂板 基頭設定 穴場穴核 中心原則

(2) 建物構造 基頭設定 建物무게 中心原則

(3) 庭園構造 基頭設定 平面空間(明堂空間) 中心原則

(4) (1)(2)中心 合一基點 最善安定 陽宅基頭

(5) 居室中心 合一基點 長年老人 爲主基頭

(6) 內室中心 合一基點 少年長靑 爲主基頭

(7) 穴場中心 建物中心 庭園中心 立坐立向

(8) 建物中心 穴場中心 子午卯酉 四神中心

(9) 庭園中心(明堂中心) 子午線과 九十度(∠90°)線 大門設定

(10) 玄水朱火 建物庭園 絶對中心 絶對坐向

(11) 大門(玄關)吉神 出入方位 左旋水到 乙辰巽巳(辰巽正位)

(12) 大門(玄關)吉神 出入方位 右旋水到 未坤申庚(坤申正位)

※ 註 : 主園前園 補園後園 側園保園 外園護園

　　　　前園正室 後園後室 側園側室 外園客室

　　　　太過不及 空亡不實 陰陽同調 內外同調

　　　　前大後小 正室安定 前小後大 後室得勢

　　　　前大側小 正室活力 側大前小 正室不安

4. 陽基陽宅 Energy場 善惡吉凶 因果原理

善美强大 Energy場 圓正圓滿 穴家吉相

圓形지붕 八角지붕 天地運氣 最適同調

壁體構造 直四角形 五對四分 五對三分

正四角形 陰陽正比 生氣閉塞 運發停滯

穴場家屋 陰陽構造 穴五⊕氣 宅三⊖氣

建物庭園 陰陽構造 建物⊕氣 庭園⊖氣

建五庭三 動的構造 建三庭五 靜的構造

生活親和 動的構造 ⊕五⊖三 設計原則

安定親和 靜的構造 ⊖五⊕三 設計原則

建物縱橫 陰陽構造 가로⊕氣 세로⊖氣

가로⊕氣 入力同調 세로⊖氣 環境同調

가로⊕氣 男性爲主 세로⊖氣 女性爲主

女室構造 세로⊖五 가로⊕三 安定爲主

男室構造 가로⊕五 세로⊖三 活動爲主

地氣環境 陰陽構造 地氣⊕氣 環境⊖氣

地氣入力 ⊕氣五分 環境風水 ⊖氣三分

建物前後 陰陽構造 前面⊕氣 後面⊖氣

前面⊕五 後面⊖三 가로⊕五 세로⊖三

地⊕入力 宅⊖同調 風水⊖入力 宅⊕同調

立體平面 陰陽構造 立體陽氣 平面陰氣

立體五陽 動的構造 平面五陰 靜的構造

居室陰場 內室陽場 大門陰入 玄關陽入

建物垈地 吉相構造 圓方平坦 凹凸不吉

垈地⊕氣 Energy場 열두마당 堂板分類

열두마당 生氣配烈 吉善乘氣 建物配置

核室中心 建物配置 居室內室 基頭安配

子寅辰午 申戌吉處 寢室居處 安分配置

厚富圓滿 吉神住處 重要用途 配置計劃

大門玄關 外氣同調 環境吉神 引込增大

玄關施設 外部設置 活動親和 發展氣象(⊕動 玄關設計)

玄關施設 內部設置 安定親和 停滯氣象(⊖靜 玄關設計)

前庭構造 圓正善美 內室女富 安定氣象

後庭構造 適定安分 四分之一 垈地對比

側面庭園 適定安分 四分之一 前庭對比

담장構造 最善높이 一千八百(3×6尺) 밀리미터(⊖體)

大門構造 最善높이 二千七百(3×9尺) 밀리미터(⊕體)

玄關構造 最善높이 二千四百(3×8尺) 밀리미터(⊖體)

담장構造 庭園空間 陰場特性 增大原理

大門構造 外氣空間 陰陽同調 增大原理

玄關構造 內室空間 陰陽同調 增大原理

지붕構造 天體空間 天氣入力 增大原理

壁體構造 外氣空間 生氣同調 增大原理

窓戶構造 外氣空間 陽氣同調 增大原理

大門設置 最適位相 外氣吉神 入力位相
外氣吉神 入力位相 風水吉神 環境關門
風水吉神 出入關門 穴核呼吸 巽坤方位
玄關設置 最適位相 藏風得水 同調位相
藏風得水 同調位相 建物生基 同調位置
建物同調 生基位置 基頭中心 巽坤方位
基頭穴核 同一位相 大門玄關 同一線上
基頭穴核 差別位相 大門玄關 差別線上
大門出入 吉神安定 庭園中心 吉神安定
庭園中心 安定吉神 玄關出入 善美吉神
玄關吉神 善美出入 居室中心 吉神安定
居室吉神 中心安定 內室出入 吉神安定
內室出入 吉神安定 地氣風水 入力同調
地氣環境 同調方位 內室生氣 入力位相
內室居室 座席位相 背山臨水 地氣背席
倚子寢臺 頭部位相 背山臨水 地氣頭座
居室倚子 背山臨水 주방조리 背山臨水
化粧倚子 便器座向 業務倚子 背山臨水
出入通路 坐臥不可 水脈線上 坐臥不可
地氣中心 坐臥于先 環境定處 坐臥次先
大門玄關 生氣出入 庭園居室 生氣藏聚
地氣入力 生命生起 環境入力 生氣增長
外氣風水 環境醇化 醇化四神 穴場護神
外局風水 生命育成 庭園風水 陽宅育成
庭園界水 建物保護 明堂界水 穴核增長
穴場水脈 穴核破壞 陽基水脈 生命破壞
圓暈界水 穴場保護 縱橫水脈 穴場破碎
蟬翼細結 穴場含水 界水分合 明堂育成
明堂聚會 穴核育成 元辰水會 穴場育成

玄關居室　內室保護　大門庭園　建物保護
左旋水流　右翼拒水　穴板右旋　左關巽門
右旋水流　左翼拒水　穴板左旋　右關坤門
左青蟬翼　左旋組織　細結組相　左旋立組
右白蟬翼　右旋組織　細結組相　右旋立組
玄水頭鬼　垂頭組織　橫結立組　圓平績組
朱火纏官　垂頭組織　橫結立組　凝縮積組
穴場堂板　天地同調　天氣照臨　地氣生起
天體同調　穴核型틀　地氣同調　穴核生成
穴核融結　天地生命　生命同調　人間創造
⊕穴陽宅　바람걱정　⊖穴陽宅　濕氣걱정
陽基陽宅　⊕穴構造　乳突盤床　廣板風吹
陽基陽宅　⊖穴構造　窩鉗隱藏　廣板低濕
⊕穴陽宅　穴場露出　左右空虛　吹風嫌忌
⊖穴陽宅　穴場低平　排水不利　浸水嫌忌
陽基陽穴　突露廣闊　自生風發　穴核虛耗
陽基陰穴　低平不均　浸水容易　穴核破損
山Energy　生氣供給　터Energy　生命創造
집Energy　生命育成　門Energy　內外呼吸
房Energy　生命安定　堂Energy　生氣育成
風Energy　生氣循環　水Energy　生活振作
山靈強健　主靈(穴靈)安定　家神安穩　堂神平穩
大門選別　外神同調　風神生還　水神生起
天神精靈　地神養生　風神醇化　水神養育
玄水主靈　朱火客靈　青白魂魄　穴場生命
穴場後頭　低傾陽基　頭疾魂濁　逆性活動
穴場前堂　低傾陽基　心臟不安　性急活動
穴場左端　低傾陽基　男命官貴　衰退不利
穴場右端　低傾陽基　女命財武　頹落損失

穴場後頭 急傾高巉 火靈不安 長孫不利
穴場前堂 急傾高巉 逆性人事 過慾失敗
穴場左端 急傾高巉 肝膽太過 官貴不安
穴場右端 急傾高巉 肺大太過 女財不安
穴場後頭 陷屈風吹 靈腦官貴 急凶發病
穴場前堂 陷屈風吹 心脾末房 急病退敗
穴場左端 陷屈風吹 肝膽太虛 急病退官
穴場右端 陷屈風吹 肺大太虛 急病退財
穴場後頭 破鎖水脈 腎膀腦靈 惡性發病
穴場前堂 破鎖水脈 心小脾胃 惡性發病
穴場左端 破鎖水脈 肝膽靑房 惡性發病
穴場右端 破鎖水脈 肺大白房 惡性發病
穴場後端 病이들면 長房官貴 退落發病
穴場前端 病이들면 末房財庫 退落發病
穴場左端 病이들면 靑房官祿 退落發病
穴場右端 病이들면 白房財武 退落發病
鬼曜官砂 病이들면 各房貴人 退落發病
穴場中心 病이들면 住居諸人 退落發病
壬子癸丑 不分無記 左旋無記 左頭貴敗
乾亥壬子 不分無記 右旋無記 右頭貴敗
丙午丁未 不分無記 左朱無記 左頤破財
巽巳丙午 不分無記 右朱無記 右頤破庫
甲卯乙辰 不分無記 下靑無記 左腕破官
艮寅甲卯 不分無記 上靑無記 左肩人敗
庚酉辛戌 不分無記 上白無記 右肩財敗
坤申庚酉 不分無記 下白無記 右腕人敗
癸丑艮寅 不分無記 靑入無記 靑孫病敗
乾亥辛戌 不分無記 白入無記 白孫病敗
乙辰巽巳 不分無記 左關無記 呼吸病敗

坤申丁未 不分無記 右關無記 呼吸病敗

亥壬子癸 不分無記 頭腦太過 正貴人敗

巳丙午丁 不分無記 中頤太過 正官財敗

寅甲卯乙 不分無記 中靑太過 正祿人敗

申庚酉辛 不分無記 中白太過 正財人敗

左旋右旋 不分無記 入頭無記 人敗貴敗

靑白行止 不分侍立 凝縮無記 人敗財敗

朱案行止 不分凝縮 還胞無記 官敗庫敗

聚氣來脈 不分中心 入力無記 人敗妄靈

玄水無記 中玄無記 左玄無記 右玄無記

中玄無記 正印無記 左右無記 偏印無記

朱火無記 中朱無記 左朱無記 右朱無記

中朱無記 正官無記 左右無記 偏官無記

靑木無記 中靑無記 上靑無記 下靑無記

中靑無記 傷官無記 上下無記 食神無記

白金無記 中白無記 上白無記 下白無記

中白無記 偏財無記 上下無記 正財無記

正印無記 壬子不正 智靈無記 人敗貴敗

偏印無記 左右不均(乾亥癸丑) 入力不調 無記種積

正官無記 丙午不正 官客不助 財官無記

偏官無記 左右不均(巽巳丁未) 凝縮不均 關庫無記

食神無記 上下不縮(艮寅乙辰) 成就不能 孫祿無記

傷官無記 甲卯不正 育成不能 祿官無記

正財無記 上下不縮(辛戌坤申) 蓄積不能 財關無記

偏財無記 庚酉不正 術才不能 財武無記

比肩無記 辰戌不正 靑白不均 無記意志

劫財無記 丑未不正 玄朱不均 無記信念

祖宗無記 來龍無記 四神無記 穴場無記

祖宗無記 聚突偏斜 來脈不實 家業不吉

來龍無記　無聚無變　無記分擘　種子不實
局勢無記　四神背走　社會背信　百事不成
穴場無記　五官不調　圓暈不明　無記子孫
風水無記　聚融不良　凝縮不實　調潤不實
玄水無記　仰頭反背　祖宗不垂　家業斷折
朝安無記　仰面背走　靑白不縮　社會斷折
靑木無記　仰臥背走　左核不縮　官孫事故
白金無記　仰臥背走　右核不縮　武富事故
頭腦無記　中心不分　左右不均　種貴無記
入穴無記　入穴不分　束氣不良　種子疾患
纏脣無記　明堂陷屈　立垂不縮　社庫不實
靑蟬無記　侍立難組　左旋不縮　官孫不實
白蟬無記　侍立難組　右旋不縮　武富不實
穴核無記　圓暈不明　核心不縮　生命無記
鬼砂無記　低陷長老　再縮不實　貴孫不良
曜砂無記　低陷長老　再縮不實　官孫不良
左曜無記　寅甲不分　卯乙不分　生命不實
右曜無記　申庚不分　酉辛不分　財武不實
左鬼無記　丑艮不分　入穴不實　種子不良
右鬼無記　乾戌不分　入穴不實　白孫不良
官砂無記　丙巳不分　午丁不分　正官不良
左官無記　巽辰不分　靑朱不分　官財無記
右官無記　未坤不分　白朱不分　武財無記
藏風無記　四神不良　關鎖不實　醇化不實
得水無記　融聚不良　還胞不良　育成不實
關鎖無記　靑白不實　朱火不調　呼吸不良
元辰無記　刑沖破害　無情背走　孫財不實
朝來無記　刑沖破害　無情反背　官財不實
還胞無記　刑沖破害　無情怨走　人敗不實

融聚無記 刑沖破害 無情反背 財貴不實
聚突無記 破碎難組 秩序不良 入出不實
分擘無記 相互爭鬪 相互無情 兄弟不和
橈棹無記 無記變易 育成不實 種子不良
支脚無記 無記進行 來脈不實 穴性不良
止脚無記 安定無記 無記用役 停走不實
關鎖無記 呼吸無記 凝縮不實 關門不良
凝縮無記 關鎖無記 穴核不良 子孫不實
穴果無記 五官無記 界水不會 無記生命
靈魂無記 主靈不定 客靈不調 魂魄不和
主靈無記 壬子無記 玄水不實 智情不良
客靈無記 丙午無記 朱火不實 禮敬不良
魂靈無記 甲卯無記 靑木不實 仁德不良
魄靈無記 庚酉無記 白金不實 義勇不良
精靈無記 戊己無記 穴核不實 信意不良
肉體無記 腎心無記 肝肺無記 脾胃無記
腎膀無記 壬子無記 癸亥無記 干支無記(⊖⊕無記)
心小無記 丙午無記 丁巳無記 干支無記(⊖⊕無記)
肝膽無記 甲卯無記 乙寅無記 干支無記(⊖⊕無記)
肺大無記 庚酉無記 辛申無記 干支無記(⊖⊕無記)
脾胃無記 辰戌無記 丑未無記 干支無記(⊖⊕無記)
善惡無記 非善非惡 生死無記 生命無記
生死無記 非生非死 橈棹支脚 無用止脚
生命無記 靜動無記 變化無記 無記秩序
行走無記 非行非走 住往無記 無記組織
立坐無記 非立非坐 縱橫不調 組織難調
上聚無記 上昇無記 聚突不良 均衡亂調
下降無記 急傾頓跌 安定不能 無記力量
均衡無記 左右不調 上下不平 陰陽不配

玄水無記 中出不實 垂頭不良 入力不實
朱火無記 朝案不實 翔舞不良 凝縮不實
靑木無記 左旋不實 蜿蜒不良 育成不實
白金無記 右旋不實 蹲踞不良 收藏不實
中出無記 不正不均 不縮不安 案孫不實
左出無記 左旋不良 徘徊不縮 白孫不實
右出無記 右旋不良 徘徊不縮 靑孫不實
穿心無記 左右不均 力量不實 意志薄弱
左旋無記 左侍不良 會合不能 靑孫無記
右旋無記 右侍不良 會合不能 白孫無記
坐向無記 玄朱不親 不正不均 核果無記
朝應無記 朝案不縮 抱藏不能 善果不生
面背無記 靑白不旋 侍立不良 會合不能
行走無記 秩序不良 意志薄弱 使命不明
坐臥無記 立坐不明 徘徊無情 核果無産
徘徊無記 行止不明 目的喪失 意志不明
纏脣無記 旋抱不良 橈棹不能 意志不明
育成無記 旋縮不良 力量不實 核果不縮
凝縮無記 朱縮不良 關鎖不實 核果不善
停止無記 停住不明 立體不良 成核不良
照臨無記 天氣不良 立體不善 核果不良
人敗無記 玄水無記 入力不實 種子不良
病敗無記 來脈無記 刑沖破害 人格不實
財敗無記 朱白不調 白金不良 社庫破損
破産無記 靑白刑破 朱案沖害 戊己無記
官訟無記 玄靑破屈 靑木背走 玄靑反背
相避無記 傍本同居 廣入不界 束脈無記
誤死無記 太强太過 太虛不及 入力斷折
盜賊無記 四神不正 玄朱賊殺 富武病敗

不具無記 刑沖破害 陷井破碎 山風水殺
本孫無記 中出無記 穿心不良 來脈不良
側孫無記 傍脈意志 側穴不明 入力不實
生命無記 核室不縮 核果不善 五氣不均
獨生無記 左右不出 青白不調 宗孫無記
五行無記 五行不明 五氣駁雜 形象不分
相生無記 左右不均 相互不調 形象不善
相剋無記 左右相爭 陰陽不調 形象粗惡

※ 穴場穴核 眞結原理 相生相剋 同調五氣
　 融合應結 成核秩序 相互同調 生氣發現
　 圓滿聚會 天地同調 眞核融結 生命現象
　 人間創造 五氣具足 五蘊五德 圓融慈悲
　 修行精進 萬法成就 無量光明 大般若佛

5. 陽宅設計 細部計劃 吉凶禍福 因果原理

陽宅設計 基本原理 Energy場 安定原則
天地生氣 入力構造 最善設計 第一原則(背山臨水原則)
陽基穴場 生氣安定 最善設計 第二原則(穴勢安定原則)
陽基陰陽 Energy場 最善設計 第三原則(陰陽安定原則)
陽基構造 安定配置 最善設計 第四原則(均衡安定原則)
風勢水勢 安定同調 最善設計 第五原則(藏風得水原則)
陽宅穴場 外氣同調 最善設計 第六原則(外氣同調原則)
脆弱構造 補完裨補 最善設計 第七原則(脆弱裨補原則)
干涉構造 刑沖破害 制殺設計 第八原則(避凶制殺原則)
生氣入力 第一原則 主勢強健 四勢安定
穴場安定 第二原則 穴核凝縮 生氣安定
陰陽同調 第三原則 陽宅構造 最適安定

均衡配置 第四原則 地勢家勢 最善同調
藏風得水 第五原則 局內風水 最善同調
外氣同調 第六原則 天地環境 最適同調
裨補改善 第七原則 脆弱補完 最善計劃
避凶制殺 第八原則 穴家相調 最善配置
第一原則 生氣入力 五變來脈 眞龍眞氣
　　　　大小强弱 動靜特性 變易秩序 力量決定
　　　　穴場頭腦 左右鬼砂 入穴脈上 必忌陷沒
第二原則 穴場安定 四神局勢 圓滿同調
　　　　穴核凝縮 生氣融結 玄朱靑白 均衡安定
　　　　左右蟬翼 明堂纏脣 必有曜官 凝縮同調
第三原則 陰陽同調 穴場家宅 陰陽安配
　　　　穴場水(風)陰 家陽庭陰 核陽宅陰 前陽後陰
　　　　穴家陰陽 凹凸忌避 圓方平坦 圓滿吉相
第四原則 均衡安定 前後左右 上下穴家
　　　　內外均衡 立平均衡 高低均衡 廣狹均衡
　　　　善美安定 對稱安定 大小安定 强弱安定
第五原則 藏風得水 四勢凝縮 風水同調
　　　　內外風水 最吉安定 大門玄關 吉神出入
　　　　風水合成 Energy Zone 吉神吉福 出入通路
第六原則 外氣同調 天地時空 運氣安定
　　　　天地歲運 穴運家運 脈運局運 祖孫人運
　　　　內明堂氣 外明堂氣 時空同調 生氣增幅
第七原則 裨補改善 穴家祖孫 風水脆弱
　　　　虛則其補 實則配補 急則其脫 斜則其立
　　　　陷則補全 屈則退去 長則其減 低則聚積
第八原則 制殺避凶 干涉遠離 險忌取吉
　　　　刑沖破害 怨割剪避 圓正厚富 强大善取
　　　　山水風火 天地勢運 善吉合居 取吉避凶

6. 陽宅穴場 不可居地 十二干涉 因果原理(陽宅 十二大不可居地)

(1) 陽宅穴場 골이진곳 깊이따라 人敗財敗(골로간다)

(2) 陽宅穴場 함정진곳 깊이따라 誤死訟事(쳐박힌다)

(3) 陽宅穴場 엎어진곳 내가급해 엎어지고(訟事官事)

(4) 陽宅穴場 넘어진곳(자빠진곳) 내가밀려 넘어지고(財敗病敗)

(5) 陽宅穴場 메꿔진곳 메꾸느라 갈팡질팡(病敗官訟)

(6) 陽宅穴場 平地들녘 들러리에 歲月가고(病敗孫事)

(7) 陽宅穴場 낮은곳엔 물이들까 근심걱정(官訟訟事)

(8) 陽宅穴場 높은곳엔 八風殺氣 中風子孫(財敗病敗)

(9) 陽宅穴場 江邊터엔 물바람길 病든子孫(訟事誤死)

(10) 陽宅穴場 劫殺脈下 非命橫死 連發한다(官訟誤死)

(11) 陽宅穴場 三谷風地(三殺地, 山殺水殺風殺) 官事財敗 病敗孫事

(12) 陽宅穴場 낭떠러지(急傾斜地, ∠30° 以內) 急殺孫敗 官敗財敗

7. 相對坐向 玄關大門 破口設定 因果原理

壬子丙午 相對坐向 左旋水到 辰巽巳門(巽破)
壬子丙午 相對坐向 右旋水到 未坤申門(坤破)

癸丑丁未 相對坐向 左旋水到 巳丙午門(丙破)
癸丑丁未 相對坐向 右旋水到 申庚酉門(庚破)

艮寅坤申 相對坐向 左旋水到 午丁未門(丁破)
艮寅坤申 相對坐向 右旋水到 酉辛戌門(辛破)

甲卯庚酉 相對坐向 左旋水到 未坤申門(坤破)
甲卯庚酉 相對坐向 右旋水到 戌乾亥門(乾破)

乙辰辛戌 相對坐向 左旋水到 申庚酉門(庚破)
乙辰辛戌 相對坐向 右旋水到 亥壬子門(壬破)

巽巳乾亥 相對坐向 左旋水到 酉辛戌門(辛破)

巽巳乾亥 相對坐向 右旋水到 子癸丑門(癸破)

丙午壬子 相對坐向 左旋水到 戌乾亥門(乾破)

丙午壬子 相對坐向 右旋水到 丑艮寅門(艮破)

丁未癸丑 相對坐向 左旋水到 亥壬子門(壬破)

丁未癸丑 相對坐向 右旋水到 寅甲卯門(甲破)

坤申艮寅 相對坐向 左旋水到 子癸丑門(癸破)

坤申艮寅 相對坐向 右旋水到 卯乙辰門(乙破)

庚酉甲卯 相對坐向 左旋水到 丑艮寅門(艮破)

庚酉甲卯 相對坐向 右旋水到 辰巽巳門(巽破)

辛戌乙辰 相對坐向 左旋水到 寅甲卯門(甲破)

辛戌乙辰 相對坐向 右旋水到 巳丙午門(丙破)

乾亥巽巳 相對坐向 左旋水到 卯乙辰門(乙破)

乾亥巽巳 相對坐向 右旋水到 午丁未門(丁破)

8. 相對坐向 絶對坐向 玄關大門 破口設定 因果原理

〈丑 5-1〉相對坐向 絶對坐向 玄關大門 破口設定 因果原理

	坐向別 玄關大門	風水勢 Energy Zone		備考
		左旋水到門 破口	右旋水到門 破口	
絶對坐向	壬子坐丙午向	辰巽巳門 巽破	未坤申門 坤破	地氣坐向
相對坐向	壬子坐丙午向	辰巽巳門 巽破	未坤申門 坤破	天干坐向
	癸丑坐丁未向	巳丙午門 丙破	申庚酉門 庚破	
	艮寅坐坤申向	午丁未門 丁破	酉辛戌門 辛破	
	甲卯坐庚酉向	未坤申門 坤破	戌乾亥門 乾破	
	乙辰坐辛戌向	申庚酉門 庚破	亥壬子門 壬破	
	巽巳坐乾亥向	酉辛戌門 辛破	子癸丑門 癸破	
	丙午坐壬子向	戌乾亥門 乾破	丑艮寅門 艮破	
	丁未坐癸丑向	亥壬子門 壬破	寅甲卯門 甲破	
	坤申坐艮寅向	子癸丑門 癸破	卯乙辰門 乙破	
	庚酉坐甲卯向	丑艮寅門 艮破	辰巽巳門 巽破	
	辛戌坐乙辰向	寅甲卯門 甲破	巳丙午門 丙破	
	乾亥坐巽巳向	卯乙辰門 乙破	午丁未門 丁破	

※ 正變 直入直坐向의 青白關鎖破口는 먼저 穴場內 破口를 살핀다(元辰水到 確認).

9. 陽基穴相 家相庭園 大門玄關 因果原理

陽基穴相 複合穴象 窩鉗乳穴 多重形相
陰基穴相 單純穴象 窩鉗乳突 獨立形相
複合穴象 多穴構造 小穴合成 大小重重
單純穴象 單一構造 單獨凝縮 集中融結
多重穴象 多方多角 複合坐向 多重陰陽
單獨穴象 獨立構造 獨立坐向 單一陰陽
陽基穴相 多核穴相 多構造穴 多重凝縮
陰基穴相 單核穴相 單構造穴 中心凝縮

陽基穴相　小局集合　合成大局　大聚大勢
陰基穴相　單局單心　單穴集中　小聚强勢
陽基穴相　大會大聚　風水特助　大圓大滿
陰基穴相　小會小聚　龍勢特助　坐向特助
陽基穴相　個體共性　四神共調　相互因果
陰基穴相　個體獨性　四神專調　集中凝縮
陽基主相　平坦彎弓　地穴盤象　藏風得水
陰基主相　圓正融聚　人穴四象　藏風得水
陽基局相　四神廣大　入穴多象　得水多邊
陰基局相　四神周密　中出穿心　向配優善
陽基局相　水勢于先　陰基局相　主勢于先
陽基穴神　光明清靜　陽宅家神　快適圓滿
家宅陽神　庭園陰神　人神同調　生活安定
陽基陰陽　穴家人合　外神吉得　生命創造
陽基穴神　圓滿强健　陽宅家神　生氣充滿
關門吉神　內外出入　人氣上昇　生命活力
家宅氣相　圓正均等　家神吉相　快適安樂
圓正家相　圓滿厚德　圓正人性　圓正生活
均等家相　平等同調　平等生命　均衡活動
善美家相　善美人格　善因善緣　弘益功德
特異家相　特異同調　特異人格　特異活動
安定家相　安定同調　安定人品　安定發展
干涉家相　刑沖破害　不安人格　不安生活
凹凸家相　凹凸氣質　凹凸生活　凹凸事件
家宅吉神　安定氣相　五對四⊕　四對五⊖
五對四⊕　活動親和　四對五⊖　安定親和
活動親和　立陽特性　陽神于先　動的氣相
安定親和　平陰特性　陰神于先　靜的氣相
商業演藝　業務空間　活動親和　動的家相

住居研究　靈的空間　安定親和　靜的家相
家相房相　庭園담장　大門玄關　同一秩序
陽基陰基　善穴善核　陰陽面背　四神明了
陽穴陰穴　眞來眞受　善護善縮　主客明了
陽宅陰宅　善性善格　善相善座　品格明了
陽宅陰宅　善風善水　風水融縮　藏得明了
陽宅陰宅　內外善氣　出入吉相　通氣明了
陽宅陰宅　圓滿凝縮　善美吉相　融結明了
陰宅吉相　主勢安定　陽宅吉相　局勢安定
陰宅吉相　明堂安定　陽宅吉相　庭園安定
陰宅吉相　五果正突　陽宅吉相　堂板圓正
陰宅吉相　地中融結　陽宅吉相　地上融聚
陰宅主相　穴板穴核　陽宅主相　家庭垣門
陰宅主相　坐勢向勢　陽宅主性　板勢客勢
陰宅陽宅　均衡安定　基底背面　破口定格
陰宅陽宅　善美吉相　陰陽品格　安定調和
家宅吉相　圓滿方正　四角半球　立體지붕
家相吉格　均衡安定　立體平面　陰陽定比
家相吉格　左右縱橫　上下均等　按分比例
家相吉格　明朗色調　五氣陰陽　按配光明
家相吉格　構造空間　快適安樂　動靜按配
庭園吉相　圓滿均等　家宅安定　陰陽同調
庭園吉相　담장四神　相互同調　生氣蓄積
庭園吉相　大門玄關　出入吉神　生氣醇化
庭園吉相　快適安樂　立體平面　安定同調
庭園吉相　靜氣安定　四方圓正　拒水堂板
大門吉相　外神出入　藏風安定　得水最善
大門吉相　外氣安定　內氣融聚　生氣增大
大門吉相　明堂安定　吉神案內　拒水藏風

玄關吉相 良神案內 內氣增幅 生命增長
玄關吉相 明氣出入 陰陽安定 生氣得神
玄關吉相 明神同調 內氣循還 生氣融結
玄關吉相 明神醇化 明氣案內 內氣凝縮
玄關吉相 生氣呼吸 陰陽通氣 內外同調
지붕吉相 立體構造 四角半球 天氣融聚
지붕吉相 補宅構造 四方均等 圓正蓄氣
지붕吉相 色相明瞭 天氣吸收 天宅同調
壁面吉相 直線安定 後壁安定 前壁活動
後面吉相 陽來(地氣)陰受(家壁) 凹凸不在 坐背同調
前面吉相 動的安定 陽來(太陽)陰受(窓門) 向面同調
담장吉相 四神補完 四方藏風 陰陽均等
담장吉相 明神育成 生氣循還 地氣醇化

10. 左旋水到 大門玄關 相對方位 因緣果報

壬子立坐 辰巽巳門 水木印食 申子辰發(玄青同調)
癸丑立坐 巳丙午門 火土印食 巳酉丑發(玄朱同調)
艮寅立坐 午丁未門 木火印食 寅午戌發(青朱同調)
甲卯立坐 未坤申門 木金印食 亥卯未發(青白同調)
乙辰立坐 申庚酉門 木金印食 申子辰發(青白同調)
巽巳立坐 酉辛戌門 火金印食 巳酉丑發(朱金同調)
丙午立坐 戌乾亥門 火金印食 寅午戌發(朱金同調)
丁未立坐 亥壬子門 水火印食 亥卯未發(玄朱同調)
坤申立坐 子癸丑門 金水印食 申子辰發(玄白同調)
庚酉立坐 丑艮寅門 金木印食 巳酉丑發(青白同調)
辛戌立坐 寅甲卯門 金木印食 寅午戌發(青白同調)
乾亥立坐 卯乙辰門 水木印食 亥卯未發(玄青同調)

11. 右旋水到 大門玄關 相對方位 因緣果報

壬子立坐　未坤申門　金水印財　申子辰發(玄白同調)

癸丑立坐　申庚酉門　金水印財　巳酉丑發(玄白同調)

艮寅立坐　酉辛戌門　金木印財　寅午戌發(木金同調)

甲卯立坐　戌乾亥門　金木印財　亥卯未發(木金同調)

乙辰立坐　亥壬子門　水木印財　申子辰發(玄青同調)

巽巳立坐　子癸丑門　水火印財　巳酉丑發(玄朱同調)

丙午立坐　丑艮寅門　木火印財　寅午戌發(青朱同調)

丁未立坐　寅甲卯門　木火印財　亥卯未發(青朱同調)

坤申立坐　卯乙辰門　金木印財　申子辰發(青白同調)

庚酉立坐　辰巽巳門　金木印財　巳酉丑發(青白同調)

辛戌立坐　巳丙午門　火金印財　寅午戌發(金朱同調)

乾亥立坐　午丁未門　水火印財　亥卯未發(玄朱同調)

12. 相對坐向 穴核構造 大門玄關 破口結成

子午卯酉　四正位坐　乾坤艮巽　破口因果

寅申巳亥　四猛位坐　乙辛丁癸　破口因果

辰戌丑未　四庫位坐　甲庚丙壬　破口因果

壬丙甲庚　四正位坐　乾坤艮巽　辰戌丑未(吉神因果)

艮坤巽乾　四猛位坐　乙辛丁癸　子午卯酉(吉神因果)

乙辛丁癸　四庫位坐　甲庚丙壬　寅申巳亥(吉神因果)

申子辰水　三合坐向　癸乙巽坤　庚壬破口(吉神門)

寅午戌火　三合坐向　丁辛乾艮　甲丙破口(吉神門)

巳酉丑金　三合坐向　辛癸艮巽　丙庚破口(吉神門)

亥卯未木　三合坐向　丁乙乾坤　甲壬破口(吉神門)

坤壬乙水　三合坐向　子卯辰未　申亥破口(吉神門)

　　　　　　　(申子辰 亥卯未 破)

艮丙辛火 三合坐向 午酉戌丑 寅巳破口(吉神門)
　　　　　　　　　(寅午戌 巳酉丑 破)
巽庚癸金 三合坐向 酉子丑辰 巳申破口(吉神門)
　　　　　　　　　(申子辰 巳酉丑 破)
乾甲丁木 三合坐向 卯午未戌 亥寅破口(吉神門)
　　　　　　　　　(亥卯未 寅午戌 破)

※ 但 左旋水到는 左旋 出入吉神 同調하고
　　右旋水到는 右旋 出入吉神 同調가 原則이다.
※ 吉神의 出入口는 破口의 大門設置를 原則으로 하되 朝來融聚風水 吉神出
　　入은 脣方一位로 下降 設置 可能

壬坐丙向 坤壬乙局 水火坐向 乙坤兩腕(辰未破吉神)
子坐午向 申子辰局 水火坐向 辰申兩腕(巽坤破吉神)
癸坐丁向 巽庚癸局 水火坐向 巽庚兩腕(巳申破吉神)
艮坐坤向 艮丙辛局 木金坐向 丙辛兩腕(午酉破吉神)
寅坐申向 寅午戌局 木金坐向 午戌兩腕(丁辛破吉神)
甲坐庚向 乾甲丁局 木金坐向 丁乾兩腕(未戌破吉神)
卯坐酉向 亥卯未局 木金坐向 未亥兩腕(坤乾破吉神)
乙坐辛向 坤壬乙局 木金坐向 坤壬兩腕(申亥破吉神)
辰坐戌向 申子辰局 木金坐向 申子兩腕(庚壬破吉神)
巽坐乾向 巽庚癸局 木金坐向 庚癸兩腕(酉子破吉神)
巳坐亥向 巳酉丑局 火水坐向 酉丑兩腕(辛癸破吉神)
丙坐壬向 艮丙辛局 火水坐向 辛艮兩腕(戌丑破吉神)
午坐子向 寅午戌局 火水坐向 戌寅兩腕(乾艮破吉神)
丁坐癸向 乾甲丁局 火水坐向 乾甲兩腕(亥寅破吉神)
未坐丑向 亥卯未局 火水坐向 亥卯兩腕(壬甲破吉神)
坤坐艮向 坤壬乙局 金木坐向 壬乙兩腕(子卯破吉神)
申坐寅向 申子辰局 金木坐向 子辰兩腕(癸乙破吉神)

庚坐甲向　巽庚癸局　金木坐向　癸巽兩腕(丑辰破吉神)
酉坐卯向　巳酉丑局　金木坐向　丑巳兩腕(艮巽破吉神)
辛坐乙向　艮丙辛局　金木坐向　艮丙兩腕(寅巳破吉神)
戌坐辰向　寅午戌局　金木坐向　寅午兩腕(甲丙破吉神)
乾坐巽向　乾甲丁局　金木坐向　甲丁兩腕(卯午破吉神)
亥坐巳向　亥卯未局　水火坐向　卯未兩腕(乙丁破吉神)

13. 破口大門 形成理致 穴場呼吸 生命秩序

穴場穴核　生命現象　內氣外氣　呼吸出入
內穴生氣　育成發現　破口關門　生命呼吸
穴核明堂　破口關門　內外生氣　呼吸同調
穴場穴核　關門破口　內外吉神　出入呼吸
內氣呼吸　外氣出入　內得安定　外得醇化
內氣循還　凝縮生起　外氣出入　活命育成
呼氣內明　吸氣外命　內命主靈　外命客神
內氣呼吸　生命貴神　外氣出入　生育富神
呼吸貴神　氣骨精靈　出入富神　血肉臟腑
穴場本體　主靈呼吸　外局四神　護圍吉神
穴場破口　核明關門　出入外神　乘福吉慶
呼吸破口　生起關門　厚德吉神　出入通路
陽得內氣　外氣陰合　內明陽陰　核氣育成
陰得內氣　外氣陽合　內明陰陽　核氣增幅
陽氣陰得　陰氣陽得　生命確大　風水妙用
陽陰生氣　相生造化　生命活氣　創造秩序
外氣陽得　四神局勢　鬼官曜止　吉神凝縮
外氣陰得　融聚水風　穴前堂來　醇化育成
外氣陰陽　關門吉神　內氣陰陽　凝縮同調

外陽主氣	四神曜官	外陰主氣	堂朝風水
四神曜官	吉格吉神	堂朝風水	吉品吉神
吉格吉品	陰陽吉神	內核同調	品格上昇
外陽得神	善美同調	內核主靈	平等康寧
外陰得神	調潤清靜	內核品格	五德圓滿
調潤水神	關門出入	穴場調潤	穴核厚德
清靜風神	關門出入	穴場康寧	核力增大
外氣陽神	上下強健	壬子丙午	善美凝縮
外氣陽得	左神強健	甲卯乙辰	善美凝縮
外氣陽得	右神強健	庚申辛酉	善美凝縮
外氣陰得	巽神善美	辰巽巳核	圓滿厚德
外氣陰得	坤申善美	未坤申核	圓滿厚德
辰巳合居	左關健實	巽破安定	吉神出入
未申合居	右關健實	坤破安定	吉神出入
未巳合居	下關健實	堂朝融聚	吉神出入
外氣陽得	上下頭神	玄朱貴格	穴核凝縮
外氣陽得	左肩吉神	玄靑貴格	穴核凝縮
外氣陽得	右肩吉神	玄白富格	穴核凝縮
外氣陰得	左元辰神	入穴貴品	圓滿成核
外氣陰得	右元辰神	入穴富品	圓滿成核
左肩外氣	陰陽吉神	丑艮寅核	善美強健
右肩外氣	陰陽吉神	戌乾亥核	善美強健

14. 得水氣勢와 形相에 따른 破口大門의 吉神定格

1) 朝來當前 融聚水에 依한 得風水吉神과 破口大門의 定格

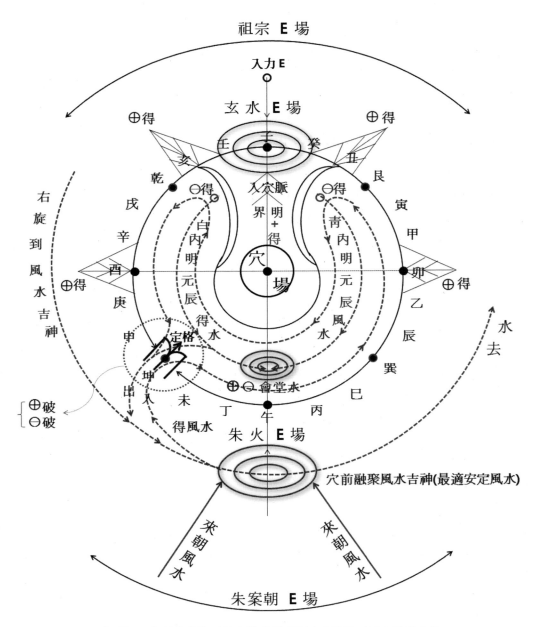

〈그림 5-2〉朝來當前 融聚水에 依한 得風水吉神과 破口大門의 定格

2) 還抱 彎弓水에 依한 得風水 吉神과 破口大門의 定格

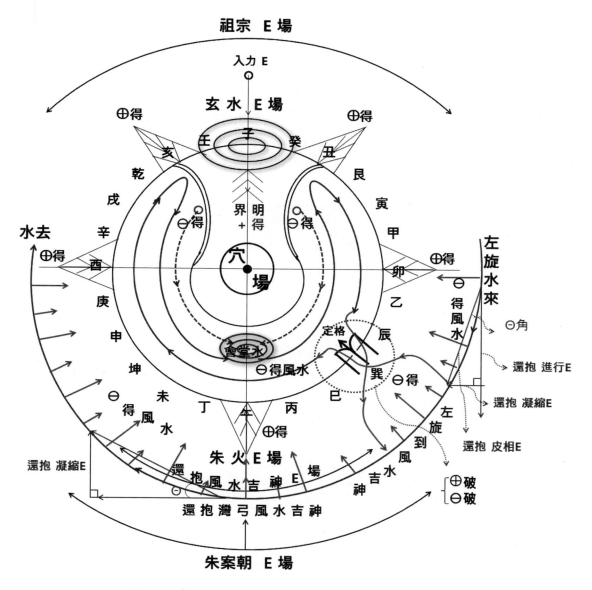

〈그림 5-3〉還抱 彎弓水에 依한 得風水 吉神과 破口大門의 定格

3) 靑白 關鎖砂에 依한 得風水 吉神과 破口大門의 定格

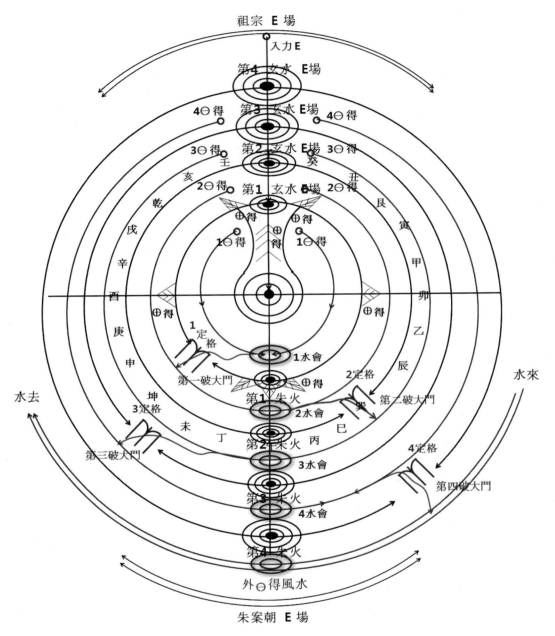

〈그림 5-4〉 靑白 關鎖砂에 依한 得風水 吉神과 破口大門의 定格

제6절 砂水 因果論

1. 諸砂水 因果論(별책부록 砂水格論 참조)

(1) 主龍脈이 高貴한즉 砂水格도 貴히되고
　　砂水格이 善美한즉 主龍脈도 善美로다.

(2) 砂水는 龍穴을 따라 쫓음이 本이요
　　禍福또한 그應이 神과 같이 緊貼토다.

(3) 主龍上格 砂水上格은 富貴雙全이요
　　主龍上格 砂水下格이면 貴聲虛弱하고
　　主龍下格 砂水上格이면 外甥이 蔭得하고
　　主龍下格 砂水下格이면 內外不功德이라.

(4) 開面有情 秀麗光彩 尖圓方正 吉砂水요
　　巉巖走竄 醜惡無情 破碎斜側 凶砂水요
　　가까우면 吉砂水요 멀리두면 遠吉이요
　　肥圓方正 富砂水요 淸奇秀麗 貴砂水요
　　敲斜破碎 賤砂水요 曲直突露 無記砂水.

(5) 玄武垂頭 靑龍蜿蜒 白虎馴頫 朱雀翔舞
　　四神砂水 有情無情 同調干涉 吉凶千里.

(6) 玄水朱火 相互同調 均衡圓滿 平等意志
　　靑龍白虎 相互均等 同調有情 相生意志
　　朝案先到 玄首後着 凝縮生果 智禮意志
　　靑白先後 仁義意志 核果育成 養生意志
　　左右揖讓 高低相稱 吉砂水의 謙讓之德
　　相互爭鬪 尖射破碎 凶砂水의 沖殺之氣
　　左旋砂水 右護關鎖 右旋砂水 左護關鎖

(7) 斜飛直長 高壓低陷 瘦弱露筋 斷腰折臂
    昂頭擺面 粗惡短縮 迫狹强硬 急傾飛走
    巉巖凶石 順水飛走 唧屍凹空 相鬪妬忌
    上記砂水 諸惡不吉 子孫凶禍 連綿不絶.

(8) 本身無出 龍虎砂水 本孫子孫 不利하고
    無龍砂勢 左旋水遠 無虎砂勢 右旋水遠.

(9) 穴間不見 龍虎砂水 眞龍眞虎 不可로다.

(10) 低隆俯伏 降伏龍虎 彎抱有情 子孝妻賢
     左右調和 比和龍虎 不强不弱 定登科第
     相互讓遜 饒龍讓虎 兄弟愛恭 一門和義
     義門和陸 富貴平康 積穀堆金 身膺五福.

(11) 龍虎兩畔重疊은 服卒執杖 排衙요(貴官升堂)
     龍虎末分帶印은 七歲神童 經史通
     龍虎兩畔帶牙刀 將卒千兵 威勢요
     龍虎兩畔帶印笏 才子英雄 萬人壓
     龍虎兩畔伏劍頭 自由兵權 威權勢
     此帶砂水立體曜 非曜橈棹 區別事
     龍虎交會相交關 財貨易發 豊隆事
     龍虎兩畔開脖砂 抱彎軒昂 거드름.

(12) 龍虎兩畔 相爭砂 兄弟爭財 失義相
     龍虎兩畔 相鬪砂 殺傷煩惱 抗敵勢
     龍虎兩畔 相射砂 徒刑凶禍 尖利勢
     龍虎兩畔 相符砂 骨肉相爭 敗家勢
     龍虎兩畔 飛走砂 父子別離 東西行
     龍虎兩畔 折臂砂 斷凹風吹 折骨事
     龍虎兩畔 推車砂 田宅敗貨 洩散事
     龍虎兩畔 反背砂 金木子孫 反逆勢

龍虎兩畔 短縮砂 露胎孤寡 貧寒事
龍虎兩畔 順水砂 家敗殺人 虎凶事
龍虎兩畔 交路砂 自縊牢獄 風破殺

(13) 龍虎單臂 太過不及 不均偏斜 一切皆凶
麤大逼狹 尖射反走 瘦弱强直 挿落頑硬
斜飛昂頭 擺面短縮 破碎低陷 壓穴斷腰
露肋撒拳 下堂疊指 槌腦鑽懷 拭淚嫉主
走竄腰陷 橫條分走 不立排佪 皆有惡性

(14) 玄水尊貴 高强秀麗 朱火禮敬 近案遠朝
明堂融聚 元辰曲流 近案有情 蟬翼交會

(15) 案山近少 朝山遠高 賓客朝拱 將相公侯
眞龍眞穴 必有朝案 不緣朱火 鬼龍虛結
兩水來送 當面推來 特朝案山 面前拜伏
同祖共宗 客山千里 帳幄橫朝 皆有先待.

(16) 穴前低少 案砂朱火 冊床貴人 玉几貴人
橫琴眼弓 倒笏席帽 橫帶按劍 天馬蛾眉
三台書臺 龜蛇金箱 玉印筆架 書筒貴人
端正圓巧 秀媚光彩 平正齊整 廻抱有情

(17) 穴前朱火 臃腫麤大 破碎巉嚴 反背無情
醜惡走竄 尖射穴攻 逼追頑硬 昏濁惡砂

(18) 本身朱火 不遠不高 不低不斜 不粗不惡
拒水逆水 非走泝流 尖圓方正 環抱吉案

(19) 玄水智尊 方圓雄大 尖圓秀麗 文章榮達
方正肥滿 子孫鉅富 方平秀麗 主侯宰輔.

(20) 玄水尖秀라도 無案無朝이면
衣食艱難으로 家計傾洩이니라.

(21) 平原隱穴엔 平原隱案이거늘
　　　水界田岸과 田中草坪과
　　　水朝有情을 前面朱案하야
　　　平地大穴로 鉅富顯貴케 하라.

(22) 天下穴場中 曠野無案인즉
　　　如何砂水도 堂氣漏散이요
　　　强龍週廻도 無用之砂이며
　　　千重淸秀도 空關曠穴이니라.

(23) 眞龍結作時 朝案暗拱은
　　　百里來龍에 百里局朝하고
　　　千里來龍일지라도 千里照應이 있는法
　　　諸砂貴賤이 夫에따른 美女요
　　　精兵進退가 將에따른 用이로다.
　　　假龍無結이면 奇異萬峯도 淸水特朝도
　　　亦是 賤微無益이며 殺刀凶砂이니라.

(24) 奇砂暗拱은 穴上不見이라도
　　　離鄕後貴커나 外孫發應하니라.

(25) 八百烟花 三千粉黛 萬寶千具 朝案潔齊
　　　朝案正對 兩峯對空 三峰對中 重疊對空
　　　秀峰重重 亂立커든 特異峰巒 一二峯對.

(26) 玄水獨秀는 準貴일지라도
　　　朝案獨秀는 極貴上品이니라.

(27) 玄水朱火는 後倚前親일진대
　　　後照前應은 寶殿龍樓처럼
　　　後屛疊帳하여 獻奇秀特함이 吉하도다.

(28) 後玄天柱가 特高聳秀하면
    壽福이 收集되고 神童壯元 主貴하여
    康寧百順하고 人丁蕃衍하며
    富貴雙全이 圓滿悠久하느리라.

(29) 玄武秀特함은 百福을 財蓄함이 主요
    案山背伏함은 離鄕과 背信이 主로다.

(30) 帝座後殿 天乙太乙 貴人前席 特異聳立
    日月婢門 王侯尊貴 至尊之穴 天藏地秘.

(31) 左右輔弼 來照登對 太陽太陰 日月來照
    頓筆展旗 文武侍衛 方平延衺 列帳列屛
    高低大小 遠近相等 重重疊疊 圓繞盤旋.

(32) 玄水輔弼 天乙太乙 過峽輔弼 天角天孤
    前朝輔弼 金吾執法 明堂輔弼 天關地軸
    水口輔弼 華表捍門 穴場輔弼 靑翼白翼

(33) 水來處曰 天文이요 水去處曰 地戶이라
    天門開濶은 山明水秀한 寬暢開濶이 吉이요
    地戶閉密은 高嶂緊密한 重疊閉塞이 吉이니
    天門閉塞과 地戶寬暢은 山水不會요 有龍無穴이니라.

(34) 重重疊疊 高聳周廻 補缺障空 羅城垣局
    寬大周圓 水流不明 拱揖環抱 虛缺不見

(35) 穴後樂砂는 特來가 第一이라
    鐘背來龍 直入結穴 頭腦頂起 無樂이나
    橫龍入首 橫入結穴 鬼樂必須 眞穴일세.
    穴上回頭 樂見인즉 樂下水가 至貴하고
    端正卓立 高濶開帳 堂上親見 最吉일세.

(36) 撞背樂은 特樂이요 橫帳樂은 借樂이요
     穴後偏傍 低閃樂은 穴場空亡 虛樂일세.

(37) 穴後特樂 御屛砂는 天藏地秘 大富貴요
     仙人跨鶴 後樂一峯 龜蛇朝案 짝을하네.
     樂山托山 穴場同調 中樂借樂 左樂右樂
     高樂低樂 多樂長樂 穴星力量 가름하네.

(38) 靑白關鎖 木金同調 下關下手 下臂볼제
     來龍脈의 善惡美醜 下手關鎖 보면알고
     穴場核果 익은줄은 下關緊密 보면알고
     關鎖重重 下關疊疊 結穴力量 善美强大
     左旋水勢 右手逆關 右旋水勢 左手逆關
     左旋水形 右臂長强 右旋水形 左臂長强.

(39) 下砂來 相轉인卽 富貴多孫 成就하고
     下砂奔 順水인卽 貧困離鄕 乞食하고
     下臂重重 來抱顧 富貴子孫 줄을서고
     下臂虛虛 空曠案 貧賤子孫 줄을잇네.

(40) 元辰水는 內護砂가 거둠이 善吉이요.
     外大水는 外重砂가 거둠이 善吉토다.

(41) 順逆의 境界에는 盲聾의 明暗이니
     順인듯 逆이되고 逆인듯 順이로다.
     咫尺微茫之間에 順逆이 千里로니
     逆水關鎖 緊密財宮, 順逆明暗 가려보세.

(42) 靑木砂 順關인卽 靑龍子孫 先敗하고
     白虎砂 順關인卽 白虎子孫 先敗한다.

(43) 有情無情 有能無能 有力無力 關砂따라
     子孫命運 善惡吉凶 생긴데로 드러나네.

(44) 大勢逆局 回龍顧祖에는

　　　順砂順纏 順水가 順理이니

　　　順關順纏을 顧龍에선 忌避마소

　　　凶事가 吉事되고 忍苦가 榮光되리라.

　　　陰陽이 交會함은 自然의 意志이니

　　　大局이 逆勢일때 小局은 順勢로세.

(45) 水邊則 水纏이요 水纏則 山纏이니

　　　水深山高 同價力量 非山非野 地理로세.

2. 破口砂水 因果論

(1) 木金兩交 水口砂 靑白交會 破口水

　　　空缺直出 不可水 交結關鎖 善美破

　　　水流不見 善交牙 周密稠疊 吉破口

　　　破口水中 怪異石 印笏禽獸 龜蛇魚

　　　金木對峙 兩高山 獅象旗鼓 如兵卒

　　　寶殿玉樓 重疊重 排列橫障 如倉庫

　　　捍門華表 北辰峯 羅星遊魚 大貴砂.

(2) 看穴法의 第一은 水口狹을 살핌이요

　　　水口關鎖 不見이면 當代富貴 虛事로다.

(3) 高峰大山 交牙關鎖 積代公侯 尊貴하고

　　　千重萬疊 奇關水口 大富大貴 陰基陽基

(4) 水口兩岸 奇峰卓立 高鎭橫欄 天表華表

　　　文武對峙 水流窈寒 大都邑地 尊貴로다.

(5) 水口護捍 兩山對峙 日月旗鼓 龜蛇獅象

　　　九重十重 加有羅星 王候後妣 宰相壯元

　　　穴前左右 捍門對峙 外水特朝 大河當面

横繞關攔 靑白交會 君王神童 神仙壯元

(6) 水口間에 高巖大石 怪異하게 솟구치니
　　 巉巖한 石山蹲坐 隱藏閉口 北辰일세.
　　 天中列立 上將下相 峻嶒峻險 雄昂高插
　　 穴上不見 極貴尊星 驚天動地 至尊禁穴

(7) 水口關攔 特起繞帶 羅城外居 至貴羅星
　　 首頭逆流 尾行水拖 石星第一 土星第二
　　 羅城餘氣 卓立火星 尖圓方平 端正最美
　　 羅城門戶 外居最吉 羅城門戶 內居眼疾.

(8) 一箇立 門戶羅星 如是 萬山立이로다.

(9) 水口關攔 大貴砂는 嵯峨峻嶒 高峻雄强
　　 怪石巉巖 武夫같은 天下大垣 眞畿省城

3. 鬼·曜·官·水口·禽砂 因果論

(1) 穴場沈樂 後頭鬼砂 頭腦後發 穴核凝縮
　　 詭異變幻 奇異怪鬼 方圓直橫 光彩秀麗

(2) 左鬼善强砂는 左孫力量을 倍强케하고
　　 右鬼善强砂는 右孫力量을 倍强케한다.

(3) 一個善鬼砂는 一個善吉樂과 同一하고
　　 兩鬼均等砂는 玄武最吉砂와 同一토다.

(4) 靑白凝縮 橈棹砂는 靑白蟬翼 生曜砂요
　　 蟬翼凝縮 曜氣砂는 穴核凝縮 同調砂네.

(5) 曜星短小는 低品登科하고 少年夭折하나
　　 曜星長遠은 離鄕退田이요 子孫未發이며
　　 順水去曜는 下品下生이요 子孫賤民하고

横砂尖利는 少年壯元이요 催官速發이로다.

(6) 不尖曜鬼는 不貴官이요
  不圓曜鬼는 不富吉이라
  石牙山曜는 速發威요
  石角山曜는 速神通이니
  石牙水曜는 快利祿이요
  石角尖曜는 最速官일세.

(7) 尖石은 秀官靈이요
  圓石은 秀庫祿이니라.

(8) 水曜는 尖岸交牙하니 山曜보다 速快하고
  山曜는 秀靈聚凝하니 水曜보다 威嚴토다.
  水曜山曜가 함께 秀形同調할 땐
  水火旣濟가 不撤晝夜 하리로다.

(9) 先人訣에 이르기를
  學術十年하여도 不習龍脈하였고
  行地十年하여도 不知曜訣이며
  遷墳十年하여도 不定穴法이러니
  積智三十年後여야 先知識을 다시만나
  十年을 더 배우니 그때서야 비로소 땅이밝아 오더라네.

(10) 朝山逆抱 凝縮砂는 案山凝縮 同調場이요
  案山逆抱 凝縮砂는 朱雀凝縮 同調場이며
  朱雀逆抱 凝縮砂는 纏脣凝縮 同調場이요.
  纏脣逆抱 凝縮砂는 穴核凝縮 官星場일세.

(11) 龍脈秀氣 貴重卽 朝案同調 重大官
  龍脈貴氣 輕小卽 朝案同調 微弱官
  橫山龍虎 外逆抱 亦是 凝縮 同調官
  龍穴眞的 强逆抱 善美强太 同調官

(12) 逆抱重疊은 大貴官砂요 大逆大官은 連登科 甲이로다.

(13) 落河火星 水口中石
　　　遊魚龜蛇 飛鳥玉印
　　　蓮花筆架 森森疊疊
　　　高下長尖 圓方聚散
　　　水中根石 高昂禽砂
　　　秀奇大欄 極品極貴

(14) 大溪特朝 前朝秀異 穴下石印 圓平當前
　　　上水魚戲 河中巨石 神童連出 代代科甲

4. 砂勢 吉凶 因果論

(1) 龍穴은 主人이요 砂水는 如從이라
　　　富貴는 龍穴勢요 輕重은 砂水勢니
　　　來龍貴賤에 쫓아 砂水 또한 貴賤토다.

(2) 砂形變象은 千態萬象이니 山頭脚枝 또한 千形萬類일세
　　　端正方直함은 忠直함이 砂格意요
　　　傾斜偏側함은 奸邪함이 砂格意요
　　　柔緩難澁함은 淫亂함이 砂格意요
　　　卑劣低俗함은 淺薄함이 砂格意요
　　　粗猛尖直함은 醜惡함이 砂格意요
　　　瘦弱薄排함은 貧寒함이 砂格意요
　　　粹美安定됨은 慈愛로운 砂格意요
　　　威武堂堂함은 勇快함이 砂格意로다.

(3) 厚富砂는 人丁을 살찌게하고
　　　瘦弱砂는 人丁을 말리게하고
　　　淸秀砂는 人丁을 貴하게하고

破損砂는 人丁을 悲痛케 하고
回歸砂는 人丁을 聚娶케 하네.

산이 달아나면 人丁이 흩어지고
산이 長遠하면 人丁이 勇長하고
산이 短縮되면 人丁이 低級하고
산이 陽明하면 人丁이 明達하고
산이 陰暗하면 人丁이 混迷하고
산이 純順하면 人丁이 忠孝하고
산이 背逆하면 人丁이 逆行하네.

尖鎗凶砂 不吉하나 武將만나 吉奇되고
浮屍朱砂 不祥하나 猛禽만나 吉奇되고
枷鎖橫屍 두려우나 貴人만나 刑官되고
旗鎗當面 살벌하나 將軍만나 武將나고
筊筊拍板 穴前놀이 손님만나 藝術나고
葫蘆卓笏 들뜬마당 文貴만나 貴醫나고
水口雙峯 무거우나 官鬼만나 雙貴나고
端正方直 忠孝나고 傾側飛斜 奸邪나고
柔亂縱橫 淫亂나고 卑拙庸劣 賤薄子孫
粗惡猛威 凶暴子孫 威武峻嚴 決斷子孫
瘦薄卑瘠 貧賤子孫 粹美善客 慈愛子孫
山歸水廻 貴廻特性 山厚水纏 厚德特性
山長水多 智勇特性 山明水淸 顯達特性
山高水融 貴富人物 山順水朝 信意忠孝
山縮水渴 否嗇子孫 山走水去 流離子孫
山暗水濁 迷惑子孫 山逆水逆 背信欺瞞
山水善惡 人物닮고 形貌性情 人事吉凶

(4) 射水砂는 尖性이니 귀양이나 懲役가고
　　探水砂는 斜性이니 盜賊子孫 쉬지않고
　　破水砂는 破性이니 酒色雜枝 淫亂하고
　　壓水砂는 迫性이니 他人干涉 끝이없고
　　沖水砂는 凶性이니 남의일에 禍를입고
　　衝水砂는 暴性이니 他로부터 害를입고
　　反水砂는 離性이니 離反하여 떠다니고
　　斷水砂는 折性이니 行方不明 橫死하고
　　走水砂는 蕩性아니 떠돌다가 蕩盡하네.
　　殺水砂는 殺性이니 避凶趣吉 하여보세.

(5) 木星이 高聳함은 尊嚴秀麗 大貴砂요.
　　火星이 華麗함은 殿閣淸秀 文藝砂요.
　　土星이 莊重함은 極尊圓正 郡王砂요.
　　金星이 圓滿함은 尊昻團聚 富貴砂요.
　　水星이 御屛함은 玉帶帳幕 顯貴砂요.
　　五星이 聚講함은 君臣使子 太平砂라.

(6) 木星主宰 官貴砂
　　火星主宰 文藝砂
　　土星主宰 郡王砂
　　金星主宰 富貴砂
　　水星主宰 顯達砂
　　五星主宰 和平砂

(7) 木星이 獨尊하면 上品은 文章顯貴하나 下品은 無子僧道요
　　火星이 尖銳하면 上品은 文藝達士이나 下品은 凶狼賤徒요
　　土星이 獨嚴하면 上品은 郡王極尊하나 下品은 孤賓僧道요
　　金星이 獨異하면 上品은 富貴大武하고 下品은 軍賊橫逆이요
　　水星이 獨橫하면 上品은 高科顯貴하고 下品은 淫亂醜女이며
　　五星이 駁雜이면 上品은 太平登科하고 下品은 貧窮混濁일세.

(8) 木星辰이 水-木-火體로 相生尊嚴하면
　　上品은 龍樓鳳閣에서 高科顯貴하나
　　下品은 無功社稷이며 卒富小貴하노라.

(9) 木星辰이 木-火-土體로 相生秀奇하면
　　上品은 殿閣貴人이 國政을 다스리고
　　下品은 文章科及으로 入朝小貴한다.

(10) 古人砂格 諸說辨 因果論
　　土下木體 屛下貴요　火下木體 玉堂貴요
　　水下木體 帳下貴요　金下木體 蓋下貴요
　　火土下木 臺閣貴요　水側木體 觀榜貴요
　　水下重木 簾幕貴요　侍帳下木 臨軒貴요
　　斜側木體 坡髮貴요　重階上木 玉階貴요
　　火帳下木 踏節貴요　御座上木 御座貴요
　　水火仙橋 仙橋貴요　土側侍木 侍講貴요
　　貴下圭木 執圭貴요　人高笏木 執笏貴요
　　左右秀木 左右貴요　木下娥眉 文星貴요
　　木脚尖利 按劍貴요　五馬特木 五馬貴요
　　金馬門中 金馬貴요　土星兩木 雙童貴講
　　方平誥側 捧誥貴요　誥軸上木 展誥貴요.

(11) 土上木體는 殿上貴요
　　金上木體는 武冠貴요
　　水上木體는 幕外貴요
　　火上木體는 文章貴요
　　木體竝立은 雙薦貴요
　　火體竝立은 文藝貴요
　　土體竝立은 御屛貴요
　　金體竝立은 雙富貴요
　　水體竝立은 玉帶貴라.

(12) 三台下立　木體星　三公極品　台下貴人
　　　蛾眉上立　木體星　文武兼職　文星貴人
　　　火體下立　木體星　文章清貴　玉堂貴人
　　　土體下立　木體星　待從之臣　屛下貴人
　　　重屋上立　木體星　出朝政治　玉階貴人
　　　玉樓寶殿　木體星　明賢理學　御座貴人
　　　水體上立　木體星　極位爵祿　仙橋貴人
　　　金體竝上　木體星　尙書侍御　馬上貴人
　　　華蓋中立　木體星　皇親國威　龍門貴人
　　　誥軸上立　木體星　人君眷寵　展誥貴人

(13) 光媚纖巧　蛾眉文星　文章名譽　神童貴砂
　　　蛾眉中起　壽福文星　富貴雙全　極品貴砂
　　　蛾眉清瘦　清貴文星　翰苑名振　清廉貴砂
　　　一字土體　帶福文星　極品綠位　俱福貴砂
　　　平正蛾眉　火曜文星　文章顯達　宗師貴砂
　　　倒地木體　一字文星　侯伯一品　才名貴砂
　　　清秀端正　卓立文星　壯元台閣　清高貴砂
　　　土體高昂　玉圭文星　碩學政事　平高貴砂
　　　土體方平　金箱文星　科名高賢　平圓貴砂
　　　圓埠石墩　玉印文星　文武兼才　鉅富貴砂
　　　方埠石墩　方印文星　出將入相　文武貴砂
　　　平上圓壇　圓壁文星　王侯極品　圓壇貴砂
　　　左右墩埠　中立文星　文武輔弼　全才貴砂
　　　體勢雄偉　大武將星　代將征伐　尊嚴武砂
　　　衆山平中　特立武星　出使名振　英雄武砂
　　　玉釜高大　金鐘富星　文章國富　兼全貴砂
　　　拜下砂後　龍車台星　文章侯爵　官車貴砂
　　　尖秀峰後　鳳輦台星　文章揚名　科及貴砂

土星特峙 御屏貴星 進爵侯伯 全福貴砂
土星低平 御書臺星 御前講師 書台貴砂
兩均中聳 帝座文星 王侯封爵 文富貴砂
火尖滿床 牙笏文星 三世同朝 富名貴砂
水土兩角 展誥軸星 駙馬皇親 尊名貴砂
卓立聳拔 文筆尖星 文章科第 清奇貴砂
火體飛天 彩鳳筆星 文章第一 宗師貴砂
土上火尖 宰相筆星 太平權勢 宰相貴砂

(14) 土上三峰 三公筆星 極品官祿 仙子出砂
歪峰分尖 罵天筆星 刀筆空虛 不正凶砂
多火特立 筆陣文星 父子兄弟 同科貴砂
相好沖火 鬪訟筆星 兄弟不和 權奸凶砂
尖頭火花 法師筆星 驅神沒鬼 神通妙砂
駝背尖側 和尙筆星 高僧文名 道通法砂
文筆倒地 潛池筆星 時進橫財 逆水潛砂
逆水火倒 進田筆星 一擧登科 橫財官砂
順水火倒 退田筆星 離鄉乞食 敗亡凶砂
逆砂一尺 進致富 寅葬卯發 逆水砂
順砂一角 退田産 敗家亡身 順水砂
左逆右逆 同官富 內進外進 同發福
左順右順 同退田 內去外去 同敗亡

(15) 順水飛走 離鄉客星 流移寄居 飛揚之砂
三峰五峰 筆架文星 父子兄弟 登科之砂
平岡水下 琉璃簾星 皇后貴妃 巨富之砂
開帳滴簾 眞珠簾星 妃嬪公主 神佛之砂
木體排列 蛾眉文星 大魁天下 壯元之砂
衆脚(象脚)飛揚 招軍旗星 義兵開國 義勇之砂
旗揚卓立 得勝旗星 輔國元勳 爵祿之砂

品體旗聳　戰旗立星　出將入相　威武之砂
兩旗相等　令旗對星　五府諸將　出鎮之砂
飛走動焰　降伏旗星　敗將絶嗣　降滅之砂
破碎倒旗　敗絶旗星　敗亡盜賊　滅振之砂
軒昂雄偉　敦旗火星　文武大將　征伐之砂
高聳雄猛　敦鼓金星　將軍節使　厚富之砂
層疊重出　堆甲武星　兵權武威　功榮之砂
大蓋星下　圓山鉢孟　名僧寺觀　巨富之砂
秀起疊來　出征報捷　登科及第　捷報之砂
奇秀星下　大小亂石　大將功名　點兵之砂
水星帳下　土石駁雜　生殺之權　屯軍之砂
尖秀木體　列屏貴星　兄弟齊名　踏節之砂
木體大小　橫列貴星　祖孫同朝　雄節之砂
平中方長　裍褥貴星　富貴多産　平岡之砂
重重疊疊　袍領進星　貴袍章服　堆袍之砂
土中突土　端嚴首星　公卿極品　幞頭之砂

(16) 水上一文　順流浮星　離鄉出使　流笏之砂
山岡簇集　肉塊積疊　金玉武甲　堆肉之砂
風顛乞丐　極醜凶星　路中客死　提蘿之砂
逆水飛揚　奔走山脚　武職威權　立旛之砂
金屏傘下　破散山脚　好殺狼惡　破傘之砂

(17) 彎抱衣帶　橫木對魚　公侯富貴　玉帶之砂
墩埠長曲　金魚關口　走紫巨富　魚袋之砂
環抱玉帶　圓峰特對　三公爵位　玉几之砂
均均清秀　土金台星　昇朝待從　席帽之砂

(18) 垂帶有脚　木體唐帽　才子文章　世代連官
腫醜帶石　武體鐵帽　軍武巨富　世襲戎官
三峰起星　帶尖華蓋　科第文章　淸史功勳

華蓋一峰 特尖冠蓋 科及顯貴 壽富大吉

(19) 馬下尖砂 出使馬旗 外國出使 功榮富貴
兩馬交馳 連立駿馬 連登科第 武人連出
馬身面痕 戰馬帶甲 大將軍出 旗鼓同伴
峙立雙峰 淸秀天表 大藩出將 天馬威名
天馬轉脚 勒馬回頭 威武出使 巨富僕馬
破擢洪破 雜出破網 徒杖刑罰 家業破産

(20) 水星橫潤 長潤方齊 眞龍錦帳 富貴官祿
頭高尾低 順水客棺 溺死溫疫 喪禍主掌
平岡木臥 兩頭文星 文章富貴 尊嚴譽望
方長直聳 金筒文星 文章科第 祿位昇長
方長橫臥 玉軸文星 左右兄弟 翰苑名望
疊疊星峰 擁護粧台 龍眞大貴 女貴榮華

(21) 圓峰出頭 集山鐘臺 多産女貴 榮應一品
小山重重 孟盤疊星 小貴小富 平康家業

(22) 日月朝蓋 左右君王 龍樓鳳閣 公侯宰相
高山連峰 橫簾帳幕 富貴雙全 賓客滿門
星面水浪 金頭御傘 科甲貴顯 朝官威名
生蛇岡埠 走動掣電 神童壯元 富貴風流

(23) 水木金土 同調御臺 日月左右 平正秀麗
非金蛾眉 非土相臺 非木一字 禁穴地에
上格에선 後妃나고 中格에선 宰相나고
千中一見 萬中一砂 神童壯元 君子난다.

(24) 四方同調 善美祥雲 神仙飛昇 白衣登殿
至貴眞龍 眞穴同調 帝王國師 文名慶事

(25) 勢如疊雲　四山擁從　九重朝案　上天桐格
　　　張子房地　雲中仙坐　代代子孫　天師稱名

(26) 木火土金　品字三星　三公星頭　左右三台
　　　靑木火星　白土金星　三台六星　三公六符
　　　上下左右　泰平吉星　相互授受　同調凝縮
　　　六世兒孫　襲封蔭德　公侯極品　功蓋天下

(27) 水體兩脚　火木起星　水火旣濟　奇異仙橋
　　　高壽神仙　志幕異人　完名全節　淸秀貴人

(28) 連起進木　大小相等　高低次序　仙橋相應
　　　一擧科甲　小年壯元　兄弟同朝　白日昇天

(29) 森森簇簇　重重疊疊　秀麗淸奇　郡仙簇隊
　　　三千粉黛　八白烟花　公侯國戚　神仙貴武

(30) 獨峰品砂　木金土星　盤上橫列　杯瓶貴秀
　　　富貴雙全　朱紫滿門　賓客滿樓　開濶展布

(31) 土石方正　斗星獨砂　小貴小富　過慾不及
(32) 穴前順水　木杓獨砂　小富小貴　淫亂墮胎
(33) 一山兩脚　重疊枷砂　官災重罰　刑獄難免
(34) 一山數枝　掀裙飛開　淫亂濁富　色難飄蕩
(35) 土星橫疊　仰船形象　外國出征　大貴大富
(36) 賭博形局　賭錢投砂　賭博得財　龍盡必敗
(37) 合掌形象　二山斜砂　庵子寺院　吉事之地
(38) 兜鍪形象　頓起金火　威武好勇　勳業世爵
(39) 高山落下　出脚毬杖　壽考榮貴　將軍打毬
(40) 濁體土星　臥牛形象　富厚官貴　畜牛多産
(41) 頭大腰狹　前重後輕　臥獅土形　大亨福壽
(42) 星峰雄偉　肥脊土星　伏虎圓面　小貴武功
(43) 層層堆錢　土金形象　富貴雙全　冠武子孫

(44) 馬峰脊上 駱駝添峰 富貴雙全 亨福壽考
(45) 大山後側 斜頭小山 探賊寇窺 拓賊入屋
(46) 眞龍樓庫 土火綠櫃 巨富司財 稅務之官
(47) 金土未完 倉庫困砂 世亨天福 萬石巨富
(48) 斜傾御屛 百萬倉庫 食邑進爵 百萬巨富
(49) 順水流尸 客死溺死 逆水尸砂 醫師後凶
(50) 兩脚飛開 中間陷抗 富貴婦淫 獻花之獅
(51) 內抱小山 猗斜伏利 鑽懷亂砂 淫奔養子
(52) 墩堆下脚 相爭墮胎 落胎無子 難產養子
(53) 卓立土傍 小峰文星 極貴詔仙 文章壽考
(54) 先到同調 立體構造 光明正大 極尊貴砂
(55) 先到同調 線體構造 日就月將 極貴文星
(56) 後着干涉 立體構造 先吉後凶 虛妄之砂
(57) 後着干涉 線體構造 獨立背走 虛名無實
(58) 撞背凝縮 同調立體 天下第一 速發貴砂
(59) 撞背凝縮 同調線體 天下第一 安定貴砂

5. 水勢 吉凶 因果論

(1) 水勢會合 龍脈停止 水勢飛走 龍氣飛散
　　水勢融注 脈氣聚融 水勢安定 脈氣安定

(2) 輕水所多 禿與癭人 重水所多 尰與躄人
　　甘水所多 好與美人 辛水所多 疽與痤人
　　苦水所多 尪與傴人 清水所多 秀與明人
　　水深處所 民多富貴 水淺處所 民多貧賤
　　水聚會處 民多稠密 水離散處 民多離鄉
　　水急流處 民多火急 水緩流處 民多安定

(3) 水者는 萬物을 생기게 하는 元氣의 湊液이며
    地體의 血氣요 筋脈氣의 流通者라
    故로 水는 주로 生命 Energy의 傳達者이다.

(4) 山管人丁이요 水管財物이니
    善惡美醜 大小强弱 正斜平峻 高低長短
    遠近曲直 抱繞反背 急傾緩慢
    性情따라 吉凶禍福 大小强弱 千里萬里 別異로세.

(5) 水勢性情 어떠한가 根本부터 살펴보세
    本性은 靜寂이나 現象은 流動이라
    來者欲其 屈曲透迤 橫者欲其 繞抱回還
    去者欲其 盤桓飛走 滙者欲其 悠揚滿聚

(6) 善吉水는 不直衝이요 不瀉沖이며 不峻急이요 不湍澈이며
    不射不穿 不割不傾하여 顧穴 有情纒抱함이 本이로세.
    悠悠洋洋하여 顧我欲留하며 環繞纒抱함이 戀戀不舍하야
    오는곳도 無源이요 가는곳도 無流이니
    行之去來가 玄紗하게 가로안고 돌아옴이 善吉이로다.

(7) 明堂同調水는 深長發源함이 善美라야
    龍氣長遠 旺盛으로 發福長遠悠久하니
    水源이 短淺하면 發福 또한 短縮하고
    水源이 長遠하면 龍氣 또한 長遠토다.

(8) 來源水는 短淺한데 去見水가 長遠하니
    얻은 것은 十이라면 잃은 것은 百이로다.

(9) 來源朝水가 到堂入口에 下關收水하야
    明堂同調케 되면 即時發應으로 立見速富하고
    寅時下葬으로 即時發福하리라.

(10) 眞氣內聚 同調出水는 彎環屈曲 迂廻深聚요
　　　羅星遊魚 北辰華表와 捍門關攔 禽龜火官은
　　　出口流水勢를 뒤돌아 다시보며 아름답게 하는도다.

(11) 直出蕩然 出去水勢 人敗財敗 貧賤家勢

(12) 穴前特來 堂入朝水 屈摺彎曲 悠揚深緩
　　　催官催富 當代出官 兄弟叔姪 厚福巨富

(13) 九曲朝水 明堂同調 當朝宰相 當代巨富

(14) 直急堂入 衝射朝水 湍怒有聲 貧寒凶殺

(15) 明堂特來 當面朝穴 最上得水 最善最吉
　　　逆水來龍 當朝之穴 速成速果 當代發應

(16) 堂前去水 極凶醜穴 水勢따라 立見敗退
　　　小勢去水 大勢逆水 先見小失 後見大發

(17) 去水穴證 必有伏身 低伏穴上 不見水去

(18) 朝堂入水라도 不如聚水 일러니
　　　一潭深水하여 去來源流 不見인덴
　　　代를잇는 巨萬資財는 그칠세가 없노라
　　　四季融注함은 千年을 이어가니
　　　代代財貨 역시 千年을 키울세라
　　　財物로 貴를 지킬손 深水뿐인가 하노라.

(19) 低伏彎抱 玉帶水는 山明水秀 明堂내고
　　　四勢和平 汪洋大湖 朱紫萬門 累世富貴

(20) 海水逆朝 融結穴에 王侯富貴 英雄나고
　　　黃河濁水 淸淨時엔 賢聖出現 慶事나고
　　　彎抱屈曲 長江水에 天下明秀 都會나고
　　　汪汪洋洋 萬頃湖에 天下太平 悠久하고

屈曲深緩 溪澗水에 小吉大吉 이어나고
環繞聚注 小大澗水 富貴壽福 保障하고
直急溜聲 峻跌澗水 悲泣哭聲 끝이없고
到堂融聚 平田朝水 進田益富 날로날로
溝渠四洫 溝洫滙水 四時庫房 가득하고
地勢汚下 池塘會水 累代儲祿 發福하고
上塘下塘 流聲集水 寡母空房 小亡하고
靈泉會集 池塘水는 元狀變更 不許하네.

(21) 祖塋穴場 周邊을 破害치 말라
黃土主靈 警動事는 四神將이 大怒한다.

(22) 龍脈身上 天池水 樓殿之上 淨泉水
高山頂上 天池水 峽上左右 養蔭水
平洋龍身 天池水 左待右衛 兩池水
深大廣淸 四時四季 天庭入相 富貴綿遠
(其外 非龍脈上 湖水는 池塘水가 되어 品格相異)

(23) 堂前湖水 仰天湖 穴前注水 天湖水
湖上眞結 餘氣案 四時不竭 極富貴

(24) 眞龍始發 源頭水 來短去長 山谷水
大幹結作 大坐穴 騎龍登科 必須水

(25) 遍山遍地 沮洳水 來龍氣衰 冷濕水
婦人崩漏 男人痔痿 男女同時 不生殖

(26) 汚穢黃濁 臭穢水 淫惡夭折 門戶衰
腐臭成漿 流濃出泉 家道不昌 子孫早死

(27) 疏漏乾濕 泥漿水(乾濕池水) 客死敗散 痼疾病

(28) 始終兩護 送龍水 去水之地 不吉穴
兩邊到堂 絶敗水 一邊到堂 半吉水

(29) 高乾低水 乾流水 雨後乾燥 禍害穴
　　　穴上乾流 淸貧人 穴下乾流 傾倒洩

(30) 內外明堂 會合水 界明聚會 合襟水
　　　小分大合 雌雄會 前親後倚 融結水
　　　上分下會 善吉水 上分下離 不配水
　　　穴性力量 倍加城 兄弟和穆 主張水

(31) 隱微彷彿 極暈水 微妙模糊 太極暈
　　　入首頭腦 兩蟬翼 界明會堂 眞暈水
　　　纏脣破口 眞面目 外水同調 最力量

(32) 分合界明 最大忌 鋤破暈水 直去殺

(33) 龍虎合襟 元辰水 堂前傾走 凶惡事

(34) 直後攔截 元辰水 局勢緊巧 可融結
　　　初代淸貴 小利吉 後代富貴 可登科

(35) 明堂中正 天心水 聚會融結 眞穴的(穴前明堂 中正天心)
　　　水聚天心 富貴孫 水破天心 敗絶孫
　　　天心水會 凝結穴 天心水破 洩氣穴
　　　巨富顯貴 融聚處 敗散人稀 直破處

(36) 穴前靈泉 鎭應水 四季澄淸 甘美水
　　　淸靜無聲 不竭水 大富大貴 大發穴

(37) 穴場融注 祿儲水 前後左右 水口間
　　　深儲融聚 潭湖池 儲積鉅富 大厚祿

(38) 澄香瑩甘 吉美嘉泉 春夏秋冬 맑은물에
　　　大富貴地 陽宅얻어 千年萬年 榮華보세.

(39) 渾腥漿淡 泥水泉 飮用不可 疏漏地
　　　地氣萎弱 長病苦 黃腫瘟疫 短命穴

(40) 甘味醴泉 聖王水 聖德因寵 長壽穴

(41) 沸熱溫泉 湯泉水 地氣發散 無結穴
眞陽溫厚 化爲水 焰焰汩汩 日夜水

(42) 礦物上氣 礦泉水 礦脈紅泉 不縮穴
(43) 旺氣膽泉 銅泉水 陰陽不調 無凝結
(44) 地氣聳出 湧泉水 太過出氣 非結成
(45) 冷陰極氣 濺泉水 肅殺地氣 極凶穴
(46) 水從下漏 沒泉水 無融洩氣 敗退穴
(47) 水落黃泉 浮砂地 陰陽虛耗 黃泉穴
(48) 龍氣虛弱 漏泉水 地氣漏洩 不可葬
(49) 淸流冷冽 冷泉水 陰極之氣 無缺處
(50) 蛟龍之窟 龍湫泉 亢陰彪魅 無穴地

(51) 巖洞飛瀑 瀑布水 珍珠簾狀 淸高水
泣哭悲訴 不吉水 轟雷搥鼓 凶事水

(52) 陰宅陽宅 明堂泉은 嘉泉 醴泉 甘泉水요
더울때는 물이차고 추워지면 따스하고
가물때나 비가오나 四時淸淨 변함없이
子孫나고 貴德나고 壽富康寧 五福나네
湯泉 銅泉 龍湫泉은 泉中水에 氣를 품고
紅泉水氣 鑛에들고 冷漿泉氣 萎弱하고
沒泉漏泉 虛陷漏氣 湧泉濺泉 發泄氣니
冷泉陰氣 瀑布陽慘 十中九가 凶泉일세.

6. 明堂 纏脣 因果論

(1) 界明會堂 山聚水歸 龍虎環抱 內外明堂
　　穴場蟬翼 纏脣內抱 近案堂前 內明聚堂
　　靑龍白虎 朱雀內抱 圍繞寬展 外明會堂
　　近案團聚 橫案緊聚 千萬稅錢 封侯傳襲
　　內氣關束 外氣寬暢 元辰收拾 開明外堂
　　方圓分明 內堂聚會 萬馬騎基 外明融堂

(2) 百里來龍 百里局勢 千里來龍 千里氣像
　　大聚結局 都邑穴場 中聚結局 城市穴場
　　小聚結局 塡宅穴場 無聚無局 山水同行
　　低穴近堂 速發光榮 高穴遠堂 發越難望
　　平正開暢 團聚朝抱 內外明堂 共發善吉
　　陡瀉傾側 破碎窒塞 反背曠蕩 空缺皆凶

(3) 靑白交牙 交鎖明堂 鉅富顯貴 極吉大穴
　　四圍拱固 周密明堂 周密無洩 大貴大富
　　水城彎曲 遶抱明堂 內遶速發 外遶悠長
　　水聚天心 融聚明堂 富貴難比 家富之水
　　開申平正 平坦明堂 平陽聚融 宰相基址
　　汪汪萬頃 堂前特朝 朝進明堂 極位重臣
　　朝貧暮富 鼎盛萬門 層層級級 朝入明堂
　　衆疊團聚 廣聚明堂 朝海拱辰 萬寶至貴
　　低平近案 內氣融聚 廣野周潤 寬暢明堂
　　衆山衆水 堂前聚會 百辟來朝 大會明堂

(4) 諸水聚會 平正明堂 巨富至貴 家和萬成

(5) 尖砂順水 斜飛明堂 退射離鄕 軍死敗散
　　尖砂射入 劫殺明堂 刑殺惡死 忤逆刑戮

(6) 突拗反背 反背明堂 逆妻拘子 悖逆之象

(7) 狹少逼案 窒塞明堂 短少難產 凶頑濁疾
    堂前逼塞 窒塞堂局 諸事不成 心腎障碍

(8) 明堂水傾 傾到明堂 山從水去 明堂同去
    無落聚墩 直去明堂 家產蕩盡 兒孫夭壽

(9) 前案狹促 逼窄明堂 頑濁凶狼 自沖之亂

(10) 堂勢傾側 偏側明堂 偏高偏低 妻子不和

(11) 尖石不淨 破碎明堂 突窟破尖 凶石亂舞
    災禍盜賊 家業退敗 孤寡不吉 百事不成

(12) 峻急傾瀉 陡瀉明堂 損人惡死 敗退飛禍
    龍眞好穴 先敗後起 彎環穴前 家敗收拾

(13) 一望無涯 曠野明堂 吹風氣散 蕩然極凶
    遠朝千重 亦是空閑 無案曠野 産水同去
    逆朝局勢 曠野堂穴 先體後發 萬馬旗立
    內堂初代 外堂後代 朝入如否 禍福吉凶

7. 堂前水勢 因果論

(1) 穴核生氣 循環運行 內明堂水 分合水요
    穴場生氣 循環運行 外明堂水 聚會水며
    禍福吉凶 大小強弱 堂前朝入 水城勢요
    善惡美醜 遠近長短 四神靈水 同調勢라.

(2) 內堂得破 左旋右旋 青白近孫 吉凶水요
    外堂得破 左旋右旋 青白遠孫 吉凶水라.

(3) 堂內朝入 局內水勢 子孫吉慶 速遲水요
    堂內反去 局內水勢 子孫凶事 速遲水네.

(4) 內堂直穿 元辰水는 子孫速敗 凶亡水요
　　內堂回抱 元辰水는 子孫昌盛 吉慶水며
　　外堂直穿 靑白水는 遠近子孫 皆亡水요
　　外堂滙抱 靑白水는 遠近子孫 皆興水네.

(5) 堂前朝入 融會水는 遠近子孫 速興水요
　　堂前朝入 直射水는 遠近子孫 敗亡水라

(6) 堂前彎弓 水城勢는 子孫力量 增倍水요
　　堂前反弓 水城勢는 子孫力量 衰退水라.

(7) 金水木火 土星水城 江河溪澗 溝渠坑泡
　　抱身彎曲 有情吉慶 斜側反跳 無情凶悲

(8) 彎曲抱身 正金水城 圓轉滿月 極吉水勢
　　左旋右旋 皆遶水聚 左右彎環 滿門財貨
　　左金水城 左畔彎環 右金水城 右畔彎環
　　左畔右畔 諸彎環水 堂內入城 第一緊要

(9) 直峻無情 直木水城 峻直急流 勢力沖射
　　穴心直沖 射面水勢 軍賊遊離 少死貧困

(10) 橫水穿堂 橫木水城 無情直急 無顧祖孫
　　　斜水穿堂 斜木水城 去來皆凶 無情沖殺

(11) 之玄屈曲 正水水城 九曲堂入 當朝宰相
　　　左星水星 右星水城 朝來堂入 速發富貴

(12) 尖射破碎 火星水城 極凶大禍 惡死橫厄
　　　交劍雙火 雙凶禍急 一邊火星 急發凶爭

(13) 方正橫平 土星水星 水勢緩急 有凶有吉
　　　悠洋深瀦 善美吉慶 爭流峻聲 禍厄重重

(14) 堂前反背 皆星凶城 五星背水 皆有凶厄
金星背水 水星背水 水星斜背 木星直背
火星背水 火星沖背 土星背水 土星沖背
左背水星 右背水星 遠背水星 近背水星

(15) 反撇去水 如何水星 皆有凶厄 時差不吉

(16) 反弓逆跳 沖殺水星 直來尖射 衝殺水星
直來直沖 不見水星 直來偏斜 不見水星
穴上不見 皆水吉星 太過水星 反吉反凶

(17) 無龍無虎 穴場割曜(纏) 子孫短命 貧窮絶嗣

(18) 堂前水勢 善惡吉凶 千態萬象 大小長短
朝懷聚面 拱會融瀦 廻流彎曲 堂入抱身
瀑面衝心 射脇割脚 交釖穿臂 漏槽刑殺

(19) 當面特朝 朝懷水星 九曲入會 速發富貴
大水洋朝 無上之貴 朝貧暮富 立見發福

(20) 湖中突穴 衛身水 四方汪洋 護衛水
不溢不涸 澄清水 最貴最富 怪奇地
衝刑之勢 不衛身 悲切之聲 哀切事
孤月深江 滿流水 蓮花出水 大福地

(21) 面前海水 汪洋滿目 水纏便是 山纏力量
科第連綿 學者連出 人才達士 富貴雙全

(22) 穴前融聚 聚面水 悠緩融瀦 靜中妙

(23) 穴前囊聚 盪胸水 自小而大 主極富
悠揚不流 聚來水 以小成大 必有積

(24) 水纏玄武 拱背水 綿遠悠長 水纏福
山纏水纏 皆有吉 水纏力價 上位發

(25) 逆砂攔收 入口水 下山長收 快發福

(26) 之玄屈曲 九曲水 曲來天心 御街水
　　 九曲堂入 大富貴 千年九遷 宰相祿

(27) 遶抱束帶 遶帶水 堂前金城 最吉水

(28) 特朝田源 倉板水 不衝不割 最富貴
　　 田朝尤勝 海朝水 來龍旺結 大發地

(29) 旋轉逆廻 廻流水 旋廻節節 發福果
　　 顧我欲留 揚悠水 下手一臂 積財孝

(30) 登穴不見 暗拱水 暗朝抱聚 大發地
　　 案外朝水 循環聚 堂入到來 有情水

(31) 深水注聚 融瀦水 巨富顯貴 悠久出
　　 求案不靜 聚積水 奇妙慧能 九事成

(32) 石竅田窟 鳴珂水 堂入朝來 速成事
　　 鼓聲滴聲 善吉水 有鳴呵聲 催福地

(33) 太雄朝勢 瀑面水 穴場低小 最爲凶
　　 洋朝太過 雄欺水 力量逼迫 落亡水

(34) 急流直入 衝心水 水破天心 橫厄死
　　 急峻直射 撞入懷 子孫貧寒 不遠離

(35) 左右直射 射脇水 直橫射穿 主橫死
　　 殺傷陳亡 刑辟水 左右兩應 主長幼

(36) 堂前水勢 最善貴者 彎環廻抱 九重朝來
　　 堂前水勢 最惡怕者 衝心射脇 直沖去來

(37) 弱龍孤寒 裹頭水 貧寒孤弱 瘟疫疾
　　 擊脚遶割 頭城水 裹頭週廻 不振事

(38) 一向無攔 牽鼻水 牽動土牛 斜牽水
　　 退田敗産 少亡水 孤寡不振 不利水

(39) 水界兩臂 穿臂水 左右穿洗 坎抗路
　　 痼疾長病 自縊穴 淫亂孤寡 短命地

(40) 穴前反去 反身水 流離乞丐 絶滅地

(41) 無脚無臂 割脚水 無果無核 扣脚水
　　 貧寒孤苦 無子孫 無氈無脣 無穴核

(42) 穴場左右 漏腮水 長流清泠 漏洩水
　　 劫掠殺戮 庤漏病 無融無注 不甘水

(43) 無頭無脈 淋頭水 水淋墓頭 無氣穴
　　 界水淋穴 穿頭水 人丁不旺 絶嗣地

(44) 穴前相交 交劍水 脈窮氣絶 洩氣處
　　 兩水交流 受風穴 對面二水 亦是凶

(45) 堂前八字 分流水 不住無結 洩堂氣
　　 兒孫忤逆 兩分水 騎龍分水 不拘碍

(46) 穴下深漏 漏槽水 直傾如槽 主傾家
　　 退産少亡 極禍凶 槽下有氈 不敗地

(47) 堂前傾跌 捲簾水 家散孤寡 極凶地
　　 漸至絶人 少亡地 人財兩去 敗亡地

(48) 堂前大傾 流泥水 一水二水 重水去
　　 傾流大甚 速流去 一財二貨 皆離鄕

(49) 水不入堂 斜撇水 逆順斜去 皆斜飛
　　 無情順逆 斜去水 退官失職 損財亂

(50) 反身背城 反挑水 水不安穴 挑戰水
　　 軍盜離鄕 生離別 悖逆打劫 極凶水

（51）亂雜交流 刑殺水 射沖砂水 破害殺
　　　軍配家敗 凶惡水 殺戮敗意 立見敗

（52）左旋右旋 堂入水 滙曲遶抱 彎轉聚
　　　流勢水量 深淺度 吉凶禍福 千萬里

제7절 風水地理 吉凶 因果論

1. 地理 吉凶 因果論

(1) 童山에 不可葬, 木生調和 氣造化
　　斷山에 不可葬, 形勢斷切 氣斷絶
　　(一息不來 身是殼)
　　石山에 不可葬, 氣脈流行 脈筋土
　　(焦壇石 麻黑石, 靑板石 錐鑿石 頑硬石)
　　過山에 不可葬, 勢行過龍 無結穴
　　(兩邊 橈棹 進行氣)
　　獨山에 不可葬, 龍虎護會 氣凝結

(2) 葬其所會氣則 吉
　　乘其所來氣則 吉
　　審其所廢氣則 吉
　　擇其所相氣則 吉
　　避其所害氣則 吉

(3) 陰陽交錯則 凶格
　　歲時之乖則 凶格
　　力小穴大則 凶格
　　憑福恃勢則 凶格
　　替(廢)上偪下則 凶格
　　變應怪見則 凶格

(4) 天光下臨 地德上載 天星地形 上下相應
　　藏神合朔 神迎鬼避 人運年運 相互同調
　　天造一星 地造一穴 合一穴核 善吉일세. → 第一善

(5) 陰陽沖和 水火木金 孤陽不生 獨陰不成
　　四備 五土 沖和成就 五氣融合 穴核成結
　　天地萬物 生育之道 陰陽和中 善吉일세. → 第二善
　　目力工巧 工力完備 取全善美 避缺增益
　　目力工力 裁定成就 善惡吉凶 人事道理. → 第三善

(6) 無穴則 不可葬이니 無結이면 不吉이요
　　無德則 不可葬이니 無功德者 不應이요
　　無福則 不可葬이니 無福器者 不能이요
　　無期則 不可葬이니 無歲運者 不的이요.

(7) 非眞龍則 不吉이니 無氣龍에 不可葬이요
　　非正穴則 不吉이니 非結穴에 不可葬이요
　　非善葬則 不吉아니 非葬法은 不可葬이요
　　非時宜則 不吉이니 不運勢에 不可葬이요.

(8) 去水穴에 不可葬 人敗財敗 立見이요
　　劍脊龍에 不可葬 凶禍殺師 절로나고
　　凹風穴에 不可葬 橫厄訟事 連出하고
　　無案穴에 不可葬 貧窮子孫 줄을잇고
　　蹉跌穴에 不可葬 家業敗退 連出하고
　　飛龍飛虎 不可葬 人丁衰退 坐見일세.

(9) 粗頑醜石 一不相(左右岩中 純土吉)
　　急水急流 一不相(堂前朝來 融聚吉)
　　單獨龍頭 一不相(穿心十度 窩鉗吉)
　　神前佛後 一不相(祖案當該 明達吉)
　　墓宅休囚 一不相(生旺冠祿 躍進吉)
　　山岡搖亂 一不相(有情一砂 按分吉)
　　風水悲愁 一不相(堂前深融 晚就吉)
　　坐下低軟 一不相(玄高旺垂 隱穴吉)

龍虎尖頭 一不相(相互不擊 鉗突吉)

(10) 貫頂串脈則 星峯無頭요
     龍虎短縮則 穴場露胎요
     死鼈背形則 頑硬無氣요
     繃面浪痕則 橫直皆破요
     斬截如斷則 斷脈絶穴이요
     大小不分則 上下皆散이요
     直長吐殺則 死穴死氣일세.

(11) 孤露飽硬 覆月穴場 來龍不眞 無穴星
     孤高吹風 牛鼻穴場 獨龍風殺 散氣穴
     幹龍始發 窮源穴場 發進勢間 洩氣穴
     尖露石質 牛角穴場 立體頑硬 無結穴
     硬露脈盡 釵股穴場 石脈無記 氣絶穴
     峻硬側斜 帶刀穴場 脈勢尖利 未結穴
     水斜脈牽 牽城穴場 無情不融 漏氣穴
     傾斜脈瀉 倒城穴場 急氣偏氣 瀉氣穴
     三水直射 三箭穴場 刑沖破害 死氣穴
     水箭水割 撞城穴場 脈盡氣盡 衝射穴
     衝水破水 斷城穴場 脈死氣死 衝死穴
     四神流水 直去穴場 脈沖氣沖 沖死穴
     星頭回水 背水穴場 入脈不正 無記穴
     不窩不鉗 蛇頭穴場 蛇驚飛頭 重殺穴
     尖利細長 蛇尾穴場 氣盡脈盡 不縮穴
     陰陽無別 浮牌穴場 假龍死脈 無記穴
     風吹水劫 遠岡穴場 無枝無護 孤老穴
     高峻下尖 壁壯穴場 八風吹壁 散漫穴
     尖利相射 交劍穴場 殺鬪軍配 絶祠穴
     無曲無屈 死蛇穴場 軟弱無氣 不生穴

橫變垂足 虎口穴場 不融不縮 死氣穴
崩陷氣敗 天敗穴場 非窩非鉗 絶祠穴
上大下尖 縣針穴場 支脚橈棹 反氣穴
細起孤露 鞋尖穴場 風吹水割 病苦穴
尖利凶砂 狼牙穴場 牙砂露尖 殺氣穴
陰陽無記 弓鞠穴場 兩垂不分 無記穴
直急斜硬 弓弦穴場 止脈洩氣 非窩穴
靑白順水 離鄕穴場 無關不縮 去水穴
上尖下賓 鼠頭穴場 尖少愓劣 敗退穴
去氣不融 過宮穴場 過山脈止 去氣穴
陰陽不受 不蓄穴場 生氣散漫 腐骨穴
左空右缺 騰漏穴場 前曠後趺 蕩敗穴
壅腫直硬 臥尸穴場 不軟不變 死氣穴
頑硬尖頭 釵頭穴場 氣脈不進 發散穴

(12) 來脈岡斷 流水衝損 霹靂塹壞 破散穴場
去水來脈 不顧行龍 朱雀尖竄 流星穴場
右邊左邊 不正偏斜 上下蹉趺 反背穴場
如鎗如劍 急硬無變 龍脈直來 尖射穴場
靑龍白虎 宛轉回抱 玄朱環合 氣回穴場
來龍不起 低伏星辰 覆尸不變 氣伏穴場
穴星圓正 圓滿穴場 淸奇淸官 極貴子孫
聳立卓旗 巧妙穴場 秀麗突起 千態萬相
形勢不明 隱暗穴場 成穴模糊 重山疊疊
修理繁多 亂花穴場 散氣亂氣 雜亂氣脈
陽山得水 陽穴場이요 陰山得水 陰穴場인데
十里外水 明堂朝來 低平安定 大富貴穴
來水不見 孤陽穴이요 來山虛弱 寡陰穴이네
穴壙土色 吉凶測定 精神차려 살펴보니

青石內壙 極凶하고 紅粉石은 最吉이네
濁石醜石 尖利頑硬 混石碎石 一體皆凶
五色潤石 五色粉土 함께하면 大富貴地

(13) 山俗凹風穴 靑白腰凹 大凶이요
覆鐘急硬穴 直峻無窩 大凶이요
門戶無關穴 城門堂破 大凶이요
高昂孤露穴 直急不受 大凶이요
元辰水急去穴 左右傾走 大凶이요
急降尖衝穴 上下急射 大凶이요
靑白無纏穴 鵞頭鴨頸 大凶이요
太幹發源穴 無脈無穴 大凶이요
乾窠僞橫穴 無護無屑 大凶이요
無記大坂穴 無脈無節 大凶이요.

(14) 玄武下 長頸入穴 無生氣脈 殺穴이요
穴後 仰瓦橫帶穴 不能空勢 殺穴이요
無胞乳 無纏穴場 不縮空窠 殺穴이요
入首來脈 不振穴 玄武吐舌 殺穴이요
腦上發露 貫頂脈 下尖無關 殺穴이요
龍虎護衛 不能穴 漏胎趜短 殺穴이요
無龍壅腫 頑硬穴 單寒死塊 殺穴이요
無分無合 水槻穴 漏槽洩氣 殺穴이요
橫脈入首 鼈裙穴 入力無記 殺穴이요
突露無記 飽肚穴 頑硬石肚 殺穴이요
分擘接龍 牛軛穴 硬直背走 殺穴이요
壅腫彎來 甕弦穴 僞頭無纏 殺穴이요
左右不回 擁膝穴 氣脈粗惡 殺穴이요
左右不會 筲箕穴 無關不積 殺穴이요
橫紋垂壁 繃面穴 脈斷氣斷 殺穴이요

頭細頭粗 墮足穴 露胎落胎 殺穴이요
硬直孤露 搖拳穴 假脈吹風 殺穴이요
和氣不足 童山穴 禿山無記 殺穴이요
龍虎反背 反肘穴 不義悖逆 殺穴이요
頭硬帶殺 竹篙穴 無節無脈 殺穴이요
硬面天罡 弩觜穴 帶火瘟疾 殺穴이요
峻硬壁立 鍬面穴 龍盡氣盡 殺穴이요
玄水壁象 壁立穴 拒尸拒氣 殺穴이요
虎入明堂 唧尸穴 虎山高昂 殺穴일세.

(15) 長頸弱脈 入力不實 左右不纏 蟬翼不實
貫頂串脈 頸腦不實 繃面穴場 生氣消盡
鱉背穴場 陰陽不調 露胎墮足 上輕下重
禿頭童腦 生氣不振 竹篙搖拳 直殺直射
水棍甕弦 空窠牛軛 無乳虛窩 急敗殺穴
死塊頑硬 鼈裙散氣 突肚筲箕 死硬死穴
仰瓦穴場 後空氣缺 擁膝壁迫 吐舌露胎
玄壁玄體 虎仰唧尸 明堂逼迫 搥胸拭淚

(16) 穴場殺이 무엇인고 刑沖破害衝殺일세
粗頑破碎 壁峻醜惡
甕腫尖利 疲削柔弱
孤露硬直 偏斜逆突

(17) 穴場怕其一 鬪殺直扦 元辰直射
穴場怕其二 孤露單寒 突露吹風
穴場怕其三 懶坦平洋 散氣漏洩
穴場怕其四 前高後低 逆氣上昇
穴場怕其五 左空右缺 靑白不調
穴場怕其六 鎗頭鼠尾 殺頭凶尾
穴場怕其七 高山峻嶺 天風吹殺

穴場怕其八　水走沙飛　沖射刑殺

穴場怕其九　捲簾水梘　穴心破損

穴場怕其十　凹風吹射　穴核風亂

穴場怕其十一　堂氣不收　纏脣破裂

穴場怕其十二　界水淋頭　頭腦破裂

穴場怕其十三　明堂空曠　核室漏槽

穴場怕其十四　入風交吹　兩無蟬翼

穴場怕其十五　全無餘氣　纏脣虛弱

穴場怕其十六　穴前深坑　穴心空亡

穴場怕其十七　穴後仰瓦　反背入首

穴場怕其十八　朧腫頑硬　氣閉發癌

穴場怕其十九　惡石巉巖　凶禍不絕

穴場怕其二十　卑漏瀝泉　穴場浸水

穴場怕其二十一　崩破扦傷　風水內往

穴場怕其二十二　四山壓欺　穴場逼迫

穴場怕其二十三　明堂傾跌　財敗人敗

穴場怕其二十四　鵝頭鴨嘴　先凶後凶

穴場怕其二十五　面牆坐正　脈切氣閉

穴場怕其二十六　燒窯築陂　穴場破壞

穴場怕其二十七　劫砂當面　凶禍立見

穴場怕其二十八　元辰直瀉　穴核漏洩

穴場怕其二十九　箭水直流　堂纏損壞

穴場怕其三十　牽動土牛　穴核不實

穴場怕其三十一　界水塞暗　明堂水浸

穴場怕其三十二　劍水衝摧　明堂損壞

穴場怕其三十三　路行穿壁　橫厄不絕

穴場怕其三十四　穴前反城　沖砂凶禍

穴場怕其三十五　穴後高掛　長孫急禍

穴場怕其三十六　坐下低軟　財損人損

（18）眞龍에도 無穴場이면 假穴이요
　　　有穴場에 無穴核이면 假實이요
　　　吉穴核에 凶葬法이면 凶發이요
　　　吉發應도 不運年이면 虛事로다.

（19）上無分 下無合은 假穴이요
　　　無證佐 菩薩面은 假穴이요
　　　上有分 下有合은 眞穴이요
　　　有證佐 有个面은 眞穴일세.

（20）點穴 太高則 沖氣하니 傷脈이요
　　　點穴 太低則 脫氣하니 傷穴이요
　　　順來 順下則 直急하니 傷脈이요
　　　脈氣 腦沖則 衝氣하니 傷脈이요
　　　斜揷 太過則 偏流하니 傷穴이요
　　　脈氣 無定則 直瀉하니 傷穴이요
　　　裝備 凶葬則 直扞하니 傷穴이요
　　　葬法 不實則 洩氣하니 傷穴일세.

（21）龍脈上 突起立體 來龍中의 成穴氣요
　　　龍脈上 分擘枝龍 分家後의 成穴氣요
　　　龍脈上 橈棹變位 生龍中의 成穴氣요
　　　龍脈上 支脚發生 進行中의 成穴氣요
　　　支脚下 枝脚發生 龍脈支持 安定氣요
　　　支脈處 止脚發生 成穴後의 安定氣네.

（22）入首脈下 突起立體 成穴中의 頭腦氣요
　　　入首脈下 分擘枝龍 成穴中의 靑白氣요
　　　頭腦脈下 分擘少龍 成穴中의 蟬翼氣요
　　　頭腦脈下 橈棹變位 成穴中의 鬼樂氣요
　　　頭腦傘下 穿心入力 成穴場中 入穴氣요

蟬翼傘下 橈棹變位 成穴場中 曜星氣요
朱雀纏脣 橈棹變位 成穴場中 官星氣요
頭腦傘下 聚明會堂 成穴場中 明堂일세.

(23) 萬仞山巓 天巧穴場 三千粉黛 八百煙花
朝案重疊 明堂團聚 左右環抱 三陽具備
上格龍엔 聖賢出生 中格龍엔 出將入相
子子孫孫 神童壯元 滿門朱紫 皇妃出地
仙佛名山 어드멘고 天巧穴이 成道地에
風寒孤峰 간데없네 天上穴場 調天福地

(24) 藏龜閃跡 在田中脈
地中行龍 隱變易後
高下分明 結作穴星
聚起分明 水勢拒抱
沒泥脈中 龍蛇蟄藏
天平巧穴 沒泥巧穴

(25) 八風吹中 穴上隈聚
穴場中心 藏風聚氣
山峻穴場 山露穴出
穴土安溫 不忌孤寒

(26) 來脈은 精奇하고 踪跡은 怪異하여
隱變奇脈 生龍處 大潭隱中 水巧穴
龍眞穴的이라야 眞水巧穴이며
安封穴土이라야 眞穴場이로다.

(27) 四神靈魂이 同調凝縮커던
石盤穴下엔 必見玉土러니
石板下中에 石間土脈하면
怪異巧穴로 得氣明堂이니라.

(28) 龍脊上山 騎龍穴場 山上山에 앉아았고
    玄武主靈 如前하나 案山起峰 先到했네.
    穴場頭腦 生하기전 纏脣餘氣 起峯하고
    그다음에 頭腦생겨 入穴脈을 낳고나서
    兩蟬翼을 정돈한후 穴場明堂 낳는구나.
    入首頭腦 界明會堂 左右蟬翼 穴場核果
    秩序롭게 穴果낳아 天下明堂 만들었네.
    어화 地師님네 마지막을 다시보소
    餘氣起峯 先到하여 騎龍穴場 만든후에
    殘餘脈이 가는모습 신중하게 살펴보소
    어깨들고 내보란듯 갈길급히 달려가나?
    죽은듯이 고개숙여 간듯만듯 없어지나?
    그런후에 穴場살펴 奇巧한穴 點裁하소.

(29) 斬氣截脈 窮盡處에 隱閃穴場 斬關穴은
    龍脈斷切 斷氣脈과 전혀다른 穴場이니
    奇異로운 入穴脈과 纏脣餘氣 奇巧모습
    온전하게 살펴보면 穴星四課 分明하네.

(30) 龍脈의 浮沈따라 土脈이 厚薄하니
    沈龍에 厚土脈이면 5-6尺 下葬하고
    浮龍에 薄土脈이면 土皮上에 培土葬하라.

(31) 石山中 土穴은 怪異中에 巧穴이니
    嫩石 돌틈에서 土脈을 發見커든
    한치도 의심말고 石間土穴 믿을세라.

(32) 頑石山 中이라도 厚土脈이 發現커든
    石山中 土穴인줄 잠시라도 의심말라.
    土脈에 물이들면 入首頭腦 의심하고
    穴土에 風이들면 左右蟬翼 살펴보고

土脈下 陷이들면 纏脣明堂 다시보고
土穴深 얕이들면 培土葬을 生覺하소.

(33) 疊疊山中 眞龍大穴 小水直流 걱정마소
外郭大河 逆潮하면 直流百步 吉緣일세
龍短小穴 一步水去 家敗財敗 茶飯事나
龍强大穴 百步水去 君者善德 베품일세.

(34) 眞龍大穴 斜飛曜官 離鄕인가 退田筆가
大貴人의 護衛武將 刀劍兵器 貴氣일세.

(35) 平洋一突 無纏護砂 吹風寒風 걱정마소
平地廣野 無凹風處 房內吹風 비웃는다.

(36) 結穴後의 去山餘氣 廻環纏護 案이되면
大穴結作 그證據가 穴板위에 남아있네.

(37) 回龍顧祖 祖宗案帶 逼迫인들 어떠하리
尖射飛走 醜陋臃腫 그것만이 걱정일세
높은들 어떠하리 낮은들 어떠하리
秀麗한 朝山顧祖 逼近인들 어떠하리
萬古에 忠信孝子는 이에다시 없을세라.

(38) 渡水 石梁脈을 이어 龍脫巧穴 맺었으니
石脈은 馬跡인양 물을건너 뛰는구나
血行은 肉路로되 氣行은 骨脈이라
骨氣脈 渡河水커든 뛰는뜻을 살필세라.

(39) 合氣脈下 極品巧穴 뉘라서 論을하랴
二脈三水 三脈四水 皆一場 合一하니
陰陽造化 同調聚融 이만한곳 또있을까
어화라 富貴大賢이 예서아니 나오멜까?

(40) 聖德君子는 어리석은 얼굴을 지녔고
　　　賢明한 商人은 좋은상품을 감추어둔다.
　　　眞龍眞穴도 감춘듯 숨어있고
　　　大地貴穴도 醜拙한듯 玄妙하니
　　　美色明顯中에 善德光을 지녔고야
　　　醜拙도 無嫌眞的 이거늘 이를어찌 알리요.

(41) 墜足穴場 直長乳頭 中出入穴 分明한데
　　　左右護從 中途短落 孤露獨長 露胎로다.
　　　氣力旺盛 中出脈은 앉았으나 서있으나
　　　停止安定 못다하고 左右蟬翼 다시불러
　　　纏脣境界 만든후에 穴核果를 얻으리니
　　　左右短護 短纏穴도 强勢커든 자세보소.

(42) 眞龍偏頭에 閃跡融聚라도
　　　鬼樂分明해야 偏側穴場이니라.

(43) 鶴瓜形의 祿存儺祿 長股正身 異形醜穴
　　　左臂形像 揷笏같고 右臂形像 佩魚같아
　　　穴證五課 숨은것을 時俗地師 어이알고.

(44) 懶坦牛皮 平坡之穴 散中集氣 怪異醜穴
　　　撒網牛皮 平中苞起 最大力量 누가알고.

(45) 左右不均 眞龍大地 名師들아 보았는가?
　　　無龍有虎 有龍無虎 亦爲吉相 未是凶相
　　　只要外山 連接應縮 分明醜穴 常福豊盛
　　　無龍眞穴 左旋水回 無虎眞穴 右旋水回
　　　欠缺不齊 詭異穴場 天地奇氣 賢良出生

(46) 龍脈眞的 粗頑太極 界水分明 窟突陰陽
　　　지나치면 粗惡이요 자세보면 貴穴일세.

(47) 天下明堂 奇怪穴場 耳目口鼻 頭腦分明
　　　스쳐보면 전혀없고 자세보면 완연하네.
　　　옛 先賢이 말하기를 又有凹穴 兩肩起翼
　　　正對案峰 凹入底抱 乳頭又更 凹中生起
　　　安頓作穴 如何明是 此明天潛 不可輕視
　　　凹處深藏 有妙怪奇 後樂接身 後宮包裹
　　　孝順童背 鬼樂最吉 拖鎗怪穴 必有纏護

(48) 옛 先人이 云하기를
　　　尖鎗之穴 必要外裹 外裹不牢 反生凶禍
　　　外山包裹 穴如拖鎗 左右包護 尖鎗不妨
　　　山來雄勇 勢力難竭 是致尖形 也作穴場
　　　只要前山 曲轉環抱 針着正形 官貴不絶
　　　拖鎗之穴 人嫌醜拙 只緣纏護 左右長繞

(49) 龍眞穴的에 無案怪穴 누가알리
　　　有主無賓에 水潮案對 嫌疑련가
　　　入首頭腦가 分明有聚 하였으면
　　　無龍無虎가 無案對와 함께해도
　　　萬頃汪洋水 諸水集聚 融結일세.

(50) 來勢直急 殺氣怪穴 平常下葬 凶禍로다
　　　苞節頭腦 은미하고 蟬翼纏脣 峻急할제
　　　깊이숨은 穴果核아 깊은 鍬皮 下葬일세.

(51) 仰掌反掌 諸掌穴中 窩鉗穴場 살펴보세
　　　仰掌에는 乳突吉相 反掌에는 窩鉗吉相
　　　窩鉗中에 最吉相은 窩中鼈花 最上일세.

(52) 壁上蝶飛 微突穴證 粗中細美 奇怪穴場
　　　耳目口鼻 頭腦五相 玄微細突 分明로다.

(53) 壁上燈盞 掛燈穴場 急傾上에 緩平窩鉗
　　　高山落花 仰天中에 平坦處가 怪異하네.

(54) 平洋之龍 頭腦突起 緩中急嶺 奇怪로다.

(55) 穴場主氣의 突露顯發은 오히려 상서로움을 덜게하고
　　　隱拙奇跡의 異踪精神은 은근한 奇怪함을 드러내도다.

(56) 大凡諸山 來此聚集하고
　　　諸水流來 聚會此處하면
　　　定有眞龍 此間作穴이니
　　　只恐不知 龍眞住處일지라
　　　住處多爲 醜惡形임에
　　　世俗庸師 心裏懼懼하노라.

(57) 葬書는 千經萬論이요
　　　地理는 千態萬狀인데
　　　言說은 不能盡境이요
　　　狀態는 不能辨別이니
　　　龍眞確實하고 朝案的實커든
　　　奇怪巧拙도 亦是 穴로 볼지니라.

(58) 假龍虛花 盡處는 非結無果 無收拾이니
　　　窩中에 虛濶空亡이요
　　　乳中에 直峻粗大요
　　　鉗中에 漏槽破頂이요
　　　突中에 破碎孋摺이니라.

(59) 千變萬化 奇怪巧拙
　　　眞龍終志 前砂倖心
　　　西岸月升 同岸白曜
　　　東海日出 西山光明

(60) 天地萬物 皆有主靈

　　　地上主靈 主山神靈

　　　山中顯靈 主脈神靈

　　　眞龍顯神 穴脈神靈

　　　穴脈顯神 頭腦神靈

　　　頭腦顯神 穴核神靈

　　　左山顯神 靑木神靈

　　　右山顯神 白金神靈

　　　앞산에는 朱火神靈

　　　뒷산에는 玄水神靈

(61) 風吹水劫 不能處에 眞脈眞峽 살아있고

　　　遮護周密 美峽處에 眞龍眞穴 나투인다.

　　　度峽後龍 不眞處는 來脈眞氣 不足하고

　　　後山眞山 不明處엔 前山假山 不融怪라.

(62) 假穴은 起頂垂乳하나 無眞龍脈氣요

　　　眞穴은 千變萬化하니 怪(詭)異醜拙토다.

　　　誤葬은 正面執着함에 그 原因이 있고

　　　無明은 偏頗棄避함에 그 까닭이 있네.

　　　大穴이 偏斜醜拙한듯 路邊곁에 앉아

　　　神靈을 크게 숨겼음을 그 누가 알리요

　　　善婦는 不須 全俊美니 뛰어남이 없고

　　　醜婦는 富貴子를 낳고 감춘美로 산다.

(63) 盤石中의 小石圓暈 坐石案石 함께모여

　　　富貴榮華 오순도순 石巧穴이 奇詭하다.

(64) 開帳穿心 數來脈은 合氣하여 一脈되고

　　　四面遠山 拱揖處에 泥水田中 核을낳아

　　　穴前交會 廻環屈曲 纏護水가 길러주니

泥田中에 培土成墳 이자리가 明堂일세.

(65) 重重開帳後 靖俊來脈 入首하고
　　　星峯萬嶺이 雄壯高昂 强大할제
　　　左右靑白은 小祖發出 拱抱하고
　　　圓起面纏도 渺茫無際 平案일세
　　　如雲帳勢中 穿心結穴 逆纏하니
　　　騎龍大坐穴 百子千孫 興旺일세.

(66) 神明 善跡은 微微彷彿이요
　　　怪奇巧拙은 天藏地秘니
　　　望勢尋龍은 容易之事나
　　　觀山點穴은 難之難事라.
　　　地有十分大면 穴有萬分怪니
　　　心機正大하고 思索光明하면
　　　一年學得尋龍하고 十年學得點穴하리
　　　正心意志와 正業大道로서
　　　看山에 窮究하고 觀山理解了達하면
　　　卽時六境에 明哲하고 確然現象을 證得하라.

(67) 四神砂 吉凶歌
　　　白虎 太强卽 子孫配匹 妄動한다.
　　　子婦 發福處는 白蟬翼이요
　　　女息 發福處는 內白虎라.
　　　靑龍(木) 分擘多重이면 靑龍發應 分爭이요
　　　白金 分擘多重이면 白虎發應 紛紛하다.
　　　靑木枝龍 重重이면 靑龍發應이 大昌하고
　　　白金枝龍 重重하면 白金發應 大吉하다.
　　　靑白枝脚龍 至盡處는 鬼劫刑殺 凶惡處요
　　　本身來脈 至盡處는 萬古榮華 富貴貴處다.
　　　石射이면 風水亦是 衝射로다.

石瀉이면 風水亦是 沖瀉로다.

根石은 大凶하고 浮石은 小凶하다.

强大石은 極凶하고 弱小石은 小射하다.

雙凶石이 左射하면 靑龍子孫이 絕敗하고

雙凶石이 右射하면 白虎子孫이 絕敗하며

入首雙石 衝射하면 少年夭死 絕祠하고 凶暴子孫 不孝한다.

纏脣雙石 衝射하면 下關子孫 逆疾난다.

第2章　　　　　風水 性理 氣勢 因果論

제1절 風水 性理 因果論

1. 風水 性理 因果論

1) 山 마음 風水 마음

時俗地師님네! 山네 마음 알고가세
眞龍마음 眞穴낳고 假龍마음 假穴낳고
生龍마음 生果낳고 死龍마음 死果낳네.
生死眞假 마음알기 어느누가 쉽다든가?

내마음을 집착하면 내생각이 잣대되고
네마음을 집착하면 네생각이 잣대되여
千里萬里 來龍마음 저멀리로 도망가네

사람마음 山에들어 山모습이 사람되고
衆生마음 山에들면 山모습이 衆生되고
千態萬相 山의因緣 衆生因緣 되어지네.

山마음은 山에있고 사람마음 집에있고
山마음은 眞如인데 衆生마음 生滅이니
山마음이 山에가면 衆生마음 들로가네.

風水맘은 산과같아 사람보다 더밝으니
山이오면 風水오고 山이가면 風水가고
山이돌면 風水돌고 山이서면 風水멎네.

山의마음 山과같아 저山가면 이山가고
山의마음 정이깊어 저山오면 이山오고
山의마음 물과같아 저山돌면 이山도네.

山물아! 사람마음 좁디좁아 그대보기 민망쿠나
그대큰뜻 있은줄을 본래부터 알았은들
오고가고 돌고서고 누었다가 앉았다가
다소곳이 자리틀고 衆生삶을 지킬줄을
예전이나 지금에나 몽중인들 알았으랴
에고답답 섧을시고 衆生因緣 가련하다.

山에가면 山이되고 물에가면 물이되고
山이가면 같이가고 물이오면 같이오고
山이서면 같이서고 물이돌면 같이돌아
山勢절로 風水절로 본자리에 사람절로
主山精靈 意志따라 靑白神靈 蔭德얻고
風水護神 福德안고 案山客神 영접받아
玄水主靈 智慧얻고 朱火客靈 禮敬얻고
靑龍木神 仁德안고 白虎金神 義勇닮아
上求菩是 下化衆生 圓融無碍 行願力을
主核意志 信念속에 一切同調 凝縮하네
아! 山아! 물아! 바람아! 사람아!
明心平等 安定道는 穴場核心뿐일러라.
하늘맘은 둥근意志 山마음은 圓滿意志
땅마음은 安定意志 사람맘은 永生意志
물마음은 圓滿融聚 바람맘은 圓融還生

돌마음은 圓融凝縮 나무마음 圓融聳發
돌마음은 여문마음 나무마음 둥근마음
바람마음 흔들마음 물마음은 젖은마음
바람물맘 한데얽혀 善惡美醜 風水마음
하늘마음 立體頂에 땅마음은 穴板基底
바람맘은 穴場界에 물마음은 穴場壁에
天神靈은 頭腦속에 地神靈은 入穴속에
風神靈은 兩날개에 水神靈은 兩界水에
主靈神은 入首頂에 朝客神은 明堂前에
左右客神 兩護從에 精靈本神 穴核속에
돌나무神 風水神靈 水土火神 風水神靈
나무마음 둥근마음 물바람은 세모마음
나무鬼神 風水鬼神 솔나무에 天地神靈
둥근솔에 天地精氣 솔방울에 風水精氣

2) 天地同調 穴場五運 理事發現 因果應報

一六水運 主靈頭腦 種性種子 貴祿萬福
二七火運 主客相配 五德管理 五德蓄積
三八木運 左核護神 官祿長生 進就康寧
四九金運 右核護神 女命育成 武富藝技
五十土運 中央核心 信念意志 人格創造

入首來脈 祖宗同調 左右中出 成穴因果
入首頭腦 中出同調 一六二七 水火因果(子午因果)
頭腦鬼砂 玄水同調 一六二七 水火因果(乾亥癸丑因果)
入穴界明 頭腦同調 一六二七 水火因果(子午因果)
青木蟬翼 左頭同調 三八木運 水木因果(甲卯因果)
青木曜砂 左局同調 三八木運 水木因果(艮寅乙辰因果)
白金蟬翼 右頭同調 四九金運 水金因果(庚酉因果)

白金曜砂 右局同調 四九金運 水金因果(坤申辛戌因果)
穴核黃土 四果同調 五十土運 水火木金(戊己辰戌丑未因果)
纏唇會堂 玄水同調 二七火運 水火因果(丙午因果)
朱火官砂 朝案同調 二七火運 水火因果(巽巳丁未因果)
破口關門 四神同調 三八四九 二七因果(四神因果)
風水出入 關鎖同調 二七八九 木金因果(朱火因果)
生命呼吸 凝縮同調 六七八九 五十因果(天地因果)

3) 祖上生命 Energy場 天地生氣 同調原理

祖上出生 年月日時 天地同調 生命因子
天地同調 穴場同調 勢運同調 祖上同調
天地穴場 勢運同調 祖上同調 生命因子
勢運天地 穴場祖上 祖孫同調 生命因子
當該年月 穴場特性 祖上生氣 同氣感應
當該年生 當該年月 當該穴場 當該同調
當該祖孫 當該年月 當該穴場 三合同調
三合同調 陰陽同調 年月日時 合居同調

壬子日生 壬子年月 壬子穴場 壬子同調(正印同調)
坤壬乙生 坤壬乙年 坤壬乙場 坤壬乙發(水運同調)
申子辰生 申子辰年 申子辰場 申子辰發(水運同調)
丁壬木生 丁壬年月 丁壬合場 丁壬同調(木運同調)
子丑土生 子丑年月 子丑合場 子丑同調(土運同調)
丙辛巳申 年月日合 當該穴場 當該同調(水運同調)

（玄水同調） 年月日時 同調發現

丙午日生　丙午年月　丙午穴場　丙午同調(正官同調)
艮丙辛生　艮丙辛年　艮丙辛場　艮丙辛發(火運同調)
寅午戌生　寅午戌年　寅午戌場　寅午戌發(火運同調)
丙辛水生　丙辛年月　丙辛合場　丙辛同調(水運同調)
午未合生　午未年月　午未合場　午未同調(火土同調)
戊癸卯戌　年月日合　當該穴場　當該同調(火運同調)

（朱火同調）　年月日時 同調發現

※ 坤中(己_未庚)　艮中(己_丑甲)　乾中(戊_戌癸)　巽中(戊_辰丁)

甲卯日生　甲卯年月　甲卯穴場　甲卯同調(傷官同調)
乾甲丁生　乾甲丁年　乾甲丁場　乾甲丁發(木運同調)
亥卯未生　亥卯未年　亥卯未場　亥卯未發(木運同調)
甲己土生　甲己年月　甲己合場　甲己同調(土運同調)
卯戌火生　卯戌年月　卯戌合場　卯戌同調(火運同調)
丁壬寅亥　年月日合　當該穴場　當該同調(木運同調)

（青木同調）　年月日時 同調發現

庚酉日生　庚酉年月　庚酉穴場　庚酉同調(偏財同調)
巽庚癸生　巽庚癸年　巽庚癸場　巽庚癸發(金運同調)
巳酉丑生　巳酉丑年　巳酉丑場　巳酉丑發(金運同調)
乙庚金生　乙庚年月　乙庚合場　乙庚同調(金運同調)
辰酉金生　辰酉年月　辰酉合場　辰酉同調(金運同調)
乙庚辰酉　年月日合　當該穴場　當該同調(金運同調)

（白金同調）　年月日時 同調發現

艮寅日生　艮寅年月　艮寅穴場　艮寅同調(食神同調)
艮丙辛生　艮丙辛年　艮丙辛場　艮丙辛發(火運同調)
寅午戌生　寅午戌年　寅午戌場　寅午戌發(火運同調)
甲己土生　甲己年月　甲己合場　甲己同調(土運同調)
寅亥木生　寅亥年月　寅亥合場　寅亥同調(木運同調)
丁壬寅亥　年月日合　當該穴場　當該同調(木運同調)

（上青木同調）　年月日時 同調發現

坤申日生　坤申年月　坤申穴場　坤申同調（正財同調）
坤壬乙生　坤壬乙年　坤壬乙場　坤壬乙發（水運同調）
申子辰生　申子辰年　申子辰場　申子辰發（水運同調）
甲己土生　甲己年月　甲己合場　甲己同調（土運同調）
巳申水生　巳申年月　巳申合場　巳申同調（水運同調）
乙庚辰酉　年月日合　當該穴場　當該同調（金運同調）

（下白金同調）　年月日時同調發現

乾亥日生　乾亥年月　乾亥穴場　乾亥同調（偏印同調）
乾甲丁生　乾甲丁年　乾甲丁場　乾甲丁發（木運同調）
亥卯未生　亥卯未年　亥卯未場　亥卯未發（木運同調）
戊癸火生　戊癸年月　戊癸合場　戊癸同調（火運同調）
寅亥木生　寅亥年月　寅亥合場　寅亥同調（木運同調）
丙辛巳申　年月日合　當該穴場　當該同調（水運同調）

（右玄水同調）　年月日時同調發現

巽巳日生　巽巳年月　巽巳穴場　巽巳同調（偏官同調）
巽庚癸生　巽庚癸年　巽庚癸場　巽庚癸發（金運同調）
巳酉丑生　巳酉丑年　巳酉丑場　巳酉丑發（金運同調）
戊癸火生　戊癸年月　戊癸合場　戊癸同調（火運同調）
巳申水生　巳申年月　巳申合場　巳申同調（水運同調）
戊癸卯戌　年月日合　當該穴場　當該同調（火運同調）

（右朱火同調）　年月日時同調發現

癸丑日生　癸丑年月　癸丑穴場　癸丑同調（偏印同調）
巽庚癸生　巽庚癸年　巽庚癸場　巽庚癸發（金運同調）
巳酉丑生　巳酉丑年　巳酉丑場　巳酉丑發（金運同調）
戊癸火生　戊癸年月　戊癸合場　戊癸同調（火運同調）
子丑土生　子丑年月　子丑合場　子丑同調（土運同調）
丙辛巳申　年月日合　當該穴場　當該同調（水運同調）

（左玄水同調）　年月日時同調發現

丁未日生　丁未年月　丁未穴場　丁未同調(偏官同調)　┐
乾甲丁生　乾甲丁年　乾甲丁場　乾甲丁發(木運同調)　│(左
亥卯未生　亥卯未年　亥卯未場　亥卯未發(木運同調)　│朱火　年月日時
丁壬木生　丁壬年月　丁壬合場　丁壬同調(木運同調)　│同調)同調發現
午未合生　午未年月　午未合場　午未同調(火土同調)　│
戊癸卯戌　年月日合　當該穴場　當該同調(火運同調)　┘

乙辰日生　乙辰年月　乙辰穴場　乙辰同調(食神同調)　┐
坤壬乙生　坤壬乙年　坤壬乙場　坤壬乙發(水運同調)　│(下
申子辰生　申子辰年　申子辰場　申子辰發(水運同調)　│青木　年月日時
乙庚金生　乙庚年月　乙庚合場　乙庚同調(金運同調)　│同調)同調發現
辰酉金生　辰酉年月　辰酉合場　辰酉同調(金運同調)　│
丁壬寅亥　年月日合　當該穴場　當該同調(木運同調)　┘

辛戌日生　辛戌年月　辛戌穴場　辛戌同調(正財同調)　┐
艮丙辛生　艮丙辛年　艮丙辛場　艮丙辛發(火運同調)　│(上
寅午戌生　寅午戌年　寅午戌場　寅午戌發(火運同調)　│白金　年月日時
丙辛水生　丙辛年月　丙辛合場　丙辛同調(水運同調)　│同調)同調發現
卯戌火生　卯戌年月　卯戌合場　卯戌同調(火運同調)　│
乙庚辰酉　年月日合　當該穴場　當該同調(金運同調)　┘

4) 祖孫同調 生氣感應 天地穴場 同調秩序

一次秩序　天地同調　天干地支　合成照臨
二次秩序　穴場同調　天地合氣　穴場發現
三次秩序　祖上同調　天地穴人　合成同調
四次秩序　祖孫同調　子孫生命　改善創造
五次秩序　萬物同調　人格完成　弘益人間
祖上生命　子孫生命　同期同調　生氣感應
祖孫同調　最善感應　三合同調　同期感應

祖孫同調 次善感應 陰陽同調 同氣感應
祖孫同調 次次感應 合居同調 醇化感應
三合二合 陰陽合居 年月日時 天地同調

5) 天地年月 時空同調 穴場發現 因果原理

絶對空間 寂靜不滅 相對空間 五氣流行
絶對時間 絶對安定 相對時間 相互關係
絶對空間 빈가득空 相對空間 찬가득空
絶對時間 恒常不變 相對時間 無常變易
絶對空間 絶對時間 同時一切 寂滅寂靜
相對空間 相對時間 同時一切 關係作用
絶對時空 不生不滅 相對時空 無盡緣起
찬가득은 빈가득에 本來토록 無常하고
빈가득은 찬가득을 本來대로 담아내고
絶對相對 一切安定 寂靜廻向 自律意志
絶對意志 寂靜安定 相對意志 緣起變易(安定)
絶對相對 一切意志 同調干涉 緣起秩序
絶對相對 一切意志 本來廻向 自律意志
消滅進行 緣起存在 初秋過程 現象因果
空間緣起 時間因果 時間緣起 生命因果
空間時間 相互緣起 善惡無記 生命秩序
十方時空 安定秩序 同調干涉 關係意志
年月日時 勢運五行 天地陰陽 時空緣起
天干十方 空間秩序 上下八方 陰陽三合
天體空間 十方同調 相互關係 時間因果
十二地支 時間秩序 열두마당 陰陽順理
天干地支 合成同調 時空特性 發現原理
絶對相對 一切安定 本來本性 自律意志

相對空間 緣起意志 相對時間 因果秩序
相對時間 緣起意志 同調干涉 變易秩序
空間三合 生起意志 空間陰陽 同調秩序
時間三合 流轉意志 時間陰陽 同調秩序
三合因果 二合陰陽 天地穴人 合成同調
空間時間 相互關係 同調干涉 生起消滅
時空因果 天地同調 無常現象 變易秩序
一次秩序 空間同調 三合二合 陰陽合居
二次秩序 時間同調 三合二合 陰陽合居
三次秩序 時空同調 天地合成 穴人同調
四次秩序 同期同調 同期祖孫 生命改善
五次秩序 勢運同調 年月日時 時節因果
時空合成 一切同調 個體全體 統一力場
空間關係 特性作用 主從秩序 合成同調
合成同調 Energy場 時空力場 變易原理
核力重力 強力弱力 天地同調 一切力場
時空關係 相互作用 力場特性 自律變易
作用力場 Energy線 主勢從屬 從勢同調
存在相互 同調作用 一切力場 統合作用
一切力場 全體意志 個體力場 統合意志
全體力場 一切同調 個體力場 從屬同調

6) 天氣照臨 當該年月 穴場發現 善惡因果

乾甲丁生 乾甲丁年 乾甲丁穴 乾甲丁發
乾甲丁穴 乾甲丁年 乾甲丁生 巽庚癸失
坤壬乙生 坤壬乙年 坤壬乙穴 坤壬乙發
坤壬乙穴 坤壬乙年 坤壬乙生 艮丙辛失
艮丙辛生 艮丙辛年 艮丙辛穴 艮丙辛發
艮丙辛穴 艮丙辛年 艮丙辛生 坤壬乙失

木火
土運
{
甲己合生　甲己合年　甲己合穴　甲己合發
甲己關門　甲己合年　甲己合生　合運出入
甲己關門　丑艮寅門　甲己癸丙　青肩發運
}
土木發運
(穴場發現)

火土
金運
{
乙庚合生　乙庚合年　乙庚合穴　乙庚合發
乙庚關門　乙庚合年　乙庚合生　合運出入
乙庚關門　坤巽地門　乙庚丁戊辰　兩腕發運
}
金水發運
(穴場發現)

土金
水運
{
丙辛合生　丙辛合年　丙辛合穴　丙辛合發
丙辛關門　丙辛合年　丙辛合生　合運出入
丙辛關門　未坤申門　庚己未丙辛　白腕發運
}
水金發運
(穴場發現)

金水
木運
{
丁壬合生　丁壬合年　丁壬合穴　丁壬合發
丁壬關門　丁壬合年　丁壬合生　合運出入
丁壬關門　乾坤天地　丁己未戊戌壬　白金發運
}
木金發現
(穴場發現)

水木
火運
{
戊癸合生　戊癸合年　戊癸合穴　戊癸合發
戊癸關門　戊癸合年　戊癸合生　合運出入
戊癸關門　戊乾亥門　戊癸辛壬　白肩發運
}
火金發運
(穴場發現)

{
辰庫藏宮　辰巽吉關　丙(戊)乙冠帶　庚癸養地(壬庫吉門)
辰庫藏宮　辰巽凶關　甲丁(己)衰落　右到辛凶(辛庫凶門)
}
{
戌庫藏宮　戌乾吉關　壬辛冠帶　甲丁(己)養地((丙(戊)庫吉門))
戌庫藏宮　戌乾凶關　庚癸衰落　右到乙凶(乙庫凶門)
}
{
丑庫藏宮　丑艮吉關　甲癸冠帶　丙(戊)辛養地((丁(己)庫吉門))
丑庫藏宮　丑艮凶關　丁(己)衰落　左到庚凶(庚庫凶門)
}
{
未庫藏宮　未坤吉關　丁(己)庚冠帶　壬乙養地(癸庫吉門)
未庫藏宮　未坤凶關　丙辛衰落　左到甲凶(甲庫凶門)
}

穴場穴核　四旺地宮　壬子丙午　甲卯庚酉(天地生旺)
穴場穴核　四冠帶宮　癸丑丁未　乙辰辛戌(天地養庫)
穴場穴核　四關門宮　乾亥艮寅　巽巳坤申(天地關門)
(天運關)　(地氣關)

壬子旺穴　申子辰發　坤申生起　乙辰收藏(祖上蔭德)

丙午旺穴　寅午戌發　艮寅生起　辛戌收藏(社會蔭德)

甲卯旺穴　亥卯未發　乾亥生起　丁未收藏(官貴蔭德)

庚酉旺穴　巳酉丑發　巽巳生起　癸丑收藏(財祿蔭德)

坤申乙辰　二合穴場　壬子逢吉　自手成家(玄水恩德)

艮寅辛戌　二合穴場　丙午逢吉　自手成家(朱火恩德)

乾亥丁未　二合穴場　甲卯逢吉　自手成家(靑木恩德)

巽巳癸丑　二合穴場　庚酉逢吉　自手成家(白金恩德)

壬子强穴　壬玄成旺　辛白生旺　庚金病死(長吉次凶)

丙午强穴　丙朱成旺　乙靑生旺　甲木病死(次吉長凶)

甲卯强穴　甲靑成旺　癸玄生旺　壬水病死(男吉女凶)

庚酉强穴　庚白成旺　丁朱生旺　丙火病死(女吉男凶)

癸丑强穴　甲靑成旺　乾玄帶旺　壬水衰亡(嫡衰庶吉)

乙辰强穴　丙朱成旺　乙靑帶旺　甲木衰亡(先凶後吉)靑

辛戌强穴　壬玄成旺　辛白帶旺　庚金衰亡(先吉後凶)白

丁未强穴　庚白成旺　丁未帶旺　丙火衰亡(嫡凶庶吉)

乾亥强穴　癸玄成旺　甲靑生旺　庚金病死(父母不平)

艮寅强穴　乙靑成旺　丙朱生旺　壬水病死(兄弟不平)

巽巳强穴　丁未成旺　庚白生旺　甲木病死(夫婦不平)

坤申强穴　辛白成旺　壬玄生旺　丙火病死(妻財不平)

乾亥
同調　{ 壬子正玄　丙朱胎宮　四分之一　陽朱因緣(子午因果)
       壬子正玄　丁朱胎宮　四分之一　陰朱因緣(亥巳因果)

巽巳
同調　{ 丙午正朱　壬玄胎宮　四分之一　陽玄因緣(午子因果)
       丙午正朱　癸玄胎宮　四分之一　陰玄因緣(巳亥因果)

艮寅
同調　{ 甲卯中靑　庚白胎宮　四分之一　陽白因緣(卯酉因果)
       甲卯中靑　辛白胎宮　四分之一　陰白因緣(寅申因果)

坤申
同調　{ 庚酉中白　甲靑胎宮　四分之一　陽靑因緣(酉卯因果)
       庚酉中白　乙靑胎宮　四分之一　陰靑因緣(申寅因果)

壬子不實 正朱不安 艮乾不關 種子不利

丙午不實 正玄不安 巽坤不關 田畓不利

甲卯不實 中白不安 艮巽不關 成長不利

庚酉不實 中靑不安 乾坤不關 事業不利

癸丑不實 右朱不安 艮寅不關 發芽不利

乾亥不實 左朱不安 乾亥不關 農事不利(健康不利)

艮寅不實 右肩不安 艮寅不關 子孫不利

辛戌不實 左肩不安 乾亥不關 財務不利

乙辰不實 右腕不安 巽巳不關 官祿不利

坤申不實 左腕不安 坤申不關 財祿不利

巽巳不實 左玄不安 巽巳不關 社會不利

丁未不實 右玄不安 坤申不關 收穫不利

壬子强健 壬癸(水)官旺 辛金生起 乙庚病死(乾亥强同)

丙午强健 丙丁(火)官旺 乙木生起 甲辛病死(巽巳强同)

甲卯强健 甲乙(木)官旺 癸水生起 丁壬病死(艮寅强同)

庚酉强健 庚辛(金)官旺 丁火生起 丙癸病死(坤申强同)

亥子水宮 丙丁胞胎 朱火天運 種子因緣

巳午火宮 壬癸胞胎 玄水天運 種子因緣

寅卯木宮 庚辛胞胎 白金天運 種子因緣

申酉金宮 甲乙胞胎 靑木天運 種子因緣

7) 穴場穴核 理氣生死 陰陽無記 因果原理(穴場穴核 十大原理觀法)

穴場穴核 第一原理 陰陽無記 理氣集散(立·線同調)

穴場穴核 第二原理 眞龍眞局 陰陽的中

穴場穴核 第三原理 穴場四果 界明會堂

穴場穴核 第四原理 風水安定 藏風得水

穴場穴核 第五原理 玄朱靑白 向背的中(四位凝縮)

穴場穴核 第六原理 前後左右 上下均衡(圓形同調)

穴場穴核　第七原理　善惡美醜　大小强弱
穴場穴核　第八原理　智禮仁義　意志圓滿
穴場穴核　第九原理　窩鉗乳突　正斜平峻
穴場穴核　第十原理　緊密凝縮　陰陽得破

2. 性理 氣勢 形相關係 相互作用 因果原理

1) 性理 作用 現象

天性고요　地性廻向　核性生命　人性創造
性卽本性　恒常道理　寂滅空寂　本體本靈
理卽原理　常道理致　常道秩序　自律意志
性發理法　理發陰陽　氣發形象　形發相關
關發因緣　因緣作用　善惡因果　同調干涉
同調聚融　干涉散離　同調核果　干涉消滅
善美種性　善美種子　善美種果　善命創造
勢本氣骨　基本形質　勢中形質　形中氣勢
脈勢氣骨　形相血肉　善美氣骨　善美血肉
勢中形象　氣中形勢　勢卽形相　形卽氣勢
勢發氣象　形發相關　相發善惡　關發因果
因發緣果　緣發因果　因中緣果　緣中因果
脈性動靜　局性調和　穴性安定　核性生命
水性調潤　風性循還　聚性圓滿　散性消滅
勢性氣發　氣性脈進　脈進氣行　氣行生氣
生氣生調　生潤水城　水城形成　形成勢止
勢止藏風　藏風得水　得水氣聚(融)　氣聚核果
核果五氣　五氣五德　五德人格　人性道理
主勢本脈　局勢四砂(神)　調勢風水　穴勢核果
主形主山　局形四圍　風水五神　穴形五格

主山五變 四圍圓滿 五格五象 五神五門

※ 主山 : 五變易(正縱橫隱垂變)
　四圍圓滿 : 圓形凝縮
　五格五象 : (窩鉗乳突圓象)(水木火金土格)
　五神 : (元辰, 朝來, 融聚, 貯池, 還抱)風水
　五門 : 左, 右, 正, 上(天), 下(地)門

不可眞山 不可眞脈 不可眞神 不可眞穴
不可聚氣 不可勢力 不可氣勢 不可眞形
不可形勢 不可吉善 不可實核 不可生命
不可生氣 不可生脈 不可脈進 不可生起
不可止勢 不可結形 不可勢形 不可結核
不可得水 不可眞氣 不可藏風 不可善神
不可吉神 不可眞命 不可五德 不可眞心
不可結穴 不可結核 不可眞核 不可葬宅
不可同調 不可眞脈 不可眞勢 不可眞氣
不可氣勢 不可骨格 不可氣骨 不可眞形
不可臨水 不可止勢 不可勢止 不可結形
不可善形 不可善穴 不可勢形 不可生命
不可得水 不可吉核 不可藏風 不可善核
不可卽吉 藏風卽善 不得則凶 不藏則惡

2) 六十甲子 穴場發應 十二運星 相配因果

胞宮因緣 안기우고(生命結合)(生命意志)
胎宮因緣 아이배고(生命孕胎)
養宮因緣 아이낳고(生命出生)
生宮因緣 아이자라(生命成長)

浴宮因緣 어른행세(生活意志)

帶宮因緣 어른되여(生命發露)

官宮因緣 官祿얻고(生命發展)

旺宮因緣 出世한후(生命旺盛)

衰宮因緣 衰落하니(生命衰落)

病宮因緣 病이들고(生命病苦)

死宮因緣 죽어가니(生命消滅)

藏宮因緣 廻向일세(生命收藏)

(年月日時)→(時節因緣 因果原理)

甲子乙丑 年月日生 青玄相生 同宮因果(浴衰因緣)

丙寅丁卯 年月日生 朱青相生 同宮因果(生病因緣)

戊辰己巳 年月日生 心青相生 配位因果(帶旺因緣)

庚午辛未 年月日生 白朱相生 配位因果(浴衰因緣)

壬申癸酉 年月日生 玄白相生 同宮因果(生病因緣)

甲戌乙亥 年月日生 青玄相對 配位因果(養死因緣)

丙子丁丑 年月日生 朱玄相生 配位因果(胎庫因緣)

戊寅己卯 年月日生 心青相對 同宮因果(生病因緣)

庚辰辛巳 年月日生 白青相生 配位因果(養死因緣)

壬午癸未 年月日生 玄朱相生 配位因果(胎庫因緣)

甲申乙酉 年月日生 青白相生 同宮因果(胞胞因緣)

丙戌丁亥 年月日生 朱白相生 配位因果(庫胎因緣)

戊子己丑 年月日生 心玄相生 配位因果(胎庫因緣)

庚寅辛卯 年月日生 白青相對 同宮因果(胞胞因緣)

壬辰癸巳 年月日生 玄關相生 配位因果(庫胎因緣)

甲午乙未 年月日生 青朱相生 同宮因果(死養因緣)

丙申丁酉 年月日生 朱白相對 同宮因果(病生因緣)

戊戌己亥 年月日生 心白相生 配位因果(庫胎因緣)

庚子辛丑 年月日生 白玄相生 配位因果(死養因緣)

壬寅癸卯 年月日生 玄靑相生 同宮因果(病生因緣)

甲辰乙巳 年月日生 靑關相生 配位因果(衰浴因緣)

丙午丁未 年月日生 朱旺相合 同宮因果(旺帶因緣)

戊申己酉 年月日生 心白相對 同宮因果(病生因緣)

庚戌辛亥 年月日生 白肩相生 配位因果(衰浴因緣)

壬子癸丑 年月日生 玄水旺合 同宮因果(旺帶因緣)

甲寅乙卯 年月日生 靑木旺盛 同宮因果(官祿因緣)

丙辰丁巳 年月日生 朱關相生 配位因果(帶旺因緣)

戊午己未 年月日生 心朱相生 配位因果(旺帶因緣)

庚申辛酉 年月日生 白金旺盛 同宮因果(官祿因緣)

壬戌癸亥 年月日生 玄白相生 配位因果(帶旺因緣)

※ 十二運星 生旺墓象 過現未業 因果應報

胞宮前生 生命運氣 現生結合 來生孕胎

胎宮前生 生命渴愛 現生胎生 來生孕育

養宮前生 生命種子 現生出生 來生生育

生宮前生 生命意志 現生生長 來生變化

浴宮前生 生命換氣 現生變易 來生成熟

帶宮前生 生命活動 現生發路 來生發達

官宮前生 生命活力 現生發展 來生歡喜

旺宮前生 生命祈願 現生旺盛 來生衰落

衰宮前生 生命過用 現生衰落 來生病病

病宮前生 生命誤用 現生病苦 來生消滅

死宮前生 生命濫用 現生死亡 來生生起

庫藏前生 生命收納 現生積庫 來生積善

辰戌丑未 四庫藏宮 生庫吉宮 死庫凶宮

天運養帶 生庫吉宮 天運衰落 死庫凶宮

前生積德 現生萬福 現生積善 來生長命

前生積惡 現生惡果 現生惡業 來生衰亡

壬辛辰庫 乙癸帶養 丙乙戌庫 辛丁帶養

丁庚丑庫 甲丙帶養 甲癸未庫 丁乙帶養

壬辛辰庫 甲丁己衰 丙乙戌庫 庚癸衰落

丁癸丑庫 壬乙衰落 甲癸未庫 戊丙辛衰

壬子旺宮 { 辛生癸祿 / 庚死乙病 }   丙午旺宮 { 乙生丁祿 / 甲死辛病 }

甲卯旺宮 { 癸生乙祿 / 壬死丁病 }   庚酉旺宮 { 丁生辛祿 / 丙死癸病 }

丙壬生宮 寅申少陽 庚甲生宮 巳亥厥陰

辛乙生宮 子午少陰 癸丁生宮 卯酉陽明

陽庫辰戌 天地旺庫 壬子丙午 旺生同調

陰庫丑未 左右旺庫 甲卯庚酉 旺生同調

玄水發應 年月日時 中玄子宮 壬癸旺盛

左玄丑宮 癸己旺盛 右玄亥宮 癸乾旺盛

朱火發應 年月日時 中朱午宮 丙丁旺盛

左朱未宮 丁坤旺盛 右朱死宮 丁(丙)巽旺盛

靑木發應 年月日時 中靑卯宮 甲乙旺盛

上靑寅宮 艮甲旺盛 下靑辰宮 乙巽旺盛

白金發應 年月日時 中白酉宮 庚辛旺盛

上白戌宮 乾戊旺盛 下白申宮 庚坤旺盛

3) 天干陰陽 合化原理 陽干相對 陰干配位

甲己相對 陽陰配位 乙庚相對 陰陽配位

丙辛相對 陽陰配位 丁壬相對 陰陽配位

戊癸相對 陽陰配位 甲子乙丑 始年始月

甲子元年 甲子始月 丙丁戊己 火土運氣(土運主氣)

乙丑歲年 丙子始月 戊己庚辛 土金運氣(金運主氣)

丙寅歲年 戊子始月 庚辛壬癸 金水運氣(水運主氣)

丁卯歲年 庚子始月 壬癸甲乙 水木運氣(木運主氣)

戊辰歲年 壬子始月 甲乙丙丁 木火運氣(火運主氣)

己巳歲年 甲子始月 丙丁戊己 火土運氣(土運主氣)

庚午歲年 丙子始月 戊己庚辛 土金運氣(金運主氣)

辛未歲年 戊子始月 庚辛壬癸 金水運氣(水運主氣)

壬申歲年 庚子始月 壬癸甲乙 水木運氣(木運主氣)

癸酉歲年 壬子始月 甲乙丙丁 木火運氣(火運主氣)

上記秩序 六十甲子 陰陽配位 合化順行

甲己合土 乙庚合金 丙辛合水 丁壬合木

戊癸合火 陰陽配合 年中主運 五氣流周

年運前半 天干合化 司天運氣 陰陽流轉

年運後半 地支合化 司地運氣 陰陽流轉

八方上下 天體宇宙 十方世界 擴張原理(膨脹秩序)

四方四圍 四邊軸土 열두마당 縮小原理(凝縮秩序)

十方五界 五運五氣 三六度數 空間運行(宇宙本質廻向秩序)

八方八卦 八象八變 四五度數 空間性象(宇宙性象變易秩序)

열두마당 五氣流周 三十變數 地氣運行(地氣運行秩序)

十二性象 相互同調 天地調和 生命創造(核生命創造秩序)

十進秩序 十方空界 天體運行 宇宙原理

三十度變 地氣秩序 三六度變 五星秩序

四五度變 空間秩序 六十度變 立體秩序

十二秩序 天地同調 八角秩序 空間原理

六角秩序 核化原理 五角秩序 運行原理

四角秩序 安定原理 三角秩序 凝縮原理

二角秩序 破壞原理 一角秩序 消滅原理

圓滿秩序 本體原理 無角無邊 無極秩序(無極原理)

五變運行 七十二變 天運五氣 變易秩序(天體運行原理)

六變運行 六十度變 地運六氣 變易秩序(地氣運行原理)

天地同調 五星六角 立體秩序(天地核化原理)

空間五運 地上六氣 五生六道 諸行秩序(諸行原理)
七十二度 六十度變 空間度數 時空秩序(時空原理)
三十度道 三十六度 天地運行 變易秩序(天地運行原理)
天體運行 秩序原理 三十六度 n倍變易(安定宇宙秩序)
地氣運行 秩序原理 三十度正 n倍變易(安定地球秩序)
三十六度 十進流周 三百六拾 十方天界(十方宇宙原理)
三十正度 十二進周 三百六拾 十二地界(十二界地氣原理)
天地同調 宇宙萬法 個體同時 全體同調(統一場原理)
天地緣起 相互同調 因緣고리 끈의고리(緣起秩序)
無盡生起 無盡消滅 無盡緣起 無極本質(恒常秩序)
生起窮極 消滅窮極 無極寂滅 一切適靜(寂滅秩序)
同調干涉 生起消滅 窮極生滅 無常緣起(無常秩序)
相生相剋 善惡無記 融合運行 生起消滅(融合秩序)
相生相剋 善惡無記 個體運行 生滅現象(生滅秩序)
天運變易 五運五氣 五星左旋 五邊生剋(生剋秩序)
天氣獨居 右旋相剋 天氣合化 左旋相生(運行秩序)
天體運氣 穴場照臨 穴核同調 生命創造(創造秩序)
五氣五德 地氣圓滿 生命創造 人格完成(人格形成秩序)
五氣五常 穴核凝縮 人間生命 創造同調(同調秩序)
五氣五行 相生相剋 陰陽配合 三合同居(合居秩序)
五氣運行 生氣流轉 地氣運行 生氣融結(運行秩序)
天地運氣 陰陽同調 絶對坐向 形成原理(絶對坐向秩序)
天體地球 相生同調 相對坐向 形成原理(相對坐向秩序)
天地運氣 穴核同調 時空同時 特性發現(同調特性發現秩序)
當該年月 當該運氣 當該穴場 當該同調(天地運氣同調秩序)
當該年月 當該祖孫 當該運氣 當該同調(祖孫穴核同調秩序)
當該年月 當該穴場 當該祖孫 當該發應(天地人同調秩序)

穴場構成 順次秩序 生命構成 同一原理

一次入力　入首頭腦　生氣聚集　安定意志
二次入力　入穴明堂　核室形成　生産意志
三次入力　靑蟬纏護　核室育成　生起意志
四次入力　白蟬纏護　核室育成　均衡意志
五次入力　穴核基底　圓滿核室　完成意志
六次入力　頭腦融聚　生氣融蓄　供給意志
七次入力　纏脣聚氣　生氣容器　配位意志
八次入力　靑蟬旋縮　穴核凝結　凝縮意志
九次入力　白蟬旋縮　穴核凝結　收藏意志
十次入力　穴核圓滿　生命活動　存續意志
十一十二　十三十四　十五再次　融結意志
頭腦以前　入首來脈　逆順同調　因果應報
入首前節　一節穴核　二節白金　三節靑木
四節明堂　五節頭腦　六節穴場　七節八節
九節十節　來脈逆順　先到基底　後着核果
一六水運　二七火運　三八木運　四九金運
五十土運　成穴秩序　順次構成　生命創造(創造秩序原理)
地氣入力　秩序原理　生命創造　秩序同一
一次腎膀　二次心小　三次肝膽　四次肺大
五次脾胃　六七八九　十次核果　五臟六腑(生命形成秩序)

穴場形成　秩序原理　五臟六腑　形成秩序
一次入力　膀胱生起　二次入力　心臟生起
三次入力　靑膽生起　四次入力　白肺生起
五次入力　胃腸生起　六次入力　腎臟生起
七次入力　小腸生起　八次入力　肝臟生起
九次入力　大腸生起　十次入力　脾臟生起
當該年月　當該祖孫　當該臟腑　因果原理
當該年月　當該穴場　當該臟腑　興亡盛衰

一六水運 核力發現 申子辰年 坤壬乙年(子丑合年, 丁壬合年)
　　　　　　　　　　　　　　　(巳申, 丙辛)
二七火運 核力發現 寅午戌年 艮丙辛年(午未合年, 丙辛合年)
　　　　　　　　　　　　　　　(卯戌, 戊癸)
三八木運 核力發現 亥卯未年 乾甲丁年(卯戌合年, 甲己合年)
　　　　　　　　　　　　　　　(寅亥, 丁壬)
四九金運 核力發現 巳酉丑年 巽庚癸年(辰酉合年, 乙庚合年)
　　　　　　　　　　　　　　　(坤申, 辛戌)
五十土運 核力發現 辰戌丑未 乾坤艮巽(甲己之年, 戊己之年)
　　　　　　　　　　　　　　　(辰戌丑未)

子丑合化 年月日時 五十土運 核力發現(脾胃因果)⊖土
甲己合化 年月日時 五十土運 核力發現(脾胃因果)⊕土
寅亥合化 年月日時 三八木運 核力發現(肝膽因果)⊖木
丁壬合化 年月日時 三八木運 核力發現(肝膽因果)⊕木
卯戌合化 年月日時 二七火運 核力發現(心小因果)⊖火
戊癸合化 年月日時 二七火運 核力發現(心小因果)⊕火
辰酉合化 年月日時 四九金運 核力發現(肺大因果)⊖金
乙庚合化 年月日時 四九金運 核力發現(肺大因果)⊕金
巳申合化 年月日時 一六水運 核力發現(腎膀因果)⊖水
丙辛合化 年月日時 一六水運 核力發現(腎膀因果)⊕水
午未火土 年月日時 火土核力 發現秩序

4) 八卦局勢 坐向設計 여덟마당 境界設定

玄水立坐 壬子癸線 境界마당 넘지말고
朱火立向 丙午丁線 境界마당 넘지말고
靑木橫軸 甲卯乙線 震中心을 잃지말고
白金橫軸 庚酉辛線 兌中心을 잃지말고
坎離震兌 乾坤艮巽 局勢氣運 살펴볼세

坎離玄朱 하늘氣運 主靈客神 나투이고
震兌靑白 하늘氣運 魂魄陰陽 次序吉神
艮坤陰軸 하늘氣運 天地陰氣 胎動吉神
乾巽陽軸 하늘氣運 天氣陽氣 胎動吉神
坎離辰巽 陽卦四局 少陽少陰 陰陽配位
乾坤艮兌 陰卦四局 太陽太陰 陰陽配位
天體垣局 陰陽秩序 配位關係 四象特性
地氣圓滿 Energy場 凝縮安定 陰陽特性
여덟마당 天體垣氣 穴場四果 上下同調
열두마당 地氣環境 穴場四果 四方同調
天體垣氣 局特性場 地氣風水 穴特性場
地氣風水 安定凝縮 天體垣氣 安定要因
八卦原理 先天秩序 열두마당 後天秩序

5) 天體天運 八卦同宮 玄朱靑白 四神同調

壬子癸坎 北天主靈 穴場玄宮 天地主帝
丙午丁離 南天客靈 穴場朱宮 天地客朝
甲卯乙震 東天魂靈 穴場靑宮 左補護神
庚酉辛兌 西天魄靈 穴場白宮 右補護神
丑艮寅關 左天關門 靑木天關 魂靈保育
戌乾亥關 右天關門 白金天關 白靈保育
辰巽巳關 左地關門 靑朱關鎖 風水安定
未坤申關 右地關門 白朱關鎖 風水安定
天關地關 穴場關門 天地同調 五氣安定
天關地關 關門不實 天殺八曜 地殺黃泉
陽庫關門 天地旺生 壬子丙午 主客安定
陰庫關門 左右旺生 甲卯庚酉 魂魄安定
天關天氣 天運入力 地關地氣 風水入力

天關強健 入脈健實 地關安定 風水善吉
天關不實 邪氣侵入 地關不實 風水侵入
天關秩序 天運特性 地關秩序 地氣特性
天運照臨 地氣朝應 天關天眼 地關肉眼
天氣關門 乾艮均強 天殺邪氣 不入穴場
地氣關門 巽坤明確 風殺水殺 邪氣不入
天關地關 均強安配 穴場明堂 力量增大
左關右關 秩序安定 穴核特性 圓滿品格
左天關門 客氣侵入 玄青干涉 水木病患
右天關門 客氣侵入 玄白干涉 水金病患
左地關門 客氣侵入 青朱干涉 木火病患
右地關門 客氣侵入 白朱干涉 金火病患
左天關門 定格穴場 丑艮寅實 甲己丑合居(同調)
右天關門 定格穴場 戌乾亥實 戌戌癸合居(同調)
右地關門 定格穴場 辰巽巳結 戌辰丁合居(同調)
左地關門 定格穴場 未坤申結 己未庚合居(同調)
壬子穴場 壬子年月 壬子日生 壬子發應(地關同調)
丙午穴場 丙午年月 丙午日生 丙午發應(天關同調)
甲卯穴場 甲卯年月 甲卯日生 甲卯發應(右天左地 關門同調)
(甲己合場 甲己合年 甲己合日 甲己合發)
庚酉穴場 庚酉年月 庚酉日生 庚酉發應(左天右地 關門同調)
(乙庚合場 乙庚合年 乙庚合日 乙庚合發)

6) 穴場穴核 理氣性相 本質現象 因果原理

穴場穴核 理氣本性 非不可結 非不可分
穴場穴核 生命秩序 不可結性 不可分性
穴場穴核 不可結性 不可分的 不可結相
穴場穴核 不可分性 不可結的 不可分相

穴場穴核　不可結相　不可分的　不可結性
穴場穴核　不可分相　不可結的　不可分性
穴場穴核　不可結相　離散進行　生氣不融
穴場穴核　不可分相　凝縮進行　生氣融聚
不可結則　不可分行　不可分則　不可結行
不可結則　現象廻向　不可分則　本性廻向
穴場穴核　眞面目相　不可分中　不可分相
穴場穴核　假面目相　不可結中　不可結相
不可分中　不可分相　眞龍眞的　生起廻向
不可結中　不可結相　無記死滅　消滅廻向
生氣穴核　理氣結行　龍局結行　生命創造
無記穴核　理氣分行　龍局分行　寂滅廻向
立體分擘　不可分行　線體分擘　不可結行
立體線體　不可分結　生氣死氣　不可分結
델타集合　不可分結　스타集合　不可結分
不可分中　不可結體　不可結中　不可分體
델타結中　스타分果　스타分中　델타結果
聚氣結中　離散分體　離散分中　聚氣結體
生氣結中　無記分體　無記滅中　生氣結體
生起無記　離集分結　理氣性相　形用現象
生起無記　生命秩序　生起消滅　緣起發現
陰陽生死　無記因緣　生氣死氣　無記緣起
生老病死　生長收藏　生中無記　死中無記
始終無記　無記生滅　無記因緣　生滅現象
生起無記　死滅無記　無記生果　無記死果
陽生無記　蔭生無記　陽果無記　陰果無記
無記陰陽　非陰非陽　無記形相　非形非相
生氣穴核　生起生命　死氣穴核　死氣消滅
無記穴核　無記生命　無記結行　顯生未生

生氣穴核 生氣發現 死氣穴核 死氣發現
無記穴核 無記發現 無記發現 無記生命
無記穴核 四人敗節 亥壬寅甲 巳丙申庚
無記穴核 四財敗節 子癸卯乙 午丁酉辛
無記穴核 四病敗節 丑艮辰巽 未坤戌乾
無記穴核 三字人敗 乾亥壬字 艮寅甲字 ⎫
無記穴核 三字人敗 巽巳丙字 坤申庚字 ⎬ 誤死 病敗 孫敗
無記穴核 三字貴敗 亥壬子水 寅甲卯木 ⎫
無記穴核 三字貴敗 巳丙午火 申庚酉金 ⎬ 官訟 貴敗
無記穴核 三字貴敗 壬子癸水 甲卯乙木 ⎫
無記穴核 三字貴敗 丙午丁火 庚酉辛金 ⎬ 官訟 貴敗
無記穴核 三字財敗 子癸丑字 卯乙辰字 ⎫
無記穴核 三字財敗 午丁未字 酉辛戌字 ⎬ 破産 盜賊
無記穴核 三字財敗 癸丑艮字 乙辰巽字 ⎫
無記穴核 三字財敗 丁未坤字 辛戌乾字 ⎬ 盜賊 破産
無記穴核 三字病敗 丑艮寅字 辰巽巳字 ⎫
無記穴核 三字病敗 未坤申字 戌乾亥字 ⎬ 不具 人敗 孫敗 相避
無記穴核 三字病敗 艮寅甲字 巽巳丙字 ⎫
無記穴核 三字病敗 坤申庚字 乾亥壬字 ⎬ 人敗 孫敗
貴因富敗 貴地不配 子癸午丁 卯乙酉辛
富因孫敗 富地不配 丑艮未坤 辰巽戌乾
孫因貴敗 孫地不配 亥壬巳丙 寅甲申庚

※ 註：刑沖破害 干涉殺이 因緣케 되면 橈棹 聚氣 不發 死無記요
　　　반드시 (人敗財敗病敗)(官訟盜賊相避)(誤死破産不具)가 發生된다.

7) 穴場穴核 生成原理 來脈意志 山靈因果

善吉穴核 善吉龍脈 善吉山靈 善吉發現

來脈靈魂	山本意志	善吉核果	生起生成
集合意志	生起指向	立體聚突	圓正核果
會合意志	活動指向	立體分擘	相互同調
離散意志	無記死脈	散發洩氣	相互干涉
分擘正脈	相互同調	穴場核果	靈魂創造
生命意志	生起現象	核果生成	廻向意志
線體分擘	纏育意志	圓滿會合	生氣發生
消滅意志	會合不能	離散死滅	刑沖破害
不正分擘	無記意志	無記核果	無記因果
善吉分擘	善吉靈魂	善吉同調	善吉因果
集合意志	靈魂會合	善吉穴板	善吉發現
入首頭腦	聚突意志	四神集合	穴靈創造
朱火纏脣	聚抱凝縮	主客神靈	陰陽因果
左右蟬翼	會合神靈	核果生成	同調意志
善吉集合	善吉靈魂	善吉創造	善吉發應
善吉會合	善吉四神	善吉同調	善吉生命
聚突形態	聚突生命	會合形態	生命活動
善吉穴核	善吉眞局	善吉眞神	四圍平等
善吉眞局	四神同調	玄朱青白	四圍凝縮
北玄水神	南朱火神	東靑木神	西白金神
核黃土神	自律意志	天靈地靈	同調意志
善吉眞神	玄朱忠神	靑白孝神	上下本靈
智靈禮敬	仁德義勇	精神魂魄	自律信念
善吉穴核	主靈客神	魂魄安定	靈魂統一
善吉眞局	善吉天體	善吉凝縮	善吉發現
善吉天體	善局同調	天干發現	天星照應
善吉天星	甲庚丙壬	四位同調	陽性照應
善吉天星	乙辛丁癸	四位同調	陰性照應
善吉天星	乾坤艮巽	四位同調	中星照監

善吉天星 坤壬乙運 三位同調 水星照監
善吉天星 乾甲丁運 三位同調 木星照監
善吉天星 艮丙辛運 三位同調 火星照監
善吉天星 巽庚癸運 三位同調 金星照監
善吉天星 五位合居 壬丙甲庚 戊辰戊戌相助
善吉天星 五位合居 乙辛丁癸 己丑己未相助
善吉天星 陰陽合居 甲己乙庚 丙辛丁壬(戊癸合火)
善吉天星 穴核同調 天地陰陽 合成同調(五行同調)
善吉風水 外氣安定 核氣保全 育成增大
善吉穴核 風水吉神 水神朝來 風神藏聚
來脈水神 穴前融聚 藏聚風神 穴核安定
風水陰陽 善吉同調 穴核生命 生氣凝縮
風水陰陽 均衡安定 生命生起 育成發現
風中水氣 眞風眞水 善路出入 穴場流入
入穴眞風 眞水融聚 地氣融合 核氣增幅
水中風氣 生氣融合 穴場安定 核氣調潤
左旋風水 白金拒取 貴官男名 善吉發現
右旋風水 靑木拒取 富武女財(才) 善吉發現
環境吉神 善吉風水 善路通行 善門出入
吉神風水 外垣還抱 大門入庭 庭中融聚
風水吉神 Energy Zone 大門庭園 玄關居室
居室安定 風水吉神 基核基頭 地核增幅
增幅基核 房門入室 內室凝氣 人氣上昇
庭園吉神 基頭安定 明堂凝縮 地氣增大
玄關入室 居室安定 地核凝縮 基頭安定
居室吉神 房門入室 內室基頭 陰陽安定
明堂入定 風水吉神 陰宅陽宅 核氣積聚
明堂流入 風水凶神 穴核刑沖 破害損失
庭園居室 流入吉神 內室家族 安寧吉氣

庭園居室 流入凶神 健康財物 破損流失

居室內室 流入風水 左旋安定 男貴發現

居室內室 流入風水 右旋安定 女富發現

입실吉神 順行凝縮 每事善吉 順理發現

居室內室 充分空間 風水吉神 入定安寧

外神風水 逆行洩氣 惡神惡氣 逆理發露

風水拒收 大門玄關 吉神吉事 吉氣積聚

風水同去 大門玄關 凶神凶事 凶氣積惡

風水洩氣 內室房門 孫財貴命 離散敗退

過多風水 流入大門 穴核遠離 巽巳設定

過少風水 流入大門 穴核近接 乙辰設定

靑木風水 入庭入室 官貴萬福 出世男孫

白金風水 入庭入室 富貴武財 積德女孫

水藏風神 安定入室 萬福康寧 子孫繁榮

乘風水神 安定入室 富貴孫命 厚德子孫

冬季風水(冷濕風水) 凶神凶氣 夏季風水(溫和風水) 吉神吉氣

夜間風水 關門不利 晝間風水 關門有利

夜間風水 下降洩氣 晝間風水 上昇縮氣

穴場穴核 去水風吹 生氣脫散 消滅絶祠

穴場穴核 怨嗔直長 穴前不融 努力虛事

穴場穴核 生氣聚凝 種子萌芽 天地萬物

穴場穴核 核心信念 仁義禮智 天性人心

穴場穴核 借靈山川 天地造化 種性改造

穴場穴核 葬者乘氣 生生之生 死氣不居

穴場穴核 萬物生育 葬法不實 萬物消盡

穴場穴核 裁穴正法 形勢優善(先) 理氣次善(先)

穴場穴核 無氣死土 生育斷切 葬者不還

穴場穴核 乘法一義 深則上行 洩則下行

穴場穴核 適宜深洩 涸燥深葬(天穴) 平垣洩葬(地穴)

穴場穴核　陰深陽洩　形陰氣陽　形陽氣陰
穴場穴核　窩鉗陰穴　形陰氣陽　葬法宜洩
穴場穴核　乳突陽穴　形陽氣陰　葬法宜深
穴場穴核　窩鉗形陰　陽氣外發　關聚洩乘
穴場穴核　乳突形陽　陰氣內縮　合關深取
穴場穴核　厚陽穴核　乳突⊖沈　深取關土
穴場穴核　薄陰穴核　窩鉗⊕浮　洩乘配土
穴場穴核　石中土明　安石圓抱　孝子大發

8) 穴場堂板 天地氣運 年月日時 運行(發應)原理

天地氣運　穴場堂中　天地照臨　地氣發應
天體氣運　照應秩序　甲己之年　甲己照應
乙庚之年　乙庚照應　丙辛之年　丙辛照應
丁壬之年　丁壬照應　戊癸之年　戊癸照應
天地合氣　天地合年　天氣地氣　照臨發應
甲寅乙卯　丙午丁巳　戊辰戊戌　己丑己未
庚申辛酉　癸亥壬子　年月日時　同調干涉
子丑之年　子丑發應　寅亥之年　寅亥發應
卯戌之年　卯戌發應　辰酉之年　辰酉發應
巳申之年　巳申發應　午未之年　午未發應
天地合年　天地合應　陰陽合年　陰陽合應
合居之年　合居發應　三合之年　三合發應
申子辰年　申子辰發　寅午戌年　寅午戌發
亥卯未年　亥卯未發　巳酉丑年　巳酉丑發
合居人年　合居場發　丑寅戌亥　辰巳未申
子午卯酉　寅申巳亥　辰戌丑未　四緣發應
刑沖破害　年月日時　穴場不備　惡運到來
刑沖破害　穴場部位　年月日從　惡運惡緣

吉時吉場　吉運特發　惡時惡場　惡運特發
天地合年　天地合應　陰陽合時　陰陽合應
亥子丑年　亥子丑生　亥子丑場　玄水發應
寅卯辰年　寅卯辰生　寅卯辰場　靑木發應
巳午未年　巳午未生　巳午未場　朱火發應
申酉戌年　申酉戌生　申酉戌場　白金發應
申子辰生　申子辰年　申子辰穴　申子辰發
寅午戌生　寅午戌年　寅午戌穴　寅午戌發
亥卯未生　亥卯未年　亥卯未穴　亥卯未發
巳酉丑生　巳酉丑年　巳酉丑穴　巳酉丑發
甲己之生　甲己合月　甲己當穴　甲己發現
乙庚之生　乙庚合月　乙庚當穴　乙庚發現
丙辛之生　丙辛合月　丙辛當穴　丙辛發現
丁壬之生　丁壬合月　丁壬當穴　丁壬發現
戊癸之生　戊癸合月　戊癸當穴　戊癸發現
坤壬之場　坤壬之年　坤壬之生　坤壬之發
艮丙辛場　艮丙辛年　艮丙辛生　艮丙辛發
乾甲丁場　乾甲丁年　乾甲丁生　乾甲丁發
巽庚癸場　巽庚癸年　巽庚癸生　巽庚癸發
坤屬未申　艮屬丑寅　乾屬戌亥　巽屬辰巳
坎屬亥子　離屬巳午　震屬寅卯　兌屬申酉
壬乙坤子　丙辛艮午　乾甲丁卯　巽庚癸酉(左旋秩序)
壬乙己卯　丙辛己酉　戊甲丁午　戊庚癸子(右旋秩序)
坤中未申　艮中丑寅　乾中戌亥　巽中辰巳(相續秩序)
壬中亥子　丙中巳午　甲中寅卯　庚中申酉(相續秩序)
戊辰中辰巳　戊戌中戌亥　陽中陰陽　陰中陽陰(變易秩序)
乙中卯辰　辛中酉戌　丁中午未　癸中子丑(相續秩序)
坤(丁己未庚)　艮(癸己丑甲)　乾(辛戊戌壬)　巽(乙戊辰丙)(過現未)
坎屬玄水　離屬朱火　巽屬靑木　兌屬白金(八卦屬性)

乾屬金水　巽屬木火　坤屬土金　艮屬木土(八卦屬性)
壬乙己場　壬乙己年　壬乙己生　壬乙己發
甲丁戊場　甲丁戊年　甲丁戊生　甲丁戊發
丙辛己場　丙辛己年　丙辛己生　丙辛己發
戊庚癸場　戊庚癸年　戊庚癸生　戊庚癸發
富龍穴場　官星財星　人命合一　富貴厚德
貴龍穴場　印星食星　催官兼權　三公職位
亥子丑印　巳午未官　寅卯辰食　申酉戌財
五星五氣　陰陽穴場　辰戌丑未　無記比劫
穴場堂板　要逆必歸　明堂明穴　陰陽明了
穴場無全　聖人無完　無全地理　天地不均
穴場無平　南北(子午)傾斜　西北(乾坎)周密　東南(巽離)空虛
玄水發氣　亥子丑年　朱火發氣　巳午未年
靑木發氣　寅卯辰年　白金發氣　申酉戌年

3. 穴場 性理 因果 原理

1) 穴場形成 基本五果 特性作用 因果應報

來龍陰陽　四神陰陽　陽來陰局　陰來陽局
陽來陰受　陰來陽受　陽穴陰核　陰穴陽核
陽穴乳突　陰穴窩鉗　陽核乳突　陰核窩鉗
陽穴陰核　陰穴陽核　陽突陰平　陰順陽應
陽凸陰凹　陽强陰柔　陽內陰外　陽高陰低
陽明陰暗　陽進陰停　陽集陰散　陽聚陰融
陽山陰水　陽玄陰朱　陽靑陰白　陽拒陰去
陽明穴場　祖朝相凝　陽明山水　聚集融抱
陽生陰死　陽祖陰孫　陽先陰次　陽動陰靜
　　　　（⊖氣）（⊕氣）

陽善陰惡 陽美陰醜 陽吉陰凶 陽大陰小
陽直陰曲 陽硬陰軟 陽厚陰薄 陽長陰短
陽明穴場 陽明人物 陰鬱穴場 陰鬱人物
強健穴場 強健人物 柔弱穴場 柔弱人物
本脈穴場 本孫人物 傍脈穴場 傍孫人物
正脈穴場 正脈人物 偏脈穴場 偏脈人物
열두마당 穴形態틀 人間生命 再創造틀
圓滿具足 端正氣運 圓正人格 Energy場
四定位틀 Energy場 極貴大人 君子出地
子午卯酉 四正位틀 極品官貴 主導子孫
寅申巳亥 四猛位틀 武人檢警 萬福子孫
辰戌丑未 四庫位틀 財富官庫 大器晩成
△合位틀 Energy場 專門人格 明了特器
申子辰水 貴格特器 官公社會 秀長人格
寅午戌火 富格特器 客神社會 秀長人格
亥卯未木 祿長特器 進取社會 人氣人物
巳酉丑金 財技特器 檢警藝技 改革人物
子丑合土 陰陽配位 玄水奇發 特異頭腦
寅亥合木 陰陽配位 靑白異合 特異行動
卯戌合火 陰陽配位 靑白別合 特異才能
辰酉合金 陰陽配位 靑白從屬 爭取性品
巳申合水 陰陽配位 無分別合 火急人品
午未相合 陰陽配位 獨立結合 多樣人品
亥子丑水 太過玄武 特異頭腦 客神不及
巳午未火 太過朱雀 特異心臟 主靈空亡
寅卯辰木 太過靑龍 特異肝膽 魂魄不均
申酉戌金 太過白虎 特異肺大 陰陽不均
亥丑分水 分離印受 主靈分烈 意志不安
巳未分火 分離官星 客神分烈 禮敬不安

寅辰分木 分離食神 仁德分烈 長生太强

申戌分金 分離財星 義勇分列 收藏太强

子寅辰陽 水木成長 午申戌陽(陰) 火金庫藏

未巳卯陰(陽) 木火相生 丑亥酉陰 金水相生

子午對稱 印官相應 卯酉對稱 傷偏相置(相馳)

寅申對稱 食財相等 辰戌對稱 食財相交

丑未對稱 偏偏相從 巳亥對稱 偏偏相爭

天地配合 天干坐向 左旋入首 左旋水到

天地配合 地支坐向 右旋入首 右旋水到

壬子入穴 壬坐穴場 左旋入首 左旋水到

壬子入穴 子坐穴場 右旋入首 右旋水到

乾亥入穴 乾坐穴場 左旋入首 左旋水到

乾亥入穴 亥坐穴場 右旋入首 右旋水到

直來直坐 入脈穴場 地氣坐向 于先하고

左旋從變 入脈穴場 天氣坐向 于先하며

右旋從變 入脈穴場 地氣坐向 于先하고

左旋橫變 入脈穴場 天氣坐向 于先하고

右旋橫變 入脈穴場 地氣坐向 于先한다.

主山玄水 直來穴場 地氣坐向 于先하고

樂山玄水 左右成穴 入脈偏側 坐를두고

鬼砂凝縮 左右成穴 入首偏側 坐를둔다

長房僞主 立坐于先 次房僞主 立向于先

壬子坐向 甲丙戊庚(癸亥 壬子 不安 不平)

癸丑坐向 乙丁己辛(壬子 癸丑 不安 不平)

艮寅坐向 丙戊庚壬(癸丑 甲寅 不安 不平)

甲卯坐向 丁己辛癸(甲寅 乙卯 不安 不平)

乙辰坐向 戊庚壬甲(乙卯 丙辰 不安 不平)

巽巳坐向 己辛癸乙(丙辰 丁巳 不安 不平)

丙午坐向 庚壬甲丙(丁巳 戊午 不安 不平)

丁未坐向 辛癸乙丁(戊子 己未 不安 不平)
坤申坐向 壬甲丙戊(己未 庚申 不安 不平)
庚酉坐向 癸乙丁己(庚申 辛酉 不安 不平)
辛戌坐向 甲丙戊庚(辛酉 壬戌 不安 不平)
乾亥坐向 乙丁己辛(壬戌 癸亥 不安 不平)
壬子坐向 甲丙中心 癸丑坐向 乙丁中心
艮寅坐向 丙戊中心 甲卯坐向 丁己中心
乙辰坐向 戊庚中心 巽巳坐向 己辛中心
丙午坐向 庚壬中心 丁未坐向 辛癸中心
坤申坐向 壬甲中心 庚酉坐向 癸丁中心
辛戌坐向 甲丙中心 乾亥坐向 乙丁中心
壬子脈穴 帝旺貴節 癸丑脈穴 冠帶富節
艮寅脈穴 長生(建祿)孫節 甲卯脈穴 帝旺貴節
乙辰脈穴 冠帶富節 巽巳脈穴 帝旺孫節
丙午脈穴 帝旺貴節 丁未脈穴 冠帶富節
坤申脈穴 建祿(病)孫節 庚酉脈穴 帝旺貴節
辛戌脈穴 庫宮富節 乾亥脈穴 胞官孫節
壬子坐向 戊丙胎宮 癸丑坐向 丁辛庫養
艮寅坐向 丙戊長生 甲卯坐向 癸卯長生
乙辰坐向 丙庚帶養 巽巳坐向 己癸旺胎
丙午坐向 壬丙胎旺 丁未坐向 乙丁養冠
坤申坐向 壬甲長胞 庚酉坐向 乙丁胞長
庚酉坐向 乙丁胞長 辛戌坐向 甲丙養庫
乾亥坐向 丁辛胎浴 入穴坐向 分金吉凶
壬子穴坐 癸亥分金 玄水强旺 可用坐向
癸丑穴坐 壬子分金 正玄增幅 可用坐向
艮寅穴坐 癸丑分金 冠帶連動 可用坐向
甲卯穴坐 甲寅分金 青木官祿 可用坐向
乙辰穴坐 乙卯分金 青木官祿 可用坐向

巽巳穴坐 丙辰分金 靑朱連動 可用坐向

丙午穴坐 丁巳分金 朱火强旺 可用坐向

丁未穴坐 戊午分金 朱火冠帶 可用坐向

坤申穴坐 己未分金 朱火冠帶 可用坐向

庚酉穴坐 庚申分金 白金官祿 可用坐向

辛戌穴坐 辛酉分金 白金强旺 可用坐向

乾亥穴坐 壬戌分金 白玄連動 可用坐向

玄水朱火 同調穴場 水火旣濟 Energy틀

玄水靑木 同調穴場 水木增長 Energy틀

玄水白金 同調穴場 水金技藝 Energy틀

朱火靑木 同調穴場 火木成就 Energy틀

朱火白金 同調穴場 火金取藏 Energy틀

壬子坐向 壬子分金 子丑連動 子癸無記(不配)

癸丑坐向 癸丑分金 丑寅連動 丑艮無記(不配)

艮寅坐向 甲寅分金 寅卯連動 寅甲無記(不配)

甲卯坐向 乙卯分金 卯辰連動 卯乙無記(不配)

乙辰坐向 丙辰分金 辰巳連動 辰巽無記(不配)

巽巳坐向 丁巳分金 巳午連動 巳丙無記(不配)

丙午坐向 戊午分金 午未連動 午丁無記(不配)

丁未坐向 己未分金 未申連動 未坤無記(不配)

坤申坐向 庚申分金 申酉連動 申庚無記(不配)

庚酉坐向 辛酉分金 酉戌連動 酉辛無記(不配)

辛戌坐向 壬戌分金 戌亥連動 戌乾無記(不配)

乾亥坐向 癸亥分金 亥子連動 亥壬無記(不配)

天地氣運 緣起秩序 天陽地陰 陽陰配位

天父地母 陽陰配合 天父地子 陽陰不配

山水父子 山水母女 相續因緣 緣起陽陰

玄朱陽陰 父母夫婦 陽陰配位 緣起配合

玄水朱火 同調穴場 男女和睦 主客和合

玄水靑木 同調穴場 生長進取 長孫仁德
玄水白金 同調穴場 財技武藝 次孫智義
朱火靑木 同調穴場 長生成就 參子出世
朱火白金 同調穴場 收庫蓄積 末子興旺
近玄凝縮 Energy를 智慧子孫 官貴速發
近案凝縮 Energy를 禮敬社會 富貴官星
近靑凝縮 Energy를 長孫健康 出世意志
近白凝縮 Energy를 次孫健康 武富藝技
近水左旋 靑水還抱 靑雲意志 出世成就
近水右旋 白水還抱 蓄才意志 婦財功德
近水朝來 火水融聚 累萬富貴 功德社會
夜時穴場 平穩玄風 極品富貴 벼슬子孫
晝時穴場 平穩朱風 巨富巨匠 名振四海
朝時穴場 平穩靑風 靑雲出世 벼슬子孫
夕時穴場 平穩白風 收藏富壽 昌盛子孫
水口風入 左旋安定 靑白同調 先官後富
水口風入 右旋安定 白靑同調 先富後貴
水口風入 越靑散走 先孫患亂 後富患亂
水口風入 越白散走 先富患亂 後孫患亂
朱火바람 頭腦直沖 先富心亂 後貴孫亂
左朱바람 靑肩直沖 先交脾亂 後孫官亂
右朱바람 白肩直沖 先學心亂 後藝胃亂
玄水바람 纏脣直沖 先貴腎亂 後庫破財
右玄바람 靑腕直沖 先腎子亂 後胃肝亂
左玄바람 白腕直沖 先脾長亂 後大脚亂
靑肩바람 白腕直沖 先肝官亂 後肺大亂
白肩바람 靑腕直沖 先肺武亂 後肝胃亂
靑肘바람 白朱直沖 先肝膽亂 後肺大亂
白肘바람 靑肘直沖 先富武亂 後官孫亂

夜時陰風　穴場直沖　富貴孫腦　刑破患亂
晝時強風　穴場直沖　社會富庫　刑破患亂
夜時陰風　靑白越沖　靑白子孫　刑破患亂
晝時強風　靑白越沖　富貴官孫　刑破患亂
子寅辰突　頭靑同調　午申戌突　纒白同調
丑亥酉平　頭白安定　未巳卯平　纒靑安定
子寅辰突　出世子孫　午申戌突　巨富子孫
亥子丑旺　巳午未盛　玄朱同調　特發穴場
寅卯辰旺　申酉戌盛　靑白同調　特發穴場
亥子丑旺　壬子發現　巳午未盛　丙午發現
寅卯辰旺　寅辰發現　申酉戌盛　辛戌發現
子寅辰平　富貴不利　午申戌平　財庫不利
丑亥酉突　玄白逆性　未巳卯突　朱靑逆性
亥子丑平　玄水無記　巳午未平　朱火無記
寅卯辰平　靑木無記　申酉戌平　白金無記
子寅辰平　頭靑無記　午申戌平　纒白無記
丑亥酉突　案孫無記　未巳卯突　支孫無記
子午玄朱　陽突安定　卯酉靑白　平厚安定
寅申靑白　陽突安定　巳亥朱玄　平厚安定
辰戌靑白　陽突安定　丑未玄朱　平厚安定
子午卯酉　突平安定　寅申巳亥　突平安定
　　　　　⊕⊖　　　　　　　　⊕⊖
辰戌丑未　突平安定　陽生聚突　陰生厚平
　　　　　⊕⊖

2) 穴場核果 陰陽配位 相生相剋 因果原理

一切存在　善果原理　三大因緣　必須條件
一次因緣　人間因緣　二次因緣　時間因緣
三次因緣　空間因緣　三大因緣　必須合成

人間因緣 人氣同調 木火因緣 木火發應
時間因緣 勢運同調 火金因緣 火金發應
(消滅進行 地球因果 初秋過程 火金特性)
空間因緣 地氣同調 水土因緣 水土發應
좋은사람 善緣만나 좋은일을 圖謀하고
좋은時節 善緣만나 좋은열매 맺게되고
좋은터전 善緣만나 草家三間 집을짓네
人氣運氣 地氣三要 理事成就 三大條件
三要相互 合成因果 必然善生 이어가고
必然善生 쌓고쌓여 極樂淨土 이룩하네
年柱因緣 初年發應 月柱因緣 中年發應
日柱因緣 長年發應 時柱因緣 子孫發應
玄水因緣 氣骨根源 氣骨血肉 相互同調
朱火因緣 血肉活動 血肉筋經 相互同調
青木因緣 筋經活動 筋經循還 相互同調
白金因緣 呼吸活動 呼吸皮肉 相互同調
穴場因緣 臟腑活動 核心生命 自律意志
遠祖因緣 年月因子 穴板外局 同調因緣
近祖因緣 日時因子 穴場堂板 五果因緣

玄水陽突	朱火陽突	陽中陰陽	抱陰擁陽
(壬子正印)	(丙午正官)	(玄陽朱陰)	朱抱玄擁
(癸丑左印)	(巽巳右官)	(癸陽巽陰)	丑巳同調(配位)
(乾亥右印)	(丁未左官)	(乾陽丁陰)	亥未同調(配位)

青木陽突	白金陽突	陽中陰陽	陰陽相配
(艮寅陽食)	(辛戌陽財)	(青陽白陰)	(相配財庫)
(乙辰陽食)	(坤申陽財)	(乙陽坤陰)	(相配富貴)
(甲卯陰食)	(庚酉陰財)	(甲陽庚陰)	(相配貴祿)
(平)	(平)		

玄水陽陰　壬子癸丑　朱火陽陰　丙午丁未
青木陽突　艮寅乙辰　甲卯陰平　青木蜿蜒
白金陽突　辛戌坤申　庚酉陰平　白金蹲踞
青白陽陰　乙辰庚酉　青白陰陽　甲卯辛戌
壬子陽突　子癸陰平　癸丑陽突　丑艮陰平 ⎫
艮寅陽突　寅甲陰平　甲卯陽突　卯乙陰平 ⎪
乙辰陽突　辰巽陰平　巽巳陽突　巳丙陰平 ⎪
丙午陽突　午丁陰平　丁未陽突　未坤陰平 ⎬ 現想穴場陰陽相
坤申陽突　申庚陰平　庚酉陽突　酉辛陰平 ⎪
辛戌陽突　戌乾陰平　乾亥陽突　亥壬陰平 ⎭

壬子丙午　中心配位　壬子⊕受　丙午⊖授
甲卯庚酉　橫心配位　甲卯⊕護　庚酉⊖衛
癸丑丁未　左軸配位　癸丑⊕得　丁未⊖得
乾亥巽巳　右軸配位　乾亥⊕得　巽巳⊖得
乙辰辛戌　靑關配位　乙辰⊕得　辛戌⊖得
艮寅坤申　白關配位　艮寅⊕得　坤申⊖得
子丑午未　玄朱配位　子丑⊕得　午未⊖得
寅亥巳申　左右配位　寅亥⊕得　巳申⊖得
卯戌辰酉　中腰配位　卯戌⊕得　辰酉⊖得

子丑配位　玄水陰陽　子⊕丑⊖　入力受授
寅亥配位　玄青陰陽　寅⊕亥⊖　印食相生
卯戌配位　青白陰陽　卯⊖戌⊕　傷財侍立
辰酉配位　青白陰陽　辰⊕酉⊖　食財侍立
巳申配位　白朱陰陽　巳⊖申⊕　官財均衡
午未配位　朱火陰陽　午⊕未⊖　左官安定
辰巳配位　青朱陰陽　辰⊕巳⊖　食官安定
未申配位　朱白陰陽　未⊖申⊕　官財安定

子午相對 玄朱陽陰 子⊕午⊖ 印官安定 ⎫
卯酉相對 青白陽陰 卯⊖酉⊖ 傷財偏安 ⎪
丑巳相對 左玄右朱 丑⊖巳⊖ 印官偏安 ⎪
亥未相對 右玄左朱 亥⊖未⊖ 印官偏安 ⎬ 相對陰陽
寅戌相對 青白陽陰 寅⊕戌⊕ 食財安定 ⎪
辰申相對 青白陽陰 辰⊕申⊕ 食財安定 ⎪
寅申相對 青白均突 寅⊕申⊕ 食財兩立 ⎪
辰戌相對 青白均突 辰⊕戌⊕ 食財兩起 ⎭

亥巳相峙 玄朱葛藤 亥⊖巳⊖ 印官偏配 ⎫
丑未相峙 玄朱葛藤 丑⊖未⊖ 印官偏配 ⎬ 不配陰陽
卯酉相峙 青白相爭 卯⊖酉⊖ 傷財不配 ⎭

壬丙相對 玄朱陽陰 壬⊕丙⊖ 玄朱配位(印官配位) ⎫
甲庚相對 青白陽陰 甲⊕庚⊖ 青白配位(傷財偏配) ⎪
癸丁相對 玄朱左配 癸⊕丁⊖ 印官偏坐(左偏) ⎬ 相對方位
乾巽相對 玄朱右配 乾⊕巽⊖ 印官偏坐(右偏) ⎪ 陰陽秩序
艮坤相對 青白右配 艮⊖坤⊕ 食財安定 ⎪
乙辛相對 青白左配 乙⊕辛⊖ 食財安定 ⎭

子⊕丑⊖　寅⊕卯⊖　辰⊕巳⊖　午⊕未⊖　申⊕酉⊖　戌⊕亥⊖

壬癸均玄 天運安定 亥丑均玄 地氣安定
丙丁均朱 天火安定 巳未均朱 地火安定
甲乙均青 天木安定 寅辰均青 地木安定
庚辛均白 天白安定 戌申均白 地白安定
乾艮均等 青白安配 巽坤均等 青白安藏
壬丙甲庚 天照均等 穴場四圍 天運照臨
乾坤艮巽 天照均等 穴場四間 天運動起
乙辛丁癸 天照均等 穴場四庫 天運收藏
子午卯酉 巳申均等 四圍地鬼 平等發現

寅申巳亥　巳申均等　四猛地鬼　特異發露

辰戌丑未　巳申均等　四庫地鬼　特異守收

子午安定　主客安定　主靈客神　腎心安定

卯酉安定　魂魄安定　青靈白靈　肝肺安定

寅申安定　左右安定　青白右神　膽大安定

亥巳安定　上下安定　玄朱右鬼　腎心安定

辰戌安定　左右安定　青白左神　脾胃安定

丑未安定　上下安定　玄朱左鬼　脾胃安定

玄水正鬼　特異鬼神　極品貴祿　總靈人物

玄水兩鬼　雙秀鬼神　極品智慧　官貴人物

朱火正官　特異客神　極品配位　社功人物

朱火兩官　雙秀客神　天地貴人　双手拱敬

青木食曜　雙秀侍立　極品官祿　行事人物

青木傷曜　特異侍立　極品祿馬　稱頌人物

白金財曜　雙秀侍立　極品財祿　藝武人物

白金偏曜　特秀侍立　極武極技　祿衣人物

子午陽軸　正配印官　智靈禮敬　少陰君火

卯酉陰軸　兩配傷偏　仁義兩常　陽明燥金

寅申兩陽　兩配食財　德勇兩常　少陽相火

巳亥兩陰　陰配印官　鬼智管文　厥陰風木

辰戌兩陽　陽配食財　仁義清常　太陽寒水

丑未兩陰　陰配印官　貴命管財　太陰濕土

子午卯酉　陽天旺宮　陰天祿宮　胞胎生宮

寅申巳亥　陰天旺宮　陽天祿宮　胞胎生宮

辰戌丑未　陽天藏宮　陰天養宮　陽衰陰帶

陽天旺宮　陰天生宮　陰天旺宮　陽天生宮

子午玄朱　壬丙旺胎　亥巳玄朱　癸丁旺胎

卯酉青白　甲庚旺胎　寅申青白　乙辛旺胎

辰木陽庫　甲丁衰宮　庚癸養宮　丙乙帶宮

戌金陽庫 庚癸衰宮 甲丁養宮 壬辛帶宮

丑水陰庫 壬乙衰宮 丙辛養宮 甲癸帶宮

未火陰庫 丙辛衰宮 壬乙養宮 庚丁帶宮

辰戌丑未 四庫藏宮 壬丙辛乙 庚甲丁癸

子午卯酉 四正貴地 壬丙甲庚 四旺胎宮(四死地宮)

子午卯酉 四正貴地 辛乙癸丁 四生祿宮(四病地宮)

陰陽旺宮 對天胎宮 陰陽生宮 對天病宮

3) 草家三間 三位合成 類類相從 因緣果報

人間因緣 空間因緣 時間因緣 類類相從

사람因緣 터전因緣 時節因緣 配位相得

玄水 果報	中正印綬 正玄壬子 正變入首 直坐直得
	壬子日生 子午年月 子午强健 自悟發現
	壬子日生 壬丙年月 壬丙强健 任秉發現

左玄 果報	左⊕偏印 左玄癸丑 左出縱變 左旋右得
	癸丑日生 丑巳年月 丑巳强健 祝辭發現
	癸丑日生 癸巽年月 癸巽强健 繼孫發現

右玄 果報	右⊖偏印 右玄乾亥 右出縱變 右旋左得
	乾亥日生 亥未年月 亥未强健 解美發現
	乾亥日生 乾丁年月 乾丁强健 健丁發現

朱火 果報	中正官星 正朱丙午 正變朝案 撞背朝來
	丙午日生 午子年月 午子均强 烏子發現(烏衣子)
	丙午日生 丙壬年月 丙壬均强 並任發現

左朱 果報	左⊕偏官 左朱丁未 左旋圍抱 左旋右得
	丁未日生 未亥年月 未亥均强 彌偕發現
	丁未日生 丁乾年月 丁乾均强 淨乾發現

右朱
果報 { 右⊖偏官 右朱巽巳 右旋圍抱 右旋左得
　　　巽巳日生 巳丑年月 巳丑均强 士祝發現
　　　巽巳日生 巽癸年月 巽癸均强 遜計發現

※ 三間因緣(人空時間) 生旺墓宮 十二運星 因果原理

壬子日生 申子辰年 申子辰穴 申子辰發 (金水因果)(坤壬乙)

丙午日生 寅午戌年 寅午戌穴 寅午戌發 (木火因果)(艮丙辛)

甲卯日生 亥卯未年 亥卯未穴 亥卯未發 (水木因果)(乾甲丁)

庚酉日生 巳酉丑年 巳酉丑穴 巳酉丑發 (火金因果)(巽庚癸)

癸丑日生 巳酉丑年 巳酉丑穴 巳酉丑發 (水金因果)(未來勢)

　　　　(亥卯未年 亥卯未穴 亥卯未發)(水木因果)(過去性)

乾亥日生 亥卯未年 亥卯未穴 亥卯未發 (水木因果)(未來勢)

　　　　(寅午戌年 寅午戌穴 寅午戌發)(戊戌癸因果)(過去性)

丁未日生 亥卯未年 亥卯未穴 亥卯未發 (火木因果)(未來勢)

　　　　(巳酉丑年 巳酉丑穴 巳酉丑發)(火金因果)(過去性)

巽巳日生 巳酉丑年 巳酉丑穴 巳酉丑發 (火金因果)(未來勢)

　　　　(申子辰年 申子辰穴 申子辰發)(戊辰丁因果)(過去性)

艮寅日生 寅午戌年 寅午戌穴 寅午戌發 (木火因果)(未來勢)

　　　　(巳酉丑年 巳酉丑穴 巳酉丑發)(甲己丑因果)(過去性)

乙辰日生 申子辰年 申子辰穴 申子辰發 (木水因果)(未來勢)

　　　　(亥卯未年 亥卯未穴 亥卯未發)(水木因果)(過去性)

坤申日生 申子辰年 申子辰穴 申子辰發 (金水因果)(未來勢)

　　　　(亥卯未年 亥卯未穴 亥卯未發)(庚己未因果)(過去性)

辛戌日生 寅午戌年 寅午戌穴 寅午戌發 (金火因果)(未來勢)

　　　　(巳酉丑年 巳酉丑穴 巳酉丑發)(重金因果)(過去性)

靑木 果報	中正食傷	中靑甲卯	左育侍立	左圍還得
	甲卯日生	卯酉年月	卯酉均健	妙由發現
	甲卯日生	甲庚年月	甲庚均健	甲慶發現
靑肩 果報	左肩食神	上靑艮寅	上肩育成	靑貴男得
	艮寅日生	寅申年月	寅申均健	仁信發現
	艮寅日生	艮坤年月	艮坤均健	幹昆發現
靑腕 果報	左腕食神	下靑乙辰	下腕凝縮	朱靑同調
	乙辰日生	辰戌年月	辰戌均健	眞術發現
	乙辰日生	乙辛年月	乙辛均健	恥愼發現
白金 果報	中正偏財	中白庚酉	右育侍立	右圍還得
	庚酉日生	酉卯年月	酉卯均健	裕廟發現
	庚酉日生	庚甲年月	庚甲均健	慶厓發現
白肩 果報	右肩正財	上白辛戌	上肩育成	武富藝得
	辛戌日生	戌辰年月	戌辰均健	述眞發現
	辛戌日生	辛乙年月	辛乙均健	信耴發現
白腕 果報	右腕正財	下白坤申	右腕凝縮	朱白同調
	坤申日生	申寅年月	申寅均健	信印發現
	坤申日生	坤艮年月	坤艮均健	困艱解決

4) 穴場觀法 陰陽秩序 陽突于先 陰平次先

穴場觀法 心眼慧眼 淸淨本眼 法眼佛眼
好山好穴 憎山憎穴 執山執穴 着山着穴
喜山喜穴 恕山恕穴 哀山哀穴 惡山惡穴
七情觀察 七情山穴 圓滿心性 圓滿山穴
行山行穴 過山過穴 遊山遊穴 示山示穴
望山望穴 接山接穴 看山看穴 觀山觀穴
省山省穴 察山察穴 心山心穴 靈山靈穴
風水自然 山穴自然 主客自然 法山法穴

子午卯酉　于先觀察　子午玄朱　主靈客神

寅申巳亥　于先觀察　寅申青白　陰陽魂魄

辰戌丑未　于先觀察　辰戌陽軸　陰陽對稱

入首頭腦　陽突圓正　纏脣立體　安定容器

青白蟬翼　均衡意志　纏護育成　凝縮同調

鬼官曜砂　特發凝集　同調安定　圓滿穴核

子寅辰午　申戌陽突　丑亥酉未　巳卯陰平

子午先觀　卯酉後察　寅戌先觀　辰申後察

頭腦纏脣　青白蟬翼　穴場圓暈　穴核中心

界水明堂　陽突陰平　來龍入首　四神構造

風水方位　陰陽리듬　陽先後陰　靜先後動

申子辰水　于先觀察　子辰水木　벼슬集中

寅午戌火　于先觀察　寅午木火　社會集中

乙辰坤申　均衡凝縮　申子辰官　透出子孫

艮寅申戌　均衡凝縮　寅午戌富　透出子孫

靈通智慧　玄水特發　壬子特聚　△合明堂

神通智慧　朱纏特發　丙午特聚　△合明堂

旁通智慧　青白特發　甲卯庚酉　△合明堂

靈通智慧　前生解脫　上達天文　下達地理

神通智慧　現生得道　見性成佛　下化衆生

旁通智慧　前生修行　六波羅密　八正道行

生而智識　靈通得道　天地蔭德　萬事亨通

學而智識　神通得道　陰陽恩德　大明子孫

困而知識　旁通得道　積善積德　祖上蔭德

大通大道　解脫大智　靈通得智　靈通光明

神通得智　見門開眼　旁通得智　耳門開眼

5) 穴場穴運 發現秩序 十二方別 順次流周

一六同調 玄水得神 二七同調 朱火得神

三八同調 靑木得神 四九同調 白金得神

五十同調 穴核得神 七八七九 關門得神

頭中先一 左右後六 纏中先二 左右後七

(壬子先一) (癸丑乾亥) (丙午先二) (巽巳丁未)

靑中先三 上下後八 白中先四 上下後九

(甲卯先三) (艮寅乙辰) (庚酉先四) (辛戌坤申)

巽關(巳關)先七 辰關後八 坤關(未關)先七 申關後九

歲運穴運 相互同調 穴場陰陽 相生同調

玄水歲運 一六同調 亥子丑年 穴運得神

朱火歲運 二七同調 巳午未年 穴運得神

靑木歲運 三八同調 寅卯辰年 穴運得神

白金歲運 四九同調 申酉戌年 穴運得神

關門歲運 七八九運 巽巳坤申 穴運得神

例) 壬子年月 日時에는 (1月 6月 11月) (1日 6日 11日 16日 21日 26日) 順
　　次로 時運 同一의 子巳戌時에 當該人事가 當該發應한다.

子午同調 玄朱得神 丑巳同調 左玄右朱

亥未同調 右玄左朱 寅戌同調 上靑上白

辰申同調 下靑下白 寅亥同調 玄靑均制

辰酉同調 下靑中白 卯戌同調 中靑上白

子丑同調 靑木入力 巳申同調 朱白均制(破口同調)

午未同調 朱火發露 巽坤同調 關門安定

※ 玄水後着 待期原理

　　先到玄水 後着意志

　　1·6聚起 次序融聚

成穴延期 融聚轉換
玄水待期 入首待期
蟬翼待期 纏脣待期

6) 穴場穴核 特性場別 發現運勢 因果原理

穴場穴核 生成秩序 特性發應 時運秩序
玄水生成 1・6秩序 頭腦聚突 停止秩序
朱火生成 2・7秩序 入穴纏脣 陰陽秩序
靑蟬生成 3・8秩序 靑蟬育凝 左旋秩序
白蟬生成 4・9秩序 白蟬育凝 均衡秩序
穴場生成 5・10秩序 同調凝縮 安定秩序
生成發現 基本秩序 年運從屬 合一發應(統合秩序)
當該年運 當該穴場 當該特性 當該作用
當該年運 當該人事 當該穴性 當該特發
絶對坐向 絶對發現 相對坐向 相對發現
絶對坐向 基本秩序 相對坐向 補完秩序
絶對坐向 相對坐向 相互同調 合一發現
絶對坐向 年月發應 相對坐向 日時發應
入首頭腦 申子辰發 朱火纏脣 寅午戌發
靑木蟬翼 亥卯未發 白金蟬翼 巳酉丑發
黃土穴核 辰戌丑未 四神局勢 十干發應
玄水壬癸 朱火丙丁 靑木甲乙 白金庚辛
天中戊土 戊_辰戊_戌 地中己土 己_未己_丑
藏風得水 風水發應 四季朝夕 陰陽變化
寅卯辰巳 生氣發應 午未申酉 生育發應
戌亥子丑 收藏發應 辰戌丑未 中氣發應
當該用事 當該發應 當該年月 當該作用
使用年月 當該穴場 該當年月 該當作用

申子辰年　頭腦特發　寅午戌年　纏脣特發

亥卯未年　靑木特發　巳酉丑年　白金特發

辰戌丑未　穴核特發　十干年月　四神上下

三合年月　三合特發　二合年月　二合特發

合居年月　合居特發　同調年月　同調特發

干涉年月　干涉穴場　干涉運勢　干涉作用

當該年月　當該人事　當該穴場　當該同調

7) 穴場穴核 最善發應 三間因緣 同調原理

壬子穴場　壬子日生　壬子年月　壬子發應 ⎫
丁壬子丑　年月日生　壬子穴核　最吉發現 ⎭　中玄發應

丙午穴場　丙午日生　丙午年月　丙午發應 ⎫
丙辛午未　年月日生　丙午穴核　最吉發現 ⎭　中朱發應

甲卯穴場　甲卯日生　甲卯年月　甲卯發應 ⎫
甲寅己卯　年月日生　甲卯穴核　最吉發現 ⎭　中靑發應

庚酉穴場　庚酉日生　庚酉年月　庚酉發應 ⎫
庚申乙酉　年月日生　庚酉穴核　最吉發現 ⎭　中白發應

癸丑穴場　癸丑日生　癸丑年月　癸丑發應 ⎫
戊子癸丑　年月日生　癸丑穴核　最吉發現 ⎭　左玄發應

乾亥穴場　乾亥日生　乾亥年月　乾亥發應 ⎫
戊戌癸亥　年月日生　乾亥穴核　最吉發現 ⎭　右玄發應

巽巳穴場　巽巳日生　巽巳年月　巽巳發應 ⎫
戊辰癸巳　年月日生　巽巳穴核　最吉發現 ⎭　右朱發應
（丁巳）

丁未穴場　丁未日生　丁未年月　丁未發應 ⎫
丁未壬午　年月日生　丁未穴核　最吉發現 ⎭　左朱發應

$$\left\{\begin{array}{l}\text{艮寅穴場} \quad \text{艮寅日生} \quad \text{艮寅年月} \quad \text{艮寅發應} \\ \text{甲寅己丑} \quad \text{年月日生} \quad \text{艮寅穴核} \quad \text{最吉發現}\end{array}\right\} \text{上靑發應}$$
　　（癸丑）

$$\left\{\begin{array}{l}\text{乙辰穴場} \quad \text{乙辰日生} \quad \text{乙辰年月} \quad \text{乙辰發應} \\ \text{乙卯庚辰} \quad \text{年月日生} \quad \text{乙辰穴核} \quad \text{最吉發現}\end{array}\right\} \text{下靑發現}$$

$$\left\{\begin{array}{l}\text{辛戌穴場} \quad \text{辛戌日生} \quad \text{辛戌年月} \quad \text{辛戌發應} \\ \text{丙戌辛酉} \quad \text{年月日生} \quad \text{辛戌穴核} \quad \text{最吉發現}\end{array}\right\} \text{上白發現}$$

$$\left\{\begin{array}{l}\text{坤申穴場} \quad \text{坤申日生} \quad \text{坤申年月} \quad \text{坤申發應} \\ \text{庚申己未} \quad \text{年月日生} \quad \text{坤申穴核} \quad \text{最吉發現}\end{array}\right\} \text{下白發現}$$
　　（丁未）

寅午戌穴　寅午戌生　寅午戌年　寅午戌發(朱火發現)

亥卯未穴　亥卯未生　亥卯未年　亥卯未發(靑木發現)

巳酉丑穴　巳酉丑生　巳酉丑年　巳酉丑發(白金發現)

地氣合穴　地支合生　地支合年　地氣合發(六合發現)

天運合穴　天干合生　天干合年　天運合發(五運發現)

玄朱合穴　玄朱合生　玄朱合年　玄朱合運

靑白合穴　靑白合生　靑白合年　靑白合運

天地合穴　天地合生　天地合年　天地合發

天關合穴　天關合生　天關合年　天關合發

(丑艮寅關　戌乾亥關　陰陽合年　陰陽合發)

地關合穴　地關合生　地關合年　地關合發

(辰巽巳關　未坤申關　陰陽合年　陰陽合發)

丑寅合穴　丑寅合生　丑寅合年　丑寅合發

戌亥合穴　戌亥合生　戌亥合年　戌亥合發

辰巳合穴　辰巳合生　辰巳合年　辰巳合發

未申合穴　未申合生　未申合年　未申合發

子丑合穴　子丑合生　子丑合年　子丑合發

寅亥合穴　寅亥合生　寅亥合年　寅亥合發

卯戌合穴 卯戌合生 卯戌合年 卯戌合發
辰酉合穴 辰酉合生 辰酉合年 辰酉合發
巳申合穴 巳申合生 巳申合年 巳申合發
午未合穴 午未合生 午未合年 午未合發
甲己合穴 甲己合生 甲己合年 甲己合發
乙庚合穴 乙庚合生 乙庚合年 乙庚合發
丙辛合穴 丙辛合生 丙辛合年 丙辛合發
丁壬合穴 丁壬合生 丁壬合年 丁壬合發
戊癸合穴 戊癸合生 戊癸合年 戊癸合發

刑沖破穴 刑沖破生 刑沖破年 刑沖破發(年月日時 刑沖破殺 共히 作用)
寅巳申穴 寅巳申生 寅巳申年 戌乾亥殺(寅巳申刑)
丑戌未穴 丑戌未生 丑戌未年 辰巽巳殺(丑戌未刑)
巳申亥穴 巳申亥生 巳申亥年 丑艮寅殺(巳申亥刑)
寅巳亥穴 寅巳亥生 寅巳亥年 未坤申殺(寅巳亥刑)
丑辰未穴 丑辰未生 丑辰未年 戌乾亥殺(丑辰未刑)
寅申亥穴 寅申亥生 寅申亥年 辰巽巳殺(寅申亥刑)
戌未辰穴 戌未辰生 戌未辰年 丑艮寅殺(戌未辰刑)
辰丑戌穴 辰丑戌生 辰丑戌年 未坤申殺(辰丑戌刑)

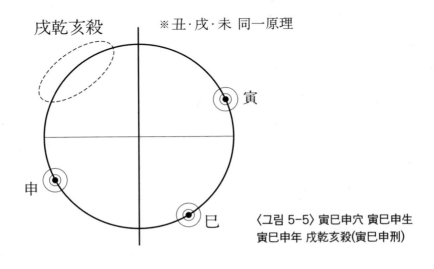

〈그림 5-5〉 寅巳申穴 寅巳申生
寅巳申年 戌乾亥殺(寅巳申刑)

8) 穴核發運 十二因緣 天地運氣 因果原理

緣起因果
正玄子水
- 甲卯浴水　乙辰病休　巽巳胎關　丙午胎盤
- 丁未胞水　坤申祿關　庚酉水葬　辛戌生起
- 乾亥胎水　壬子旺水　癸丑祿水　艮寅浴關

緣起因果
正朱午火
- 甲卯火葬　乙辰生起　巽巳火關　丙午猛火
- 丁未祿火　坤申祿火　庚酉火浴　辛戌火病
- 乾亥旺炎　壬子胎熱　癸丑胞火　艮寅炎祿

緣起因果
中青卯木
- 甲卯旺林　乙辰祿林　巽巳病風　丙午浴風
- 丁未病木　坤申病關　庚酉胎風　辛戌胞木
- 乾亥浴關　壬子死木　癸丑生風　艮寅祿關

緣起因果
中白酉金
- 甲卯燥胎　乙辰燥胞　巽巳燥葬　丙午燥死
- 丁未生金　坤申旺關　庚酉猛劍　辛戌金祿
- 乾亥病關　壬子金浴　癸丑燥病　艮寅生關

丑水因果
左玄緣起
- 甲卯帶水　乙辰衰水　巽巳養關　丙午養土
- 丁未庫藏　坤申庫關　庚酉庫藏　辛戌養土
- 乾亥養關　壬子衰土　癸丑帶水　艮寅庫關

亥水因果
右玄緣起
- 甲卯生水　乙辰死水　巽巳胞關　丙午胞水
- 丁未胎水　坤申胎關　庚酉病水　辛戌浴水
- 乾亥旺關　壬子祿水　癸丑旺水　艮寅胎生

寅木因果
上青緣起
- 甲卯祿風　乙辰旺風　巽巳生風　丙午生木
- 丁未死風　坤申死關　庚酉胞木　辛戌胎風
- 乾亥生關　壬子病床　癸丑木浴　艮寅祿關

辰木因果
下青緣起
- 甲卯衰風　乙辰冠木　巽巳帶關　丙午帶木(冠風)
- 丁未衰土　坤申衰關　庚酉養土　辛戌庫土
- 乾亥冠木　壬子庫藏　癸丑養木　艮寅衰土

戌金因果
上白緣起
- 甲卯養土　乙辰庫藏　巽巳庫關　丙午庫土
- 丁未養金　坤申養關　庚酉衰金　辛戌冠土
- 乾亥庫金　壬子冠金　癸丑衰土　艮寅養關

$$申金因果\atop 下白緣起\left\{\begin{array}{l}甲卯胞金 \quad 乙辰胎金 \quad 巽巳病關 \quad 丙午病金\\ 丁未浴金 \quad 坤申帶關 \quad 庚酉帶金 \quad 辛戌旺金\\ 乾亥病關 \quad 壬子生金 \quad 癸丑死金 \quad 艮寅浴關\end{array}\right.$$

※ 辰戌丑未 四庫藏地 天體運氣 十二因緣

$$\left\{\begin{array}{l}辰庫藏宮 \quad 丙乙同冠 \quad 甲丁同衰 \quad 庚癸同養\\ 戌庫藏宮 \quad 壬辛同冠 \quad 庚癸同衰 \quad 甲丁同養\\ 丑庫藏宮 \quad 甲癸同冠 \quad 壬乙同衰 \quad 丙辛同養\\ 未庫藏宮 \quad 丁庚同冠 \quad 丙辛同衰 \quad 壬乙同養\end{array}\right.$$

9) 穴場穴核 二十四方 陰陽生成 因果原理

(1) 穴場穴核 地氣陰陽 萬物生成 原理不變

　　子丑寅卯 辰巳午未 申酉戌亥 根本不動

　　⊕⊖⊕⊖ ⊕⊖⊕⊖ ⊕⊖⊕⊖

(2) 穴場穴核 八卦方位 陰陽生成 基本原理(對稱陰陽)

(3) 干支陰陽(天地陰陽)은 (1)(2) 陰陽秩序에 從屬됨

4. 時空 存在 因果 原理

1) 空性存在 統一力場 風水核力 因果原理

宇宙本質 寂靜本空 빈가득空 빈가득場
宇宙本體 無常眞空 찬가득空 찬가득場
찬가득空 相互關係 空間運行 秩序形成
찬가득場 相互作用 時間運行 秩序形成
空間運行 形成秩序 五運五氣 五行原理
時間運行 形成秩序 열두마당 核場原理
天體同調 Energy場 一切空間 圓滿因果
天地同調 Energy場 一切時空 凝縮核果
空間相互 Energy場 一切圓滿 同調秩序
空間相互 同調干涉 時空力場 形成秩序
空間力場 時間力場 一切同時 合成同調
合成同調 統一力場 圓滿天體 宇宙秩序
合成同調 時空力場 天體運行 自律意志
時空合成 一切同調 個體全體 統一力場
同調干涉 合成力場 生滅無常 統一力場
十干十方 空間力場 同調干涉 統合秩序
十二支場 時間力場 同調干涉 統合意志
天地合成 時空力場 三合陰陽 同調力場
天地合成 時空力場 刑沖破害 干涉力場
天地同調 統一力場 生命生起 統一核場
天地干涉 統一力場 生命消滅 統一滅場
生起消滅 合成力場 本空眞空 統一空場
生命生起 統一核場 天地萬物 形成原理
本空眞空 統一空場 天地萬物 還元原理
時空一切 統一力場 天地萬物 運行原理

빈空찬空 恒常空場 一切空性 統一原理
빈空찬空 相互同調 빈空찬空 形成原理
빈空찬空 相互干涉 빈空찬空 維持原理
빈空가득 寂靜있어 찬空가득 現象일고
찬空가득 生滅있어 빈空가득 寂滅담네
빈空가득 찬空가득 統一力場 自律意志
빈空찰때 찬空돕고 찬空찰때 빈空돕고
빈空찬空 相互關係 비면차고 차면비고
自律空場 統一意志 統一力場 空性意志
自律空性 統一空性 恒常無常 一切意志
빈가득場 生겨나면 찬가득場 함께하고
찬가득場 生겨나면 빈가득場 함께하니
빈가득場 가득할제 찬가득場 가득하고
찬가득場 가득할제 빈가득場 가득하네
存在本質 現象本質 絶對平等 相對平等
恒常寂靜 無常生滅 恒常고요 無常變易
絶對安定 相對安定 本體眞空 現象眞空
빈가득空 찬가득空 빈가득場 찬가득場
時空一切 本質本體 時空平等 無常廻向
存在本體 本性本質 一如不變 不生不滅
宇宙本體 空間本質 빈가득場 찬가득場
時空一切 宇宙本體 時空平等 無常變易
無盡緣起 空間存在 無盡變易 時間存在
無盡關係 無盡作用 時空存在 無常現象
無盡無極 無窮本性 恒常無常 時空一切
空間生則 時間卽生 時間生則 空間卽生
空間滅則 時間卽滅 時間滅則 空間卽滅
時空生則 無常卽生 無常生則 現象變易
時空滅則 時空寂滅 無盡寂滅 無盡廻向

無盡廻向　無極本性　恒常無常　同一空性
無盡變易　無極廻向　本性廻向　無盡緣起
本質廻向　宇宙本體　無量無邊　無窮無盡
一切廻向　一切秩序　一切原理　一切力場
一切力場　統一力場　一切存在　時空力場
宇宙本體　一切空場　宇宙現象　統一力場
一切空場　一切力場　빈가득場　찬가득場
빈가득空　찬가득空　一切平等　自律意志
빈가득場　찬가득場　一切力場　統一意志
同調干涉　一切現象　統一力場　安定意志
本體空性　現象空場　一切安定　統一意志
空性空場　本質現象　絕對安定　自律意志
絕對空場　絕對安定　無盡力場　無盡安定
無盡力場　無盡安定　統一力場　自律意志
無盡빈場　無盡찬場　本體現象　一切意志
本體現象　一切原理　빈空찬空　統一意志
빈空빈場　찬空찬場　緣起秩序　因果意志
빈空찬空　圓滿秩序　絕對平等　安定意志
빈空빈場　虛空秩序　찬空찬場　廻向意志
찬空찬場　圓融秩序　빈空빈場　廻向意志
虛空秩序　圓融秩序　빈空찬空　一切意志
빈空찬空　一切秩序　統一力場　一切意志
宇宙本體　무엇인고　地球核果　무엇인가?
宇宙空場　무엇인고　地球核場　무엇인가?
統一場은　무엇이고　核力場은　무엇인가?
本質世界　어떠하고　本體모습　어떠하며
恒常世界　어떠하고　無常世界　어떠한가?
本質本性　恒常하고　本體모습　如如한데
現象本性　無常하고　現象모습　生滅할제

恒常無常 어떠하고 如如生滅 어떠한가?
恒常無常 本來性理 恒常平等 그대로고
如如生滅 本來모습 絶對廻向 安定인데
恒常本質 무엇이고 無常現象 무엇인가?
虛空世界 빈모습은 빈가득場 빈가득空
宇宙萬相 찬모습은 찬가득場 찬가득空
빈가득은 어찌되고 찬가득은 어찌되며
빈가득場 찬가득場 差別相은 무엇인가?
없어짐이 窮盡하니 없는곳도 끝이없고
있어짐이 窮盡하니 있는곳도 끝이없네
끝이없는 없어짐이 빈空가득 恒常하고
끝이없는 있어짐이 찬空가득 恒常하니
빈가득空 찬가득空 恒常속에 함께있네
있는것이 흩어질땐 흩어져서 없어지고
없는것이 있어질땐 모이여서 있어지네
흩어짐이 끝이없어 있던것이 없어지고
모여짐이 끝이없어 없던것이 있어지네
끝이없이 흩어지면 빈가득空 되여지고
끝이없이 모여지면 찬가득空 되어지니
빈가득엔 빈가득場 찬가득엔 찬가득場
빈가득場 찬가득場 無量無邊 한덩일세
빈가득場 無盡緣起 無盡빈空 되어지고
찬가득場 無盡緣起 無盡찬空 되어지니
빈空찬空 한덩이가 흩어지고 모여지네
빈空찬空 한덩이가 無盡緣起 因果롤세
빈가득의 빈자리는 찬가득의 廻向處요
찬가득의 찬자리는 빈가득의 廻向處라
빈가득은 찬가득을 찬가득은 빈가득을
빈가득은 채워지고 찬가득은 비워지고

비우면서 채워지고 채우면서 비워지고
비고차고 한마음이 차고비고 한몸일세
빈것보면 비여있고 찬것보면 채워있고
빈것찬것 함께보면 빈것찬것 하나이고
찬것빈것 따로보면 찬것빈것 둘이되니
함께보면 한맘이요 따로보면 두맘이라.
한맘두맘 그因果가 빈空찬空 되어지네
빈가득이 가득할제 虛空寂滅 寂靜되고
찬가득이 가득할제 相互關係 無常하네
빈가득空 寂滅本空 찬가득空 現象眞空
빈가득場 고요하고 찬가득場 生滅하니
빈가득은 없어지고 찬가득은 生겨나네
없어짐은 무엇이고 生겨남은 무엇인가?
죽은목숨 어델가고 산목숨은 어델가나?
오는곳은 어데이고 가는곳은 또어디며
오고가는 그原理는 어느界의 攝理인가?
빈가득의 빈자리는 없는것이 없어진곳
찬가득의 찬자리는 있는것이 있어진곳
있는것은 있는곳에 서로엉켜 있게되고
없는것은 없는곳에 흩어져서 없게되고
있는것도 있는곳도 있고없고 함께하고
없는것도 없는곳도 없고있고 함께하니
있고없고 一切모습 있는듯이 없는듯이
없고있고 一切모습 없는듯이 있는듯이
있는것이 차게되면 찬가득空 되어지고
없는것이 차게되면 빈가득空 되어지며
있는곳이 비게되면 빈가득空 되어지고
없는곳이 비게되면 찬가득空 되어지네
있는곳이 없어질제 빈가득이 生겨나고

없는곳이 없어질제 찬가득이 生겨나며
있는곳이 生겨날제 찬가득이 生겨나고
없는곳이 生겨날제 빈가득이 生겨나네
있는것은 서로서로 있어지고 없어지고
없는것은 따로따로 없어지고 있어지고
있는것이 없어질제 있던자리 비어지고
없는것이 없어질제 없던자리 비어지고
있던곳이 비워질제 없는것이 차게되고
없던곳이 비워질제 있는것이 차게되고
있고없고 비고찰때 빈空찬空 바꿔가네
있고없고 무엇인가? 비고차고 무엇인가?
恒常따라 비여있고 無常따라 차여있는
恒常無常 두原理는 서로다른 意志인가?
빈空찬空 두모습은 서로다른 모습인가?
恒常無常 窮極盡은 恒常無常 한몸되고
恒常無常 窮究境은 本質現象 한맘되네
恒常平等 고요함은 無常現象 本맘이요
無常變易 生滅相은 恒常寂滅 모습일세
恒常고요 本來性品 無常無盡 現象種性
恒常不滅 本來모습 無常不滅 現象相續
恒常平等 本來意志 無常平等 廻向意志
恒常不生 本來모습 無常不生 現象本相
恒常圓滿 本體모습 無常變易 現象秩序
恒常不變 本體本性 無常安定 廻向意志
恒常眞空 本體本相 無常寂空 現象實相
恒常無關 本體理性 無常無盡(緣起) 統一意志(平等意志)
恒常無用 本體本性 無常無盡 統一力場
恒常無實 本體空相 無常實相 生起緣起
恒常無虛 本體空相 無常虛相 寂滅緣起

恒常無常 現象本質 無常恒常 現象實相
恒常無常 實體實相 無常現象 自律意志
恒常無常 빈空찬空 無常現象 空性廻向
恒常實相 絶對平等 無常實相 平等廻向

2) 穴場性相 十二觀法

特次觀法 心中靈合 天地人靈 一切合一
一次觀法 天星照臨 穴場陰陽 性相秩序
二次觀法 穴場基板 地氣地力 入穴秩序
三次觀法 四圍同調 穴場力量 穴器秩序
四次觀法 穴場五果(官) 頭腦纏脣 兩曜穴核
(四次觀法 頭纏鬼官 曜翼穴核 五果秩序)
五次觀法 大小長短 穴場規格 形象秩序
六次觀法 窩鉗乳突 穴場品格 構造秩序
七次觀法 善惡美醜 五果品性 理氣秩序
八次觀法 均衡安定 穴場五常 安定秩序
九次觀法 十二部位 個體品格 特性秩序
十次觀法 穴核圓暈 心性意志 靈能秩序
再次觀法 靈肉合一 心靈肉氣 統合秩序
(再次觀法 觀看合一 心觀六觀 合一觀察)

3) 天地同調 穴場因果 三間配位 最善因緣

當該時節 當該사람 當該穴場 當該發應
壬子丙午 年月日生 玄朱中正 最吉因果
癸丑丁未 年月日生 玄朱左應 最吉因果
癸亥丁巳 年月日生 玄朱右應 最吉因果
己卯己酉 年月日生 靑白正中 最吉因果
甲寅庚申 年月日生 靑白右應 最吉因果

乙卯辛酉 年月日生 靑白左應 最吉因果

戊辰戊戌 年月日生 靑白左應 最吉因果

己丑己未 年月日生 玄朱左應 最吉因果

壬午丙子 年月日生 玄朱相交 上吉因果(同調合居)

癸未丁丑 年月日生 玄朱相交 上吉因果(同調合居)

甲申庚寅 年月日生 靑白相交 上吉因果(同調合居)

乙酉辛卯 年月日生 靑白相交 上吉因果(同調合居)

靑木靑運 靑돌쩌귀 乙辰關實 巳配特果

朱火朱運 朱돌쩌귀 巽巳關實 辰配特果

辰巳配位 쌍돌쩌귀 合緣成就 善果特出

白金白運 白돌쩌귀 坤申關實 未配特果

朱火朱運 朱돌쩌귀 丁未關實 申配特果

未申配位 쌍돌쩌귀 武富藝技 善果特出

4) 穴場特性 發現秩序 先天後天 因果原理

穴場特性 十二方位 天地運氣 發現秩序

天體因緣 先天秩序 地氣因緣 後天秩序

天體因緣 本性相續 先天秩序 種性相續

地氣因緣 種子相續 後天秩序 種子活動

先天秩序 先天因果 先天運勢 運命特性

後天秩序 後天因果 後天氣勢 活命特性

先天因果 天干合居 天體同調 Energy場

後天因果 地支合居 地氣同調 Energy場

天干合居 四定三合 陰陽同調 天性運勢

地支合居 四定三合 陰陽同調 地氣運勢

四定同調 壬丙甲庚 陽圍易場 天性特性

四定同調 乙辛丁癸 陰圍易場 天性特性

四定同調 乾坤艮巽 中圍易場 天性特性

三合同調　天體運勢　四神凝結　種性特性

坤壬乙水　艮丙辛火　乾甲丁木　巽庚癸金

天體立調　天性照應　穴人造性　運勢發現

陰陽同調　天時運勢　四神陰陽　配位特性

　甲己合土　艮坤己丑己未　戊癸合火　乾巽戊戌戊辰

(甲己丑合土金　甲己未合土木)　(戊辰癸合火水　戊戌癸合火火)

乙庚合金　丙辛合水火　丁壬合木　配位同調

甲己同期	丙寅時運	火生土氣	發現秩序
乙庚同期	戊寅時運	土生金氣	發現秩序
丙辛同期	庚寅時運	金生水氣	發現秩序
丁壬同期	壬寅時運	水生木氣	發現秩序
戊癸同期	甲寅時運	木生火氣	發現秩序

地氣合居　四定三合　陰陽同調　氣勢秩序

子午卯酉　四正同調　正變易場　穴人特性

寅申巳亥　四生同調　四神易場　穴人特性

辰戌丑未　四庫同調　四圍軸場　穴人特性

地氣三合　穴人氣勢　中出穴核　發現特性

申子辰水　穴人精靈　緊密凝縮　立體成核

寅午戌火　穴人客靈　收庫安定　藏聚成核

亥卯未木　穴人魂靈　生長育成　成核振作

巳酉丑金　穴人魄靈　均等變革　收藏成核

子丑合土　陰陽同調　穴人玄氣　均衡安定

寅亥合木　陰陽同調　穴人玄靑　入力安定

卯戌合火　陰陽同調　穴人靑白　均配安定

辰酉合金　陰陽同調　穴人靑白　改革安定

四神合水　陰陽同調　穴人朱白　停住安定

午未合火(土)　陰陽同調　穴人品格　保全安定

天體種性　地氣種子　天性運勢　地相氣勢

天地合居　穴核同調　天運地氣　合成特性

壬乙己木　坤壬乙水　去木種性　來水種子(水藏木性)

(亥卯未)過　(申子辰)未　(水種子卽　木性相續)

甲丁戊火　乾甲丁木　去火種性　來木種子(木藏火性)

(寅午戌)過　(亥卯未)未　(木種子卽　火性相續)

庚癸戊水　巽庚癸金　去水種性　來金種子(金藏水性)

(申子辰)過　(巳酉丑)未　(金種子卽　水性相續)

丙辛己金　艮丙辛火　去金種性　來火種子(火藏金性)

(巳酉丑)過　(寅午戌)未　(火種子卽　金性相續)

過去種性　未來種子　天地運氣　去來秩序

바람자면(去木)　물이들고(來水)

불이가면(去火)　나무나고(來木)

물마르면(去水)　금이나고(來金)

금이가면(去金)　불이난다(來火)

過去種性　未來種子　過現未間　三世因緣

(右旋因子)(左旋因子)

過去種性　廻向意志　未來種子　創造意志

過去廻向　未來創造　一心同體　一切意志

申子辰水　子孫意志　亥卯未木　父母生命

寅午戌火　子孫意志　巳酉丑金　父母變革

亥卯未木　子孫意志　寅午戌火　父母康寧

巳酉丑金　子孫意志　申子辰水　父母孝命

申子辰水　創造意志　亥卯未木　玄生靑木

(坤壬乙)水　　　　(壬乙己未)木

寅午戌火　創造意志　巳酉丑金　朱生白金

(艮丙辛)火　　　　(丙辛己丑)金

亥卯未木　創造意志　寅午戌火　靑生朱火

(乾甲丁)木　　　　(甲丁戊戌)火

巳酉丑金	創造意志	申子辰水	白生玄靈
(巽庚癸)金		(庚癸戊辰)水	
天運特性	先天運勢	種性因子	相續意志
地氣特性	後天氣勢	種子因子	活動意志
天干因子	種性意志	父母祖上	根本因緣
地支因子	種子品格	子孫生命	活動因果
天干四位	圓滿秩序	凝縮安定	成核意志
地支四位	圓正秩序	四神安定	生命意志
天干三合	立體秩序	平等均衡	發現意志
地支三合	聚突秩序	融結凝縮	生起意志
天干二合	運行秩序	時空同調	安定意志
地支二合	配位秩序	陰陽同調	均衡意志
甲庚丙壬	戊陽天干	天體生命	活動意志
乙辛丁癸	己陰天干	天體生命	安定意志
子寅辰午	申戌陽支	穴人生命	活動意志
丑亥酉未	巳卯陰支	穴人生命	安定意志
陽干因子	⊕性運勢	主靈主運	發現意志
陰干因子	⊖性運勢	客靈客運	發現意志
陽支因子	⊕性氣勢	Energy體	發現意志
陰支因子	⊖性氣勢	Energy場	發現意志
天干同調	天性特性	生命生成	生起原理
地支同調	地氣特性	生氣同氣	同期活動
天地同調	干支特性	運勢氣勢	生命現象
天運地氣	同調穴場	穴人性相	因果特性
壬丙甲庚	戊突穴場	天性天命	發現意志
乙辛丁癸	己平穴場	天性天命	安定意志
子寅辰午	申戌聚場	地氣人氣	發現意志
丑亥酉未	巳卯平場	地氣人氣	安定意志
甲庚壬丙	四突秩序	四神力量	圓滿意志

乙辛丁癸 四平秩序 四神因緣 圓滿意志
乾巽艮坤 四關秩序 四神結緣 圓滿意志
子午卯酉 四聚秩序 四翼均配 凝集意志
寅申巳亥 四聚秩序 四翼生氣 供給意志
辰戌丑未 四聚秩序 四關活氣 運行意志
坤壬乙水 三聚秩序 入首力量 增大意志
申子辰水 三聚秩序 入穴力量 增大意志
艮丙辛火 三聚秩序 朝朱力量 增大意志
寅午戌火 三聚秩序 朱纏力量 增大意志
乾甲丁木 三聚秩序 青木力量 增大意志
亥卯未木 三聚秩序 青核力量 增大意志
巽庚癸金 三聚秩序 白金力量 增大意志
巳酉丑金 三聚秩序 白核力量 增大意志
中玄壬子 天地陽水 天坦地坦 生命運氣
中朱丙午 天地陽火 天坦地坦 生活運氣
壬子丙午 中正水火 天地穴人 主客運氣
中青中白 左右六神 天地陰陽 立平運氣
甲卯庚酉 左右魂魄 天地生命 活動運氣
乙辰辛戌 左端輔靈 天地生命 均配運氣
艮寅坤申 右端弼靈 天地生命 發應運氣
癸丑丁未 上下輔靈 天地生命 增長運氣
乾亥巽巳 上下弼靈 天地生命 增長運氣
主靈客靈 主席安定 內氣外運 陰陽同調
天地關門 左關右關 穴人生命 內外同調
內神外神 陽得陰得 穴人生命 關門出入
左關出入 青朱主客 內外魂靈 生氣疏通
右關出入 白朱主客 內外魄靈 生氣疏通
左關巽位 青朱關門 左氣呼換 外氣吸改
右關坤位 白朱關門 右氣呼換 外氣吸改

青朱關門　巽巳定位　穴場根本　胎生原理
白朱關門　坤申定位　穴場根本　胎生原理
主勢局勢　風勢水勢　左旋右旋　從變關門
穴場關門　外關大門　穴量關門　內關玄關
內關外關　關門吉凶　內神外神　同調關係
內關玄關　外關大門　內關內神　外關外神
內關⊕關　外關⊖關　左關⊕關　右關⊖關
內關外關　相互同調　內神外神　承氣同調
一番主勢　二番局勢　三番散勢　四番洩勢
主勢龍勢　穴場核勢　局勢四神　風勢水勢(藏風得水)
散勢風吹　穴板傾斜　洩勢去水　穴核漏洩
一番善命　二番吉神　三番四番　命財殺神
主勢善命　內關同調　客勢善神　外關同調
內關內氣　主勢同調　外關外氣　局勢同調
內關內神　先吉先凶　外關外神　後吉後凶
善命呼吸　一番二番　善神出入　二番一番
內氣優善　外氣次善　內關先調　外關後調
內氣⊕神　于先作用　外氣⊖神　次後作用
內關善神　外關善神　內外吉神　最善同調
內關善神　外關凶神　內吉外凶　善吉半減
內關凶神　外關吉神　內凶外吉　善吉不能
內關凶神　外關凶神　內外凶凶　不吉凶亡
內關⊕氣　一百基準　外關⊖氣　六十七十
立體安定　一百基準　庭園安定　六十七十
建物陽神　庭園陰神　玄關大門　百對六十
立體先調　平面後調　玄關先調　大門後調
動的安定　立體安定　靜的安定　平面安定
地氣先調　風水後調　地氣一百　風水六十
地氣陽神　風水陰神　建物一百　庭園六十

地氣同調 優善安定 庭園同調 次善安定
玄關吉神 同調外神 玄關大門 出入善調
玄關同調 ⊕神一百 大門同調 ⊖神六十
玄關大門 最善同調 一百프로 陰陽同調
內外陰陽 最善同調 穴人相生 極吉增大
內關內氣 地家同調 外關外氣 風水同調
內關役割 生氣呼吸 外關役割 吉神出入
風水外氣 陰陽秩序 風陽水陰 相配原理
吉風外氣 陰中陽神 吉水外氣 陰中陰神
陰中陽神 健康同調 陰中陰信 生活同調
地氣陽神 生命同調 宇氣陰神 生命活同(調)
陽基陽宅 陽中陽神 陰基陰宅 陽中陰神
陽基陽宅 生命活動 陰基陰宅 生命創造
玄關內神 生命呼吸 大門外神 生活振作
玄關大門 成穴比重 內關一百 外關六拾
(內破外破) (陽陰比重) (一百프로) (六十프로)
玄關特性 通氣安定 大門特性 通神安定
生命安定 玄關安定 生活安定 大門安定
生命活動 最善安定 玄關大門 最善同調

5) 穴場 形局別 陽得陰得 吉神 定格

陽得腕成 陰得破口 陽得階下 陰得吉神
申子辰坐 三合局穴 申子辰腕 陽得吉神
寅午戌坐 三合局穴 寅午戌腕 陽得吉神
亥卯未坐 三合局穴 亥卯未腕 陽得吉神
巳酉丑坐 三合局穴 巳酉丑腕 陽得吉神
子午卯酉 四定局穴 乾坤艮巽 陰得吉神
寅申巳亥 四定局穴 乙辛丁癸 陰得吉神

辰戌丑未　四定局穴　甲丙庚壬　陰得吉神

坤壬乙坐　三合局穴　申子辰得　階下吉神

乾甲丁坐　三合局穴　亥卯未得　階下吉神

艮丙辛坐　三合局穴　寅午戌得　階下吉神

巽庚癸坐　三合局穴　巳酉丑得　階下吉神

陽得地氣　陰得外氣　陽得完成　陰得口成

陽得地靈　陰得風水　地靈陽神　風水陰神

壬丙甲庚　四定局穴　子午卯酉　陽得吉神

艮坤巽乾　四定局穴　寅申巳亥　陽得吉神

乙辛丁癸　四定局穴　辰戌丑未　陽得吉神

陽得階下　陰得破口　陽神階下　陰神出入

제2절 風水 氣勢 因果論

1. 風水 氣勢 因果論

1) 陰陽得破 理性氣勢 形相組織 吉凶因果

    陰得風水 陽得四神 善美安定 善美吉神

    鬼官曜止 陽得組織 形相氣勢 理性安定(合居)

    破口關門 關鎖組織 形相氣勢 理性安定(合居)

    善美陽得 圓滿組織 善美陰得 平緩組織

    陽得合居 四定三位 陰陽對稱 陽突合居

    壬子丙午 甲卯庚酉 左右間軸 合居安定

                   (艮寅 坤申 乾亥 巽巳 癸丑 丁未 乙辰 辛戌)

    陰得合居 四定三位 陰陽對稱 陰屈合居(安居)

    子癸午丁 卯乙酉辛 亥壬巳丁 寅甲申庚(陰屈安定)

    丑艮未坤 辰巽戌乾 陰屈安居 風水吉神

    陽突陰屈 合居理氣 陽神陰神 同調八居

    壬子癸玄 丙午丁未 甲卯乙青 庚酉辛白

    丑艮寅肩 戌乾亥肩 辰巽巳腕 未坤申腕

    天得地得 風得水得 陽突陰屈 ⊕得⊖得

    甲庚丙壬 乙丁辛癸 天神⊖⊕ 理氣合居

    子午卯酉 寅申巳亥 辰戌丑未 地神合居

    左關理氣 辰巳合居 善美關鎖 辰巳交鎖

    右關理氣 未申合居 善美關鎖 未申交鎖

    下關理氣 未巳合居 善美關鎖 左右關(官)實

    辰巳未申 交鎖訟在 戌亥丑寅 形勢安定

    左右官實 安定訟在 子午亥丑 形勢安定

    辰巳交鎖 內辰外巳 辰巳各曜 相生同調(合居安定)

未申交鎖 內申外未 未申各曜 相生同調(合居安定)

辰巳氣勢 左旋水拒 未申氣勢 右旋水拒

未巳氣勢 堂朝聚水 左關右破 右關左破

關門構造 交鎖形相 本身相交 曜止相交

本身組織 直線組織 鬼曜官止 立體組織

頭纏組織 立體面核 蟬翼組織 片立面核

本身相交 組織形相 穴核面立 核頤凝縮

本身相交 組織理氣 申子辰合 辰酉巳申

曜止相交 組織形相 相互交鎖 抱結胞立(立體曜止)

朱火(下關)關門 組織形相 左右正中 立體官止

關柱組織 片立凝縮 穴核組織 圓滿凝縮

曜止相交 組織理氣 壬子乙辰 坤申三合

下關相交 組織理氣 巽巳未坤 亥子丑實

坤申
乙辰 } 關柱 凝縮氣勢 曜止强健 風水拒得

乙辰
坤申 } 陽得 凝縮形相 核實對面 特立關鎖

巽巳
未坤 } 關門 入口氣勢 左右元辰 强抱拒得

巽巳
未坤 } 關門 入口形相 組織緊密 關鎖周密

巽巳
未坤 } 關門 入口理氣 辰巽巳合 未坤申合

陽突陰屈 ⊕⊖理氣 山得水得 風得熱得

鬼官曜止 陽神⊕得 朝來融聚 還抱⊖得

入首頭腦 陽得組織 五變特性 遺傳組織

正變頭腦 十字垂頭 子午卯酉 特立圓頭(橫組長, 縱組短)

縱變頭腦 左旋垂頭 壬子癸丑 特立圓頭(橫組長, 縱組短)

縱變頭腦 右旋垂頭 乾亥壬子 特立圓頭(橫組長, 縱組短)

垂變頭腦 直立垂頭 壬子中立 起立圓頭(橫組長, 縱組短)
橫變頭腦 橫立垂頭 乾亥壬子 癸丑圓頭(橫組長, 縱組短)
隱變頭腦 突起垂頭 壬子癸突 特立圓頭(橫組長, 縱組短)
入穴脈組 直線垂立 壬子中心 八字入首
纏脣組織 橫立面核 巽巳丙午 丁未凝縮
靑翼組織 左旋抱立 艮寅甲卯 乙辰凝縮(抱旋面核)
白翼組織 右旋抱立 辛戌庚酉 坤申凝縮(抱旋面核)
界水組織 陰屈圓暈 界明還抱 穴核補潤
明堂組織 平坦會合 細砂周密 風水調節
鬼官曜禽(止) 橫立組織 正面核向 橈棹原理
橈棹組織 橫垂直立 反Energy 供給秩序
正面核向 穴場組織 抱核橫垂 圓滿凝縮
圓滿凝縮 穴核組織 圓滿穴心 眞空融結
眞空眞穴 核心組織 黃土充滿 圓形凝縮
生氣穴場 立體組織 死氣穴場 破鎖組織
祖山聚突 垂直入組 圓平充滿 生氣縮積
過峽休脈 直組周密(生) 無變休脈 多角組織(死)
分擘聚節 垂直立組 立體圓正 生氣集結
分擘枝龍 平直線組 直進縱長 生氣活潑
橈棹變節 垂直立組 橫垂面行 生氣變換
橈棹本身 橫垂立組 橫長反起 生氣逆發
支脚關節 平直縱橫 本支直角 生氣安定
支脚關節 平直縱組 支脈直進 生氣保存
止脚關節 平立圓正 直角停織 生氣收拾
止脚止脈 平立停止 止脈短節 生氣休止
進行마디 直線組織 停止마디 平直立垂
朱雀開張 橫垂立組 橫長縱短 生氣凝縮
靑白纏護 垂直線組 縱長橫短(垂長橫短) 生氣育成

聚突過程 上昇秩序 傾斜變位 生氣聚集
　　　　　　（垂直組織）（30°×n）
進行過程 直進秩序 平直組織 生氣移動
上昇過程 直立上昇 下降過程 下降傾斜
傾斜本支（橈）補角同斜 低傾從屬 支橈變位
本枝從斜 橈來從本 上昇下降 低傾從變
上昇組織 直立起上 下降組織 平直下向
上昇秩序 橈棹變位 下降秩序 支脚秩序
生起마디 垂立組織 死滅마디 亂破組織
內穴陽突 陽氣陽神 外明陰屈 陰氣陰神
破口關門 內外通路 內神外神 出入通門
內穴陽氣 穴中生氣 外明陰氣 地表風水
陽明吉神 生起振作 外陰吉神 生命活潑（育成）
地上天氣 十方歲運 地中藏氣 拾貳命運
天干年月 天干方運 穴核關門 相生相剋
地支年月 穴位歲運 關門得神 相合相沖
當該年月 日時順別 穴場方位 陽得陰得
外氣陰陽 安定得神 破口關門 安定出入
安定吉神 明堂合居 黃土本心 創造增大
內氣外氣 穴核凝集 黃土本靈 再創造力
本靈本心 創造穴場 陰宅陽室 快適安樂
生居死居 安樂宅室 光明智慧 人間創造
破口關門 生氣出入 定格命運 生命創造
天地吉神 上下貴神 核實關門 相生道理
天靈地靈 核氣人氣 陰宅陽室 同居同樂
核實關門 相互同調 生命創造 上昇法理
無常自然 生命創造 本性本質 廻向道理
壬丙甲庚 天定局穴 辰戌丑未 關門得神
艮坤巽乾 天定局穴 子午卯酉 關門得神

乙辛癸丁　天定局穴　寅申巳亥　關門得神
坤壬乙玄　天合局穴　子卯未辰　亥申得破(關門)
艮丙辛朱　天合局穴　酉午丑戌　巳寅得神(關門)
乾甲丁靑　天合局穴　午卯戌未　寅亥得神(關門)
巽庚癸白　天合局穴　子酉辰丑　申巳得神(關門)
子午卯酉　地定局穴　乾坤艮巽　關門得神
寅申巳亥　地定局穴　乙辛癸丁　關門得神
辰戌丑未　地定局穴　壬丙甲庚　關門得神
申子辰水　地合局穴　癸乙巽坤　庚壬得神(關門)
寅午戌火　地合局穴　丁辛乾艮　甲丙得神(關門)
亥卯未木　地合局穴　乙丁坤乾　壬甲得神(關門)
巳酉丑金　地合局穴　辛癸艮巽　丙庚得神(關門)
壬丙甲庚　天定局穴　子午卯酉　四神優勢
艮坤巽乾　天定局穴　寅申巳亥　四神優勢
乙辛癸丁　天定局穴　辰戌丑未　四神優勢
坤壬乙水　天合局穴　亥壬子癸　優善玄局
艮丙辛火　天合局穴　巳丙午丁　優善朱局
乾甲丁木　天合局穴　寅甲卯乙　優善靑局
巽庚癸金　天合局穴　申庚酉辛　優善白局
申子辰水　地合局穴　壬子癸玄　優勢定局
寅午戌火　地合局穴　丙午丁朱　優勢定局
亥卯未木　地合局穴　甲卯乙靑　優勢定局
巳酉丑金　地合局穴　庚酉辛白　優勢定局

2) 穴場成核 理氣形相 吉神同調 因果原理

天體運氣　壬丙甲庚　乙辛丁癸　戊辰戊戌己丑己未
地體運氣　子午卯酉　寅申巳亥　辰戌丑未
坤離震兌　乾坤艮巽　八卦天易　先天運氣

子午卯酉 乾坤艮巽 天方地方 合成理氣
天地合居 生命理氣 壬子丙午 甲卯庚酉
癸丑丁未 巽巳乾亥 乙辰辛戌 艮寅坤申
子午卯酉 四定運氣 壬丙甲庚 天陽吉神(乾坤艮巽破)
寅申巳亥 四定運氣 艮坤巽乾 天陽吉神(乙辛丁癸破)
辰戌丑未 四定運氣 乙辛癸丁 天陽吉神(壬丙甲庚破)
申子辰穴 上方得神 坤壬乙陽 天水吉神(壬子局穴)
寅午戌穴 上方得神 艮丙辛陽 天火吉神(丙午局穴)
亥卯未穴 上方得神 乾甲丁陽 天木吉神(甲卯局穴)
巳酉丑穴 上方得神 巽庚癸陽 天金吉神(庚酉局穴)
申子辰局 左右得神 巽巳坤申 關門吉神(壬子局穴)
寅午戌局 左右得神 乾亥艮寅 關門吉神(丙午局穴)
亥卯未局 左右得神 坤申乾亥 關門吉神(甲卯局穴)
巳酉丑局 左右得神 艮寅巽巳 關門吉神(庚酉局穴)
申子辰穴 下方得神 丙午丁未 朝來吉神(壬子局穴)
寅午戌穴 下方得神 壬子癸丑 朝來吉神(丙午局穴)
亥卯未穴 下方得神 庚酉辛戌 朝來吉神(甲卯局穴)
巳酉丑穴 下方得神 甲卯乙辰 朝來吉神(庚酉局穴)
壬丙甲庚 天定局穴 子午卯酉 地藏吉神(地命遺轉)
艮坤巽乾 天定局穴 寅申巳亥 地藏吉神(地命遺轉)
乙辛癸丁 天定局穴 辰戌丑未 地藏吉神(地命遺轉)
坤壬乙水 天合局穴 申子辰玄 地藏吉神(地命遺轉)
艮丙辛火 天合局穴 寅午戌朱 地藏吉神(地命遺轉)
乾甲丁木 天合局穴 亥卯未青 地藏吉神(地命遺轉)
巽庚癸金 天合局穴 巳酉丑白 地藏吉神(地命遺轉)
子午卯酉 地定局穴 壬丙甲庚 天藏吉神(天命相續)
寅申巳亥 地定局穴 艮坤巽乾 天藏吉神(天命相續)
辰戌丑未 地定局穴 乙辛癸丁 天藏吉神(天命相續)
申子辰水 地合局穴 坤壬乙玄 天藏吉神(天命相續)

寅午戌火 地合局穴 艮丙辛朱 天藏吉神(天命相續)

亥卯未木 地合局穴 乾甲丁靑 天藏吉神(天命相續)

巳酉丑金 地合局穴 巽庚癸金 天藏吉神(天命相續)

天陽地陰 陽陰同調 天合地合 天得地得(天地合穴)

天藏地命 地藏天命 天地藏命 生命道理

甲己未合土 天合地和 寅申(艮坤)卯未 靑白合土

乙庚合金 天合地和 辰酉卯申 靑白和金

丙辛合水 天合地和 午戌巳酉 朱白火金(쇳물)

丁壬合木 天合地和 未亥午子 玄朱木火

戊辰癸合火 天合地和 辰子巳丑 朱玄水火

穴場穴核 陰得陰氣 十二方別 得破吉神

子癸左屈 子破癸得 玄水⊖氣 左頭補神

壬亥右屈 壬破亥得 玄水⊖氣 右頭弼神

丙巳右屈 丙破巳得 朱火⊖氣 左纏弼神

午丁左屈 午破丁得 朱火⊖氣 左纏補神

丑艮左屈 丑破艮得 玄靑⊖氣 左耳補神

乾戌右屈 乾破戌得 玄白⊖氣 右耳弼神

寅甲左屈 寅破甲得 靑木⊖氣 左肩補神

卯乙左屈 卯破乙得 靑木⊖氣 左臂補神

辛酉右屈 辛破酉得 白金⊖氣 右臂弼神

庚申右屈 庚破申得 白金⊖氣 右腕補神

辰巽左屈 辰破巽得 靑木⊖氣 左腕關門

未坤右屈 未破坤得 白金⊖氣 右頤關門

陽陰合得 天地同調 理氣形相 合成發現

壬子癸水 玄陽陰合 丙午丁火 朱陽陰合

甲卯乙木 靑陽陰合 庚酉辛金 白陽陰合

丑艮寅土 艮陽陰合 未坤申土 右關得門

辰巽巳木 左關得門 戌乾亥金 間陽陰合

突位陽得 屈位陰得 陽突地神 陰屈風水

陽突陰屈 天地合居 陽神陰神 穴場得神
穴場穴核 十二方位 陰陽得破 善惡吉凶
穴場穴核 陽得陽氣 十二方位 住居吉神
壬子正鬼 正頭陽得 玄水⊕氣 中正吉神
丙午正官 正頤陽得 朱火⊕氣 中正吉神
甲卯正曜 正翼陽得 靑木⊕氣 中正吉神
庚酉正曜 正翼陽得 白金⊕氣 中正吉神
癸丑左鬼 左頭陽得 左玄水氣 左補吉神
乾亥右鬼 右頭陽得 右玄水氣 右弼吉神
丁未左官 左頤陽得 左朱火氣 左補吉神
巽巳右官 右頤陽得 右朱火氣 右弼吉神(左關門神)
艮寅上曜 上翼陽得 上靑木氣 左肩吉神
乙辰下曜 下翼陽得 下靑木氣 左關柱神
辛戌上曜 上翼陽得 上白金氣 右肩吉神
坤申下曜 下翼陽得 下白金氣 右關柱神(右關門神)
玄水柱神 壬子陽得 朱火柱神 丙午陽得
靑木柱神 甲卯陽得 白金柱神 庚酉陽得
玄靑緣神 艮寅陽得 玄白緣神 乾亥陽得
朱靑關門 巽巳陰得 朱白關門 未坤陰得
癸丑丁未 乙辰辛戌 四神外得 緣關柱神
天地(干支)順配 陽突吉神 天地(干支)不配 陰屈補(弼)神

甲子因緣 天地生調 靑初緣分 忠信孝子
丙子因緣 天地對稱 朱中緣分 富貴葛藤
戊子因緣 天地對峙 四神緣分 自手成家
庚子因緣 天地相生 金末緣分 官貴功名
壬子因緣 天地同調 玄中同宮 官祿貴命

乙丑因緣 天地葛藤 靑中緣分 蔭德不足
丁丑因緣 天地相怨 朱中緣分 祖德無望

己丑因緣 天地同調 四神緣分 自成社會
辛丑因緣 天地共生 金中緣分 富貴自成
癸丑因緣 天地相合 玄中同宮 祖德成事

甲寅因緣 天地同調 青初同宮 進就意志
丙寅因緣 天地生助 朱中緣分 成果意志
戊寅因緣 天地葛藤 四神緣分 自成意志
庚寅因緣 天地共生 金末緣分 發展意志
壬人因緣 天地相生 玄中緣分 功名意志

乙卯因緣 天地同調 青中同宮 成長意志
丁卯因緣 天地生助 朱中緣分 犧牲意志
己卯因緣 天地相合 四神緣分 自立意志
辛卯因緣 天地共生 金中緣分 再生意志
癸卯因緣 天地相生 玄中緣分 相生意志

甲辰因緣 天地生助 青木同宮 進就意志
丙辰因緣 天地相生 朱火緣分 成果意志
戊辰因緣 天地共生 四神緣分 中和意志
庚辰因緣 天地相合 金末緣分 主體意志
壬辰因緣 天地共調 玄中緣分 功名意志

乙巳因緣 天地相生 青中緣分 進學意志
丁巳因緣 天地同調 朱中同宮 開花意志
己巳因緣 天地生助 四神緣分 變華意志
辛巳因緣 天地共助 金中緣分 改革意志
癸巳因緣 天地葛藤 玄中緣分 窮究意志

甲午因緣 天地相生 青初緣分 成就意志
丙午因緣 天地同調 朱火同宮 滿開意志
戊午因緣 天地相合 四神緣分 盛滿意志

庚午因緣 天地共助 金末緣分 蓄財意志
壬午因緣 天地對稱 玄中緣分 富貴意志

乙未因緣 天地相合 靑中緣分 開花意志
丁未因緣 天地同調 朱火同宮 集散意志
己未因緣 天地同調 四神緣分 發散意志
辛未因緣 天地共生 金中緣分 執着意志
癸未因緣 天地葛藤 玄中緣分 別離意志

甲申因緣 天地對稱 靑初緣分 改革意志
丙申因緣 天地共助 朱中緣分 育成意志
戊申因緣 天地相生 四神緣分 開拓意志
庚申因緣 天地同調 白金同宮 強健意志
壬申因緣 天地相生 玄中緣分 忠孝意志

乙酉因緣 天地對稱 靑中緣分 改造意志
丁酉因緣 天地葛藤 朱火緣分 變易意志
己酉因緣 天地相生 四神緣分 進行意志
辛酉因緣 天地同調 金中同宮 肅殺意志
癸酉因緣 天地共助 玄中緣分 變換意志

甲戌因緣 天地共助 靑初緣分 獨立意志
丙戌因緣 天地相合 朱中緣分 成果意志
戊戌因緣 天地共生 四神同宮 信念意志
庚戌因緣 天地相生 金末緣分 前進意志
壬戌因緣 天地葛藤 玄水緣分 智慧意志

乙亥因緣 天地相合 靑中緣分 成長意志
丁亥因緣 天地對峙 朱火緣分 對立意志
己亥因緣 天地葛藤 四神緣分 別離意志
辛亥因緣 天地共助 金中緣分 執着意志

癸亥因緣 天地同居 玄水同宮 長命意志

3) 穴場穴核 五常構造 詳細觀法 因果原理

正變穴場 五果構造 子午卯酉 圓滿均等
縱變穴場 五果構造 左右旋別 拒水凝縮
橫變穴場 五果構造 左右旋別 橫長縱厚
垂變穴場 五果構造 聚起上昇 乳突厚圓
隱變穴場 五果構造 隱潛急突 乳突聚起
正變穴場 入首頭腦 土體圓正 橫大厚富
正變穴場 纏脣朱雀 土體直平 橫幅重結
正變穴場 左右蟬翼 直角直立 多結凝縮
正變穴場 穴核中心 突起圓滿 橫幅長大
縱變穴場 入首頭腦 左旋子丑 厚富圓正
　　　　　　　　　 右旋亥子
縱變穴場 纏脣朱雀 左旋午未 直立凝縮
　　　　　　　　　 右旋巳午
縱變穴場 左右蟬翼 左旋右强 右水關門
　　　　　　　　　 右旋左强 左水關門
縱變穴場 穴核中心 窩鉗乳縮 厚富圓暈
橫變穴場 入首頭腦 三鬼安樂 厚富立體
橫變穴場 纏脣朱雀 三官近案 厚德橫大
橫變穴場 左右蟬翼 左入右强 右腕緊縮
橫變穴場 穴核中心 窩乳圓滿 橫幅立體
隱變穴場 入首頭腦 三鬼急聳 圓滿端正
隱變穴場 纏脣朱雀 三官近案 强質直立
隱變穴場 左右蟬翼 三曜强凝 特異緊腕
隱變穴場 穴核中心 乳突緊密 圓滿厚富
入穴脈線 水平直進 穴場穿心 圓暈基底

正變穴場 凝縮角度 ∠90°∠60° 緊密均等
縱變穴場 凝縮角度 ∠30°∠60° 左右旋縮
橫變穴場 凝縮角度 後鬼對稱 相對凝角
垂變穴場 凝縮角度 ∠60°起立 獨垂上聚
隱變穴場 凝縮角度 ∠60°∠90° 突露上昇
正變穴場 力量發應 左右子孫 貴富最吉
左旋穴場 力量發應 靑木子孫 官祿孫吉
右旋穴場 力量發應 白金子孫 富武藝吉
橫變穴場 力量發應 嫡庶共應 孫富貴祿
垂變穴場 力量發應 宗孫强健 孫勢不利
隱變穴場 支孫末應 單發貴祿 宗孫不利

※ 穴場構造 生成秩序 善惡吉凶 因果特性
　• 入首頭腦 生成秩序 一六基底 圓滿積聚
　　垂直積聚 十一十六 天氣圓滿 同調凝縮
　　水平積聚 先面後背 前後左右 四神凝縮(主玄主朱)
　• 纏脣朱雀 生成秩序 二七基底 入穴同調
　　左旋作朱 23, 28 立體凝縮 穴場關鎖
　　右旋作朱 24, 29 立體凝縮 穴場關鎖
　　直進作朱 22, 27 來八拒水 三官同調
　• 入穴脈心 二七直進 緊縮穿心 朱雀同調
　• 左蟬翼體 三八保育 13, 19 左核凝縮
　• 右蟬翼體 四九保育 14, 19 右核凝縮
　• 鬼官曜體 追加凝縮 天地同調 再次秩序
　• 穴核圓暈 五十基礎 25, 30 核心秩序
　• 穴板基底 最善秩序 圓滿積聚 基盤生成
　• 穴場下盤 地氣根力 水平圓滿 上起同調
　• 穴場上端 天氣凝縮 穴核性品 圓滿形成
　• 穴場穴核 最終凝縮 上下天地 圓滿同調

※ 玄朱先後 待期因果

- 朱火先到 玄水後着 穴場穴核 善美結果
- 朱火後着 玄水先到 穴場穴核 不安定果
- 玄水待期 凝縮現象 1,6秩序 聚起增大
- 玄水待期 穴場入力(氣運) 2,3,4,5 融聚轉換
- 朱火不安 先到不來 玄水必有 待期融聚
- 玄水先後 顚倒秩序 必有發生 穴場醜陋

2. 風水 運氣論

1) 歲運 · 人運 · 山運 · 家運 相互同調 發現原理

申子辰運 申子辰生 申子辰場 申子辰發(玄水特性)
寅午戌運 寅午戌生 寅午戌場 寅午戌發(朱火特性)
亥卯未運 亥卯未生 亥卯未場 亥卯未發(靑木特性)
巳酉丑運 巳酉丑生 巳酉丑場 巳酉丑發(白金特性)
坤壬乙年 坤壬乙生 坤壬乙場 坤壬乙發(壬子特性)
艮丙辛年 艮丙辛生 艮丙辛場 艮丙辛發(丙午特性)
乾甲丁年 乾甲丁生 乾甲丁場 乾甲丁發(甲卯特性)
巽庚癸年 巽庚癸生 巽庚癸場 巽庚癸發(庚酉特性)

※ 註：乾坤艮巽 四軸間方 五行流周 緣分同調
　　　　　乾爲戌戌壬 金土水同調　坤爲己未庚 土火金同調
　　　　　艮爲己丑甲 土水木同調　巽爲戌辰丙 木土火同調

甲己合年 甲己合生 甲己合場 甲己合發
乙庚合年 乙庚合生 乙庚合場 乙庚合發
丙辛合年 丙辛合生 丙辛合場 丙辛合發
丁壬合年 丁壬合生 丁壬合場 丁壬合發

戊癸合年　戊癸合生　戊癸合場　戊癸合發

子丑合年　子丑合生　子丑合場　子丑合發

寅亥合年　寅亥合生　寅亥合場　寅亥合發

卯戌合年　卯戌合生　卯戌合場　卯戌合發

辰酉合年　辰酉合生　辰酉合場　辰酉合發

巳申合年　巳申合生　巳申合場　巳申合發

午未合年　午未合生　午未合場　午未合發

甲子年月　甲子生人　申子辰場　甲子合發(甲己子丑)

乙丑年月　乙丑生人　巳酉丑場　乙丑合發(乙庚子丑)

丙寅年月　丙寅生人　寅午戌場　丙寅合發(丙辛寅亥)

丁卯年月　丁卯生人　亥卯未場　丁卯合發(丁壬卯戌)

戊辰年月　戊辰生人　申子辰場　戊辰合發(戊癸辰酉)

己巳年月　己巳生人　巳酉丑場　己巳合發(甲己巳申)

庚午年月　庚午生人　寅午戌場　庚午合發(乙庚午未)

辛未年月　辛未生人　亥卯未場　辛未合發(丙辛午未)

壬申年月　壬申生人　申子辰場　壬申合發(壬癸巳申)

癸酉年月　癸酉生人　巳酉丑場　癸酉合發(戊癸辰酉)

甲戌年月　甲戌生人　寅午戌場　甲戌合發(甲己卯戌)

乙亥年月　乙亥生人　亥卯未場　乙亥合發(乙庚寅亥)

丙子年月　丙子生人　申子辰場　丙子合發(丙辛子丑)

丁丑年月　丁丑生人　巳酉丑場　丁丑合發(丁壬子丑)

戊寅年月　戊寅生人　寅午戌場　戊寅合發(戊癸寅亥)

己卯年月　己卯生人　亥卯未場　己卯合發(甲己卯戌)

庚辰年月　庚辰生人　申子辰場　庚辰合發(乙庚辰酉)

辛巳年月　辛巳生人　巳酉丑場　辛巳合發(丙辛巳申)

壬午年月　壬午生人　寅午戌場　壬午合發(丁壬午未)

癸未年月　癸未生人　亥卯未場　癸未合發(戊癸午未)

甲申年月　甲申生人　申子辰場　甲申合發(甲己巳申)

※ 註 : 六甲年月 六甲人生 三合二合 穴性發應

※ 註 : 當該年月 當該生人 三合二合 穴場(性)特發
　　　 歲運當該 年月日生 三合二合 穴場(性)運發
　　　 當該歲運 年月日時 當該人生 年月日時 當該穴場(性) 特性發應

乙酉年月　乙酉生人　巳酉丑場　乙酉合發(乙庚辰酉)

丙戌年月　丙戌生人　寅午戌場　丙戌合發(丙辛卯戌)

丁亥年月　丁亥生人　亥卯未場　丁亥合發(丁壬寅亥)

戊子年月　戊子生人　申子辰場　戊子合發(戊癸子丑)

己丑年月　己丑生人　巳酉丑場　己丑合發(甲己子丑)

庚寅年月　庚寅生人　寅午戌場　庚寅合發(乙庚寅亥)

辛卯年月　辛卯生人　亥卯未場　辛卯合發(丙辛卯戌)

壬辰年月　壬辰生人　申子辰場　壬辰合發(丁壬辰酉)

癸巳年月　癸巳生人　巳酉丑場　癸巳合發(戊癸巳申)

甲午年月　甲午生人　寅午戌場　甲午合發(甲己午未)

乙未年月　乙未生人　亥卯未場　乙未合發(乙庚午未)

丙申年月　丙申生人　申子辰場　丙申合發(丙辛巳申)

丁酉年月　丁酉生人　巳酉丑場　丁酉合發(丁壬辰酉)

戊戌年月　戊戌生人　寅午戌場　戊戌合發(戊癸卯戌)

己亥年月　己亥生人　亥卯未場　己亥合發(甲己寅亥)

庚子年月　庚子生人　申子辰場　庚子合發(乙庚子丑)

辛丑年月　辛丑生人　巳酉丑場　辛丑合發(丙辛子丑)

壬寅年月　壬寅生人　寅午戌場　壬寅合發(丁壬寅亥)

癸卯年月　癸卯生人　亥卯未場　癸卯合發(戊癸卯戌)

甲辰年月　甲辰生人　申子辰場　甲辰合發(甲己辰酉)

乙巳年月　乙巳生人　巳酉丑場　乙巳合發(乙庚巳申)

丙午年月　丙午生人　寅午戌場　丙午合發(丙辛午未)

丁未年月　丁未生人　亥卯未場　丁未合發(丁壬午未)

戊申年月　戊申生人　申子辰場　戊申合發(戊癸巳申)
己酉年月　己酉生人　巳酉丑場　己酉合發(甲己辰酉)
庚戌年月　庚戌生人　寅午戌場　庚戌合發(乙庚卯戌)
辛亥年月　辛亥生人　亥卯未場　辛亥合發(丙辛寅亥)
壬子年月　壬子生人　申子辰場　壬子合發(丁壬子丑)
癸丑年月　癸丑生人　巳酉丑場　癸丑合發(戊癸子丑)
甲寅年月　甲寅生人　寅午戌場　甲寅合發(甲己寅亥)
乙卯年月　乙卯生人　亥卯未場　乙卯合發(乙庚卯戌)
丙辰年月　丙辰生人　申子辰場　丙辰合發(丙辛辰酉)
丁巳年月　丁巳生人　巳酉丑場　丁巳合發(丁壬巳申)
戊午年月　戊午生人　寅午戌場　戊午合發(戊癸午未)
己未年月　己未生人　亥卯未場　己未合發(甲己午未)
庚申年月　庚申生人　申子辰場　庚申合發(乙庚巳申)
辛酉年月　辛酉生人　巳酉丑場　辛酉合發(丙辛辰酉)
壬戌年月　壬戌生人　寅午戌場　壬戌合發(丁壬卯戌)
癸亥年月　癸亥生人　亥卯未場　癸亥合發(戊癸寅亥)

※ 註

甲子生人　　　甲子年月　　　申子辰場　　　甲子合發(甲己, 子丑)
(年月日時)　　(年月日時)　　(三合二合穴場)　(申子辰, 乾甲丁)

壬子生人　　　壬子年月　　　申子辰場　　　壬子合發(丁壬, 子丑)
(年月日時)　　(年月日時)　　(三合二合穴場)　(申子辰, 坤壬乙)

丙午生人　　　丙午年月　　　寅午戌場　　　丙午合發(丙辛, 午未)
(年月日時)　　(年月日時)　　(三合二合穴場)　(寅午戌, 艮丙辛)

子午正對　水火待對　相生旣濟　君子之道
卯酉正對　木金場對　創意改革　虛實奔忙
寅申相對　木金待對　發展改造　進退奔奔
巳亥對立　水火相剋　兩斷不和　火急葛藤

辰戌兩立 戌土相對 渾厚智略 謀事之心
丑未兩對 燥濕相合 混渾不敏 忠誠之心

子午相乘 木金吉神 寅申最吉 辰戌次吉
卯酉相合 水火吉神 巳亥最吉 丑未次吉
寅申相乘 水火吉神 子午最吉 辰戌次吉
巳亥相待 木金吉神 卯酉最吉 丑未次吉
辰戌相合 水火吉神 子午最吉 寅申次吉
丑未相合 水火吉神 子午最吉 卯酉次吉

子午對峙 少陰君火 兩君獨對 官財交流
卯酉對峙 陽明燥金 兩臣對立 左右葛藤
寅申對峙 少陽相火 文武雙立 相鬪相和
巳亥對峙 厥陰風木 兩補對立 內外相爭
辰戌對峙 太陽寒水 兩土重疊 勇猛虎敏
丑未對峙 太陰濕土 燥濕交變 孤早陰暗

玄水子因 天理秩序 壬癸過緣 癸巳未果
玄水子因 空間因緣 康申白末 戊辰靑末
玄水子因 地氣秩序 壬癸前生 丑亥來生
朱火午因 天理秩序 丙丁過緣 丁己未果
朱火午因 空間因緣 甲寅靑先 戊戌白先
朱火午因 地氣秩序 丙丁前生 未巳來生
靑木卯因 天理秩序 甲乙過緣 乙戊未果
靑木卯因 空間因緣 壬亥玄右 己未朱左
靑木卯因 地氣秩序 甲寅(己)前生 戊辰來生
白金酉因 天理秩序 庚申過緣 辛庚未果
白金酉因 空間因緣 丙巳朱右 己丑玄左
白金酉因 地氣秩序 戊戌(癸)前生 庚申來生
玄水亥因 天理秩序 戊壬過緣 癸子未果

玄水亥因 空間因緣 乙卯靑中 己未朱左
玄水亥因 地氣秩序 壬子前生 戊戌來生
玄水丑因 天理秩序 壬癸過緣 甲寅未果
玄水丑因 空間因緣 丙巳朱右 辛酉白中
玄水丑因 地氣秩序 壬子前生 甲寅來生
朱火未因 天理秩序 丙丁過緣 庚申未果
朱火未因 空間因緣 壬亥玄右 乙卯靑中
朱火未因 地氣秩序 丙午前生 庚申來生
朱火巳因 天理秩序 丙丁過緣 丁午未果
朱火巳因 空間因緣 辛酉白中 己丑玄左
朱火巳因 地氣秩序 丙午前生 戊辰來生
靑木寅因 天理秩序 癸巳過緣 乙卯未果
靑木寅因 空間因緣 丙午朱中 戊戌白初
靑木寅因 地氣秩序 癸丑前生 乙卯來生
靑木辰因 天理秩序 甲乙過緣 丙巳未果
靑木辰因 空間因緣 庚申白末 壬子玄中
靑木辰因 地氣秩序 乙卯前生 丙巳來生
白金戌因 天理秩序 庚辛過緣 壬亥未果
白金戌因 空間因緣 甲寅靑初 丙午朱中
白金戌因 地氣秩序 壬亥前生 辛酉來生
白金申因 天理秩序 己庚過緣 辛酉未果
白金申因 空間因緣 壬子玄中 戊辰靑末
白金申因 地氣秩序 辛酉前生 己未來生

玄子自沖 回生同調 申辰三合 陰陽丑未
朱午自沖 回生同調 寅戌三合 陰陽未丑
子午回沖 回生同調 申辰寅戌 卯酉丑未
玄丑自沖 回生同調 巳酉三合 陰陽子午
朱未自沖 回生同調 亥卯三合 陰陽午子

丑未回沖 回生同調 巳酉亥卯 戌辰子午
玄亥自沖 回生同調 卯未三合 陰陽寅申
朱巳自沖 回生同調 酉丑三合 陰陽申寅
巳亥回沖 回生同調 酉丑卯未 申寅午子
靑寅自沖 回生同調 午戌三合 陰陽亥未(巳)
白申自沖 回生同調 子辰三合 陰陽巳未(亥)
寅申回沖 回生同調 午戌子辰 亥巳戌辰
靑卯自沖 回生同調 亥未三合 陰陽戌辰
白酉自沖 回生同調 巳丑三合 陰陽辰戌(申)
卯酉回沖 回生同調 亥未巳丑 子午戌辰
靑辰自沖 回生同調 申子三合 陰陽酉卯
白戌自沖 回生同調 寅午三合 陰陽卯酉
辰戌回沖 回生同調 申子寅午 未丑酉卯
白戌自沖 回生同調 寅午三合 陰陽卯酉
靑辰自沖 回生同調 申子三合 陰陽酉卯
戌辰回沖 回生同調 寅午申子 丑未卯酉
白酉自沖 回生同調 巳丑三合 陰陽辰申(戌)
靑卯自沖 回生同調 亥未三合 陰陽戌辰
酉卯回沖 回生同調 巳丑亥未 子午辰戌
白申自沖 回生同調 子辰三合 陰陽巳未(亥)
靑寅自沖 回生同調 午戌三合 陰陽亥未(巳)
寅申回沖 回生同調 午戌子辰 亥巳戌辰

子因自沖 頭腦空亡 三焦膀胱 種殖不實
丑因自沖 右頭偏達 左腎下焦 脾精不足
亥因自沖 左頭偏達 右腎下焦 腎精不足
午因自沖 心室空亡 心臟心胞 熱壓不實
未因自沖 左心空亡 心開動血 活脾不足
巳因自沖 右心空亡 心閉靜血 安定不足

卯因自沖　木筋空亡　肝臟筋肉　耐風不實
寅因自沖　木幹空亡　膽囊膽汁　耐性不足
辰因自沖　木葉空亡　造血淨血　營衛不足
酉因自沖　燥金空亡　肺臟皮毛　調潤不足
戌因自沖　收藏空亡　胃胞肌肉　活胃不足
申因自沖　重金空亡　大腸骨格　强氣不足

子年三合　種性極貴　崇祖最上　初年極吉
子年二合　種性上吉　孝誠第一　初年智慧
子年丑合　種性多産　祖上遺業　初年好運

子月三合　父兄尊貴　同期最善　中年極吉
子月二合　父兄上吉　兄弟友愛　中年上吉
子月丑合　兄弟同業　兄弟貴人　中年好運

子日三合　祖蔭極吉　官運最上　一生尊貴
子日二合　祖德上吉　官貴上吉　長中上吉
子日丑合　家族共業　官貴善吉　長中好運

子時三合　最吉貴孫　總名子孫　末年極吉
子時二合　上善貴孫　智慧子孫　末年上吉
子時丑合　爲孫供業　公職子孫　末年偉業

丑年三合　祖蔭偏左　前生偏業　初年爲先
丑年二合　偏祖爲業　前生無明　初年煩惱
丑年子合　偏祖遺業(左廣入首)　前生業滅　自手成家

丑月三合　兄弟偏業　兄弟爲業　中年業滅
丑月二合　兄弟煩業　兄弟無明　中年煩惱
丑月子合　兄弟共業　兄弟業滅　中年回生

丑日三合　偏祖蔭德　奉仕供德　自成大業

丑日二合 偏祖業線 本生業障 一生業滅
丑日子合 家系遺業(左廣蔭德) 本業爲先 共生供業

丑時三合 子孫偏德 末年奉職 奉公子孫
丑時二合 子孫偏業 奉仕子孫 末年公業
丑時子合 子孫業滅 來生農事 末年積德

寅年三合 祖上遺德 祖孫同志 進就氣强
寅年二合 祖蔭共力 祖孫同業 初年旺盛
寅年亥合 祖業爲先 祖孫葛藤 先凶後吉

寅月三合 父母遺德 父子共業 家業進就
寅月二合 兄弟供德 兄弟共力 進取氣相
寅月亥合 兄弟共業 兄弟葛藤 勤勉氣相

寅日三合 家門爲業 祖孫共力 家業成就
寅日二合 家族爲業 家族共力 祖孫協力
寅日亥合 祖孫圓滿 夫婦共業 夫婦和合

寅時三合 子孫早達 子孫助業 借引福德
寅時二合 子孫進取 子孫共業 子孫助福
寅時亥合 子孫和愛 末年進就 末年健康

卯年三合 偏祖蔭德 前生側傍 初年色難
卯年二合 偏祖功德 父祖側傍 橫的思考
卯年戌合 祖業偏德 偏才相續 初年才能

卯月三合 近祖偏德 父母養孫 中年色難
卯月二合 近祖偏業 父母人氣 中年色緣
卯月戌合 兄弟共業 父母才氣 兄弟才能

卯日三合 偏祖福德 側傍業障 一生色緣

卯日二合　偏父偏德　人氣業障　一生(中長)色難
卯日戌合　本人偏才　妙術才能　一生妙緣(中長人德)

卯時三合　子孫偏德　子孫人氣　末年人德
卯時二合　子孫偏業　子孫色業　末年人氣
卯時戌合　子孫偏業　子孫才能　末年色業

辰年三合　遠祖果報　善緣功德　祖業相續
辰年二合　遠祖助業　善生善緣　初年進取
辰年酉合　祖蔭早業　能力早強　初年自立

辰月三合　近祖果報　近祖善德　中年進就
辰月二合　父兄助業　家族和合　中年善業
辰月酉合　父兄共業　兄弟功德　中年業能

辰日三合　木祖蔭德　進就氣相　一生精進
辰日二合　木祖貴業　進力氣相　一生勤勉
辰日酉合　木祖果業　勤勉誠實　自立自成

辰時三合　孝誠子孫　子孫精進　末年富貴
辰時二合　勤勉孫德　父子共能　末年孫德
辰時酉合　父子勤勉　父子共業　末年貴業

巳年三合　遠祖學德　正義意志　學藝早達
巳年二合　遠祖學緣　教研意志　學業進就
巳年申合　研究意志　變易能力　早業成就

巳月三合　父兄學德　學藝才能　中學成就
巳月二合　父兄學緣　教學意志　中學進就
巳月申合　研究因緣　兄弟共業　中業成就

巳日三合　學者功德　祖孫法曹　一生學德

巳日二合 學業因緣 兄弟共業 一生學緣
巳日申合 研究功德 製造盛業 一生研究

巳時三合 聰明子孫 子孫早達 末年學德
巳時二合 子孫學德 子孫才能 末年才士
巳時申合 祖孫共業 才業相續 末年才能

午年三合 祖業功德 財運相續 初年富貴
午年二合 祖上功德 祖孫共業 初年財能
午年未合 客神功德 社會事業 初年外交

午月三合 父兄功德 父兄相續 中年富財
午月二合 父兄共業 父兄財運 中年財能
午月未合 父兄外交 社會事業 中年外務

午日三合 祖業發展 家業大成 一生富貴
午日二合 祖業成就 家業傳受 一生財運
午日未合 外務財能 社會大業 一生財務

午時三合 富貴子孫 社會共德 末年富貴
午時二合 財運子孫 社會事業 末年財運
午時未合 財務子孫 社會還元 末年富孫

未年三合 外務祖上 外務貴業 初年奔奔
未年二合 祖上奔奔 遺業散亂 初年奔走
未年午合 外務祖上 外務貴産 初年早熟

未月三合 偏祖外務 祖業奔走 中年奔奔
未月二合 父兄奔奔 兄弟奔業 中年彷徨
未月午合 父兄共業 兄弟外財 中年財庫

未日三合 前生奔業 社會奉職 一生奔奔

未日二合　前生奔走　公務奉仕　一生彷徨
未日午合　前生外務　社會事業　一生公事

未時三合　來生奔業　來世奉職　末年奔奔
未時二合　來生奔走　來世奉仕　末年彷徨
未時午合　來生外務　來世奉業　末年公業

申年三合　武官祖上　武官公職　初年革新
申年二合　遠祖武人　武藝工職　初年自成
申年巳合　改革祖上　武工學業　初年改革

申月三合　父兄武官　兄弟公職　中年革新
申月二合　父兄武藝　兄弟工藝　中年變業
申月巳合　父兄工業　兄弟共業　中年開業

申日三合　武人公館　工武公業　一生武將
申日二合　公人奉職　工藝公僕　一生公事
申日巳合　工藝事業　武藝學業　一生革新

申時三合　武貴子孫　忠臣孝子　末年强直
申時二合　武藝子孫　公職奉仕　末年硬直
申時巳合　創業子孫　重工公事　末年改業

酉年三合　義藝祖上　正義强直　初年早達
酉年二合　義人祖上　醫藝財才　初年銳利
酉年辰合　祖業相續　創業財能　初年商才

酉月三合　父兄醫藝　正義兄弟　中年義財
酉月二合　父兄義人　兄弟才能　中年才士
酉月辰合　父兄共業　兄弟創業　中年商才

酉日三合　法醫祖業　法官武藝　一生義職

酉日二合　法醫學緣　武官醫者　一生法緣
酉日辰合　創業强健　意志透徹　一生義業

酉時三合　子息義醫　子孫武官　末年義職
酉時二合　子息義人　子孫醫藝　末年法務
酉時辰合　子息論師　商工語學　末年富貴

戌年三合　財才祖上　祖財相續　初年財能
戌年二合　財管祖上　祖財相續　初年財管
戌年卯合　術才祖上　術法相續　初年術數

戌月三合　父兄財才　父才相續　中年財能
戌月二合　父兄財管　父才相續　中年財管
戌月卯合　兄弟術家　妙術夫婦　中年術家

戌日三合　管財用才　家內財能　一生財管
戌日二合　父兄財管　家內才能　一生才用
戌日卯合　能手能爛　術手才能　一生妙術

戌時三合　財才子孫　後孫財運　末年福祿
戌時二合　才能子孫　後孫管財　末年財運
戌時卯合　術家子孫　後孫術才　末年鬼才

亥年三合　偏祖蔭德　右孫貴業　初年健康(色難)
亥年二合　祖蔭偏右　靑孫不實　初年色緣
亥年寅合　右廣蔭德　和爭生剋　初年旺盛(色難)

亥月三合　偏父繼母　筋力兄弟　中年健康
亥月二合　右廣父兄　筋力消耗　中年色緣
亥月寅合　兄弟健康　兄弟和爭　中年意慾

亥日三合　筋力健康　多衆人氣　一生筋力

亥日二合 右廣祖德 家事不誠 一生勤勉
亥日寅合 誠實進就 意慾旺盛 一生勤勉

亥時三合 子孫健康 中途色難 末年筋氣
亥時二合 筋氣子孫 中途彷徨 末年勤勉
亥時寅合 子孫誠實 子孫旺盛 末年勤勉

子年丑合 左玄同調 子旺丑助 初年同樂
子年亥合 右玄同調 子旺亥助 初年同樂

子月丑合 丑兄子弟 子旺丑助 中年和解
子月亥合 子兄亥弟 子旺亥助 中年同樂

子日丑合 丑兄同調 子旺丑助 一生官貴
子日亥合 亥弟同調 子旺亥助 富貴多産

子時丑合 子孫丑調 子旺丑助 末年孫貴
子時亥合 子孫亥調 子旺亥助 末年孫勢

午年未合 左朱同調 午旺未助 初年財色
午年巳合 右朱同調 午旺巳助 初年財文

午月未合 未兄午弟 午旺未助 中年財色
午月巳合 午兄巳弟 午旺巳助 中年財文

午日未合 未兄同調 午旺未助 一生財才
午日巳合 巳弟同調 午旺巳助 一生財文

午時未合 午孫未調 午旺未助 末年財才
午時巳合 午孫巳調 午旺巳助 末年財文

卯年寅合 玄水同調 青木起昇 初年進就
卯年辰合 朱火同調 青木結局 初年勞力

卯月寅合 卯弟寅兄 嫡寅庶卯 異腹兄弟
卯月辰合 卯兄辰弟 庶卯嫡辰 異腹兄弟

卯日寅合 卯我寅兄 嫡繼因緣 異腹進就
卯日辰合 卯我辰弟 異腹因緣 人氣大盛

卯時寅合 異腹子孫 末年人氣 色業奔奔
卯時辰合 異腹子孫 末年奔走 家業多難

酉年戌合 玄水同調 白金起昇 初年銳利
酉年申合 朱火同調 白金結局 初年强健

酉月戌合 兄弟銳利 兄弟醫藝 中年才能
酉月申合 兄弟武人 兄弟頑固 中年强氣

酉日戌合 叡敏本性 醫藝功德 一生才能
酉日申合 强銳武人 正義功德 一生頑强

酉時戌合 子孫銳利 義藝功德 末年才藝
酉時申合 子孫武銳 健康功德 末年頑强

子日子年 玄中(正玄)重疊 祖孫衝突 中年失敗
子日丑年 左玄陷穽 祖厄難后 中年發福
子日寅年 靑肩旺盛 祖旺孫旺 中年官福
子日卯年 靑肘奔走 祖德奔忙 中年安定
子日辰年 靑股緊密 祖德堅實 中年大昌
子日巳年 右朱偏縮 祖德學問 中年文章
子日午年 正朱緊密 祖德財産 中年富貴
子日未年 左朱偏縮 祖德奔走 中年安定
子日申年 白股緊密 祖德堅實 中年官貴
子日酉年 白肘奔走 祖德銳利 中年安定
子日戌年 白肩旺盛 祖德智慧 中年成就

子日亥年 右玄旺氣 祖强蓄氣 中年旺盛

午日子年 正玄集中 祖德緊密 一生富貴
午日丑年 左玄陷穽 祖德無望 自手成家
午日寅年 青肩强健 祖旺蔭德 中年財庫
午日卯年 青肘奔忙 祖德奔奔 中年安定
午日辰年 青服堅實 祖德緊密 中年大昌
午日巳年 右朱加勢 祖德偏昇 中年虛慾
午日午年 正朱重疊 祖孫相冲 中年失敗
午日未年 左朱加勢 祖德增大 中年蓄財
午日申年 白服緊密 祖蔭堅實 中年大發
午日酉年 白肘奔走 祖蔭銳敏 中年葛藤
午日戌年 白肩强健 祖德旺盛 中年巨富
午日亥年 右玄偏强 祖德偏旺 中年自成

卯日子年 正玄破刑 祖德不望 中年失敗
卯日丑年 左玄陷穽 早失父母 自手延命
卯日寅年 青肩健實 出世意志 念念苦難
卯日卯年 青肘重重 苦盡甘來 或成或敗
卯日辰年 青股奔奔 虛張聲勢 一生勞力
卯日巳年 右朱抱應 一喜一悲 一生奔走
卯日午年 正朱破産 祖德飛散 成敗奔奔
卯日未年 左朱抱應 偏祖蔭德 一生人氣
卯日申年 白股堅實 祖德無望 一生奔走
卯日酉年 白肘强調 祖德奔奔 一生奔走
卯日戌年 白肩强健 偏祖蔭德 妙術妙生
卯日亥年 右玄偏入 偏祖蔭德 平生人氣

酉日子年 正玄破殺 祖德干涉 自手成家
酉日丑年 左玄回生 偏祖蔭德 自手成家

酉日寅年 青肩干涉 氣强勢難 一生風雲
酉日卯年 青肘對應 犧牲祖德 一生奔走
酉日辰年 青服合力 青末祖德 一生强勢
酉日巳年 右朱抱白 筆釰祖德 筆釰勝利
酉日午年 正朱抱白 祖上財庫 一生犧事
酉日未年 左朱抱白 祖上偏德 醫釰從事
酉日申年 白服合力 强健祖德 一生太强
酉日酉年 白肘重疊 義氣變質 一生奔忙
酉日戌年 白肩干涉 祖上術能 技藝一生
酉日亥年 右玄偏入 白旺祖德 一生義志

寅日子年 正玄同調 吉祖蔭德 進就氣象
寅日丑年 左玄偏入 偏祖因緣 自手成家
寅日寅年 青肩沖殺 宗祖不緣 獨生奔忙
寅日卯年 青肘同調 偏祖因緣 獨立成家
寅日辰年 青服同調 吉祖蔭德 兄弟强健
寅日巳年 右朱偏朝 偏祖因緣 兄弟葛藤
寅日午年 正朱同調 吉祖蔭德 富貴大昌
寅日未年 左朱偏朝 偏祖因緣 和愛明朗
寅日申年 白服對稱 嚴祖蔭德 秩序原則
寅日酉年 白肘干涉 祖蔭無德 自成改革
寅日戌年 白肩同調 吉祖蔭德 家承富貴
寅日亥年 右玄同居 偏祖因緣 初困後發

申日子年 正玄同調 官祖蔭德 武官之象
申日丑年 左玄偏入 偏祖因緣 困孤之象
申日寅年 青肩對稱 祖蔭無德 改革之象
申日卯年 青肘干涉 宗祖不緣 異腹之象
申日辰年 青服同調 青祖蔭德 勤勉之象
申日巳年 右朱同調 偏祖蔭德 窮究之象

申日午年 正朱同調 吉祖蔭德 武富之象
申日未年 左朱同調 偏祖蔭德 外武之象
申日申年 白服沖殺 祖蔭無德 孤孤之象
申日酉年 白肘同居 武祖蔭德 頑固之象
申日戌年 白肩同宮 智祖蔭德 智將之象
申日亥年 右玄干涉 偏祖因緣 苦惱之象

巳日子年 正玄不調 祖蔭無德 自學成就
巳日丑年 左玄同調 偏祖蔭德 自手成功
巳日寅年 靑肩干涉 祖孫葛藤 苦難成事
巳日卯年 靑肘相生 偏祖蔭德 自成學問
巳日辰年 靑服同調 吉祖有德 學問成就
巳日巳年 右朱自沖 祖孫相沖 中途挫折
巳日午年 正朱同居 祖孫太强 過慾不及
巳日未年 左朱同居 偏祖因緣 外交學問
巳日申年 白服同居 祖蔭無德 自手成家
巳日酉年 白肘同調 吉祖因緣 學問成就
巳日戌年 白肩不調 祖蔭不德 自手成家
巳日亥年 右玄相峙 祖孫干涉 心腎持病

亥日子年 正玄同居 祖蔭太過 科慾意志
亥日丑年 左玄同居 祖蔭紛亂 分裂意志
亥日寅年 靑肩同居 祖德堅實 强健意志
亥日卯年 靑肘同調 偏祖蔭德 開花意志
亥日辰年 靑服干涉 祖德無望 自得意志
亥日巳年 右朱相沖 偏祖葛藤 逆相意志
亥日午年 正朱補正 善祖蔭德 精進意志
亥日未年 左朱同調 偏祖善德 布施意志
亥日申年 白服干涉 孤祖葛藤 自成意志
亥日酉年 白肘相生 偏祖蔭德 速成意志

亥日戌年 白肩生助 智祖因緣 結實意志
亥日亥年 右玄沖殺 祖蔭斷切 自求意志

辰日子年 正玄同調 善祖功德 進就意志
辰日丑年 左玄干涉 偏祖葛藤 自求意志
辰日寅年 靑肩同宮 健祖蔭德 强健意志
辰日卯年 靑肘同宮 偏祖葛藤 奔走意志
辰日辰年 靑服沖殺 祖蔭無望 自得意志
辰日巳年 右朱相生 吉祖蔭德 學問意志
辰日午年 正朱相生 吉祖功德 商財意志
辰日未年 左朱相生 偏祖功德 布教意志
辰日申年 白服同調 武祖蔭德 功名意志
辰日酉年 白肘同調 富祖蔭德 蓄財意志
辰日戌年 白肩相對 智祖因緣 努力意志
辰日亥年 右玄干涉 祖孫葛藤 相峙意志

戌日子年 正玄生助 智祖功德 智慧子孫
戌日丑年 左玄干涉 偏祖葛藤 自手成家
戌日寅年 靑肩同調 健祖蔭德 進就意志
戌日卯年 靑肘相合 偏祖才德 才士子孫
戌日辰年 靑服相對 吉祖蔭德 商才子孫
戌日巳年 右朱相差 偏祖葛藤 自成意志
戌日午年 正朱同調 善祖功德 事業意志
戌日未年 左朱干涉 偏祖葛藤 善行意志
戌日申年 白服相生 孤祖蔭德 努力意志
戌日酉年 白肘同居 偏祖葛藤 才藝子孫
戌日戌年 白肩自沖 祖孫葛藤 獨立意志
戌日亥年 右玄生助 偏祖蔭德 解決意志

丑日子年 正玄同調 善祖過保 依託意志

丑日丑年 左玄自沖 偏祖回生 再活意志
丑日寅年 青肩洩氣 祖孫相別 解脫意志
丑日卯年 青肘無情 偏祖無德 苦惱意志
丑日辰年 青服相補 祖孫相差 克復意志
丑日巳年 右朱同調 偏祖蔭德 學業意志
丑日午年 正朱求援 善祖功德 努力意志
丑日未年 左朱共生 偏祖相生 忠誠意志
丑日申年 白服相補 祖孫孤生 苦惱意志
丑日酉年 白肘同調 偏祖同和 義俠意志
丑日戌年 白肩救助 智祖功德 誠實意志
丑日亥年 右玄葛藤 偏祖葛藤 分活意志

未日子年 正玄葛藤 善祖過保 解彷意志
未日丑年 左玄對立 偏祖葛藤 離鄕意志
未日寅年 青肩相助 健祖蔭德 外務意志
未日卯年 青肘同調 偏祖功德 放浪意志
未日辰年 青服生助 善祖蔭德 外交意志
未日巳年 右朱相居 偏祖蔭德 學事意志
未日午年 正朱同居 吉祖功德 財務意志
未日未年 左朱自沖 祖孫干涉 病弱意志
未日申年 白服生助 孤祖生助 布施意志
未日酉年 白肘相生 義祖共助 奉仕意志
未日戌年 白肩相峙 智祖葛藤 藝術意志
未日亥年 右玄同調 健祖功德 活動意志

司天歲運 天運父母 司地人運 人氣子孫
三災年運 天地父母 三災人運 地氣子孫

申子辰生 寅卯辰年 司地司天 圓融不在
申子辰水 寅卯辰木 人氣生天 陷穽入滅

申金剋木　人氣逆天　三災三年　逆氣憹心
子水洩木　人運生天　三災三年　洩氣憹心
天木剋辰　天運逆氣　三災三年　逆運憹心

寅午戌生　申酉戌年　司地司天　相剋不融
寅午戌火　申酉戌金　天運殺氣　衝殺沖死
寅木衝金　天運剋氣　三災三年　衝運憹心
午火剋金　人氣剋天　三災三年　逆氣憹心
戌土洩氣　人運生天　三災三年　洩氣憹心

亥卯未生　巳午未年　司地司天　生助吸氣
亥卯未木　巳午未火　人氣生天　陷穽入滅
亥水剋火　人氣剋天　三災三年　剋氣憹心
卯木生火　人氣生天　三災三年　洩氣憹心
未土助火　人氣加熱　三災三年　燥熱憹心

巳酉丑生　亥子丑年　司地司天　生助吸氣
巳酉丑金　亥子丑水　司地生天　陷穽入滅
巳火剋水　天運剋氣　三災三年　衝氣憹心
酉金生水　地氣生天　三災三年　洩氣憹心
丑土剋水　地氣剋天　三災三年　陷逆憹心

申子辰生　寅卯辰年　巳午未月　避災流運
申酉戌月　除剋木運　亥子丑月　生助人氣
寅卯辰年　寅卯辰月　木運上天　風殺陷穽

寅午戌生　申酉戌年　亥子丑月　避災流運
寅卯辰月　沖剋除運　巳午未月　生助人氣
申酉戌年　申酉戌月　金運上天　白金大殺

亥卯未生　巳午未年　申酉戌月　避災轉運

亥子丑月 相沖除運 寅卯辰月 火災昇天
巳午未年 巳午未月 火運上天 朱火大殺

巳酉丑生 亥子丑年 寅卯辰月 避災流運
巳午未月 除剋水運 申酉戌月 生運上天
亥子丑年 亥子丑月 水運上天 玄水大陷

2) 天地運氣 穴場發應 歲運穴運 相生秩序

歲運同調 穴場穴核 當該年月 當該發應
穴運同調 穴場穴核 當該順次 當該發應
歲運穴運 相互同調 穴氣人氣 相生同調
當該歲運 當該穴運 當該人運 當該發應
當該歲運 當該年月 當該方別 特性發應
當該穴運 生成順次 五果順別 特性發應
破口關門 歲運同調 三四(靑關)七八(白關) 合居同調
破口關門 穴運同調 七八(朱靑關)七九(朱白關) 合居同調
穴場運氣 得神秩序 當該歲年 當該順月
當該歲年 當該穴場 當該穴運 當該順序
當該年月 當該日時 歲運相互 同調干涉
穴運順序 生成順序 穴運相互 同調干涉
頭腦入穴 纏脣靑白 穴場穴核 明堂關門
一六水氣 二七火氣 三八木氣 四九金氣
五十穴土 七八七九 關門穴核 相互同調
頭腦陽得 先一鬼六 入穴陽得 先二明七
靑蟬陽得 先三曜八 白蟬陽得 先四曜九
纏脣陽得 先二官七 穴核陽得 先五核十
靑朱破關 先七後八 白朱破關 先七後九
歲運流周 穴場左旋 年月日時 同調秩序
壬子年月 壬子發應 甲丙戊庚 頭頂發應

癸丑年月　癸丑發應　乙丁己辛　左頭發應
艮寅年月　戊寅發應　甲丙庚壬　靑肩發應
甲卯年月　己卯發應　乙丁辛癸　靑中發應
乙辰年月　戊辰發應　甲丙庚壬　靑腕發應
巽巳年月　乙巳發應　丁己辛癸　右朱發應
巽巳年月　破口呼吸　辰(五干)巳(五干)年月　十干發應(右朱發應)
丙午年月　丙午發應　甲庚戊壬　朱正發應
丁未年月　丁未發應　乙辛己癸　左朱發應
坤申年月　庚申發應　甲丙戊壬　白腕發應
坤申年月　破口呼吸　未申年月　十干發應
庚酉年月　辛酉發應　乙丁己癸　白中發應
辛戌年月　戊戌發應　甲丙庚壬　白肩發應
乾亥年月　癸亥發應　乙丁己辛　右頭發應
歲運穴運　同調秩序　相生相剋　合和發應
壬子歲運　二次穴運　壬子年月　一次順發
癸丑歲運　六次穴運　癸丑年月　六次順發
癸亥歲運　六次穴運　癸亥年月　六次順發

3) 立坐向配 因果論

※ 立坐向配 靑案白案 特助近砂 照應外砂

(1) 壬子立坐 丙午向配 壬子丙午 透出穴板
　　申辰寅戌 特助特出 丑未照應 善吉坐向

(2) 癸丑立坐 丁未向配 癸丑丁未 透出穴板
　　酉巳卯亥 特助特出 子午照應 善美坐向

(3) 艮寅立坐 坤申向配 艮寅坤申 透出穴板
　　午戌子辰 特助特出 亥巳照應 善用坐向

(4) 甲卯立坐 庚酉向配 甲卯庚酉 透出穴板
　　亥未巳丑 特助特出 戌辰照應 强健坐向

(5) 乙辰立坐 辛戌向配 乙辰辛戌 透出穴板
　　子申寅午 特助特出 酉卯照應 安定坐向

(6) 巽巳立坐 乾亥向配 巽巳乾亥 透出穴板
　　酉丑卯未 特助特出 申寅照應 善用坐向

(7) 丙午立坐 壬子向配 丙午壬子 透出穴板
　　寅戌申辰 特助特出 未丑照應 正格坐向

(8) 丁未立坐 癸丑向配 丁未癸丑 透出穴板
　　亥未酉巳 特助特出 午子照應 安配坐向

(9) 坤申立坐 艮寅向配 坤申艮寅 透出穴板
　　子辰午戌 特助特出 巳亥照應 安吉坐向

(10) 庚酉立坐 甲卯向配 庚酉甲卯 透出穴板
　　巳丑亥未 特助特出 辰戌照應 得吉坐向

(11) 辛戌立坐 乙辰向配 辛戌乙辰 透出穴板
　　寅午子申 特助特出 卯酉照應 秀吉坐向

(12) 乾亥立坐 巽巳向配 乾亥巽巳 透出穴板
　　卯未酉丑 特助特出 寅申照應 壽吉坐向

(13) 左右環抱 不合格水 上記原則 不備不俱
　　窩鉗乳突 高下穴板 上記原理 不變眞理

(14) 立坐原則 第一觀法 主靈淸淨 主體强健
　　向配原則 第一觀法 客靈和愛 客體特朝

(15) 入坐向配 陰陽和合 孫貴富命 吉凶長短
　　特助照應 三合二合 後孫人格 善吉光明

(16) 壬子入坐 丙午向配 少陰君火 虛實觀法
　　 甲卯入坐 庚酉向配 陽明燥金 虛實觀法
　　 乙辰入坐 辛戌向配 太陽寒水 虛實觀法
　　 丁未入坐 癸丑向配 太陰濕土 虛實觀法
　　 巽巳入坐 乾亥向配 厥陰風木 虛實觀法

4) 穴場穴核 生成秩序 拒水凝縮 從屬原理

直入首脈 直坐穴場 靑白怨嗔 合居融聚
左旋入穴 左拒穴場 靑白怨嗔 坤申破口
右旋入穴 右拒穴場 靑白怨嗔 辰巽破口
左旋穴場 左拒怨嗔 地支坐向 特玄爲主(地氣于先)
左旋穴場 左拒怨嗔 天干坐向 特案爲主(得水于先)
右旋穴場 右拒怨嗔 地支坐向 特玄中心(地氣于先)
右旋穴場 右拒怨嗔 天干坐向 特案中心(得水于先)
穴場穴核 絕對基頭 絕對坐向 絕對破口
穴場穴核 陽宅基頭 合一基點 玄關大門
陰陽穴場 大小不向 坐向破口 萬古不變
壬子立坐 丙午立向 左右旋別 玄關大門
壬子丙午 坐向中心 辰巽巳破 未坤申破
左旋穴場 天干坐向 局勢同調 未坤申門(破)
右旋穴場 地支坐向 穴場爲主 辰巽巳門(破)
直入直坐 正變穴場 特異玄朱 中心坐向
左旋水到 天干坐向 白金拒水 辰巽巳破(門)
右旋水到 地支坐向 靑木拒水 未坤申破(門)
絕對坐向 壬子丙午 相對坐向 天地變易
絕對相對 陰陽相生 五星合居 相合變易
印星官星 玄朱同調 食星財星 靑白同調
比劫土星 四方同調 四定位星 四神同調

子午卯酉 四位同調 四正配位 陰陽安定
寅申巳亥 四位同調 四生配位 生起安定
辰戌丑未 四位同調 四藏配位 還元安定
壬子丙午 絕對坐向 玄朱同調 中出安定
壬子(坐)丙午(向) 相對坐向 玄朱增强 特異來脈
丙午(坐)壬子(向) 相對坐向 玄朱逆坐 火水逆理(金木不安)
甲卯(坐)庚酉(向) 相對坐向 食星財星 特異照應(水火不調)
庚酉(坐)甲卯(向) 相對坐向 財食逆坐 金木(靑白)不調(水火共調)
乙辰(坐)辛戌(向) 相對坐向 食財劫星 特異共助(水火不調)
辛戌(坐)乙辰(向) 相對坐向 財食逆坐 金木不調(玄朱偏助)(陰陽無情)
乾亥巽巳 相對坐向 印官偏坐 水火不調(陰陽不調)
巽巳乾亥 相對坐向 官印逆坐 水火不調(陰陽不調)
艮寅坤申 相對坐向 食財劫星 特異共調
坤申艮寅 相對坐向 財食逆星 金木不調(水火偏助)
絕對相對 相互同調 穴場五行 上乘作用
絕對相對 相互不調 穴場五行 圓滿不足

3. 風水 易相 形勢論(世俗的 風易解說과 菩薩的 風易 解說論)

1) 穴場 部位別 Energy 發現現象과 理性

入首頭腦 人間種性 主靈降臨 天地同調
朱雀纏脣 人間福田 客靈朝應 風水安定
左右蟬翼 人間成長 兩大護神 種子育成
穴場穴核 人格完成 信念意志 種性創造
壬子正鬼 貴祿種子 主靈智慧 指導力量
丙午正官 富祿庫藏 社會禮敬 報施廻向
甲卯偏食 草花多情 人文氣質 仁德命識
庚酉偏財 改革銳利 武藝技才 正義勇斷

癸丑偏印 偏祖停滯 勤勉誠實 忍辱精進
乾亥右鬼 偏母偏印 强健氣質 生産意志
巽巳右官 偏識偏恩 學問成就 收拾育成
丁未左官 偏官偏愛 未來指向 報施修行
艮寅正食 權勢威力 先導統治 德望尊敬
乙辰下曜 多辯多能 正論布德 完成意志
辛戌正財 多才多感 創意知力 豫智能力
坤申下曜 獨善愛慾 慈悲菩提 眞理成就

2) 穴場 十二方別 Energy場 特性 因子 因果論(穴場 絶對方位 因果論)

(1) 太陽勢力 特性因子 子午壬丙 少陰君火
(2) 地核勢力 特性因子 辰戌丑未 戊己合成
(3) 重力勢力 特性因子 戊己中心 Energy場
(4) 引力特性 Energy場 辰戌邊土 太陽寒水
(5) 斥力特性 Energy場 丑未邊土 太陰濕土
(6) 强力特性 乾坤艮巽 寅申巳亥 少陽厥陰
(7) 弱力特性 黃土戊己 辰戌丑未 太陽太陰
(8) 電氣特性 東西橫軸 卯酉甲庚 陽明燥金
(9) 磁氣特性 南北縱軸 子午壬丙 少陰君火
(10) 水力特性 辰戌丑未 太陽寒水 太陰濕土
(11) 風力特性 巳亥寅申 厥陰風木 少陽相火
(12) 熱力特性 子午卯酉 少陰君火 陽明燥金
(13) 子午卯酉 四正同調 聖人君子 大器出現
(14) 寅申巳亥 四猛同調 勇猛精進 大業成就
(15) 辰戌丑未 四庫同調 勤勉智慧 奉事公職
(16) 四正君子 日柱正位 子午中心 必有確立
(17) 四猛君子 日柱正位 寅申中心 必成確立
(18) 四庫君子 日柱正位 辰戌中心 必成確立

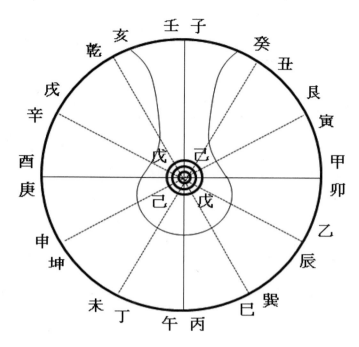

〈그림 5-6〉穴場 十二方別 Energy場 特性 因子圖

(19) 天干同調 四位穴板 大人君子 顯達人性

(20) 癸丁乙辛 照監穴板 極品聖人 來世出世

(21) 甲庚丙壬 照臨穴板 勇猛倍加 人性出世

(22) 戊辰戊戌己丑己未 照臨穴板 勤勉庫藏 倍加人性

(23) 申子辰水 三合穴板 官貴智慧 增幅人傑

(24) 寅午戌火 三合穴板 富貴社會 增幅人傑

(25) 巳酉丑金 三合穴板 文武藝技 增幅人傑

(26) 亥卯未木 三合穴板 華麗人氣 增幅人傑

(27) 戊辰庚癸水 天光照監 申子辰核 倍加凝縮

(28) 甲丁戊戌火 天光照監 寅午戌核 倍加凝縮

(29) 丙辛己丑金 天光照監 巳酉丑核 倍加凝縮

(30) 壬乙己未木 天光照監 亥卯未核 倍加凝縮

(31) 甲己合土 天合穴板 穴核質格 倍加改善

(32) 乙庚合金 天合穴板 白金質格 倍加改善

(33) 丙辛合水 天合穴板 玄水質格 倍加改善
(34) 丁壬合木 天合穴板 靑木質格 倍加改善
(35) 戊癸合火 天合穴板 朱火質格 倍加改善
(36) 陽男吉運 三五七九 十七妙數 十日吉運
(37) 陰女吉運 五九十二 十二妙數 十七吉運
(38) 子午卯酉 寅申巳亥 辰戌丑未 一四八十
　　 刑沖破害 怨嗔凶禍 十三二五 自沖凶運

(39) 十三二五 三七四九 靑春命運 改變週期
　　 六一七三 八五九七 老人命運 改變週期
　　 年月日別 穴場特性 当該人事 興亡秩序
　　 善惡美醜 穴場部位 当該子孫 吉凶禍福
　　 年月日別 穴場特出 当該子孫 運勢發應
　　 年月日時 壬子特出 当該人事 官貴出生
　　 年月日時 癸丑特出 当該人事 勤勉出生
　　 年月日時 艮寅特出 当該人事 權威出生
　　 年月日時 甲卯特出 当該人事 人氣出生
　　 年月日時 乙辰特出 当該人事 商才出生
　　 年月日時 巽巳特出 当該人事 學文出生
　　 年月日時 丙午特出 当該人事 富名出生
　　 年月日時 丁未特出 当該人事 外交出生
　　 年月日時 坤申特出 当該人事 軍宗出生
　　 年月日時 庚酉特出 当該人事 檢警出生
　　 年月日時 辛戌特出 当該人事 醫藝出生
　　 年月日時 乾亥特出 当該人事 長命出生
　　 申子辰合(坤壬乙) 特出穴場 貴名子孫 年月日時
　　 寅午戌合(艮丙辛) 特出穴場 富名子孫 年月日時
　　 亥卯未合(乾甲丁) 特出穴場 人氣子孫 年月日時
　　 巳酉丑合(巽庚癸) 特出穴場 法治子孫 年月日時

子辰合居 透出穴場 貴名子孫 立志出生
子申合居 透出穴場 貴富子孫 武藝出生
申辰合居 透出穴場 文武兼孫 無冠出生
午寅合居 透出穴場 權庫管孫 成就出生
午戌合居 透出穴場 富庫才孫 成功出生
寅戌合居 透出穴場 權才兼孫 進就出生
卯亥合居 透出穴場 人氣長命 華麗出生
卯未合居 透出穴場 人氣外交 花難出生
亥未合居 透出穴場 海外奔走 外務出生
酉巳合居 透出穴場 文武兼孫 檢警出生
酉丑合居 透出穴場 工武兼孫 勤勉出生
巳丑合居 透出穴場 學文奉公 大器晩成
天甲建孫 寅靑陽男(＋木) 天甲旺女 卯靑陰女(-木)
天乙得女 卯靑陰女(-木) 天乙旺男 寅靑陽男(＋木)
天丙健孫 巳朱陰陽(±火) 天丙旺孫 午朱陽陰(±火)
天丁得女 巳朱陰女(-火) 天丁旺男 午朱陽男(＋火)
天戊健孫 巳朱陽陰(±火) 天戊旺女 午朱陰陽(±火)
天己得女 午朱陰女(-火) 天己旺男 巳朱陽男(＋火)
天庚健孫 申白陽男(＋金) 天庚旺女 酉金陰女(-金)
天辛得女 酉白陰女(-金) 天辛旺男 申白陽男(＋金)
天壬建孫 亥玄陽陰(±水) 天壬旺孫 子玄陰陽(±水)
天癸得女 子玄陰陽(±水) 天癸旺男 亥玄陽陰(±水)
子丑合居 透出穴場 偏官子孫 年月日時
寅亥合居 透出穴場 偏就子孫 年月日時
卯戌合居 透出穴場 偏才子孫 年月日時
辰酉合居 透出穴場 偏財子孫 年月日時
巳申合居 透出穴場 偏文子孫 年月日時
午未合居 透出穴場 偏庫子孫 年月日時
子午中心 名譽穴場 正官情神 子孫出生

丑未陰軸 發露穴場 忠直單調 子孫出生

寅申陽猛 對稱穴場 軍警權威 子孫出生

卯酉陰橫 發達穴場 兩得過慾 子孫出生

辰戌陽軸 特藏穴場 商才言才 子孫出生

巳亥厥陰 待峙穴場 極端葛藤 子孫出生

亥子丑水 同調穴場 精靈智慧 官貴出生

巳午未火 同調穴場 客神禮敬 富名出世

寅卯辰木 同調穴場 仁德魂神 官名出世

申酉戌金 同調穴場 義勇魄神 富藝出世

水局同調 太過穴場 火局空亡 凶禍子孫

火局同調 太過穴場 水局空亡 凶禍子孫

木局同調 太過穴場 白局空亡 凶禍子孫

金局同調 太過穴場 木局空亡 凶禍子孫

子卯刑殺 透出穴場 玄青中端 陷沒破損

子酉破殺 透出穴場 玄白中端 陷沒破損

子子自沖 透出穴場 玄中入脈 破鎖斷折

子未(子巳)怨害 透出穴場 玄朱偏應 朱火偏斜

午卯破殺 透出穴場 朱青中端 陷沒破損

午酉桃花 透出穴場 朱白中端 陷沒破損

午午自沖 透出穴場 朱中正位 太强反背

午丑(午亥)怨害 透出穴場 玄朱偏應 玄水偏斜

丑丑自沖 透出穴場 玄水左端 太過發達

丑戌刑殺 透出穴場 玄白左端 陷沒破損

丑辰破殺 透出穴場 玄青右端 陷沒破損

戌未破殺 透出穴場 朱白左端 陷沒破損

寅申刑殺 透出穴場 青白右端 陷沒破損

寅巳刑殺 透出穴場 青朱右端 陷沒破損

巳申刑殺 透出穴場 朱白右端 陷沒破損

寅亥破殺 透出穴場 玄青右端 陷沒破損

寅寅自沖 透出穴場 靑木右端 太强反背

卯申怨嗔 透出穴場 靑白偏應 白金太强

卯辰害殺 透出穴場 靑木左端 突露發達

卯酉兩極 對峙穴場 靑白中端 異相發露

卯卯自沖 透出穴場 靑木中端 特出反背

辰辰自沖 透出穴場 靑木左端 太强反背

辰亥怨嗔 透出穴場 靑玄当所 異狀發露

巳巳自沖 透出穴場 朱火右端 太强反背

巳戌怨嗔 透出穴場 朱白当所 異狀發露

午午自沖 透出穴場 朱火中端 太强太虛

未未自沖 透出穴場 朱火左端 太强反背

未戌破殺 透出穴場 朱白左端 陷沒破損

未丑刑殺 透出穴場 朱玄左端 特異對峙

申申自沖 透出穴場 白金右端 異狀發露

申亥害殺 透出穴場 玄白当所 異狀發露

酉酉自沖 透出穴場 白金中端 太强反背

酉寅怨嗔 透出穴場 白靑当所 異狀發露

酉戌害殺 透出穴場 白金左端 突露發達

戌戌自沖 透出穴場 白金左端 異狀發露

亥亥自沖 透出穴場 玄水右端 異狀發露

巳亥對峙 透出穴場 玄朱右端 異狀發露

卯酉對峙 透出穴場 靑白中心 異狀發露

丑未對峙 透出穴場 玄朱左端 異狀發達

子丑合土 透出穴場 玄水左端 入靑特性(連靑意志)

寅亥合木 透出穴場 玄靑右端 同調構造

卯戌合火 透出穴場 靑白均進 同調構造

辰酉合金 透出穴場 靑白凝縮 同調意志

巳申合水 透出穴場 朱白右端 同調構造

午未合土 透出穴場 朱白關進 同調意志

子辰合水 透出穴場 玄靑同調 三合意志

子申合水 透出穴場 玄白同調 三合意志

子午合居 透出穴場 玄朱中圓 立體特出

子寅合居 透出穴場 玄靑圓滿 同調構造(進行構造)

子戌合居 透出穴場 玄白圓滿 同調構造(進行構造)

申子辰水 透出穴場 玄水特垂 左右關鎖(左右下曜)

寅午戌火 透出穴場 朱火特關 左右緊縮(左右上曜)

午辰合居 透出穴場 朱靑關鎖 同調意志

辰申合居 透出穴場 靑白凝縮 左右下曜

寅戌合火 透出穴場 靑白凝縮 左右上曜

亥卯未木 透出穴場 靑木特縮 玄朱安定(右定)

巳酉丑金 透出穴場 白金特縮 玄朱安定(左定)

寅午合火 透出穴場 靑朱特調 出世意志

午戌合火 透出穴場 白朱特調 庫藏意志

亥卯合木 透出穴場 玄靑特調 人氣意志

卯未合木 透出穴場 靑朱特調 外華意志

巳酉合金 透出穴場 朱白特調 正義求現

丑酉合金 透出穴場 玄白特調 正義求現

寅申對稱 透出穴場 靑白特對 强性對立

辰戌對稱 透出穴場 靑白相對 安定對立

亥子丑水 透出穴場 頭腦特大 朱火不及

寅卯辰木 透出穴場 靑翼特大 白翼不及

巳午未火 透出穴場 纏脣特大 頭腦不及

申酉戌金 透出穴場 白翼特大 靑翼不及

子亥重水 透出穴場 右玄鈍濁 纏脣偏斜

寅卯重木 透出穴場 右靑(翼)鈍濁 白翼偏斜

午巳重火 透出穴場 右朱(纏)鈍濁 玄水偏斜

申酉重金 透出穴場 右白(翼)鈍濁 靑翼偏斜

子午卯酉 透出穴場 十字入首 十字穴板

寅申巳亥 透出穴場 玄朱靑白 右特穴板
辰戌丑未 透出穴場 玄朱靑白 左特穴板
申子辰水 特出穴場 極貴子孫 特發出世
寅午戌火 特出穴場 極富子孫 社會名振
亥卯未木 特出穴場 人氣子孫 四海名振
巳酉丑金 特出穴場 武富藝醫 人間勝利
入首頭腦 刑沖破害 長孫子孫 人敗病敗
纏脣朱雀 刑沖破害 末子子孫 人敗財敗
靑木蟬翼 刑沖破害 靑木子孫 人敗名敗
白金蟬翼 刑沖破害 白金子孫 人敗財敗
子午卯酉 特發穴場 聖人君子 特發出世
寅申巳亥 特發穴場 威猛君子 特發出世
辰戌丑未 特發穴場 富名君子 特發出世
左傾頭腦 發出穴場 先亡父親 奉供獨母
右傾頭腦 發出穴場 先亡母親 奉供獨父
左傾朱雀 發出穴場 學文子孫 先亡婦人
右傾朱雀 發出穴場 外孫子孫 先亡夫君
左傾靑木 發出穴場 벼슬子孫 早期落馬
右傾靑木 發出穴場 長孫子孫 虛名無實
左傾白金 發出穴場 智藝子孫 早期敗亡
右傾白金 發出穴場 白金子孫 虛名無實
頭腦兩分 亥丑穴場 長孫無德 精神分裂
朱雀兩分 巳未穴場 末孫無德 倉庫分裂
靑翼兩分 寅辰穴場 靑孫葛藤 兄弟雙位
白翼兩分 戌申穴場 白孫葛藤 武富雙位
入首頭腦 沖殺穴場 無記頭腦 鍾子沖缺
入首頭腦 刑破穴場 刑破頭腦 宗孫破種
入首頭腦 怨害穴場 怨害恩苦 長孫怨聲
朱雀纏脣 沖殺穴場 心庫空缺 末孫沖缺

朱雀纏脣 刑破穴場 心庫刑破 末孫財敗

朱雀纏脣 怨害穴場 心腎苦惱 末孫怨聲

靑木蟬翼 沖殺穴場 肝膽空缺 靑孫空職

靑木蟬翼 刑破穴場 肝膽刑破 靑孫落馬

靑木蟬翼 怨害穴場 肝膽己심 靑孫怨聲

白金蟬翼 沖殺穴場 肺大空缺 白孫空財

白金蟬翼 刑破穴場 肺大刑破 白孫破産

白金蟬翼 怨害穴場 肺大持病 白孫怨聲

玄中子水 獨出穴場 宗孫獨子 官貴獨出

玄左丑水 獨出穴場 偏祖父男 自手成家

玄右亥水 獨出穴場 偏祖母女 自手成家

朱中午火 獨出穴場 末孫獨子 富命獨出

朱左未火 獨出穴場 偏母末孫 獨自富命

朱右巳火 獨出穴場 偏父末孫 獨自富命

靑中卯木 獨出穴場 靑祖中孫(男) 官職獨出

靑右寅木 獨出穴場 靑祖長孫(男) 官運獨出

靑左辰木 獨出穴場 靑祖末孫(男) 官才獨出

白中酉金 獨出穴場 白祖中孫(女) 武富獨出

白左戌金 獨出穴場 白祖次孫(女) 富藝獨出

白右申金 獨出穴場 白祖末孫(女) 武工獨出

甲丙(戊)庚壬 玄子水中 壬子玄水 貴命第一

甲丙(戊)庚壬 靑寅木中 甲寅靑木 發展第一(權威第一)

甲丙(戊)庚壬 朱午火中 丙(戊)午朱火 富名第一

甲丙(戊)庚壬 白申金中 庚申白金 强健第一

甲丙(戊)庚壬 靑辰木中 庚(丙)辰靑木 出世第一

甲丙(戊)庚壬 白戌金中 丙(戊)戌金 智慧第一

乙丁(己)辛癸 玄丑水中 癸丑玄水 靑入第一

乙丁(己)辛癸 玄亥水中 癸亥玄水 白入第一

乙丁(己)辛癸 朱巳火中 丁(己)巳朱火 學命第一

乙丁(己)辛癸 朱未火中 丁(己)未朱火 外交第一
乙丁(己)辛癸 靑卯木中 乙癸卯木 人氣第一
乙丁(己)辛癸 白酉金中 丁(己)辛酉金 正義第一
主山朝案 氣融相逢 最的中心 穴場中心
頭腦中心 纏脣中心 相逢中心 最的穴中
左蟬中心 右蟬中心 相逢中心 最的穴中
頭腦組織 圓正垂頭 纏脣組織 垂直環抱
蟬翼組織 斜角凝縮 穴場組織 圓滿凝縮
縱軸中心 橫軸中心 相逢的中 穴核完結

3) 朝來 · 融聚 · 得水 穴場 穴前吉神 因果原理

壬子立坐 當朝融聚 巽巳丁未 文貴吉神
癸丑立坐 當朝融聚 丙午坤申 富庫吉神
艮寅立坐 當朝融聚 丁未庚酉 富名吉神
甲卯立坐 當朝融聚 坤申辛戌 武官吉神
乙辰立坐 當朝融聚 庚酉乾亥 商才吉神
巽巳立坐 當朝融聚 辛戌壬子 文藝吉神
丙午立坐 當朝融聚 乾亥癸丑 富貴吉神(貴命吉神)
丁未立坐 當朝融聚 壬子艮寅 公務吉神
坤申立坐 當朝融聚 癸丑甲卯 官命吉神
庚酉立坐 當朝融聚 艮寅乙辰 官名吉神
辛戌立坐 當朝融聚 甲卯巽巳 文名吉神
乾亥立坐 當朝融聚 乙辰丙午 富命吉神

※ 註 1 : 藏風이 得水를 同調하면 藏風이 吉神이요

   得水가 藏風을 同調하면 得水가 吉神이며

   藏風得水가 穴場을 同調하면 藏風得水가 吉神이다.

※ 註 2 : 藏風吉神은 得水를 生氣淸靜케 하고

   得水吉神은 藏風을 生氣溫和케 하며

   藏風得水는 穴場穴核의 善美生命을 生起育成케 한다.

4) 穴場堂前 吉凶砂水 善惡美醜 發現因果(별책부록 砂水格論 참조)

穴場堂前 大江河水 彎抱屈曲 大都會地

穴場堂前 平田朝水 到堂融聚 吉福陽宅

穴場堂前 諸水聚湖 江河還曲 陰陽吉宅

穴場堂前 溪澗聚水 屈曲彎繞 小大明宅

穴場堂前 深聚潭水 淸水朝堂 垂祚悠久

穴場堂前 黃河濁水 一時淸水 聖人出現

穴場堂前 海水逆朝 英雄出現 名振四海

穴場堂前 池塘貯水 魚類生動 貴人朝堂

穴場堂前 聾泉融聚 極貴朝入 巨萬官財

穴場堂前 朝來水纏 催官催富 社會特發

穴場堂前 左旋水纏 靑木子孫 富貴成就

穴場堂前 右旋受纏 白金子孫 富貴成就

穴場堂前 池塘會水 穴前得取 子孫儲祿

穴場堂前 溝洫滙水 非沖非急 子孫勤勉

穴場堂前 溪澗流水 非泣非割 有情裕福

穴場堂前 平田不朝 非到非聚 子孫無情

穴場堂前 池塘照盆(넘침) 上塘下連 寡母空房

穴場堂前 池塘改作 祖塋驚動 災禍立見

穴場堂前 天地泉水 龍脈頂上 貴氣連綿

穴場堂前 四時融注 龍上泉池 極榮富貴

穴場堂前 極暈會明 圓正平合 養蔭最美
穴場堂前 界明會堂 分合融聚 極品明堂
穴場堂前 元辰水會 局勢緊巧 大富大貴
穴場堂前 四圍周密 生氣自得 社會恩德
穴場堂前 平坦端正 基底平面 子孫平康
穴場堂前 纏腰帶水 達抱來帶 最吉最祥
穴場堂前 旋轉逆廻 廻流顧穴 長發長吉
穴場堂前 廻流甚水 兩畔包裹 巨萬資才
穴場堂前 一石拒水 左旋融注 孝子大富
穴場堂前 融瀦積水 注聚深水 貴賢悠久
穴場堂前 暗拱朝水 清朝抱聚 失利悠長
穴場堂前 湖水融注 下關包護 催官大富
穴場堂前 田源倉板 特朝御街 最富貴顯
穴場堂前 田源朝來 天馬特朝 長發極吉
穴場堂前 山水朝入 藏風得水 生死長短(吉凶眞假)
穴場堂前 面面推來 朝案美秀 極品出世
穴場堂前 先到回頭 迎朝聚集 社會拱揖
穴場堂前 侍立兩邊 拱手端正 催官催富
穴場堂前 左右護衛 枝龍護纏 子孫昌成
穴場堂前 左右諧和 不可沒泥 兄弟和睦
穴場堂前 屈曲馬跡 如器如掌 田錢豊饒
穴場堂前 非射非沖 非崩非缺 子孫不敗
穴場堂前 非陷非缺 非散非漏 子孫康榮
穴場堂前 合襟聚水 三分三合 巨萬資材(三元關鎖)
穴場堂前 朝入深聚 貴人朝堂 代代有吉
穴場堂前 中正心水 水聚天心 鉅富顯貴
穴場堂前 鎭應注水 靈泉秀氣 三公富貴
穴場堂前 祿儲潭水 水口融主 儲積鋸富
穴場堂前 醴泉融注 四時嘉泉 富貴長命

穴場堂前 涌泉融聚 四時一定 名勝景地
穴場堂前 左右交鎖 關欄有情 大富大貴
穴場堂前 衆水聚合 朝堂安定 鉅富出世
穴場堂前 水城達抱 明堂彎曲 富貴悠長
穴場堂前 天心融聚 池塘掌心 富貴無比
穴場堂前 萬頃朝水 汪汪特來 極位極品
穴場堂前 朱水廣聚 山明水秀 至貴至富
穴場堂前 寬暢融聚 低砂交結 子孫大昌
穴場堂前 諸龍大會 諸水到來 萬邦納貢
穴場堂前 彎弓還抱 弓抱拱身 代代發福
穴場堂前 水勢入穴 逆砂巨水 發應速決
穴場堂前 特來水城 之玄屈曲 極品極富
穴場堂前 之玄水城 右來左曲 先富後貴
穴場堂前 之玄水城 左來右曲 先貴後富
穴場堂前 悠洋深潨 朝案有情 代代發福
穴場堂前 灣抱水城 達帶滿月 富貴連綿
穴場堂前 會堂聚水 還抱灣曲 子孫最吉
穴場堂前 明堂緊密 朝案近縮 初年大發
穴場堂前 直沖水城 穴場不見 大貴大富
穴場堂前 大水洋朝 速發官財 無上富貴
穴場堂前 當面特朝 九曲入懷 朝貧夕富
穴場堂前 四方圍水 非衝非聲 科等不絶
穴場堂前 四面水纏 四山周還 貴富連綿
穴場堂前 諸水融聚 天心聚水 富貴最上
穴場堂前 聚明堂靜 融水無動 最上福祿
穴場堂前 諸水団聚 盪胞聚來 極富子孫
穴場堂前 拱背水纏 玄水穴纏 發福悠長
穴場堂前 九曲朝入 御街曲水 当朝宰相
穴場堂前 逆龍水去 山水同行 子孫敗退

穴場堂前 水破天心 直穿直去 爲人無子
穴場堂前 黃泉漏水 沒泉水落 無貴貧賤
穴場堂前 尖砂劫殺 順水飛射 悖逆惡死
穴場堂前 反弓反背 突拗背逆 百事不成
穴場堂前 突露窒塞 朝案逼塞 凶頑子孫
穴場堂前 山水傾倒 洛聚不明 家産敗退
穴場堂前 朱火逼窄 堂局狹促 頑濁兇狼
穴場堂前 傾側偏斜 不會不聚 人敗不和
穴場堂前 破碎突窟 尖石不淨 盜賊炎禍
穴場堂前 端急傾瀉 山水同去 損人退敗
穴場堂前 曠野空虛 朝遠空閑 家財敗退
穴場堂前 直水直流 心藏直沖 子孫滅絶
穴場堂前 直橫去水 直急無情 子孫無情
穴場堂前 直來直去 割剪水勢 子孫凶連
穴場堂前 背城去水 撞背去流 敗家蕩財
穴場堂前 反背撞水 急峻有聲 速敗炎禍
穴場堂前 過穴去水 不朝不聚 家計退田
穴場堂前 外水急城 穴場打割 刑殺官松
穴場堂前 遶身水城 龍虎不備 貧困絶嗣
穴場堂前 反弓逆跳 反背流水 逆孫亡失
穴場堂前 天心刑破 峻急直射 貧寒凶事
穴場堂前 大水雄欺 穴小龍賤 太凶太亡
穴場堂前 瀑面水聲 龍勢虛弱 人丁不旺
穴場堂前 射脇直水 左右橫穿 橫死橫厄
穴場堂前 元辰直破 無關一直 散財少亡
穴場堂前 反身背水 來脈不實 人敗財敗
穴場堂前 左右割脚 穴余不及 孫財滅絶
穴場堂前 漏腮破水 清冷長流 官財人敗
穴場堂前 交劍破水 脈窮氣絶 吹風無發

穴場堂前 分流散水 八字散去 忤逆蕩産

穴場堂前 深漏槽水 穴下無氈 家傾少亡

穴場堂前 碎石雜陋 穴下亂雜 人財多難

穴場堂前 妡指肩斷 左右短縮 速敗速亡

穴場堂前 脚頭陷吐 穴下洩氣 人敗財敗

穴場堂前 脚下墜足 左右折臂 短命子孫

穴場堂前 朝案飛動 無効用砂 不安不吉

穴場堂前 流泥傾水 山水同去 離鄕客地

穴場堂前 捲簾退水 傾急退田 漸至絶人

穴場堂前 不入堂水 斜撇橫走 退官失職

穴場堂前 反排背水 反身背逆 悖逆軍盜(生離別孫)

穴場堂前 刑沖破水 砂水同衝 軍配惡死

穴場堂前 探砂越射 斜山露窺 盜配賊殺

穴場堂前 刑破透頂 退痕確然 淫亂破裂

穴場堂前 橫砂直沖 水砂風殺 凶禍不斷

穴場堂前 高急逼壓 反背托山 手下背信

穴場堂前 朝向曲背 反背水砂 離反社會

穴場堂前 朝案斷絶 腦下橫退 首亂子孫

穴場堂前 順水飛走 遊蕩飛散 速亡速敗

穴場堂前 刑剋沖破 穿射剪割 八殺不止

穴場堂前 射衝崩缺 陷分傾瀉 孫敗立見

穴場堂前 側斜逼狹 明堂犯殺 年年敗退

穴場堂前 朝案獨秀 高峰特立 神童學者

穴場堂前 面前萬應 眞龍眞的 代代昌盛

穴場堂前 近案遠朝 近小遠高 明穴明堂

穴場堂前 朝對案砂 玉印三台 蛾眉橫琴

穴場堂前 天馬書臺 眠弓按劍 全箱等架 席帽龜蛇

穴場堂前 橫帶玉几 書筒華表 捍門北辰 禽官羅星

穴場堂前 秀眉光彩 廻抱有情 最上朝案

穴場堂前 尖射破碎 擁腫醜惡 最速聚凶
穴場堂前 泒流案帶 逆水拒砂 最速最吉
穴場堂前 催近逼窒 高案逼迫 凶頑昏濁
穴場堂前 醜石巉岩 高來壓迫 大凶大敗
穴場堂前 近案特秀 帶水制殺 大吉特發
穴場堂前 無案不朝 來龍散漫 無孫無福
穴場堂前 面前萬山 來龍不實 人敗空虛(鬼龍虛結)
穴場堂前 近案有無 眞僞分別 穴星眞假
穴場堂前 高州小阜 水勢有情 陽基眞穴
穴場堂前 近案帶水 外山特朝 最吉大明
穴場堂前 本身案山 外陽秀峯 極吉大地
穴場堂前 朝案秀麗 風水有情 賓客朝拱
穴場堂前 必有朝案 善惡美醜 興亡盛衰
穴場堂前 朝案立向 朝案中心 穴核的中
穴場堂前 衆峰朝案 秀峰中心 中心照向
穴場堂前 高峰特秀 龍穴眞的 神童壯元
穴場堂前 朝拱正對 週邊亂砂 秀峰從屬
穴場堂前 一字文星 善美有情 文科及第
穴場堂前 尖官(曜鬼)貴人 圓方富官 槍劍武藝
穴場堂前 下關緊密 重疊下臂 大穴大明
穴場堂前 逆水下關 財砂緊密 大富大貴
穴場堂前 逆砂一尺 有情一山 同等關鎖
穴場堂前 田中草坪 水界田岸 一才高峯
穴場堂前 巉岩破碎 峻嶒醜惡 刑破沖事
穴場堂前 反背欹斜 走竄尖射 背信凶事
穴場堂前 擁腫巖雄 枯瘦崩赤 疾病衰事
穴場堂前 無情無氣 凸密너덜 人敗財敗
穴場堂前 山崗搖亂 惡石巉巖 疾病災亂
穴場堂前 山脚尖射 飛走背走 惡死橫厄(蕩財)

穴場堂前 尖圓秀麗 方正肥滿 文章富貴

※ 穴場堂前 朝案形勢 善惡吉凶 因果特性

穴場堂前 朝案特性 龍穴眞僞 吉凶因果
善惡美醜 大小强弱 高低長短 正斜平峻
圓方曲直 陷突屈折 尖斷肥瘦 傾射飛散
穴場堂前 同調吉砂 穴核成就 子孫善吉
善美大强 高長正平 圓方曲直 光潤瑞氣
穴場堂前 干涉凶砂 穴核掃滅 子孫滅絶
醜惡陷折 尖斷傾射 飛散峻急 短小虛弱
刑沖破害 謝探反走 衝壓背去 割剪怨聲
穴場堂前 圓滿方正 忠誠偉人 厚德信望
穴場堂前 騷亂卑劣 淫賤奸巧 不善不和
穴場堂前 木星高聳 秀麗尊嚴 顯貴文章
穴場堂前 父子貴峰 前後秀麗 父子科及
穴場堂前 五山朝入 水木金土 最上貴人
穴場堂前 玉堂金馬 御座清秀 玉堂顯貴
穴場堂前 水帳木秀 清秀端正 錦衣貴人
穴場堂前 蓋下木星 清明端正 高官顯貴
穴場堂前 木火土星 土上木火(木上土火) 上格貴人
穴場堂前 水木竝立 端正秀麗 榮貴極品
穴場堂前 火木多情 火明木秀 玉堂富貴
穴場堂前 水木重列 清秀端明 極品官貴
穴場堂前 階上木星 端秀正突 極品權威(武)
穴場堂前 火帳木星 端正尊嚴 文武藝才
穴場堂前 御屏木星 均等端正 極品官權
穴場堂前 水木帳下 木星正突 少年科及(賢士文章)
穴場堂前 帳外木秀 清高端明 神仙極位

穴場堂前 木火竝立 端正淸秀 極品講師
穴場堂前 幕外特木 重水淸端 極品陞朝
穴場堂前 大金木下 小金木立 科甲入朝
穴場堂前 馬上秀木 金馬淸人 兵權富貴
穴場堂前 華蓋中木 淸秀端正 少年及第
穴場堂前 木星竝立 父子親近 慈父孝子
穴場堂前 按劍木星 逆水到地 將軍威勇
穴場堂前 馬中木星 諸峰秀麗 武富威嚴
穴場堂前 馬中木星 兩馬侍立 文名官貴
穴場堂前 雙秀木星 兄弟登科 雙妻雙子
穴場堂前 木中土星 兩木均等 兄弟同朝
穴場堂前 左右秀木 偏側均等 庶出雙貴
穴場堂前 文星特立 木前金娥(金星娥眉) 文章顯貴
穴場堂前 土屛下木 方正端秀 忠臣王師
穴場堂前 三台下木 均等配列 三公極品
穴場堂前 土木近親 淸秀尊嚴 天恩貴人
穴場堂前 蛾眉文星 端正淸秀 女貴文達
穴場堂前 金體蛾眉 端正秀麗 極品富貴
穴場堂前 土體蛾眉 正平厚豊 極品祿位
穴場堂前 卓立木星 淸秀端正 文武狀元
穴場堂前 土聳木體 身高頂平 碩學極貴
穴場堂前 低平土體 圓正方平 極品福祿
穴場堂前 玉印文星 圓平端正 文武兼才(鉅富)
穴場堂前 方印文星 四角正平 出將入朝
穴場堂前 帶火文星 一脚火曜 文武藝兼
穴場堂前 圓滿文星 上平圓滿 極品五侯
穴場堂前 中起文星 左輔右弼 文武藝才
穴場堂前 三父子星 左右中特 三父子出
穴場堂前 雄偉金星 雲中文武 大將軍出

穴場堂前 特立金木 特異武星 出使名振

穴場堂前 金鐘玉釜 秀麗特立 國富文貴

穴場堂前 龍事入堂 龍頭尊貴 出使官祿

穴場堂前 鳳輦入堂 木立尖秀 文章名譽

穴場堂前 御屏土體 方正立體 極品富貴

穴場堂前 土體御臺 方平低小 出使講論

穴場堂前 聳立一峰 兩肩均等 富貴神仙

穴場堂前 尖峰石等 滿床尖秀 三世文章

穴場堂前 誥軸展軸 清秀平正 帝命出使

穴場堂前 尖秀文筆 卓立清秀 文貴名振

穴場堂前 彩鳳文筆 筆峰飛揚 學問宗師

穴場堂前 宰相文筆 案頭特立 太平權勢

穴場堂前 三峰特筆 清奇卓立 極品榮顯

穴場堂前 重層疊立 御屏台下 極貴兵權(堆甲)

穴場堂前 圓美鉢孟 御台星下 名僧鉅富

穴場堂前 秀峰疊朝 奔走朝來 登科及第

穴場堂前 美砂整列 石阜禽獸 顯貴功名

穴場堂前 土石屯陣 小阜亂石 武將出陣

穴場堂前 釵山降節 正案不吉 僧道淫亂

穴場堂前 尖峰堵列 多峰火體(清秀光彩) 一家同貴(藝名)

穴場堂前 杖砂獨節 屏下清秀 首將權制

穴場堂前 土星法席 方平長平 極品公職

穴場堂前 金星重疊 線明秀麗 亂中富貴

穴場堂前 土冠幞頭 端嚴方正 五侯極貴

穴場堂前 順水一字 端正土形 離鄉發貴

穴場堂前 重疊肉積 堆甲圓淨 武富大貴

穴場堂前 亂石不等 醜陋亂雜 淫亂濁富

穴場堂前 乞丐風顚 山脚飛揚 僧道乞丐

穴場堂前 破傘分脚 不均不淨 貪窮不安

穴場堂前 分開僧鞋 平中紋開 智慧高僧
穴場堂前 玉帶還抱 禽魚相照 公侯極品（女貴）
穴場堂前 水星還抱 平坡彎還 女貴最宮
穴場堂前 墩埠長曲 金魚下關 滿門財貨
穴場堂前 圓正玉几 貴人同居 三公大貴
穴場堂前 席帽均淸 秀麗台星 昇朝宰相
穴場堂前 無記台星 無記席帽 郡守道士
穴場堂前 有脚台星 席帽有脚 代代官祿
穴場堂前 三台圓頭 淸秀端正 科及顯達
穴場堂前 金星變體 中峰特出 科及富貴
穴場堂前 馬山尖利 出砂飛走 外出功榮
穴場堂前 兩馬相背 反背交馳 兄弟連登
穴場堂前 馬山帶甲 旗鼓貴人 大將功名
穴場堂前 雙峰特立 高聳淸秀 天馬貴富
穴場堂前 朝案破網 破拉醜惡 惡病刑罰
穴場堂前 水星連幕 帳潤方齊 富貴功名
穴場堂前 凶砂醜惡 遠離朝照 凶禍減少
穴場堂前 秀峰特立 近接壓案 善吉制弱（制約）
穴場堂前 橫棺亂雜 頭高尾低 客死瘟疫
穴場堂前 橫木眼體 橫琴淸秀 富貴文章
穴場堂前 小山雲集 馬車駐屯 兄弟戒名
穴場堂前 龍樓鳳閣 日月朝蓋 君王居處
穴場堂前 高山帳幕 不凹不斷 富貴滿門
穴場堂前 陽傘特立 高聳特異 朝官顯貴
穴場堂前 五氣合成 水木金土 極貴人出
穴場堂前 方直長砂 木體立座 文章官祿
穴場堂前 疊疊金土 粧台華麗 大富女貴
穴場堂前 端峰鏡臺 圓正出現 一品女貴
穴場堂前 小山重疊 盤上美盃 一家福祿

穴場堂前 御前日月 日月明照 極貴神童
穴場堂前 祥雲朝來 天運慶朝 神仙王師
穴場堂前 雲山疊朝 四方雲集 神仙極貴
穴場堂前 三台文星 三峰文陣 極品極貴
穴場堂前 水火旣濟 水邊木火 仙橋異人
穴場堂前 天梯星朝 金木連立 白日昇天
穴場堂前 三千粉黛 群山畑花 神仙公侯
穴場堂前 盂山橫列 品字開展 富貴雙全
穴場堂前 盞瓶同席 淸秀端娥 富貴滿門
穴場堂前 方正土石 低立斗體 小富小貴
穴場堂前 枷刀凶脚 殺氣入堂 官災刑罰
穴場堂前 乞丐導具 醜陋不淨 淫亂乞人
穴場堂前 大山猗斜 小山交脚 娼妓淫佚
穴場堂前 尖脚刺射 石面却殺 軍配殺傷
穴場堂前 掀裙飛開 脚下飛登 淫濫濁富
穴場堂前 土體仰般 厚富端正 大富大貴
穴場堂前 賭博投錢 周邊不淨 先富後亡
穴場堂前 下砂接錢 逆砂拒水 財帛官祿
穴場堂前 圓方合席 圓扁方長 富貴雙全
穴場堂前 二山合掌 反背垂頭 咀呪凶事
穴場堂前 一山合掌 端正嚴秀 僧道寺庵
穴場堂前 臥牛土星 濁體地脚 富貴厚富
穴場堂前 伏虛伏猛 頭圓光彩 武富福壽
穴場堂前 駱駝案峰 端娥秀馬 富貴雙全
穴場堂前 探頭窺峰 斜側不正 盜賊入門
穴場堂前 庫樓富峰 土金合倉 巨富富貴
穴場堂前 獻花飛脚 中央開坑 婦人淫蕩
穴場堂前 流尸葫蘆 死體無記 客死流浪
穴場堂前 小山懷抱 猗斜尖利 無子養子(他子養育)

穴場堂前 落胎墩砂 墮堆獨醜 落胎無子
穴場堂前 墜足露胎 靑白短縮 落胎短命
穴場堂前 土傍小峰 小峰一字 文章淸貴
穴場堂前 左右石突 靑白內醜 子孫盲出
穴場堂前 三谷風衝 靑白反背 子孫聾啞
穴場堂前 租案雙峯 入首雙脈 雙童子孫
穴場堂前 朝案中谷 언청形象 언청子孫
穴場堂前 千萬重重 騎龍瘠上 富貴綿綿
穴場堂前 四畔湖澤 脈跡眞結 四海名振

5) 穴場堂板 善惡美醜 吉凶長短 因果原理

穴場堂板 肥圓端正 富局四圍 子孫富貴
穴場堂板 突露圓滿 四圍秀峯 子孫名振
陰基堂板 生氣同調 生氣粒子 同期感應
陽基堂板 生氣同調 Energy場 同氣感應
穴場堂板 蓋粘倚撞 緩急直橫 子孫平安
穴場堂板 乘生氣則 地水生氣 聚氣動止
穴場堂板 穴核聚集 育成凝縮 生生不絶
穴場堂板 均衡安定 天體先應 地氣後調
穴場堂板 上下安定 天氣地氣 陰陽同調
穴場堂板 前後安定 地氣凝縮 生命創造
穴場堂板 左右安定 先後秩序 均衡意志(生命育成)
穴場堂板 天地氣運 天氣穴場 地氣穴核
穴場堂板 陽突陰平 天地陰陽 同調合成
穴場堂板 天氣地氣 局勢天應 穴勢地聚
穴場堂板 入首頭腦 地氣入力 天氣凝縮
穴場堂板 左右蟬翼 天氣先應 地氣後縮
穴場堂板 纏脣下關 天氣先應 地氣後縮

穴場堂板 子午圓滿 玄朱水火 圓滿配位(水昇火降)

穴場堂板 卯酉平等 左右木金 均衡生育

穴場堂板 辰戌雙秀 青木生育 白金成長(振作意志)

穴場堂板 寅申相火 青木出産 白金成熟(收拾意志)

穴場堂板 巳亥平等 玄朱右補 均衡意志

穴場堂板 丑未平等 玄朱左補 均衡意志

穴場堂板 子午不特(立) 水火不振 配位葛藤(火水未濟)

穴場堂板 卯酉不平 木金爭鬪 子孫不和

穴場堂板 辰戌不秀 青白無能 孫財無力

穴場堂板 寅申不秀 青白不縮 富貴遠離

穴場堂板 巳亥不平 上下不目 不敬不康

穴場堂板 丑未不平 上下不滿 相上不安

穴場堂板 陰陽配位 陰中陽聚 陽中陰聚

穴場堂板 大小配位 大中小聚 小中大聚

穴場堂板 長短配位 長中短聚 短中長聚

穴場堂板 高低配位 高中低聚 低中高聚

穴場堂板 曲直配位 曲中直聚 直中曲聚

穴場堂板 正斜配位 正中斜聚 斜中正聚

穴場堂板 軟輕配位 軟中輕聚 輕中軟聚

穴場堂板 强弱配位 强中弱聚 弱中强聚

穴場堂板 廣狹配位 廣中狹聚 狹中强聚

穴場堂板 剛柔配位 剛中柔聚 柔中剛聚

穴場堂板 動靜配位 動中靜聚 靜中動聚

穴場堂板 靜動配位 靜勢(中)動氣 動勢(中)靜氣(山水動靜)

穴場堂板 受授配位 陽來陰受 陰來陽受

穴場堂板 去來配位 去中回頭 來中忌逼

穴場堂板 左右配位 左來右聚 右來左聚

穴場堂板 平突配位 平中突聚 突中平聚(窩聚)

穴場堂板 圓尖配位 圓中尖聚 尖中圓聚

穴場堂板　緩急配位　緩中急聚　急中緩聚
穴場堂板　土石配位　土中石聚　石中土聚
穴場堂板　橫直配位　橫中直聚　直中橫聚
穴場堂板　飽飢配位　飽中飢聚　飢中飽聚
穴場堂板　寬窄配位　寬中窄聚　窄中寬聚
穴場堂板　浮沈配位　浮中沈聚　沈中浮聚
穴場堂板　老嫩配位　老中嫩聚　嫩中老聚
穴場堂板　亥子丑突　寅卯辰特　長明子孫
穴場堂板　巳午未縮　申酉戌特　子孫富藝
穴場堂板　申子辰突　寅午戌特　極品大器
穴場堂板　寅午戌突　申子辰特　極富大貴
穴場堂板　子丑合氣　午未均等　偏祖出世
穴場堂板　寅亥合氣　巳申均等　武人出世
穴場堂板　卯戌合氣　辰酉均等　才人出世
穴場堂板　辰酉合氣　卯戌均等　財士出世
穴場堂板　巳申合氣　寅亥均等　武藝出世
穴場堂板　午未合氣　子丑均等　社會大業
穴場堂板　陽突陰平　四神補圍　發展不絶
穴場堂板　陽突合居　陰平無缺　速發出世
穴場堂板　陰平合居　陽突無缺　合理厚德
穴場堂板　龍盡立座　騎龍眞的　無敵發應
穴場堂板　蟬翼謙遜　低伏俯揖　子孝友愛
穴場堂板　蟬翼和解　相互親近　兄弟和睦
穴場堂板　蟬翼重集　相互保育　富貴連綿
穴場堂板　蟬翼牙刀　短小銳利　醫藝敏捷
穴場堂板　蟬翼帶劍　長劍曜星　武警特發
穴場堂板　蟬翼印帶　立體曜氣　富貴特發
穴場堂板　蟬翼交會　相互交流　極品極發
穴場堂板　蟬翼特立　肩臂無折　特出子孫

穴場堂板 蟬翼相爭 相互相鬪 兄弟爭鬪

穴場堂板 蟬翼相射 左右尖射 兄弟剋亡

穴場堂板 蟬翼飛散 左右反背 兄弟軍配

穴場堂板 蟬翼折臂 左右風谷 兄弟夭折

穴場堂板 蟬翼短縮 明堂突露 子孫短命

穴場堂板 蟬翼破鎖 明堂吹風 人財苦亂

穴場堂板 蟬翼順水 明堂急傾 漸漸橫災

穴場堂板 蟬翼交風 明堂損壞 子孫疾病

穴場堂板 蟬翼麤强 左右不均 子孫無記

穴場堂板 蟬翼逼狹 左右壓迫 官災口舌

穴場堂板 蟬翼昂頭 兩腕不縮 不孝子孫

穴場堂板 蟬翼陷低 兩曜不備 無子無財

穴場堂板 蟬翼强直 左右同行 子孫無情

穴場堂板 蟬翼打心 一臂無情 不孝敗亡

穴場堂板 蟬翼疊分 無情分指 兄弟不和

穴場堂板 蟬翼壓穴 左右共壓 兄弟不孝

穴場堂板 蟬翼露肋 兩翼醜陋 疾病情神

穴場堂板 蟬翼拭淚 一臂無情 哀患連出

穴場堂板 鬼星頭腦 左右正突 極品極貴

穴場堂板 曜星蟬翼 左右均等 極品出世

穴場堂板 官星纏脣 左右正官 極品公人

穴場堂板 禽獸星伏 均等圓正 社會偉人

穴場堂板 丹田作穴 人穴中心 左右和會

穴場堂板 膀胱作穴 人穴下心 謙遜辟浸

穴場堂板 臍中作穴 人穴上心 左右平等

穴場堂板 双亂作穴 人穴兩亂 兩授亂福

穴場堂板 陰囊作穴 人穴脚心 生殖旺勢

穴場堂板 垂頭作穴 降垂緩平 百口滿綠

穴場堂板 曲池作穴 兩翼懷抱 嫡庶同昇

穴場堂板　掌心作穴　朝案有情　當心速發
穴場堂板　百會作穴　平中突露　獨特出世
穴場堂板　咽喉作穴　四邊照應　諸事權能
穴場堂板　肩井作穴　兩肩均等　力量增大
穴場堂板　指掌作穴　虛口大富　紅旗曲脂(池)
穴場堂板　左仙宮穴　右抱左宮　小房富貴
穴場堂板　右仙宮穴　左抱右宮　長房富貴
穴場堂板　左側掌穴　右側不均　長房側子
穴場堂板　右側掌穴　左側不均　小房側子
穴場堂板　左咬虱穴　左仙特異　長側貴子
穴場堂板　右咬虱穴　右仙特異　小側貴子

〈以下 相對方位(佩鐵)〉

穴場堂板　陰陽合聚　陽來陰受　陰來陽受
穴場堂板　純粹意志　陽坐陽向　陽得陽破
穴場堂板　秩序意志　陰坐陰向　陰得陰破
穴場堂板　申子辰核　子坐午向　申辰得破
穴場堂板　寅午戌核　午坐子向　寅戌得破
穴場堂板　亥卯未核　卯坐酉向　亥未得破
穴場堂板　巳酉丑核　酉坐卯向　巳丑得破
穴場堂板　子午卯酉　子(坎)坐午(離)向　坤巽(乙)得破(申辰)
穴場堂板　子午卯酉　午(離)坐子(坎)向　乾(辛)艮得破(寅戌)
穴場堂板　子午卯酉　卯(震)坐酉(兌)向　乾坤(丁)得破(亥未)
穴場堂板　子午卯酉　酉(兌)坐卯(震)向　艮(癸)巽得破(巳丑)
穴場堂板　寅申巳亥　寅坐申向　午戌得破
穴場堂板　寅申巳亥　申坐寅向　子辰得破
穴場堂板　寅申巳亥　巳坐亥向　酉丑得破
穴場堂板　寅申巳亥　亥坐巳向　卯未得破
穴場堂板　辰戌丑未　辰坐戌向　申子得破

穴場堂板　辰戌丑未　戌坐辰向　寅午得破

穴場堂板　辰戌丑未　丑坐未向　巳酉得破

穴場堂板　辰戌丑未　未坐丑向　亥卯得破

穴場堂板　壬乙坤核　壬坐丙向　坤乙得破(申辰)

穴場堂板　艮丙辛核　丙坐壬向　艮辛得破(寅戌)

穴場堂板　甲乾丁核　甲坐庚向　健丁得破(亥未)

穴場堂板　巽庚癸核　庚坐甲向　巽癸得破(巳丑)

穴場堂板　壬乙坤核　乙坐辛向　壬坤得破(子申)

穴場堂板　壬乙坤核　坤坐艮向　壬乙得破(子辰)

穴場堂板　艮丙辛核　艮坐坤向　丙辛得破(午戌)

穴場堂板　艮丙辛核　辛坐乙向　艮丙得破(寅午)

穴場堂板　甲乾丁核　乾坐巽向　甲丁得破(卯未)

穴場堂板　甲乾丁核　丁坐癸向　甲乾得破(卯未)

穴場堂板　巽庚癸核　巽坐乾向　庚癸得破(酉丑)

穴場堂板　巽庚癸核　癸坐丁向　巽庚得破(巳酉)

穴場堂板　申子辰核　申坐寅向　子辰得破

穴場堂板　申子辰核　辰坐戌向　申子得破

穴場堂板　亥卯未核　亥坐巳向　卯未得破

穴場堂板　亥卯未核　未坐丑向　卯亥得破

穴場堂板　巳酉丑核　巳坐亥向　酉丑得破

穴場堂板　巳酉丑核　丑坐未向　巳酉得破

〈以下 相對方位(佩鐵)〉

穴場堂板　天地陰陽　四位坐向　四位得破

穴場堂板　天地陰陽　三合坐向　三合得破

穴場堂板　天地陰陽　天氣坐向　天地得破

穴場堂板　天地陰陽　地氣坐向　地氣得破

穴場堂板　坎離震兌　坎坐離向　坤巽得破

穴場堂板　離坎震兌　離坐坎向　乾艮得破

穴場堂板　震兌離坎　震坐兌向　乾坤得破

穴場堂板　兌震離坎　兌坐震向　艮巽得破

穴場堂板　乾巽艮坤　乾坐巽向　離震得破

穴場堂板　巽乾艮坤　巽坐乾向　兌坎得破

穴場堂板　艮坤乾巽　艮坐坤向　離兌得破

穴場堂板　坤艮乾巽　坤坐艮向　坎震得破

穴場堂板　壬丙甲庚　壬坐丙向　巽丁得破(坤辰)

穴場堂板　丙壬甲庚　丙坐壬向　乾癸得破(艮戌)

穴場堂板　甲庚丙壬　甲坐庚向　坤辛得破(乾未)

穴場堂板　庚甲丙壬　庚坐甲向　艮乙得破(巽丑)

穴場堂板　乙辛丁癸　乙坐辛向　乾庚得破(申壬)

穴場堂板　辛乙丁癸　辛坐乙向　巽甲得破(寅丙)

穴場堂板　丁癸乙辛　丁坐癸向　壬艮得破(亥甲)

穴場堂板　癸丁乙辛　癸坐丁向　丙坤得破(巳庚)

穴場堂板　甲己合穴　甲坐庚向　坤辛得破(未乾)

穴場堂板　甲己合穴　坤坐艮向　甲癸得破(子乙)

穴場堂板　甲己合穴　艮坐坤向　庚丁得破(午辛)

穴場堂板　乙庚合穴　乙坐辛向　庚乾得破(申壬)

穴場堂板　乙庚合穴　庚坐甲向　艮乙得破(丑巽)

穴場堂板　丙辛合穴　丙坐壬向　乾癸得破(戌艮)

穴場堂板　丙辛合穴　辛坐乙向　巽甲得破(寅丙)

穴場堂板　丁壬合穴　丁坐癸向　壬艮得破(亥甲)

穴場堂板　丁壬合穴　癸坐丁向　丙坤得破(巳庚)

穴場堂板　戊癸合穴　乾坐巽向　乙丙得破(卯丁)

穴場堂板　戊癸合穴　巽坐乾向　辛壬得破(酉癸)

穴場堂板　子丑合穴　子坐午向　巳未得破(辰申)

穴場堂板　子丑合穴　丑坐未向　午申得破(巳酉)

穴場堂板　寅亥合穴　寅坐申向　未酉得破(午戌)

穴場堂板　寅亥合穴　亥坐巳向　辰午得破(卯未)

穴場堂板 卯戌合穴 卯坐酉向 申戌得破(亥未)
穴場堂板 卯戌合穴 戌坐辰向 卯巳得破(午寅)
穴場堂板 辰酉合穴 辰坐戌向 酉亥得破(子申)
穴場堂板 巳申合穴 巳坐亥向 戌子得破(酉丑)
穴場堂板 巳申合穴 申坐寅向 丑卯得破(子辰)
穴場堂板 午未合穴 午坐子向 亥丑得破(寅戌)
穴場堂板 午未合穴 未坐丑向 子寅得破(亥卯)
穴場堂板 子午辰戌 陽坐陽向 陽得陽破(申辰 申子 寅戌 寅午)
穴場堂板 子午寅申 陽坐陽向 陽得陽破(申辰 午戌 寅戌 子辰)
穴場堂板 寅申辰戌 陽坐陽向 陽得陽破(午戌 子申 子辰 午寅)
穴場堂板 卯酉巳亥 陰坐陰向 陰得陰破(亥未 酉丑 巳丑 卯未)
穴場堂板 卯酉丑未 陰坐陰向 陰得陰破(亥未 巳酉 巳丑 亥卯)
穴場堂板 丑未巳亥 陰坐陰向 陰得陰破(巳酉 酉丑 亥卯 卯未)

第3章　　　　風水地理 因果 總論

제1절 天 · 地 · 人間 存在秩序 因果論

1. 本性現象 因果論

本性本質　現象萬物　絶對空性　自律意志
絶對本性　絶對平等　絶對安定　絶對意志
本性廻向　現象意志　相對平等　空性廻向
恒常無常　因果緣起　無己中性　緣起本體
空性廻向　太極意志　無己中性　空性意志
無盡生起　가득찬空　無盡消滅　가득빈空
陰陽無己　三元秩序　平等廻向　太極秩序
生氣同調　生起意志　死氣干涉　消滅意志
生起同調　消滅干涉　現象萬有　平等秩序
一切萬物　自律意志　絶對安定　廻向秩序
生起空性　消滅空性　滿空虛空　皆空緣起
無盡同調　無盡生起　無盡干涉　無盡消滅
無盡中性　無盡無己　平等廻向　無己空性
生起本性　消滅本性　無己空性　廻向秩序
無己中性　緣起本性　平等安定　絶對靈魂
本性本質　恒常平等　現象本質　無常平等

恒常平等　絶對平等　無常平等　相對平等
絶對平等　絶對安定　無常平等　相對安定
絶對安定　絶對空性　相對安定　均衡平等
絶對靈魂　自律意志　絶對安定　寂靜涅槃
生起空性　消滅空性　現象萬有　空性秩序
一切萬有　自律意志　絶對空性　廻向秩序
無己中性　空性緣起　陰陽共生　陰陽共滅
陰空陽空　陰陽共空　無己空性　緣起意志
本性空極　絶對空性　現象空極　圓滿空性
本性特性　平等安定　現象特性　平等廻向
天地安定　上下平等　萬有圓滿　圓形同調
前後安定　玄朱平等　左右安定　靑白平等
上下縱橫　六方平等　四神安定　均等秩序
玄朱靑白　均衡平等　現象核果　同調凝縮
現象空性　圓滿成就　圓形同調　凝縮核果

先天眞空　後天現空　先天恒常　後天無常
先天後天　恒常本性　先後本性　自律平等
先天恒常　絶對平等　後天無常　相對平等
先天安定　無盡空性　後天安定　無盡平等
先天無極　後天太極　先生太極　後生三元
先生中性　後生陰陽　先生無己　後生陰陽
先生本心　後生身心　先生身心　後生苦惱
先生能因　後生所緣　先生靈魂　後生心識
先生主靈　後生客神　先生木神　後生金神
先生主神　後生五神　先生四神　後生土神
先生因緣　後生果報　先生因子　後生緣分
先生果報　後生相續　先生意業　後生身業
先生口業　後生因業　先生習慣　後生人格

先生마음 後生정신 先生意志 後生行爲
先生六根 後生六境 先生六識 後生煩惱
本心靈魂 絶對平等 六識身心 貪愛渴求

本靈마음 거룩하고 本心모습 慈悲롭고
本靈마음 淸淨하고 本心모습 光明하고
本靈마음 廣大하고 本心모습 無邊하고
本靈마음 恒常하고 本心모습 圓正하고
本靈마음 명료하고 本心모습 명쾌하고
本靈마음 智慧롭고 本心모습 順理롭고
本靈마음 善美롭고 本心모습 恩惠롭고
本靈마음 平和롭고 本心모습 眞實하다.
肉身마음 굽은마음 肉心모습 渴求하고
肉身마음 煩惱妄想 肉心모습 貪瞋癡라
肉身마음 어둔마음 肉心모습 갈팡질팡
肉身마음 無常하고 肉心모습 不安하고
肉身마음 差別마음 肉心모습 變德많고
肉身마음 頭緖없고 肉心모습 天方地軸
肉身마음 어리석고 肉心모습 성질내고
肉身마음 不淨많고 肉心모습 不平많고
肉身마음 消滅마음 肉心모습 탁한모습
肉身마음 비뚠마음 肉心모습 凶暴하다.
肉身마음 五慾七情 肉心모습 變化無常
肉身마음 거짓마음 肉心모습 千態萬象

先生後生 生氣原理 穴場後孫 發應秩序
先生天氣 後生地氣 先生地氣 後生人氣
先生水氣(H) 後生火氣(O) 先生木氣(N) 後生金氣(C)
先生外氣 後生中氣 先生土氣 後生萬物
先天後地 先地後人 先生穴核 後生人間

先生祖上 後生子孫 先生種子 後生命運

先應天運(歲運) 後應地運 先應穴運 後應人運

年月日時 先發天運 穴場發氣 後生地運

當該歲運 當該祖上 當該年運 當該子孫

天氣地氣 祖氣孫氣 合氣人氣 物氣色氣

天地核氣 歲運命運 風水食氣 子孫發氣

先墓後舍 先家後業 先地後屋 先房後園

先穴後人 先人後事 先配後子 先男後女

先吉後美 先強後大 先密後旺 先德後吉

先氣後形 先形後勢 先圓後正 先定後均

先命後孫 先智後禮 先仁後義 先厚後勇

先穴後相 先相後口 先門後墻 先道後門

先上後下 先前後後 先左後右 先坐後向

先核後向 先近後遠 先生後養 先縱後應

先縱後橫 先陽後陰 先靈後神 先魂後魄

先康後貴 先貴後財 先命後運 先運後格

先凝後照 先水後門 先胞後水 先關後破

先立後線 先突後屈 先峰後脈 先脈後支

先橈後枝 先枝後支 先橈後止 先支後止

先止後定 先定後核 先核後場 先體後場

先頭後雀 先翼後界 先核後暈 先暈後翼

先平後衡 先正後斜 先核後明 先明後脣

先穴後局 先脈後砂 先身後枝 先脈後神

先神後勢 先砂後水 先風後水 先藏後得

先脈後局 先局後水 先得後融 先風後藏

先護後應 先應後育 先育後凝 先縮後照(朝)

先鬼後官 先官後曜 先曜後關 先關後口

先口後入 先入後朝 先來後聚 先到後着

先父後祖 先父後母 先種後田 先子後孫

先玄後朱　先青後白　先朱後縮　先縮後核

先定後聚　先聚後進　先止後定　先定後結

先龍後局　先局後砂　先頭後纏　先左後右

先聚後融　先立後行　先來後還　先融後去

先胞後縮　先定後凝　先近後遠　先坐後向

先性後理　先理後氣　先氣後勢　先勢後形

先形後相　先相後用　先用後應　先凝後結

先善後惡　先吉後凶　先和後爭　先生後死

先美後醜　先眞後假　先圓後方　先大後小

先平後斜　先正後偏　先强後弱　先曲後直

先陽後陰　先突後屈　先高後低　先厚後瘦

2. 天地生滅 因果論

天地宇宙　生滅秩序　消滅進行　地球生命

地球生成　時空因緣　太陽消滅　進行過程

何時何空　存在因緣　生住離滅　緣起秩序

生起生住　離散壞滅　現在生命　何時何緣

生住過程　四分之三　一切特性　現行秩序

生起生成　生住生藏　先天生命　回生過程

離散壞死　消滅還元　後天生命　回還過程

四分之一　生起秩序　生氣因緣　生命生起　┐

四分之一　生成秩序　生成因緣　生命活動　│　先天生命

四分之一　生住秩序　生住因緣　生命創造　│　回生過程

四分之一　生藏秩序　生藏因緣　生命休息　┘

四分之一 離散秩序 離散因緣 生命離散 ⎫
四分之一 壞死秩序 壞死因緣 生命壞死 ⎬ 後天生命
四分之一 消滅秩序 消滅因緣 生氣消滅 ⎬ 回還過程
四分之一 還元秩序 還元因緣 生氣還元 ⎭

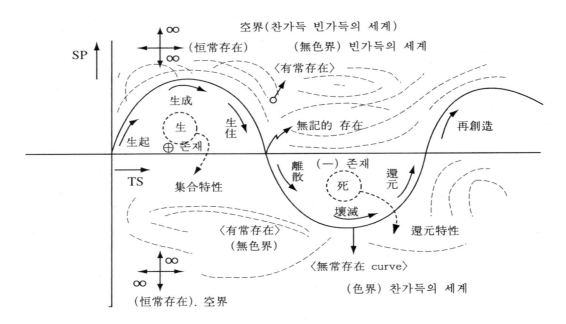

〈그림 5-7〉 諸 存在 特性 WAVE

3. 天地同調 Energy場 地氣核果 生成原理

天體氣運 여덟마당 地氣氣運 열두마당
天體氣運 地氣同調 相續育成 凝縮氣運
地氣氣運 天氣相續 生長聚集 自成氣運
여덟마당 Energy場 八卦方位 나투이고
열두마당 Energy場 열두方位 地氣낳네
八卦方位 Energy場 天體모습 地氣相續
地玄水方 壬子癸場 南朱火方 丙午丁場

東青木方 甲卯乙場 酉白金方 庚酉辛場
東北間土 丑艮寅場 西南間土 未坤申場
西北間金 戌乾亥場 東南間木 辰巽巳場
열두方位 Energy場 地氣本體 生成氣運
玄水壬子 朱火丙午 青木甲卯 白金庚酉
左玄癸丑 右玄乾亥 左朱丁未 右朱巽巳
上青艮寅 下青巽巳 上白乾亥 下白坤申
乾坤艮巽 間方軸氣 乾巽陽軸 艮坤陰軸
玄水壬子 地氣入力 朱火丙午 抱集局器
青木甲卯 左核育成 白金庚酉 右核育成
左玄癸丑 左蟬結氣 右玄乾亥 右蟬結氣
左朱丁未 右蟬抱集 右朱巽巳 左蟬抱集
上青艮寅 左蟬生起 下青乙辰 左核凝縮
上白乾亥 右蟬生起 下白坤申 右核凝縮
열두方位 Energy場 天氣相續 地氣氣運

八卦方位 Energy場 地氣凝縮(同調) 天體氣運
北玄水方 壬子癸水 地氣入力 同調凝縮
南朱火方 丙午丁火 地氣抱集 同調凝縮
東青木方 甲卯乙木 左局集器 同調凝縮
西白金方 庚酉辛金 右局集器 同調凝縮
東北間方 丑艮寅土 左局生起 同調凝縮
西北間方 戌乾亥金 右局生起 同調凝縮
東南間方 辰巽巳木 左局凝集 同調凝縮
西南間方 未坤申土 右局凝集 同調凝縮
天氣凝縮 立體善美 地氣凝縮 四方圓滿
天氣凝縮 聚突潤澤 地氣凝縮 鬼曜官發
頭腦玄水 天地同調 地氣入力 因果特性
纏唇朱火 天地同調 朝案凝縮 因果特性

蟬翼木金 天地同調 靑白凝縮 因果特性

穴核生命 天地同調 十方凝縮 因果特性

藏風得水 生命秩序 天地安定 因果特性

4. 天地同調 Energy場 順逆 吉凶 因果應報

壬丙甲丙 四正輪廻 天神天星 生氣同調

子午卯酉 四正輪廻 地神同調 生命創造

艮坤巽乾 四猛輪廻 天神天星 生起活動

寅申巳亥 四猛輪廻 地神同調 生命活動

乙辛癸丁 四庫輪廻 天神天星 還生活軸

辰戌丑未 四庫輪廻 地神同調 換生軸力

坤壬乙星(己壬乙星) 順行三合 申子辰運 水神順發

庚癸戊(巽)星 逆行三合 申子辰運 水神逆發(金神同居)

艮丙辛星(己丙辛星) 順行三合 寅午戌運 火神順發

甲丁戊(乾)星 逆行三合 寅午戌運 火神逆發(木神同居)

乾甲丁星(戊甲丁星) 順行三合 亥卯未運 木神順發

壬乙己(坤)星 逆行三合 亥卯未運 木神逆發(水神同居)

巽庚癸星(戊庚癸星) 順行三合 巳酉丑運 金神順發

丙辛己星 逆行三合 巳酉丑運 金神逆發(火神同居)

左旋三合 順行同調 丁己合居 力量倍加

右旋三合 逆行同調 獨氣合居 力量兩分

5. 天運地氣 祖孫感應 生氣同調 因果原理

天地同調 地氣感應 天地生氣 同氣感應

同氣感應 同氣醇化 同期感應 同期同調

地氣祖上 生氣同調 祖上子孫 同期同調

地氣生氣　人間生氣　同氣醇化　生氣感應

生氣感應　同氣同期　同氣醇化　同期同調

地氣生氣　祖上同調　祖上生氣　子孫同調

地氣祖上　生氣遺轉　祖上子孫　生氣相續

地氣感應　同氣感應　祖上感應　同期感應

祖上生氣　父母感應　父母生氣　子孫感應

直寸遺轉　同期同調　二寸以上　同氣醇化

直系直寸　同期同調　枝系枝寸(傍系傍寸)　同氣醇化

祖孫同期　同調感應　地人同氣　生氣感應

同期同調　粒子感應　同氣同調　波長感應

直寸斷絶　本脈斷絶　枝寸斷絶　枝脈斷絶

本脈斷絶　本孫無後　枝脈斷絶　枝孫無後

直寸本脈　本孫承系　枝寸枝脈　枝孫承系

直寸本脈　同期同調　枝寸之間　同氣同調(同氣醇化)

直寸祖上　同期感應　枝寸關係　同氣感應

一寸之間　同期同調　二寸之間　同氣同調(同氣醇化)

同期祖上　同期同調　同氣祖上　同氣醇化

直寸祖孫　同期因果　傍寸祖孫　同氣因果

埋葬祖上　寸系承屬　火葬祖上　寸系斷續

埋葬祖上　尊續改善　火葬祖上　尊續不改

埋葬祖上　生氣感應　火葬祖上　生氣不應

埋葬祖上　祖孫同調　火葬祖上　祖孫不調

火葬祖上　寸系休停　生氣休息　同調休停

種性因子　天運同調　天性增幅　種性改造

種子因子　地氣同調　生氣增幅　種子改良

埋葬祖上　氣脈承續　生氣承繼　子孫改善

火葬祖上　氣脈休停　生氣不調　子孫退化

來脈斷絶　氣脈斷絶　生氣不轉　種子不轉

父子之間　同期因子　同期同調　同期感應

兄弟之間 同氣因子 同氣醇化 同氣感應
祖孫直系 同期因子 粒子同調 粒子感應

6. 天氣地氣 Energy場 先後秩序 特性因果

天氣地氣 生成特性 天氣先天 地氣後天
天氣地氣 發現特性 天氣緣發 地氣因發
天氣方位 Energy場 八卦모습 關係作用
地氣方位 Energy場 열두마당 關係作用
陰宅陽宅 坐向特性 열두마당 于先設計
陰宅陽宅 坐向特性 여덟마당 次善設計
열두마당 穴場爲主 여덟마당 局勢爲主
玄水立坐 壬子配合 壬子線을 넘지말고
朱火立向 丙午配合 丙午線을 넘지말고
靑木橫軸 甲卯配合 東中心을 잃지말고(靑中心)
白金橫軸 庚酉配合 西中心을 잃지말고(白中心)
子午卯酉 壬丙甲庚 天地同調 살펴볼제
天干氣運 四神局氣 地支氣運 穴場核氣
天干坐向 局勢吉凶 地支坐向 穴勢吉凶
天干坐向 左旋山水 地支坐向 右旋山水
長方位主 立坐于先 次方爲主 立向于先
官貴爲主 立坐選擇 富名爲主 立向選擇
天干氣運 空間特性 十干八卦 空間運行
地支氣運 時間特性 열두마당 運行秩序
時間空間 合成特性 穴場穴核 열두마당
天干八卦 空間秩序 乾坤艮兌 坎離震巽
十干八卦 運行秩序 甲乙丙丁(震巽離坤) 庚辛壬癸(兌乾坎艮)
열두마당 穴場特性 壬子丙午 甲卯庚酉

乾亥巽巳 艮寅坤申 乙辰辛戌 癸丑丁未
絶對方位(穴核坐向) 열두마당 穴場生成 地氣坐向
絶對坐向 地氣中心 壬子丙午 恒常不變
相對方位(佩鐵坐向) 열두마당 穴場生成 天氣坐向
相對坐向 天氣中心 眞北關係 열두變易
壬子立坐 丙午立向 穴場地氣 根本理致
癸丑乾亥 艮寅辛戌 應氣入力 左右纏護
甲卯庚酉 乙辰坤申 穴場穴核 育成凝縮
左靑關門 乙辰巽巳 右白關門 坤申丁未
乙辰凝縮 巽巳配位 坤申凝縮 丁未配位
左朱關帶 丁未凝力 右朱關帶 巽巳凝力
左旋水到 巽方破口 右旋水到 坤方破口
佩鐵方位 열두마당 天體運氣 地核同調
絶對方位 열두마당 地核運氣 穴核同調
天氣地氣 同調干涉 絶對相對 相互關係
相生同調 天氣地氣 善吉穴場 穴核生成
相剋干涉 天氣地氣 凶惡穴場 穴核消滅
合居合一 相生同調 善吉子孫 善氣發現
刑沖破害 相互干涉 凶惡子孫 凶氣發現
絶對相對 相互同調 三合二合 合居陰陽
絶對相對 相互干涉 刑沖破害 怨嗔獨居

7. 天地人間 三元同調 自然大道 因果應報

天地人間 三元一切 天道地道 人道生道
天道無極 地道無常 人道生滅 生老病死
善道生生(살고살리고) 惡道死死(죽고죽이고) 天地人道 善惡無記
天理天道 如如寂寂 地理地道 善生善死

人間道理　生命創造　生命道理　價値創造
人間價値　人倫道德　人倫價値　사람道理
人間創造　風水道理　風水價値　弘益人間
人間價値　仁義禮智　人間主體　靈魂意志
五德具足　信念意志　至高至善　人格創造
主靈淸淨　客神光明　魂魄圓滿　靈魂解脫
風水地理　自然大道　天地人間　合一同調
統一場屬　森羅萬象　善因善緣　惡因惡緣
善因相從　善緣善果　惡因相從　惡緣惡果
善果遲發　惡果速發　現象無常　消滅進行
消滅速行　生起遲行　死氣速發　生氣遲發
善果廻向　遲緣遲行　惡果廻向　速緣速行
善惡因緣　善惡果報　地球胎生　因果特性
善因善果　四分之一　惡因惡果　四分之三
善因善緣　四分之一　惡因惡緣　四分之三
生起因緣　四分之一　消滅因緣　四分之三
人間從屬　統一場法　因果應報　本緣原理
善果從屬　善因善緣　惡果從屬　惡因惡緣
善因應作　善緣善果　惡因應作　惡緣惡果
善性廻向　善性緣合　惡性廻向　惡性緣合
善性因緣　善性果報　惡性因緣　惡性果報
善性陰陽　善性生氣　惡性陰陽　惡性生氣
善性五行　善性生命　惡性五行　惡性生命
善性五常　善性生活　惡性五常　惡性生活
善惡無記　共生共死　類類相從　同類同業
善性穴場　善性生氣　惡性穴場　惡性惡氣
善性祖上　生氣感應　惡性祖上　惡氣感應
善性祖上　生氣場屬　惡性祖上　惡氣場屬
善性年運　同期順着　惡性年運　干涉順着

善性子孫 同期同調 惡性子孫 同期干涉
善性生命 善性生活 惡性生命 惡性生活
善性來龍 善性四神 惡性來龍 惡性四神
善因玄水 善緣朱火 惡因玄水 惡緣朱火
善因靑木 善緣白金 惡因靑木 惡緣白金
善性玄水 善性靑白 惡性玄水 惡性靑白
善性玄朱 善性靑白 善性穴場 善性核果
善性明堂 善性風水 惡性明堂 惡性風水
善性穴核 善性四果 惡性穴核 惡性四果
無記來龍 無記局勢 無記穴場 無記方位
無記明堂 無記風水 無記穴核 無記四果
逆性來龍 逆性家系 逆局四神 逆性社會
逆性穴場 逆性風水 逆性明堂 逆性子孫
逆性逆龍 斷命子孫 逆局逆勢 社會逆賊
逆穴逆風 廢家亡身 逆堂逆水(逆關逆水) 破産廢人(山水同去)
善性風水 善性子孫 惡性風水 惡性子孫
無記風水 멍텅구리 逆性風水 反骨氣質
惡性風水 太過衝殺 逆性風水 背水監山

8. 山 · 火 · 風 · 水 · 方位 因果論

陰陽同生 共存共有 天地萬物 生滅秩序
無記加偏 生死因緣 陰生陽生 無記消滅
先水生天 後火生地 先生玄水 後生朱火
天地同調 地氣形成 地氣合成 地表流周
地核一氣 地重二氣 地引三氣 地斥四氣
地電五氣 地磁六氣 地强七氣 地弱八氣
地熱九氣 地水十氣 地風十一 地天十二

穴場中心　地氣停處　地表精氣　結核融聚

山性欲動　水性欲靜　山相靜重　水相流動

山水性相　同調作用　穴場動靜　生命創造

先生聚水　後生藏風　先生風水　後聚穴場

先生融水　後生積風　先生聚融　後生凝結

外水先到　內水後着　朝水先到　元辰後着

內外山水　圓滿融聚　明堂風水　生命發光

來龍脈水　先生先來　來龍脈風　後生後來

護從脈水　先生先來　護從脈風　後生後來

朝案風水　先生先來　穴場風水　後生後聚

入穴脈水　先生先來　明堂會水　後生後融

上下縱橫　六方凝縮　天地同調　均衡秩序

上下凝縮　天地同調　縱橫凝縮　四神同調

玄朱相照　縱凝穴場　青白相照　橫凝穴場

四神相照　縱橫穴性　上下加凝　最善穴性

穴頭圓正　上下同調　纏脣立體　玄朱同調

左右蟬翼　青白凝照　穴核圓滿　六方同調

前後左右　上下凝照　成穴善惡　凝調秩序

成穴原理　自律意志　絶對平等　廻向意志

成穴意志　空性意志　凝縮同調　圓滿空性

恒常無常　因果原理　穴核同調　緣起原理

恒常圓滿　無常圓滿　圓滿成穴　卽見如來

陰宅穴場　緣起原理　同期同調　因果應報

陽宅穴場　緣起原理　同氣同調　因果應報

陰宅穴中　同調人間　同期感應　因果原理

陽宅穴中　同調人間　同氣感應　因果原理

同期感應　直接同調　同氣感應　間接同調

同期同調　粒子同調　同氣同調　醇化同調

제2절 風水 眞諦歌

1. 天地萬物 因果秩序 人間生命 再創造論

어화! 人生 벗님네야! 人間衆生 무엇인가?
한줌粒이 모였다가 한줌粒에 돌아가니
모인것이 人生이요 흩어짐이 죽음일세.
한줌粒에 얽힌事緣 무릇衆生 生死모습
모인事緣 흩인事緣 그事緣이 許久하다.
하고많은 衆生事緣 그가운데 生滅事緣
생겨나고 없어지고 살아가고 죽어가고
오고나면 가야하고 가고나면 다시오고
다시옴이 기쁨인가? 다시감이 슬픔인가?
오는기쁨 가는슬픔 그모두가 하나같이
時節마다 곳곳마다 다른 듯이 한결같네.

生死一切 무릇衆生 生滅實體 아시는가?
生中死緣 死中生緣 生因死緣 死因生緣
生氣廻向 死滅인가 死氣終極 生起되니
生命속에 죽음이요 죽음속에 生命일세
生死根源 찾아나서 生死道理 알려하나
生命根源 알길없고 죽음根本 어려워라.

生滅滅已 寂滅爲樂 聖賢任네 일러주나
生滅이 滅已한데 寂滅인들 爲樂일랴?
生이오면 生命오니 生命活動 聖스럽고
死가오면 돌아가니 廻向道理 거룩토다.
生命現象 生死모습 한통속에 들어있고
태어나나 죽어가나 一切모습 하나같아

뭉친것도 衆生모습 흩어짐도 衆生모습
뭉쳐있는 生命活動 돌아가는 廻向모습
뭉쳤으니 움직이고 돌아가니 고요로다.

우리衆生 움직일제 어떤모습 하였는가?
우리衆生 돌아갈젠 어떤모습 짓고있나?
움직였단 멈춰가고 멈췄다간 움직이고
그 모습이 우리衆生 生滅하는 모습인데
움직임만 生命이고 멈춘 것은 무엇인가?
우리衆生 生滅모습 따로모습 하나모습
따로인가? 하나인가? 刹羅인가? 永遠인가?
허구많은 모습중에 우리모습 내모양이
어찌하여 이렇토록 오묘하게 생겼는고?
살았을젠 우리모습 갸륵하고 기특한데
죽었을젠 우리모습 애닯고도 허망토다
산모습이 참相인가 죽은모습 本相인가?
삶에보면 참象인데 죽어보면 假象일까?
죽나사나 한몸한象 어찌해야 깨쳐낼까?
生死現象 한덩이를 어찌해야 밝혀낼까?
죽은모습 산모습이 刹羅로서 永遠한데
죽고사는 無常緣起 永生道理 밝혀질까?
허구많은 모습중에 우리모습 내모양이
어찌하여 이렇토록 오묘하게 생겼는고?
이리봐도 저리봐도 살펴보고 또살펴도
이내모습 衆生모양 신기하고 희한토다.

生命모습 衆生노름 現象理致 무엇인가?
하필이면 어찌하여 내모양이 되었는가?
감회롭고 은혜롭고 경외롭고 환희롭고
존엄하고 위대하고 거룩하고 光明하고

이런마음 저런마음 衆生마음 緣覺마음
가며오고 오며가는 하나되는 길을따라
이리가며 저리가며 얽혀가며 설켜가며
어제모습 이제모습 따로모습 하나모습
無常緣起 굴레속에 같힌生命 그뿐인가?
人間모습 衆生모습 物物마다 다른모습
따로모습 하나모습 因緣따라 생긴모습
生起原理 生命秩序 本是原理 根本秩序
天上天下 해·달이땅 그間에서 생긴生命
그根本이 그秩序가 그命運이 궁금쿠나.

天地萬物 各樣各色 그생김이 너무달라
둥근놈도 모난놈도 흰색놈도 검은놈도
울긋불긋 울퉁불퉁 미운놈도 고운놈도
나는秩序 사는秩序 피는秩序 지는秩序
가는原理 오는原理 변함없는 變化原理
높고낮고 가고서고 올라가고 내려가고
돌아오고 돌아가고 앉아있고 누워있고
엎어지고 자빠지고 반겨주고 눈흘키고
팔벌리고 끌어안고 발로차고 등돌리고
내려갈까 올라갈까 이리갈까 저리갈까
머무를까 내달을까 右往左往 할까말까
치고박고 성을내고 天方地軸 갈팡질팡
굵고짧고 길고크고 强健하고 懦弱하고
어정어정 느릿느릿 오는듯이 가는듯이
좋은듯이 미운듯이 돕는듯이 뺏는듯이
착한놈은 착한대로 험한놈은 험한대로
궁금해서 넘겨보고 虎視眈眈 노려보고
좋다가고 싫어하고 사양타가 욕심내고

겸손하고 교만하고 후덕하고 각박하고
성급하고 사나웁고 여유롭고 자애롭고
부지런해 분발하고 게을러서 능증맞고
눈속이고 초조하고 성내고서 후회하고
착한듯이 나쁜듯이 유정한듯 무정한듯
아는듯이 모르는듯 주는듯이 받는듯이
바쁜듯이 급한듯이 쉬는듯이 조는듯이
善美하고 凶惡하고 醜陋하고 緩急하고
아기자기 평화롭고 소곤소곤 정다웁고
애지중지 감싸안고 다소곳이 겸손하고
근엄하고 위풍있게 자애롭고 포근하게
端正하고 秀麗하고 光明하고 正大하고
圓滿하고 厚富하고 柔順하고 德스럽고
善惡美醜 大小强弱 正斜平峻 圓方曲直
高低長短 廣俠凹凸 陷突臥平 緩急屈曲
尖鈍銳削 供揖飛落 淸濁明暗 五相五色
그모양이 어째선가 그事緣이 무엇인가?
무슨因緣 하였길래 이리용케 생겼는고?

世上萬事 妙法實體 時空결에 걸린生命
하늘眞理 땅의眞理 衆生眞理 사람眞理
하나原理 따로原理 하나따로 얽힌原理
옳고싫고 何如間에 그眞理가 무엇인가
하늘秩序 따로있고? 땅의秩序 따로있고?
하늘命運 땅의命運 衆生命運 사람命運
그原理가 그眞理가 따로따로 다다른가?
하늘마음 땅의마음 衆生마음 사람마음
그생김이 그秩序가 그特性이 다다른가?
하늘生命 땅이되고 땅의生命 衆生되고

하늘子孫 땅이되고 땅의子孫 衆生되니
生命子孫 衆生子孫 種性種子 이아닌가?
種子모습 衆生닮고 衆生모습 生命닮고
生命모습 땅을닮고 땅의모습 하늘닮아
하늘마음 本來마음 天地萬物 지엇어라.
天地間에 衆生모습 衆生間에 사람모습
그마음과 그맘씀이 天地마음 같을진데
그모양과 그行實도 天地모습 같을세라.

天地마음 天地意志 天地運命 自律意志
天地닮은 衆生意志 衆生中의 人間意志
그生命이 그마음이 自律인가 他律인가?
五臟六腑 그意志가 自律인가 他律인가?
天地自然 自律意志 本來리듬 그대로고
本來마음 本來生命 本來흐름 따름일세.
둥근마음 둥근모양 둥글둥실 圓滿秩序
맑고밝아 거룩하고 진실되여 위대하고
착한마음 자비롭고 智慧로워 은혜롭고
변함없이 아름답고 一切如如 大自由니
千態萬象 千差萬別 色色마다 다달라도
네맘내맘 네몸내몸 天地本性 그대로고
네命내命 네길내길 天地本命 圓融일세
一切圓滿 自律意志 하늘모습 본래마음
하나모여 一切되고 一切속에 하나되고
하나속에 전체마음 전체속에 하나마음
一切意志 하나낳고 하나意志 一切낳고
하나모습 전체닮고 전체모습 하나닮아
一切본맘 하나짓고 하나본맘 一切짓고
하나하나 圓滿融聚 一切圓融 이룰세라.

이맘저맘 이몸저몸 모두모여 하나될제
이맘씀이 따로있고 저맘씀이 따로있고
이몸짓이 따로있고 저몸짓이 따로있어
이맘저맘 따로서로 이몸저몸 따로서로
부딪치고 뭉쳐지고 흩어지고 또모이고
하나하나 따로서로 시시각각 저스스로
이리뒹굴 저리뒹뚱 圓融秩序 하나되네
이리봐도 圓融意志 저리봐도 圓滿秩序
하나모두 함께되여 一切意志 圓滿融聚
衆生모습 따로서로 天地모습 하나될제
네맘네몸 내맘내몸 서로따로 하나되고
天地마음 天地모습 내모습과 하나되여
이모양도 저모양도 하나같이 지어졌네
하늘마음 땅의모습 하나속의 같은마음
별자리가 내맘될까? 땅모습이 내몸될까?
하늘땅의 運行그림 그모양이 내것인가?
天時地時 天地運氣 天地萬物 萬相마다
그맘그몸 因緣果가 오늘形相 낳았으니
하늘땅의 뜻이련가 大自由의 命이련가
하늘땅의 뜻이되고 하늘땅의 子孫되고
하늘땅의 命이되고 하늘땅의 本이되어
하늘땅의 마음닦고 하늘땅의 길을가고
하늘땅의 福을짓고 하늘땅의 行을닦아
하늘땅의 지여놓은 하늘땅의 틀을타고
하늘같이 땅과같이 생긴대로 살아가세
하늘땅이 지은대로 大自由로 살아가세

살펴보면 깨침이요 깨쳐보면 光明한데
깨쳐봐도 光明해도 生滅道理 不變하니

밝혀진들 불밝힌들 無常理致 다를손가?
光明大道 名哲한들 生滅道理 變할손가?
고요히 定에들어 解脫道理 찾아보세!
生滅根本 解脫하여 已生極樂 열어보세!
이내몸맘 그대롤제 無常眞理 그대로고
이내본맘 밝혀질제 恒常眞理 밝아지니
無常理致 宿命眞理 몸맘眞理 밝혀지고
恒常理致 解脫眞理 봄맘道理 밝아오네
몸맘眞理 불밝힐제 몸맘씀이 밝아지고
本맘道理 불밝힐제 本맘씀이 밝아진다.
몸맘씀씀 진실할제 宿命道를 뛰어넘고
本맘씀씀 眞如일제 解脫涅槃 들어간다.

어화! 우리 벗님들아! 人生運命 무어드냐?
無常도를 따라가면 運命수레 올라타고
恒常道를 따라가면 解脫涅槃 들어간다.
감앗으나 떠있으나 光明眞理 如如할제
우리生命 人間모습 偉大하고 尊嚴토다.
聰明智慧 불밝히여 救濟衆生 使命안고
이내목숨 다하도록 人間生命 大慈悲로
生命存在 永遠安樂 清淨善生 善業짓고
世世生生 無窮토록 無盡善果 쌓아가세
人間生命 再創造를 거룩하게 일궈가세

내가지은 善行果報 하늘그림 닮아가고
天地마음 내마음이 한몸한맘 되어갈제
내몸내맘 본모습은 永永生生 살아있고
已生因緣 거룩함은 天地光明 밝혀가네
네몸내몸 따로없고 네맘내맘 따로없이
八正道를 거울삼아 菩薩行을 쌓아가면

現生業은 來生되고 來生業은 光明되고
내한몸은 本是廻向 내靈魂은 極樂往生
極樂靈魂 自律意志 自律神經 安樂하고
自律神經 安樂運行 自律筋肉 圓活하니
五臟六腑 自律筋肉 自律神經 따라가고
自律意志 靈魂따라 人間生命 安樂하리
世間목숨 安樂人生 現生業에 메여있고
내몸우주 내맘極樂 한마음에 달렸으니
내맘인생 내몸人間 生命眞理 바로찾고
因果道理 恩惠道理 光明大智 불밝히여
내몸부터 내맘부터 再創造를 이뤄가세
種性種子 改善하여 未來善生 열어가세
弘益人間 人生創造 生命眞理 바로찾아
善生道理 福된道理 天地人間 一切道理
내몸내맘 天地리듬 一切同調 하나토록
宇宙秩序 自然法則 五德秩序 壽福原理
天氣地氣 生氣人氣 一切同調 原理찾아
잠시라도 불안털고 一瞬에도 無明털고
無上대도 眞理안고 無量福德 지어가세
無盡功德 精進으로 過現未生 밝혀가세.

2. 龍穴歌

山줄기야 山줄기야 산(生)줄기는 어디있나?
山줄기엔 山가지가 산(生)줄기엔 산(生)가지가
죽은줄긴 죽은가지 병든줄긴 병든가지
늙은줄긴 늙은가지 젊은줄긴 젊은가지
生老病死 過現未를 정녕보기 어려울세

산(生)줄기는 살아있고 죽은가진 죽어있고
늙은가진 늙어있고 젊은가진 젊어있네!
山가지야 산(生)가지야 生死가진 어떠한고
산(生)가지엔 싹이나고 죽은가진 싹이없네!
죽고사는 生死도리 싹과열매 뿐이리니
싹난가지 모양따라 生死가지 드러나네!
싹은자라 꽃이피고 꽃은펴서 열매맺고
꽃과열매 모습따라 선악모습 드러나네!
줄기보고 가지보고 싹을보고 생사보고
꽃을보고 열매보고 대소강약 선악보면
산의모습 길흉모습 열매보기 쉬우리라
굳센줄긴 굳센가지 생생꽃잎 생생열매
병든줄긴 병든가지 병든싹엔 병든꽃이
살았는지 죽었는지 生死分別 原理로다.
줄기없이 가지없고 가지없이 싹이없고
싹이없이 꽃잎없고 꽃잎없이 열매없네!
산열매는 왜살았나 죽은열맨 왜죽었나?
산열맨지 그아닌지 씨알분별 뿐이로다.
山가지야 산(生)가지야 실한가지 실한싹아
실한싹엔 실한꽃잎 실한꽃엔 실한열매
든실열매 맺을려고 든실꽃잎 피웠는가?
실한꽃잎 피우려고 튼튼가지 되었는가?
튼튼가지 뻗으려고 강건줄기 되었구나!
이山줄기 저산줄기 이山가지 저산가지
生死줄기 生死가지 꽃잎열매 生死롤세
산가지엔 산열매가 썩가지엔 썩은열매
가지열매 생사로되 原理따라 피고지네!
산줄기중 생명가진 중심줄기 중심가지
중심가진 중심꽃잎 중심꽃엔 중심열매

왕성줄긴 왕성가지 왕성가진 왕성싹이
쌍가지엔 쌍꽃피고 쌍꽃에서 쌍동열매
왕성싹엔 왕성꽃잎 왕성꽃엔 왕자열매
줄기보면 가지알고 가지보면 싹을알고
싹을보면 꽃잎알고 꽃잎보면 열매안다.
山열매야 산(生)열매야 든신튼튼 산열매야
너의조상 너의부모 종성내력 어떠하뇨?
든실튼튼 산열매엔 든실튼튼 산가지가
튼튼왕성 산가지엔 선미강대 산줄긴가?
부실열매 꽃잎에는 향기색깔 부실하고
향내색깔 무미하면 벌나비도 멀리간다.
병든꽃잎 열매에는 상처뿐인 병든가지
병든줄기 가지싹은 차마보기 참담쿠나!
가지없는 산줄기엔 뿌리생명 부실하고
뿌리영양 부족하면 줄기가지 허망한데
줄기본신 허장성세 종자相續 불망토다!
뿌리줄기 가지잎새 꽃잎열매 한몸한맘
어느하나 병이들면 육신영혼 모다가니
죽고사는 도리따라 生死열매 운명되네!
善惡美醜 大小强弱 正斜曲直 老少長短
곧은가지 곧은열매 굽은가지 굽은열매
힘쎈가지 힘찬열매 약한가지 약한열매
큰가지엔 큰열매가 작은가진 작은열매
속가지엔 귀한열매 곁가지엔 천한열매
남쪽가진 생기롭고 북쪽가진 끈기롭다.
윗가지엔 上열매요 밑가지엔 下열매요
중심가진 본실종자 곁가지엔 방실종자
중심가지 우뚝솟고 곁방가지 처져있고
샛가지엔 새는열매 徒長枝엔 도장열매

뿌리줄기 생명현상　生死가지 변역질서
곧은줄기 正變가지　굽은줄기 縱變가지
뛰는줄기 垂變가지　徒長枝는 無記가지
중심줄긴 길게가고　곁방줄긴 짧게가고
중심가진 힘찬가지　곁방가진 약한가지
여문줄긴 여문열매　연한줄긴 연한열매
중심열맨 오래살고　곁방열맨 단축하고
남쪽열맨 화사하고　북방열맨 은은하고
큰꽃잎엔 큰열매가　작은꽃엔 작은열매
검은꽃에 검은열매　붉은꽃에 붉은열매
흰꽃에는 흰열매가　파란꽃엔 파란열매
열매중에 제일가는　노란꽃에 노란열매
검은꽃엔 검은냄새　붉은꽃엔 붉은냄새
푸른꽃엔 푸른냄새　흰꽃에는 하얀냄새
노란꽃에 노란냄새　오색꽃에 오색냄새
홑꽃잎엔 홑열매요　겹꽃잎엔 겹열매요
둥근꽃엔 둥근열매　모난꽃엔 모난열매
홑열매는 연한열매　겹열매는 굳은열매
둥근열맨 둥근기운　모난열맨 모난기운
짧은열맨 짧은기운　긴열매는 기른기운
여문열맨 여문기운　연한열맨 연한기운
작다크다 모난다고　열매種性 有別할까?
짧다길다 연타굳다　生命秩序 다를런가?
검은열맨 玄水기운　붉은열맨 朱火기운
푸른열맨 靑木기운　하얀열맨 白金기운
노란꽃에 노란열매　穴土기운 그대롤세
대장꽃에 대장열매　병졸꽃에 병졸열매
잘난꽃에 잘난열매　못난꽃에 못난열매
이쁜꽃엔 이쁜열매　미운꽃엔 미운열매

둥근꽃엔 원만열매 모난꽃엔 모난열매
우주만물 생멸질서 열매맺고 열매지고
하늘대지 생명질서 원만회향 그대롤세
우주마음 하늘마음 하늘마음 땅의마음
우주만물 둥근마음 하늘대지 둥근영혼
둥근마음 둥근몸체 둥근몸첸 둥근열매
둥근열맨 둥근꽃을 둥근꽃엔 둥근가지
둥근씨알 둥근몸매 둥근줄기 천지마음
生命마음 본래마음 消滅마음 현상마음
生命씨알 둥근마음 死滅씨알 깨진마음
善美한건 원만모습 凶惡한건 凶한모습
中心줄기 穿心本龍 곁傍줄기 枝龍秩序
均等가지 正變易龍 縱變가지 縱變易龍
긴옆가지 橫變易龍 숨은가지 隱變易龍
뛰는가지 垂變易龍 徒長가지 洩氣支脈
짧은가지 橈棹脚脈 받친가지 鬼官曜脈
밑가지는 支脚止脈 언발가지 干涉支脈
땅을보면 逆龍支脈 하늘보면 獨善支脈
中心가지 本身出脈 傍出가지 副傍支脈
솟는本枝 正出열매 숨은가지 後室열매
선가지는 지차장손 앉은가지 막내자손
쫓는가지 護從枝脈 쏘는가지 劫殺支龍
굽은가지 枉龍枝脈 곧은가지 嫩脈枝龍
늙은가지 老龍이요 샛가지는 철부지맥
잘난가지 豪傑龍脈 못난가지 庸劣支脈
이쁜가지 白虎枝龍 굳센가지 靑龍枝龍
뿌리줄기 몸통玄水 하늘해달 朱雀纆脣
병든가지 불구나고 異狀가지 異狀子孫
고운가지 고운자손 험한가지 험한자손

여윈가지 빈한자손 후덕가지 후덕자손
여문가지 여문자손 연한가지 착한자손
굵고짧은 왕성자손 길고가는 겨우자손
깡마르면 깐깐자손 앙살가지 앙살자손
넓고짧은 편협자손 길고넓은 옹고집손
짧고가는 단견자손 길고굵은 우격자손
굵은마딘 골격자손 가는마디 예민자손
짧은마디 급한자손 긴마디는 느린자손
살찐마디 후덕인물 외소마디 무정인물
둥근마디 원만인물 모난마디 모난인물
솟은마디 유별인물 꺼진마디 숨은인물
뭉친마디 야문인물 퍼진마디 순한인물
겹친마디 다양인물 홑겹마디 단순인물
기운마디 편협인물 정돌마디 정돌인물
병든마디 불구인물 깨진마디 파탄인물
고개들면 교만인물 고개숙인 겸손자손
딱딱하면 강한자손 허물르면 무신념손
질서바위 강한마디 무질서岩 癌病자손
매끈마디 이쁜자손 험상마디 험상인물
젊은마디 야망자손 늙은마디 위약자손
선한마디 착한자손 凶한마디 흉폭자손
쌍마디에 쌍동자손 외마디에 외동자손
無記마디 無記자손 配合마디 合理자손
圓滿正突 귀품자손 醜陋混濁 천한자손 루

◎ 來龍脈의 吉凶禍福 다시한번 살펴보세
  祖宗龍脈 高頂樓殿 雲氣로서 자세보고
  立體構造 정다움은 聚講聚繞 五星일세
  生死去來 順逆進退 善惡美醜 大小强弱

遠近長短 正斜平峻 陰陽成壞 理致로세
높고낮은 節目變化 生死龍의 根本이고
∠30°의 n倍는 上下左右 變理로세
無起伏者는 숨이죽고 左右無變 脈이죽고
强한者는 奔走하고 弱한놈은 稜嶒하고
順한者는 팔벌리고 逆한놈은 뒤를 보고
進龍脈은 높아지고 退龍脈은 야외지네
富貴壽考 順生强進 夭折貧窮 退逆弱死
正出峽에 正落正穴 左右出에 左右穴果
左出에는 文官이요 右出에는 武庫나니
正偏大小 長短高低 曲直斷續 善惡吉凶
蜂腰鶴膝 最奇이나 斷切脈과 難分이고
風吹水浸 最忌이나 風水緣分 最位로다.

◎ 來脈本身 確然하면 穴場證據 隱藏되고
　隱隱隆隆 模糊彷佛 平地穴場 千金일세.

◎ 來龍따라 吉凶長短 節節마다 子孫모습
　千萬事緣 興亡盛衰 節脈살림 그대롤세
　가고오고 서고앉고 뛰어가다 누워놀다
　엎어진놈 자빠진놈 쓸어지다 내닫다가
　서서가고 기어가고 안고가고 업고가고
　성내다가 반기다가 無情타가 有情타가
　머리들고 도망가다 엉치빼고 내빼다가
　주먹쥐고 성을내고 발길질로 화를내고
　제스스로 自責하며 온갖상처 다내다가
　제갈길을 찾지못해 어정어정 헤메인다.

　누가미워 돌아섰나 누가싫어 흘겨보나
　虎視耽耽 넘겨보며 무얼그리 탐을내나

뒷집에서 품어주고 앞집에서 안아주고
옆집에선 擁護하고 上下에선 光明주고
天靈地靈 얽힌事緣 千態萬象 나투이니
千萬갈래 因緣놀음 善惡吉凶 지어낸다.

서서보고 앉아보고 누어보고 생각하고
이리갈까 저리갈까 도와줄까 버려둘까
내가가면 네가섧고 네가가면 내가울고
돌아서면 서러웁고 안아주면 반가운데
서서가는 저靑白아 保護育成 자랑마라
너할일을 다하려면 拒水凝縮 모자란다.
朱雀날개 펄럭이며 먼저온다 자랑마라
飛翔하다 눈돌리면 穴核凝縮 헛수고네.
玄水主靈 君臨마소 三神山이 不伏일라
仰天小祖 배퉁기면 子孫絶滅 간곳없네.
앞산朱火 날반기고 옆산靑白 나를안아
九重九湹 明堂水에 纖纖玉手 물을담고
天神地神 仙女들과 三千甲을 同樂하며
치성여래 點指따라 無窮功德 大慧悲로
人間衆生 깨우치고 弘益人間 善을닥아
無量衆生 大自然을 내몸같이 사랑하세.
어화! 人間衆生들아 風水造化 어떠한가?
바닷가에 붙어살면 바람맞아 바보되고
강가에서 오래살면 강도맞아 罟별되고
들에가서 오래살면 허구한날 들러리요
메꾼곳에 오래살면 메꿀일만 생겨나네
높은곳에 가지마라 바람맞아 풍이들라
낮은곳에 사지마라 언제다시 높아볼까
골에가면 골로가고 물에가면 물만먹고

벌판에선 벌을받고 경사판엔 경을치고
자빠진곳 가지마라 자빠져서 橫死하고
엎어진곳 가지마라 엎어지면 끝장난다.
밝은곳에 오래사소 밝은智慧 광명얻고
어둔곳에 사지마소 어정쩡한 자손될라.
안아준곳 안심되고 돌아선곳 돌게되고
뒤틀린곳 뒤틀리고 삐죽한곳 뻿쭉일세.
산에가세 산에가세! 살기좋은 산에가세!
明堂에는 명을잇고 안긴속엔 안심千里
돌아선곳 가지마소 사람마다 돌아서고
기울은곳 가지마소 동네마다 破産일세.

◎ 山이가면 사람가고 물이가면 財物가고
빗겨간곳 빗겨맞고 바로치면 바로맞네
山殺風殺 水勢殺은 極凶惡事 불러오고
朱火三殺 近接殺은 敗家亡身 서서보네
玄水立體 穿心線脈 入首頭腦 入穴線脈
朱火立體 纏護同調 纏脣立體 善美일세
靑白繞抱 線脈同調 穴場蟬翼 吉凶낳고
四神同調 凝縮力量 穴核明堂 安定일세
立體構造 五變脈(易)은 祖宗山의 來龍이요
線脈構造 五變脈(易)은 穴場成局 證驗일세
立體山이 陽이되면 線脈體는 陰이되고
陽이가면 陰이받고 陰이오면 陽이받네.
陰陽調和 脈中에서 陽突陰屈 살펴볼제
陽脈山엔 陽突陽氣 陰脈山엔 陰屈陰氣
陽脈氣는 人物되고 陰脈氣는 재주되고
陰陽化氣 穴場속에 人物재주 함께난다.
人格됨을 살리려면 陽突力量 살펴보고

재주됨을 살피려면 陰屈安定 살펴보세
世上萬物 像中에서 어느像이 第一인고
天下第一 最吉相은 圓滿相이 으뜸이라
이리봐도 圓滿이요 저리봐도 圓滿이요
위를봐도 圓滿이요 밑을봐도 圓滿이요
너를봐도 圓滿이요 니를봐도 圓滿이요
내가봐도 圓滿이요 네가봐도 圓滿일세.
天上天下 萬物中에 어느因緣 第一인가.
穴星核果 第一緣은 穴星核室 으뜸이요
穴星核室 第一緣은 穴場四課 으뜸이요
穴場四課 第一緣은 穴場圓暈 으뜸이요
穴場圓暈 第一緣은 入穴脈이 으뜸이요
入穴脈의 第一緣은 靑白蟬翼 으뜸이요
靑白蟬翼 第一緣은 入首頭腦 으뜸이요
入首頭腦 第一緣은 明堂纒脣 으뜸이요
明堂纒脣 第一緣은 入首來龍 으뜸이요
入首來龍 第一緣은 靑龍白虎 으뜸이요
靑龍白虎 第一緣은 玄水頂이 으뜸이요
玄水頂의 第一緣은 朱火頂이 으뜸이요
朱火頂의 第一緣은 局勢同調 으뜸이요
局勢同調 第一緣은 風水勢가 으뜸일세

3. 四神砂 吉凶歌

(1) 圓滿俱足 完全美는 이세상에 不生이고
　　善美强大 圓正相은 만나보기 기약없네
　　上下同調 天地合一 前後同調 玄朱合一
　　左右同調 龍虎合一 主客同調 局勢合一

天地同調 圓滿結處 立體表情 거룩하고
모래알서 바위까지 한결같이 단란하네.
윤기있고 주밀하게 차곡차곡 쌓은듯이
알이되어 여문곳에 솥뚜껑을 덮은듯이
메끄럽게 살찌워서 젖무덤을 만든듯이
올망졸망 둥근것이 풍요롭고 正突구나.

(2) 前後同調 水火旣濟 玄朱合一 살필적에
朱火先到 案內따라 入首來龍 出脈意志
서는듯이 앉은모습 누운듯이 가는모습
前後凝縮 分明하야 前後空缺 전혀없이
앞을봐도 풍성하고 뒤를봐도 풍성하니
앞통수와 뒤통수가 智慧聰明 담았구나.

(3) 左右同調 木金相等 靑白意志 살필적에
聚氣立體 善美强大 左右凝縮 果報로세.
靑白侍立 相衡하고 相互育成 確然할제
앞을봐도 옆을봐도 기운모습 전혀없고
비가오나 바람부나 물바람에 씻기울까
안고서고 호위하여 均衡立體 成就로다.

(4) 어화라! 지사님네 이네말씀 들어보소.
一切諸行 無常한데 生起無常 어떠한가?
生起中에 얻은生命 生起無常 어드멘고!
消滅中에 얻은離滅 死氣無常 어드멘가?
千態萬相 龍穴砂水 어느얼굴 無常이고
同調干涉 Energy場 어느秩序 無常인고
一切諸法 無我인데 生起無我 어떠한가?
生起變易 얻은生氣 生命無我 어드멘고
消滅變易 얻은死氣 環滅無我 어드멘가?
千變萬化 龍穴砂水 어느變易 無我이고

同調干涉 變易秩序 어느因緣 無我인고?

涅槃寂靜 고요한데 生滅相은 무엇인고?

빈가득은 眞空이요 찬가득은 滿空인데

빈가득도 寂靜이요 찬가득도 寂靜구나

眞空滿空 한데엉켜 圓滿空을 이루더니

絶對平等 意志나눠 穴場核을 낳는구나.

(5) 苦集滅道 四眞諦는 靈魂意志 信念인가?

四神砂別 自利意志 煩惱妄想 쌓아지고

四神同調 凝縮意志 穴核生命 孕胎하니

內外明哲 12 正道 平等智慧 드러내고

前後左右 上下同調 圓滿行을 펴는도다.

(6) 天地人間 衆生同調 上下(秩序)凝縮 法道삼고

精靈智慧 客神禮敬 廣正之義 縱道삼고

木神仁德 金神義勇 會合之義 橫道삼아

本靈意志 12 正法 圓滿道를 成就하세.

(7) 天道地道 人道衆道 上下道를 得한후에

精智主道 禮敬客道 中正之道 完成하고

仁德靑道 義勇白道 平等之道 成就하니

本精靈神 淸淨果報 光明意志 尊嚴토다.

(8) 天命之意 陰陽調和 同調干涉 因緣秩序

天運地氣 上下陰陽 根本穴場 살펴보니

玄朱水火 前後陰陽 穴核縱凝 同調하고

靑白木金 左右陰陽 穴核橫凝 同調하고

縱橫陰陽 凝縮同調 圓滿穴場 집을지어

子午卯酉 寅申巳亥 辰戌丑未 열두果를

사람마다 받아지녀 善功德을 쌓으라네.

(9) 열두열매 善因果의 相互同調 運氣보니

　　子午열매 水昇火降 卯酉열매 金木造化

　　寅申열매 靑白相等 巳亥열매 水火相馳

　　辰戌열매 相合成土 丑未열매 燥濕調節

　　玄水因果 腎膀三焦 朱火因果 心小心包

　　靑木因果 肝膽筋力 白金因果 肺大燥金

　　水壽長命 火和末庫 木牧(目)男貴 金筏女富

　　水火本身 木金四肢 水頭火關 木左(肮)金右(脚)

　　玄朱精神 靑白魂魄 黃土本志 脾胃信念

(10) 子午卯酉 陽正方場 玄朱靑白 正中貴氣

　　寅申巳亥 四起方場 玄朱靑白 右端生氣

　　辰戌丑未 四庫方場 玄朱靑白 左端軸氣

　　亥子丑水 玄局同調 巳午未火 朱局同調

　　寅卯辰木 靑局同調 申酉戌金 白局同調

(11) 子玄正果 中正官貴 生命智精 主靈意志

　　亥玄側果 右旋官貴 壽命長夭 因子業報

　　丑玄側果 左旋官貴 祖孫斷續 因子業報

(12) 午朱正果 中正庫管 富貴禮敬 客靈管氣

　　巳朱側果 右旋庫管 學術硏究 火果應報

　　未朱側果 左旋庫管 社會還元 火果應報

(13) 寅靑初果 仁德旺盛 出世意志 木果應報

　　卯靑中果 仁德發散 授受意志 木果應報

　　辰靑末果 仁德廻向 會合意志 木果應報

(14) 戌白初果 義勇生起 創造意志 金果應報

　　酉白中果 義勇發散 忍辱意志 金果應報

　　申白末果 義勇廻向 安定意志 金果應報

(15) 子玄中水　子膀命骨　頭腦精氣　總靈業報
　　　亥玄側水　腎命髓實　髓液津氣　精念業報
　　　丑玄側水　集虛肥濕(陰脾)　精血不調　遺傳業報

(16) 午朱中火　內心小血　四肢血氣　客靈因果
　　　巳朱側火　心包火實　五臟血脈　客運因果
　　　未朱側火　脾燥(陽脾)火虛　血脈不調　客氣因果

(17) 寅靑初木　陽木膽肮　上筋甲狀　右魂果報
　　　卯靑中木　陰木肝腰　下筋陰器　左魄果報
　　　辰靑末木　陽胃上肉　左胃筋肌　客魂果報

(18) 戌白初金　陰胃下肉　右胃皮肌　幽魄果報
　　　酉白中金　陰金肺鼻　皮毛氣管　左魄果報
　　　申白末金　陽金大肛　營衛骨精　右魄果報

(19) 玄朱靑白　中正同調　子午卯酉　正氣正相
　　　玄朱靑白　左倚同調　丑未辰戌　左氣左相
　　　玄朱靑白　右倚同調　亥巳寅申　右氣右相

(20) 丑未吹風　玄朱干涉　膀小左風　脾膵(三焦)障碍
　　　辰戌吹風　靑白干涉　肝肺左風　胃包(心包)障碍
　　　亥巳吹風　玄朱干涉　腎心右風　血脈障碍
　　　寅申吹風　靑白干涉　膽大右風　膽道障碍
　　　子午吹風　主客干涉　主靈客靈　相互障碍
　　　卯酉吹風　護神干涉　左魂右魄　相互障碍
　　　吹風然後　應當入風　入風然後　應當吹濕
　　　吹濕然後　應當入水　入水然後　應當破核

(21) 亥子丑水　陽得長子　巳午未火　陰得末子
　　　寅卯辰木　陽得陽男　申酉戌金　陰得陰男
　　　子寅辰午　陽得陽果　亥酉未巳　陰得陰果

子戌申午　陰得陽果　丑卯巳未　陽得陰果
頭腦子孫　纏脣孫婦　靑翼子孫　白翼子婦
內靑孫子　內白孫女　靑勢孫官　白勢財武
玄水近祖　朱火近況　祖山遠祖　朝山遠界
山入陽得　收入陰得　砂入陽得　風入陰得

(22)　山火風水　方位得破　吉凶禍福　五大因緣
　　　山火陽得　風水陰得　方位同調　五氣核果
　　　頭腦陽得　纏脣陰得　蟬翼陽得　界水陰得
　　　前後左右　局砂陽得　穴前融會　風水陰得

(23)　夜地風水　同去下降　晝地風水　上昇凝氣
　　　風水氣溫　太過偏差　地氣地力　亡失虛耗
　　　夜地補氣　晝地換氣　藏風得水　換補結實
　　　夜藏晝得　風水藏得　水口關門　地靈因果

(24)　生氣入力　先後秩序　同調干涉　善惡美醜
　　　一六玄水　入首頭腦　二七朱火　纏脣明堂
　　　三六靑木　靑蟬靑曜　九四白金　白翼白曜
　　　五十穴場　穴核生命　先到後着　因緣果報
　　　先天生起　一二三四　頭腦纏脣　左蟬右翼
　　　中央穴土　五黃基底　先天生氣　始發順序
　　　後天生成　六七八九　立體腦脣　左橈右棹
　　　中央穴核　十果生命　後天成形　善脈美德
　　　一聚六積　頭腦生成　二聚七積　纏脣生成
　　　三進八橈　靑翼生成　四進九橈　白翼生成
　　　五抱十縮　黃土生成　穴場生命　再生創造
　　　先到後着　從從同調　凝縮秩序　善業善果
　　　玄水先到　朱火後着　朱火先到　靑木後着
　　　靑木先到　白金後着　靑白先到　穴場後着
　　　頭腦先到　纏脣後着　纏脣先到　靑木後着

青蟬先到 白翼後着 白翼先到 穴核後着
六七八九 十黃完成 同調凝縮 善美生命

(25) 甲己之年 玄水頭腦 乙庚之年 朱火纏脣
丙辛之年 靑木靑翼 丁壬之年 白金白翼
戊癸之年 穴核黃土 春夏秋冬 月日流轉

(26) 友子丑運 入首頭腦 寅卯辰運 靑木蟬翼
巳午未運 纏脣明堂 申酉戌運 白金蟬翼

(27) 一次三年 玄水頭腦 二次三年 朱火纏脣
三次三年 靑木蟬翼 四次三年 白金蟬翼
年年月月 日日流周 三災三殺 加增加減
同調干涉 避凶取吉 補氣補命 補神補坐

(28) 三合穴場 構造安定 兩合穴場 配位安定
局氣同調 四位安定 二合同調 隱位同調
方局同調 方位安定 相對同調 相對安定
相生同調 運氣安定 穴核同調 生成安定

(29) 申子辰水 頭腦同調 寅午戌火 纏脣同調
亥卯未木 靑翼同調 巳酉丑金 白翼同調
申子辰水 玄祖凝調 寅午戌火 朱案凝調
亥卯未木 靑龍凝調 巳酉丑金 白虎凝調

(30) 日中三合 最吉安定 時中三合 子孫安定
月中三合 兄弟安定 年中三合 祖上安定
日中年合 陰陽同調 祖上蔭德 最吉安定
日中年合 二合同調 祖上願力 果報相續
日中月合 陰陽同調 兄弟功德 夫歸功德
日中月合 二合同調 兄弟共助 夫歸共業
日中時合 陰陽同調 子孫功德 末年功德
日中時合 二合同調 子孫共助 來世共業

時中年合 陰陽同調 父祖蔭德 子孫福祿
時中年合 二合同調 父祖願力 子孫果報
時中月合 陰陽同調 子祖善業 同期共助
時中月合 二合同調 子祖共業 末年功德
月中年合 陰陽同調 遠祖業力 初年果報
月中年合 二合同調 遠近共助 父母安定
日中年沖 年日空亡 遠祖反背 壽命不安
日中月沖 月日空亡 近祖反背 兄弟不安
日中時沖 日時空亡 近宅反背 子孫不安
時中年沖 年時空亡 祖孫反背 種字不安
時中月沖 月時空亡 近祖反背 子孫不安
月中年沖 年月空亡 遠近反背 初年不安
自沖然後 同調還生 一時不安 終來安定
自沖然後 干涉不調 年月日時 終來不安
自沖然後 再沖回擊 神靈空妄 肉身空妄
日年回沖 遠祖空妄 祖業不德 本人無德
日月回沖 近祖空妄 兄弟不德 不運果報
日時回沖 子孫空妄 子業不德 種續不安
時年回沖 祖孫空妄 遠祖不德 末年不運
時月回沖 近祖空妄 祖孫不德 末年孤獨
月年回沖 遠近空妄 遠近不德 初年貧賤

(31) 玄水自沖 玄水空亡 種字不安 官貴不能
朱火自沖 朱火空亡 心性不安 財庫不管
青木自沖 青木空亡 進就不安 健康不調
白金自沖 白金空亡 配位不安 財政不能

(32) 子午回沖 主客空亡 精靈客神 腎心不調
卯酉回沖 魂魄空亡 左右護神 肝肺不調
寅申回沖 青白空亡 青出白終 膽大不調

巳亥回沖　水火空亡　右頭右脣　三胞絞缺
辰戌回沖　陽土空亡　靑終白始　胃胞不調
丑未回沖　陰土空亡　左頭右足　脾膵交缺

(33)　碩筆峯이　眼中이면　文人達士　많이나고
　　　屯軍堆甲　露出이면　武人將士　많이나고
　　　車舟船砂　出現하면　商工人이　많이나고
　　　水口山이　來就하면　富貴人이　많이오고
　　　來龍脈이　虛弱하면　가난子孫　많이나고
　　　龍頭頂이　기울으면　盜賊子孫　많이나고
　　　孤曜砂가　빗겨지면　僧道子孫　많이나고
　　　燥火砂가　離坐하면　瘟火病者　많이나고
　　　天罡石이　峻增하면　刀兵子孫　많이나고
　　　五吉星辰　面前이면　富貴子孫　많이나고
　　　面前水砂　衝着이면　財貨역시　豊足하고
　　　水口州灘　出生하면　官祿子孫　많이나고
　　　羅星砂를　水衝하면　官敗子孫　많이나고
　　　來脈蹤迹　不明이면　人敗財敗　많이나고
　　　四凶星이　入首하면　人丁事情　끊어지고
　　　좁은穴場　넓히려다　氣脈傷殘　변을보고
　　　橫龍脈을　뚫게되면　家業破産　亂을보고
　　　面前에서　물이가면　離鄕亡身　누가알랴.

(34)　左右文筆　確然하면　及第子孫　이어지고
　　　後龍兩邊　倉庫두면　金錢쌓는　富者되고
　　　天罡腦가　傾倒하면　盜賊子孫　代를잇고
　　　前後左右　橫紋砂는　訟事子孫　많이나고
　　　神前佛後　破損穴은　子孫에게　災殃주고
　　　啓墳軍塚　最不祥事　子孫永永　꺽어지고
　　　道路衝射　陰陽宅은　子孫口舌　불러오고

屋背衝水 陰陽宅은 子孫病厄 불러오고
穴邊水浸 陰陽宅은 子孫絶敗 불러오고
三陽不及 陰陽宅은 子孫衷禍 불러오고
蛟潭龍屈 이웃하면 孤貧子孫 절로되니
龍穴砂水 眞跡原理 寤寐不忘 공부하소.

(35) 點穴하는 저老師야! 이한말씀 들어보소.
點穴中에 第一義는 均衡安定 中心이요
穴場安定 第一義는 界水放水 安定일세.
去水地에 下葬말라 家産蕩盡 立見토다.
劒脊龍에 下葬말라 其中殺師 氣세울라.
凹風吹穴 下葬말라 人丁絶滅 누가알까?
無案點穴 하지말라 貧窮子孫 代를잇네.
傾跌明堂 下葬말라 家業破散 臨迫토다.
飛走龍虎 點穴말라 離散客地 서럽도다.
童山脈에 下葬마소 人丁事情 메마르고
斷山脈에 下葬마소 산子孫도 일찍죽소.
石山脈에 下葬마소 氣脈없는 子孫나고
過山脈에 下葬마소 不縮子孫 連綿하네.
無記脈에 下葬마소 無記子孫 줄세우고
獨山脈에 下葬마소 代를잇기 힘들게요.
陰龍脈象 緩하거든 蓋法으로 下葬하소.
陰龍脈象 急하거든 粘法으로 下葬하소.
陰龍脈象 直長커든 倚法으로 下葬하고
陰龍脈象 橫이거든 撞尖으로 下葬하소.
脈窩息突 四象論은 形成過程 分狀이요
陰龍脈窩 鉗窩낳고 陽龍息突 乳突낳네.
陰龍窩象 濶하거든 毬法으로 下葬하고
陰龍窩象 狹하거든 正法으로 下葬하고

陰龍窟象 深하거든 架法으로 下葬하고
陰龍窟象 淺하거든 折法으로 下葬하세.
陽龍息象 短하거든 斬法으로 下葬하고
陽龍息象 長하거든 載法으로 下葬하고
陽龍息象 高하거든 吊法으로 下葬하고
陽龍息象 低하거든 墜法으로 下葬하세.
陽龍突象 單하거든 挨法으로 下葬하고
陽龍突象 雙하거든 倂中으로 下葬하고
陽龍突象 正하거든 斜法으로 下葬하고
陽龍突象 偏하거든 揷法으로 下葬하세.
吉龍脈을 얻었거든 貴格帶가 있나보고
吉한砂를 만났거든 어느곳에 있나보고
吉한水가 보이거든 오고난후 가나보고
좋은穴場 만났거든 물을먹나 살펴보소
龍穴砂水 좋다해도 葬法加地 失手마소
過現未世 增高益下 正法安葬 어렵다오.

(36) 山風水의 顚倒性은 地理法의 資源이요
山風水의 順行性은 地理法의 火坑일세.
其山川이 逆行커든 成穴特性 살펴보고
其山川이 順行커든 靑白特性 살펴보소.
其山神이 앉았거든 穴場인가 다시보고
其山神이 垂頭커든 玄神인가 살펴보고
其山神이 서있거든 靑白인가 살펴보고
其山神이 날개되면 朱雀인가 살펴보세.
其山神이 누웠거던 발로차나 조심하고
其山神이 고개들면 내빼는가 조심하고
其山神이 어정대면 사고칠까 조심하고
其山神이 엎어지면 엎어질까 조심하소.

其山神이 자빠지면 뒤통수를 조심하고
其山神이 도망가면 언제올까 걱정하고
其山神이 맥놓커든 맥빠질까 걱정하고
其山神이 안아주면 代代孫孫 감사하소.
其山神이 돌아서서 人敗財敗 걱정하고
其山神이 돌아앉아 千萬설움 넋두릴세
其山神이 돌고돌아 가는子孫 五里霧中
其山神이 돌아오니 他鄕에서 父母생각.

(37) 外山神이 흘겨보면 남의怨望 시샘받고
外山神이 넘겨보면 남의口舌 조심하고
外山神이 숨어보면 도적날까 걱정하고
外山神이 겁탈하면 强盜날까 걱정하소.

(38) 무리山이 적거들랑 큰곳에서 點穴하고
무리山이 크거들랑 적은데서 點穴하고
무리山이 낮거들랑 높은곳에 點穴하고
무리山이 높거들랑 낮은곳에 點穴하소.
무리山이 길거들랑 짧은곳에 點穴하고
무리山이 짧거들랑 긴곳에다 點穴하고
무리山이 强하거든 弱한곳에 點穴하고
무리山이 弱하거든 强한곳에 點穴하소
무려山이 順하거든 逆한곳에 點穴하고
무리山이 逆하거든 順한곳에 點穴하고
무리山이 험하거든 안온處에 點穴하소
무리山이 안온커든 험한곳에 點穴하소.
무리山이 平커들랑 突한곳에 點穴하고
무리山이 突커들랑 平한곳에 點穴하고
무리山이 연하거든 단단한데 點穴하고
무리山이 단단커든 연한곳에 點穴하소.

무리山이 돌山이면 흙山에다 點穴하고
무리山이 흙山이면 돌山에다 點穴하고
무리山이 질펀하면 마른데다 點穴하고
무리山이 말랐거든 질펀한데 點穴하소.
무리山이 야윗거든 뚱뚱한데 點穴하고
무리山이 뚱뚱커든 야윈곳에 點穴하고
무리山이 峽窄커든 너른곳에 點穴하고
무리山이 너르거든 峽窄한데 點穴하소.
무리山이 醜하거든 美한곳에 點穴하고
무리山이 美하거든 醜한곳에 點穴하고
무리山이 怪異하면 凡常處에 點穴하고
무리山이 凡常커든 怪異處에 點穴하소.

(39) 入首脈이 硬來하면 軟한곳에 點穴하고
入首脈이 軟來하면 硬한곳에 點穴하고
入首脈이 直來하면 曲한곳에 點穴하고
入首脈이 曲來하면 直한곳에 點穴하소.
入首脈이 넓게오면 좁은곳에 點穴하고
入首脈이 좁게오면 넓은곳에 點穴하고
入首脈이 곧게오면 橫을찾아 點穴하고
入首脈이 橫하거든 곧은곳에 點穴하소.

(40) 石山으로 脈이오면 土穴에다 點穴하고
土山으로 脈이오면 石穴에다 點穴하고
雄山으로 脈이오면 雌穴에다 點穴하고
雌山으로 脈이오면 雄穴에다 點穴하소.
飢山으로 脈이오면 飽穴에다 點穴하고
飽山으로 脈이오면 飢穴에다 點穴하고
斜山으로 脈이오면 正穴에다 點穴하고
正山으로 脈이오면 斜穴에다 點穴하소.

平山으로 脈이오면 突穴에다 點穴하고
突山으로 脈이오면 窩穴에다 點穴하고
緩山으로 脈이오면 急穴에다 點穴하고
急山으로 脈이오면 緩穴에다 點穴하소.
圓山으로 脈이오면 尖穴에다 點穴하고
尖山으로 脈이오면 圓穴에다 點穴하고
强山으로 脈아오면 弱穴에다 點穴하고
弱山으로 脈이오면 强穴에다 點穴하소.
嫩山으로 脈이오면 老穴에다 點穴하고
老山으로 脈이오면 嫩穴에다 點穴하고
陽山으로 脈이오면 陰穴에다 點穴하고
陰山으로 脈이오면 陽穴에다 點穴하소.
衆山中에 脈이오면 水得穴에 點穴하고
衆水中에 脈이오면 山得穴에 點穴하고
舒廣中에 脈이오면 緊狹穴에 點穴하고
緊狹中에 脈이오면 舒廣穴에 點穴하소.
剛硬中에 脈이오면 柔軟穴에 點穴하고
柔軟中에 脈이오면 剛硬穴에 點穴하소.
浮山으로 脈이오면 沈穴에다 點穴하고
沈山으로 脈이오면 浮穴에다 點穴하소.
狹窄中에 脈이오면 裕穴에다 點穴하고
廣闊中에 脈이오면 狹穴에다 點穴하고
傾側中에 脈이오면 正平穴에 點穴하고
正平中에 脈이오면 傾側穴에 點穴하소.
靜中에서 脈이오면 動穴에다 點穴하고
動中에서 脈이오면 靜穴에다 點穴하고
水中으로 脈이오면 動中에서 點穴하고
山中으로 脈이오면 靜中에서 點穴하소.
左側에서 脈이오면 右側穴에 點穴하고

```
            右側에서 脈이오면 左側穴에 點穴하고
            去山으로 脈이오면 回頭穴에 點穴하고
            拒山으로 脈이오면 無逼穴에 點穴하소.

(41) 地中生氣 乘起法은 行止聚散 運用秩序
     來龍脈이 그친것은 生氣融聚 證據낳고
     水勢境界 지어짐은 來脈乘起 그침이요.
     水勢引導 하여짐은 生氣乘脈 함이로다.
     靑白砂水 護衛함은 生氣融聚 알림이요.
     朱火案山 撞背함은 融結凝縮 意志이고
     風吹水浸 감춘뜻은 生氣散閉 없엠이고
     乘生氣脈 이룬뜻은 生命核果 孕胎로다.

(42) 在地中의 生生之氣 乘生氣則 生生不絶
     在人하야 爲心이요 在性하야 爲仁이요.
     行途하야 氣脈되고 凝縮하야 穴核되고
     醇化하야 生命되고 調化하야 萬物되네.
     玄武에서 玄水神靈 朱雀에서 朱火神靈
     靑龍에서 靑木神靈 白虎에서 白金神靈
     隆起하야 集氣되고 聚突하야 合氣되고
     來脈中에 命氣되고 聚起中에 精氣되고
     分擘하야 孫氣되고 會合하야 和氣되고
     橈棹中에 轉氣되고 支脚中에 支氣되고
     頭腦中에 主靈되고 纏脣中에 客神되고
     左蟬翼에 靑龍神을 右蟬翼에 白虎神을
     入穴脈中 生靈되고 明堂中에 天靈안고
     元辰界中 貴氣되고 會堂破中 富氣되고
     鬼砂中에 天太貴神 曜砂中에 日月貴神
     官砂中에 天德貴神 禽砂中에 月德貴神
     四局中에 四神되고 外郭에서 護神되여
```

穴場中에 意志낳고 穴核속에 本靈되네.

(43) 奪神功과 改天命이 禍福千里 일으키나
光明天道 大乘之法 風水地理 正道로다.
權勢富貴 才智勇力 點穴葬法 속에있고
形勢之法 理氣之法 分離窮究 아니되니
性體理氣 形相作用 一心精進 꿰뚫어서
理通氣通 形通相通 運行變通 了達하세.
겨울에는 눈을보고 여름에는 숲을보고
봄철에는 싹을보고 가울에는 물을보고
아침녘엔 해를보고 저녁에는 별을보고
中天에는 그림자를 夕陽에는 노을빛을
높은데선 바람길을 낮은데선 물틈세를
뒷등에는 돌받침을 앞배에선 따슨곳을
계곡에선 깊은끝을 平地에선 솟은끝을
山頂에선 둥근끝을 중간에선 살찐곳을
뒷산에선 貴한끝을 앞산에선 富한끝을
왼쪽산에 어진끝을 오른쪽에 풍요함을
鎭山主靈 안아주고 朱雀客神 揖을하고
靑龍木神 휘어감고 白虎金神 집지키고
물오는데 문을열고 물가는데 둘러막고
바람불면 엎드리고 바람자면 일어앉고
물이들면 물러앉고 메마르면 내려앉고
산이오면 반겨맞고 산이가면 돌아오소
泰山峻嶺 높은산도 속삭이면 알을낳고
萬頃蒼波 너른들도 힘을쓰면 알을낳네.
여기인가 저기인가 허송세월 방황말고
主山인가 客山인가 主客부터 알아보소.

(44) 主山神이 本靈되고 客山神이 客靈되고
　　　青龍神은 青靈되고 白虎神은 白靈되니
　　　千年萬年 날이가고 世上風塵 험타해도
　　　四神靈의 定한意志 變해질날 차마없네.
　　　天地神明 굽어보고 天靈地靈 살펴주고
　　　牽牢地神 引導받고 七星如來 길을열면
　　　거울같이 맑고밝아 티끌한점 없는몸이
　　　山王大神 앞에나가 自信있게 念願할세
　　　天地間에 萬物中에 우리人間 태여나서
　　　허구한날 먹고자고 내욕심만 채우다가
　　　이제다시 눈을들어 지는夕陽 바라보니
　　　지는白髮 성성토록 해논일이 전혀없네.
　　　애고답답 冤痛하다 젊었을적 무얼했나
　　　이내몸만 아끼다가 젊은청춘 다보내고
　　　허송세월 갈팡질팡 숫한세월 지났건만
　　　이제와서 눈을뜨니 쭈그러진 몸뿐일세.
　　　지난세월 애달프다 젊은청춘 왜보냈나
　　　하염없이 후회해도 돌아갈길 전혀없네.
　　　서러워도 할수없고 가슴쳐도 소용없고
　　　애가타서 목이메여 울어봐도 소용없네.
　　　神靈님께 애원하며 땅을치고 痛哭해도
　　　한번가는 저세월을 어느누가 잡을손가
　　　에루와! 벗님네야 가는세월 원망말고
　　　날가는게 서렵다고 오는세월 슬퍼마라.
　　　가는세월 가는거고 오는세월 오는거고
　　　이네모습 늙어가도 오는청춘 또있잖나?

(45) 지는석양 다시돌아 아침햇살 찬란하고
　　　지는가을 다시지나 싹이트는 봄이오네

어제내가 늙어가서 다시오기 어렵건만
내가뿌린 참씨앗은 다시싹이 돋아나네
어서바삐 밭을가세 하루빨리 씨뿌리세
가을되어 추수할제 더큰열매 많이따세
지난세월 懺悔하며 밭가는데 힘을쏟고
지난역사 後悔하며 씨뿌린데 정성쏟아
한잎두잎 돋는새싹 내손으로 거름주고
한알두알 알찬열매 내손으로 열게하네.

(46) 天地神明 보살피고 山王大神 안아주는
界明會堂 밝은곳에 千年萬年 살집짓고
참씨뿌려 거둔곡식 억만인구 먹고살게
내손으로 기른열매 億萬衆生 양식되게
태어날제 받은因緣 다시돌아 가게하고
자라면서 받은은혜 본시온데 보내주고
살아오매 지은죄업 남김없이 씻어내고
怨讐맺고 怨望한일 씻은듯이 풀어내고
네일이나 내일이나 同體大悲 一念으로
大乘意志 發願하며 光明大道 正法찾아
生起秩序 밝은곳에 天命意志 脈을잡고
同調意志 여문곳에 萬古不滅 生氣타고
前後左右 上下遠近 어딜봐도 빈데없이
同調凝縮 穴場證據 낱알품듯 살핀후에
入首頭腦 正突한가 고개들어 살펴보고
人穴脈이 端正한가 고개세워 살펴보고
纏脣明堂 光明한가 고개숙여 살펴보고
靑白蟬翼 分明한가 고개돌려 살펴보고
局勢安定 되었는가 고개넘어 살펴보고
水勢風勢 得氣인가 고개마다 살펴보소

오는風水 가는風水 굽이굽이 살펴보고
內外破口 온전한가 구멍구멍 살펴보고
元辰內水 젖줄인가 融回曲直 살펴보고
外水勢가 감도는가 左旋右旋 살펴보고
撞背玄水 撞背朱火 一直線에 줄을긋고
靑木白金 凝氣點을 一直線에 마주잡아
頭腦纏脣 中心線이 一直線과 合一하고
左右蟬翼 中心線이 靑白線과 合一커든
前後左右 合一點이 穴核인줄 아시게나

(47) 曖昧하고 模糊하여 彷彷佛佛 할적에는
窩中에서 突이있나 突中에서 窩가있나
어느세월 어느날에 비바람에 실려갔나
남은흔적 조심조심 하마잘못 깨여질까
살펴보고 또살피고 자우자욱 눈을떠서
本靈意志 감춰진곳 信念으로 찾아내세
그대信念 깊고높아 그대精靈 거룩할제
山靈속에 그대있고 그대속에 山靈있어
오고가는 山靈意志 그대함께 나투이고
萬物衆生 生長消滅 그대로가 그대일세.
지는석양 消滅場이 온세상을 뒤엎어도
아침햇살 生氣場은 온宇宙를 다채우네.
가는세월 오는白髮 서럽다고 한탄말고
生氣수레 바퀴타고 새生命을 創造하세
消滅無明 구름속에 光明天地 햇살찾아
우리衆生 잘되라고 참살길을 열어가세.

4. 四神眞如歌

(1) 祖宗孫 검은玄首 붉은鳳凰 날갯속에 깃들고
　　白靑山 시새움도 붉은치마 주름속에 조는데
　　黃積山 融聚核은 四神靈의 生命創造 씨알인가
　　감긴속 圓暈融結이 金剛性相(眞如實體) 繡를놓네!

(2) 鬼官曜 三昇緣도 四神靈의 生命凝縮
　　枝龍支脚橈棹止脚 四神生靈 틀이되니
　　크고작은 氣勢속에 凝結性相 짓는道理
　　先到後着 天地秩序 善美康健 알을낳네!

(3) 主從客山 先後體系 萬古不變 本來面目
　　玄水朱火 靑木白金 千年萬年 終始無變
　　서고앉고 가고쉬고 相互同調 緩急調節
　　黃土眞如 四神創造 窩鉗乳突 核心性品

(4) 圓滿融結 現象核心 宇宙性相 根本原理
　　核室穴心 眞諦性相 宇宙根本 生命意志
　　四神護衛 生命育成 宇宙生命 道理좇고
　　穴場穴核 性品意志 宇宙靈魂 自律意志

(5) 검은玄首 廻向歸處 붉은鳳凰 날개품속
　　鳳凰날개 펴는道理 玄黃靑白 품곺은맘
　　검은玄武 붉은鳳凰 三更에 情이깊어
　　白靑山은 同氣同期 穴核場을 감싸나니
　　圓滿融結 穴心意志 씨알生命 낳았구나.

(6) 黑頭는 得勢코저 서서종종 달려가고
　　朱雀은 生産코저 팔을벌려 앉았으니
　　靑山은 躍進코저 生氣發露 活發한데
　　白山은 均安코저 黃靑山을 끌어안고

黃心은 永安코저 萬古生靈 길러낸다.

(7) 검은龍頭 嚴秀威客 入力秩序 生命이요
　　붉은鳳凰 溫和近抱 先到秩序 生命이요
　　푸른靑神 氣勢躍進 生動秩序 生命이요
　　하얀金神 正義收斂 秋收秩序 生命이요
　　黃金土神 運氣安定 平等秩序 生命일세.

(8) 玄首氣勢 聚突穿心 生靈入力 現象이요
　　朱鳳抱擁 緊縮날개 生靈出産 現象이요
　　靑龍侍立 躍動護育 生靈育成 現象이요
　　白虎對坐 謙遜收藏 生靈均等 現象이요
　　黃土核室 圓滿厚富 生靈安寧 現象일세.

(9) 來龍入首 第一象 正變來歷 十字相
　　玄武頭腦 第一象 垂平立體 圓滿相
　　朱雀纏脣 第一象 垂直面體 抱擁相
　　入穴穿心 第一象 脊界明了 分直相
　　左右蟬翼 第一象 育成凝縮 面立相
　　界明會堂 第一象 會合明堂 厚德相
　　得氣得水 第一象 陰陽屈突 平立相
　　破氣破水 第一象 外水應對 旋到相
　　藏風得水 第一象 四神緊密 融縮相
　　背山臨水 第一象 前低後高 得水相
　　風水安定 第一象 關門出入 善吉相
　　玄朱陰陽 第一象 男女配位 父母相
　　靑白陰陽 第一象 侍奉子孫 孝道相
　　穴場陰陽 第一象 圓暈穴核 分明相
　　明堂陰陽 第一象 聚合破口 合理相
　　穴核陰陽 第一象 圓暈穴核 同胞相

(10)　玄水上吉　主靈神　特秀土星　單頂垂

　　　朱火上吉　客靈神　朝案重揖　環抱擁

　　　靑木上吉　魂靈神　單侍重疊　善厚德

　　　白金上吉　魄靈神　端坐謙遜　收斂藏

　　　穴場上吉　黃土神　土星重厚　圓融相

　　　靑龍上吉　善祖宗　緣緣不斷　强健相

　　　祖宗上吉　秀麗端　均等重厚　圓滿相

　　　水口上吉　拒水關　內外聚會　融合處

　　　得水上吉　元辰水　左右會融　朝來聚

　　　內外上吉　穴場水　界水會堂　善破口

　　　外水上吉　朝融水　穴場環抱　旋融拒

　　　藏風上吉　陰陽和　穴場關欄　藏聚氣

　　　得風上吉　水口風　穴場凝縮　淨化風

　　　定風上吉　明堂風　穴場溫和　고요風

　　　穴板上吉　圓滿突　厚富强健　善美場

　　　穴核上吉　陰抱陽　陰厚陽突　平穩場

　　　明堂上吉　平等厚　均等風水　聚會場

　　　四神眞如　觀自在　穴心眞如　觀自在

5. 陽基穴場 基本設計 立坐立向 設定原理

　　穴場中心　建物基頭　庭園中心　合一線上
　　玄朱中心　藏風拒水　特秀峰頂　立坐立向
　　多峯玄朱　混亂할땐　特異峰에　立坐立向(于勢之道)
　　一字山이　整列커든　한가운데　立坐立向(中正之道)
　　獨秀峰이　우뚝커든　尖峰中에　立坐立向(獨立之道)
　　두개峰이　雙立커든　兩峰間에　立坐立向(中庸之道)
　　玄朱峰이　不安커든　入首朝來　立坐立向(相續之道)

鬼樂朝案 秀麗하면 特秀峰에 立坐立向(近親之道)
來脈朝水 相照하면 還抱中心 立坐立向(陰陽之道)
玄水立坐 設定限界 壬子癸線 넘지말고
朱火立向 設定限界 丙午丁線 넘지말고
玄朱坐向 最吉設定 最秀峰頂 第一이니
長孫爲主 立坐于先 直入直坐 最吉하고
次孫爲主 立向于先 拒水朝向 最吉하고
左旋穴場 天干立坐 右旋穴場 地支立坐
左旋到水 天干立向 右旋到水 地支立向
左旋右旋 相異坐向 長發支發 相異天地
天(干)地(支)坐向 男女長支 相異發應 原理일세
穴場基頭 穴場坐向 最善最吉 設定後에
建物基頭 무게中心 立坐陰陽 最善設計
最善穴核 最吉基頭 陰陽比率 合致하면
庭園中心 建物中心 玄朱中心 穴場中心
네가지가 合一하여 最善坐向 設定하네
庭園中心 基頭點에 大門吉神(氣) 들게하고
建物中心 基頭點에 玄關吉神(氣) 들게하고
안방中心 基頭點에 房門吉神(氣) 들게하고
客房中心 基頭點에 客門吉神(氣) 들게하고
居室中心 基頭點에 터主(地氣穴核)吉神 앉게하고
廚房中心 基頭點에 廚房吉神 놀게하고
玄關入口 團束하여 出入吉神 便케하면
五方吉神 힘을합쳐 子子孫孫 福을주네
玄水吉神 子孫智慧 智靈種子 創造하고
朱火吉神 社會活動 禮敬畏謙 북돋우고
靑木吉神 벼슬健康 仁德君子 改造하고
白金吉神 財貨藝技 義勇富武 일으키고
黃土吉神 自律意志 信念精靈 밝게하니

五方吉神 두루도와 極品子孫 낳는구나
吉神出入 어떠한가 꼼꼼히 살펴보세
터主鬼神 들어오는 地氣通路 끊치말고
天上貴人 감싸주는 空間通路 막지말고(빌딩, 巨木)
朱客坐向 子午線에 大門玄關 두지말고
家宅鬼神 앉아있는 建物中心 均衡잡고
庭園鬼神 安定處에 天神地神 놀게하고
大門玄關 案內鬼神 風水吉神 모셔오고
善美平穩 風水吉神 基頭品에 들게하고
大門鬼神 밝게웃어 돈鬼神을 들게하며
玄關鬼神 함께웃나 外神動靜 살핀後에
五方鬼神 놀고있는 居室中心 바로잡고
안방鬼神 기뻐하나 天地吉神 도움받아
앉을때나 누울때나 吉神入力 坐를삼고
善美朱火 吉神處所 中心品에 向을놓고
善美快適 風水氣運 明堂品에 안기도록
물이오면 拒水하고 물이가면 틀어막고
오는물은 끌어안고 가는물은 들게하고
바람오면 갈무리고 바람가면 감싸안고
거센바람 거센물길 慾心줄여 避해앉고
잔잔바람 잔잔물결 歡喜롭게 반겨담고
밤바람은 막아주고(등을지고) 낮바람은 담아안고
찬바람은 피해앉고 따슨바람 즐겨앉고
背山臨水 拒逆하여 敗家亡身 하지말고
天氣自然 順應하여 靈肉安定 이룬後에
天靈地靈 기쁨주어 子孫萬代 平케하세
無心靈魂 本맘으로 自律意志 善케하고
自律意志 善定으로 自律神經 平安하면
自律神經 平安行業 五臟六腑 便케하네

몸맘본맘 무엇인고 새겨보고 살펴보니
몸마음은 곬은마음 본마음은 밝은마음
보곬으고 듣곬으고 먹곬으고 갖곬으고
놀곬으고 자곬으고 끊임없이 하곬은맘
그마음은 몸뚱마음 결국에는 滅亡하네
本마음은 무엇인고 生命創造 그맘일세
맑고淸淨 밝은光明 거룩하고 偉大하게
거짓없는 眞實行業 慈悲롭고 善美하게
끝이없는 懺悔마음 恩惠功德 깨달아서
변함없는 廻向行業 生命創造 이룩하네
아웅다웅 잘살자고 몸맘따라 奔走할제
本맘靈魂 어두워져 몸맘쫓아 墮落하니
自律意志 無明하여 自律神經 病이들고
自律神經 病이들면 五臟六腑 病이깊어
黃泉길이 눈앞인줄 衆生들은 모르는다.
몸마음은 無明하여 貪瞋痴에 얽혀가고
本마음은 光明하여 大智慧를 불밝히니
몸마음은 衆生낳고 本마음은 聖人낳아
몸맘지옥 本맘極樂 地獄天堂 갈라놓네
五臟六腑 不便함이 어디에서 生起는고?
身體筋肉 움직이는 自律神經 本주인이
氣脈血流 長短맞춰 生命活動 잇게하니
自律神經 不便하면 五臟六腑 따라가고
自律神經 便安하면 五臟六腑 和平하네
自律神經 本來모습 곰곰새겨 살펴보니
自律他律 根本모습 自律意志 本性이고
大自然의 生命攝理 그대로를 相續했네
大自然의 生命리듬 本性本質 그대로고
人間生命 人間意志 自律리듬 그대롤제

絶對靈魂 自律意志 光明智慧 불밝히면
大自然의 生命리듬 人間生命 리듬되고
本맘靈魂 自律意志 몸맘意志 불밝히네
人間몸맘 밝아지면 他律意志 光明하고
他律意志(人間無明) 불밝히면 몸맘意志 고요하고
몸맘意志 고요할제 人間無明 사라지고
몸맘無明 사라지면 本맘光明 더욱밝네
本맘光明 밝아질제 自律意志 드러나고
自律意志 밝음따라 自律神經 光明얻고
自律神經 光明따라 生命秩序 밝아지네
밝은秩序 밝은生命 自律意志 屬性이고
自然리듬 生命리듬 生命倉庫 한맘일세
몸맘본맘 하나되어 生命創造 불밝히면
네맘내맘 하나되어 大明天地 불밝히니
아플수도 죽을수도 차마할일 너무많아
弘益人間 生命創造 一平生이 모자른다.
네맘내맘 한마음이 本맘몸맘 두루밝혀
네몸내몸 하나되어 極樂淨土 이룩하면
天命地命 神命人命 하나되어 永生하리
天氣地氣 凝縮처에 人間生命 再創造로
仁義禮智 信念밝혀 人間種性 改造하세

6. 陽基陽宅 同調干涉 吉凶禍福 因果原理

陽基穴場 安定傾斜 六十度를 背坐하고
陽基穴場 危險傾斜 三十度內 凶禍나고
陽基穴場 斷脈處에 子孫絶孫 人敗官敗
陽基穴場 無脈處엔 멍텅구리 子孫나고

陽基穴場 安定處엔 富貴長命 子孫나고
陽基穴場 陽宅設計 背山臨水 根本이고
陽基穴場 陽宅設計 背水臨山 逆性亡身
陽基穴場 水脈石脈 病든子孫 連出하고
陽基穴場 陷井處엔 百事不成 人敗난다.
陽基陽宅 陽陰空間 立體空間(가로空間) 平面空間(세로空間)(높이⊖)
立體空間 建物空間⊕ 平面空間 庭園空間⊖
立體空間 活動意志 平面空間 安定意志
立體空間 快適指數⊕ 平面空間 安樂指數⊖
立體平面 陽陰比率 5대4나(5:3) 4대5나(3:5)
活動處는 陽을크게 安定處는 陰이크게
陰陽合當 垈地建物 陰陽吉神 몰려온다.
立體空間 凹凸나면 刑沖破害 夭折나고
平面空間 모가나면 비뚠人格 길러낸다.
陰陽不均 기억字집 基頭中心 둘데없고
陰陽不均 디근字집 陷井訟事 끝이없네
幅이좁은 미음字집 안뜰좁아 人事陷井
幅이넓은 미음字집 안뜰넓어 因緣오네
빌딩숲속 얕은建物 빌딩風에 人敗財敗
넓은들판 외딴建物 평지풍파 못견디네
얕은곳에 얕은建物 閉塞氣運 發展없고
높은곳에 높은建物 八風殺에 무너진다.
正方圓뺄 富相建物 富貴榮華 불러오고
좁고모난 貧相建物 貧賤身世 못免한다.(四方干涉)
一層空虛 閉塞陰氣 疾病鬼神 불러온다
單獨집을 지을때는 玄朱靑白 四神삼고
두체以上 지을때는 建造物로 四神삼네
吉福鬼神 좋아하는 높은層高 집을짓고
貧賤鬼神 즐겨찾는 낮은層高 멀리하세

짧은집엔 짧은생각 길쭉한집 주책없고
모난방엔 모난子孫 비뚠방엔 비뚠子孫
좁은방에 막힌窮理 넓은방엔 넓은窮理
居室크면 福桶크고 안방크면 돈桶크네
너무크면 實速없고 너무작어 氣막히고
兩門두면 人敗損失 가운데門 氣갈르고
뒷門두면 씨앗들고 옆門두면 도둑드니
地氣天氣 드는곳에 健康鬼神 들게하고
風水吉神 오는곳에 돈鬼神을 들게하세

7. 吉凶 穴場 看別歌

明堂穴場 어드멘고 凶地亡場 어느멘고
光明大道 心眼열고 不變眞理 正法얻어
우리衆生 慈悲雨로 후대터전 살려내세

平地明堂 평안올제 山麓明堂 官祿올제
물이오면 제물오고 산이오면 벼슬온다.

뒷산수려 뒷등귀인 앞산다정 앞면귀인
좌측포옹 벼슬子孫 우측포옹 부자子孫

뒷산우뚝 官貴우뚝 앞산첩첩 창고첩첩
左山우뚝 特異貴孫 右山重重 富武重重

氣運强健 子孫强健 氣運上昇 運勢上昇
氣運多情 子孫多感 氣勢下降 運勢下降

밝은곳엔 밝은子孫 어둔곳엔 어둔子孫
맑은土壤 맑은性情 험한土壤 험한性情

穴場緊縮 여문子孫 느슨穴場 느슨子孫
大局子孫 大窮理요 小局子孫 小窮理라.

급히오면 급한子孫 느리오면 느린子孫
기울으면 기운子孫 넘어지면 넘는子孫
엎어지면 엎어지고 자빠지면 자빠지고
떨어지면 落馬子孫 끊어지면 短命子孫

평지들판 평지풍파 허허사막 허허막막
골짜기엔 골로가고 들에가면 들러릴세.

陷穽들면 영창들고 웅덩이에 교통사고
패인곳엔 패여나고 메꾼곳엔 메꿀처지

사태난곳 사람잡고 떠내린곳 떠날리고
자갈밭엔 자갈물고 돌서들엔 사람돌고

습한곳엔 습병이요 건한곳엔 건병이요
바람길엔 풍병이요 물길에선 물벼락이

바람불면 바람나고 물이차면 물병나고
막힌곳엔 기막히고 트인곳엔 기빠진다.

主山돌면 種性反背 앞산돌면 社會反背
靑龍돌면 男子背信 白虎돌면 女子背信

산꼭대긴 파산하고 강가에선 강도맞고
산등에선 바람들고 산촉에선 비명횡사

산이들면 물이들고 물이들면 人財들고
바람자면 人心좋고 물이졸면 평화온다.

바람아! 물아!

바람 살 곳에 바람아 살거라
물이 살 곳에 물아 살거라.
나무 살 곳에 나무야 살거라.
사람 살 곳에 사람아 살아라.

바람 따라 물 따라 산처럼 하늘처럼
사람아 衆生들아 그렇게 살다가라.

8. 善核果 運氣歌

(1) 亥子丑月 玄水因果 寒冷(寒氣)水運 찬물바람
　　水氣旺盛 눈녹은물 다시얼까 걱정되네!

(2) 寅卯辰月 靑木因果 들뜬(昇氣)木運 뜬물바람
　　물결따라 바람일고 山川草木 들썩이네!

(3) 巳午未月 朱火因果 더운(熱氣)火運 暑濕風水
　　들뜬운기 끌어모아 長生長聚 자라서네!

(4) 申酉戌月 白金因果 肅殺(燥氣)金運 燥熟風水
　　둥근열매 붉은運氣 黃土核果 씨알되네

(5) 子午卯酉 正核四果 春夏秋冬 뿌리내고
　　寅申巳亥 定格四果 春夏秋冬 가지뻗고
　　辰戌丑未 定庫四果 春夏秋冬 열매맺고
　　天地相助 五運六氣 地上生命 創造하네!

9. 善核果 四季

매서운 한겨울에 눈이불로 몸을감싸고
따스한 봄바람에 실눈으로 기지게펴며

한여름 소낙비엔 천둥소리 두려웁더니
가을별 산들바람엔 둥근열매 여물어가네!

설한풍 찬개울물에 맺은열매 얼어만가고
봄바람 산듯한물에 善씨앗 싹을틔우고
열바람 농익은물엔 티운싹 무성하더니
갈바람 실개울물엔 善核果가 무르익누나!

善核果 찬물바람에 제모습 숨죽이고
善열매 실물바람에 조는듯 눈을들고
맺은열맨 소낙바람에 고개세워 싸나웁더니
익은열맨 잔물바람에 붉은빛을 드세우누나.

10. 風水 吉凶 生滅歌

風水吉凶 生滅原理 自然攝理 順應道理
圓融無礙 至高至善 圓滿善美 光明正大
現象吉凶 風水吉凶 生命善吉 消滅凶惡
風水善吉 生命創造 風水凶惡 生命消滅
攝理現象 吉凶生滅 風水現象 吉凶生滅
風易現象 吉凶生滅 同調現象 吉凶生滅
理卽氣象 氣卽形相 形卽氣象 相卽作用
善美現象 善美氣象 善美刑象 善美氣質
圓滿形相 圓滿氣質 形相不及 氣質不及
最吉形相 最吉氣質 最善形相 最善氣質
攝理現象 吉凶生滅 生起生成 消滅壞空
地球吉凶 生滅現象 四分一生 四分三滅
人間吉凶 生滅現象 四分之一 善吉生死
風水吉凶 生滅現象 陰陽五氣 同調干涉

風水善吉　善美現象　天地人合　五神同調
眞龍眞砂　眞風眞水　眞穴眞氣　融縮同調
風水明堂　吉凶生滅　天地人氣　同調干涉
風水同調　最善最吉　天運地氣　陰陽同調
天合地合　天地配合　生旺官祿　三合二合
玄朱同調　靑白同調　宗祖朝案　祖孫同調
方位同調　風水同調　左旋右旋　外神同調
玄朱中心　相互應對　靑白中心　相互應對
陰陽同調　聚突圓滿　陰得同調　屈曲回還
陽破同調　分擘過束　陰破同調　關門破口
頭纏同調　入穴同調　兩翼同調　界明同調
鬼官同調　兩曜同調　圓暈穴場　穴核同調
祖宗來脈　善吉要諦　圓滿聚氣　善美强健
本身來脈　善吉要諦　圓滿厚德　中出均等
枝龍支脈　善吉要諦　均衡分擘　橈棹支脚
橈棹意志　善吉要諦　어깨出身　垂直短脈
支脚意志　善吉要諦　허리出身　水平緩脈
止脚意志　善吉要諦　다리出身　適所應對
入首來脈　善吉要諦　聚突束氣　配合厚德
入首頭腦　善吉要諦　聚氣圓滿　垂頭入穴
入穴入力　善吉要諦　厚富分直　界明脊短
左右蟬翼　善吉要諦　左右均衡　垂旋縮組
明堂聚會　善吉要諦　界會分明　明堂平坦
纏脣官砂　善吉要諦　垂直凝縮　厚德平還
破口關門　善吉要諦　左右外水　適宜得破
環抱外水　善吉要諦　卯酉堂前　外神得破
朝來融水　善吉要諦　纏脣堂前　融聚貯水
玄水垂頭　善吉要諦　特立秀麗　莊嚴廣大
朝案抱擁　善吉要諦　特朝端整　環抱明了

靑白安定 善吉要諦 白先(到)靑後(着) 均等關鎖
水口砂類 善吉要諦 端雅堂面 吉類吉相
玄朱對面 善吉要諦 近親抱擁 主客分明
四神局勢 善吉要諦 重重凝縮 環抱緊密
圓暈穴核 善吉要諦 圓滿厚德 陰陽明了
風水明堂 善吉要諦 陰陽配合 均衡安定
風水吉凶 生滅要諦 30度의 妙數로다.

11. 風水歌

이산저산 많은산중 眞龍眞的 어디멘가
이뿐넝쿨 이뿐열매 미운넝쿨 미운열매
이뿐넝쿨 볼데없고 미운넝쿨 至賤일세
이뿐밭에 이뿐넝쿨 이뿐줄기 이뿐가지
이뿐데는 이내없고 누굴주려 보이잖네
이뿐열매 이뿐이야 이뿐낳케 이뿐열매
내정성도 보였거든 나에게도 안겨주렴
십년적선 음덕쌓아 인연되려 하였건만
십년공덕 빌고빌어 주인되려 하였건만
전생공덕 부족하여 임자인연 어려우네
이생공덕 부족하여 주인되기 어렵구나
하늘뜻이 야속한가 땅마음이 돌아섯나
하늘마음 땅마음이 왜그리도 냉정한가?
산마음은 어떠한고 산신령께 물어보니
산신령님 돌아앉아 고개한번 돌리잖네
산신령님! 산신령님! 천지신명 산신령님!
십년공덕 쌓고쌓아 천지신령 뵈려해도
천신령님 땅신령님 저만치서 멀리있네

일평생을 정성빌어 천신지신 매달려도
산신령님 무정해라 눈길한번 주지않네
산신령님 그모습이 야속하고 원망되어
내게남은 부족함이 무엇인고 물어볼까?
속시원히 알려달라 애원복걸 하여볼까?
신령님께 빌고빌어 산왕대신 마음풀려
비가오나 눈이오나 한결같은 정성바쳐
이내소원 들어달라 자나깨나 기도했네
천지신명 도와달라 지극정성 빌었었네
지성이면 감천인가 이내마음 들으신가
어느새벽 기도중에 신령님이 나타나사
너의정성 갸륵타고 빙긋한번 웃고나서
인간들아 들으라고 다정스레 하신말씀
귀에쟁쟁 눈에삼삼 잊을수가 없으메라
이승세상 인간들아 육도윤회 중생들아
하고많은 목숨중에 네목숨만 소중한가
인간세상 귀한목숨 네뿐인줄 알았느냐?
네몸덩이 소중커든 남의몸도 소중커니
내목숨만 소중타고 다른목숨 가벼울까
네목숨만 생각말고 남목숨도 아끼거라
산도물도 온갖중생 그목숨은 하나인데
애지중지 아낀애착 어서빨리 내려놓고
천지간에 나만귀한 몸마음을 벗어던져
밝고맑은 본마음을 지금빨리 닦고닦아
대광명을 얻은후에 대진리를 찾은후에
착한마음 고운마음 본래마음 찾고찾아
如如寂寂 변함없는 자비은혜 깨닫거든
그런후에 山마음이 어떠하뇨 물으라네
천지마음 신명마음 어떠한가 살피라네

비몽사몽 깨어나서 곰곰새겨 생각하니
무릇중생 본래마음 하늘마음 땅맘이고
천지신명 밝은지혜 인간중생 본맘일세
네몸내몸 한몸이고 네맘내맘 한맘이니
내몸마음 벗어놓고 본래마음 찾으라네
六波羅蜜 菩薩行과 大寂光明 靈魂밝혀
네몸내몸 네맘내맘 한덩어리 도를닦아
救世濟民 下化衆生 八正行을 닦으라네
거룩하신 산왕대신 자비은혜 공덕빌어
하늘마음 땅마음과 내마음이 하나되게
하늘마음 땅맘되고 땅마음이 내맘되고
내마음이 중생마음 중생맘이 山맘되면
중생마음 하늘마음 광명청정 거룩타네
이세상에 쌓고쌓인 무명업장 벗어내고
백팔번뇌 삼독심을 일순간에 다버리면
청정광명 거룩한맘 하늘마음 같을세라
인류광명 중생제도 선업장을 소원빌고
善生因緣 人間創造 智慧普施 眞理찾아
일평생을 목숨다해 至高至善 行業으로
몸맘본맘 하나되어 진실되게 기도하세
진인사요 대천명이 이내生命 도릴러니
이생인연 다하도록 하늘땅께 공덕빌고
이세상을 불밝히려 오매불망 기원하면
어느순간 대광명에 진리당체 눈앞일세
진리본체 有常無常 일체진리 밝아지면
내가사는 무한가치 일찰라에 깨우치고
나다너다 분별없이 善因善果 빛을찾아
인간창조 대업으로 一身安危 뛰어넘세
육바라밀 八正道로 영원삶을 이어가며

선한사람 선과얻고 악한사람 죄못짓게
진리방편 풍수道로 世世生生 안녕하세.

12. 물내음 산 바람소리

陽風은 盤松끝에 불고
陰風은 水口에 찬데
낮바람 따스한 내음 明堂界水 적셔주고
밝은圓暈 核孫果는 溫氣더욱 깊어지는데
밤바람 싸늘한 어둠은 善核場을 시세우누나.

陽風은 圓暈에 들고
陰風은 破口에 졸고
고요한 맑은기운 고운씨앗 기르는데
穴明堂 凝縮風水 絕對生命 일구노니
最吉象 藏聚氣運을 예서다시 論할손가?

陽風은 陽水속에 들고
陰風은 陰水속에 찬데
水口따라 드는바람 제소임을 다할적에
陰陽風 陰陽水는 雲雨의 情이드니
穴場風水 生滅氣運을 어느누가 가름하랴!

13. 明堂앞에 소나무야!

소나무야! 소나무야! 明堂앞에 지킴이야!
어느자손 지키려고, 그 자태를 지녔는가?
뿌리내려 땅지키고 가지뻗어 바람안고
물바람을 끌어안아 明堂明穴 숨을넣고

오매불망 기다리며 어느주인 찾고있나?

소나무야! 소나무야! 산줄기에 산가지야!
山뿌리로 물을감듯 뿌리뻗어 물을감고
山가지로 바람안듯 가지뻗어 바람안고
山穴場에 核을품듯 잎새마다 열매품듯
산모양을 닮은체로 千萬明穴 지키는가?

소나무야! 소나무야! 너의맘이 무엇인고
하늘본성 닮으려고 둥근모습 변치않고
땅의모습 닮으려고 뿌리내려 안정찾고
생명모습 닮으려고 가지잎새 둥근모양
그모습을 지키려고 솔방울을 맺었는가?

소나무야! 소나무야! 어이그리 닮았느냐?
둥근것은 하늘닮고 뿌리모양 땅을닮고
줄기가지 사람닮고 씨알열매 생명닮고
둥글둥글 사는모양 千萬年을 변함없이
생긴모양 하는짓이 天地人을 닮았구나!

14. 一如歌

길을 묻는 나그네여! 가는길이 어디인가!
어제온길 어데였고? 오늘갈길 어디인가?
오는길은 어떠했고? 가는길은 어떠한가?
험한길 고은길은 어찌어찌 생겨있고
가시밭길 꽃밭길은 어쩌어찌 다르던가?
좋은길 나쁜길도 걸어보니 어떠하고
고운길 험한길도 지나오니 어떻던가?
오늘도 헤메도는 황혼길의 나그네야!

험한길도 자갈길도 언젠가는 가야는길
남은생명 감사하며 꽃밭인양 걸어가게.
명당터를 찾아가는 하고많은 사람들아!
명당터가 어데냐고 헤메도는 사람들아!
좋은터를 가려거든 좋은길을 걸어가게.
명당터를 가려거든 명당길을 걸어가게.
좋은길 명당길이 그대맘에 담겨있고
좋은터 명당터가 그대맘에 그려있네.
그대맘이 맑아지면 명당길이 열려있고
그대맘이 밝아오면 명당터가 드러나네.

風水道가 무어냐고 길을묻는 나그네야.
이산신령 저산신령 그대함께 하였는가?
한많은 사연담고 이산저산 헤메면서
갈피갈피 하염없이 온산천을 살펴봐도
오롯이 그대곁에 山숨소리 들리던가?
엎어지고 자빠지고 넘어지고 뒹굴어도
측은히 산신령님 손길한번 주시던가?
無心함은 신령님의 마음이요
無情함은 山川의 道일지니
無心하다 서러워 말고
無情타고 아쉬워 말라.
등잔아래 밝은곳이 없고
내눈속은 내가보지 못하노니
차라리 함께같이 하염없이 無情하거라.
차라리 속절없이 太山처럼 無心하거라.
발아래 거룩한땅 잊고걷는 나그네여!
하늘아래 내생명을 잊고사는 저나그네!
소중한 생명공기 함께있어 몰랐듯이

내몸속에 등불있고 내맘속에 광명있어

無心淸靜 惺惺寂寂 光明智慧 불밝히면

신령님의 밝은道理 一瞬間에 펼쳐오네!

無心하여라 無念속에서

無識하여라 無常속에서

無作定 헤메지말고 끊임없이 無情하여라.

그리하여 有情도 無情도 없는 空空한 그곳에서

고요히 삼매에 든체로 하나가되라.

이것인가 저것인가도 따지지 말고

여기인가 거기인가도 의심치 말라.

보이는 것이 있어도 보고픈 눈마음을 달래고

들리는 것이 있어도 듣고픈 귀마음을 없애며

향기가 코에 닿으면 끌려가는 코마음을 잡아당기고

먹고픈 것이 생각나면 그마음역시도 없애거라.

몸속에서 고픈것이 있으면 몸마음을 차단하고

몸마음이 放逸해지거든 그 마음을 警責하라.

어두운 무명의 몸마음이 사라지고

맑은광명의 본마음이 빛을발할 때까지

끊어짐없이 치우침없이 惺惺寂寂 그마음을 붉밝히거라.

淸淨光明의 本마음이 大攝理의 實體를 밝혀주고

大智慧의 등불이 無明의 迷妄을 걷우어 낼때까지

本마음 그 靈魂을 그침없이 불밝히거라.

그 자리 그곳에서 하나가 되어

靈魂과 本마음이 몸맘을 붉밝히는 날

그대 이제 光明의 究境속에서

靈魂의 거룩한 一切智를 얻게되리라.

大智慧의 등불이 迷妄의 골짜기를 다비추고

大涅槃의 光明이 無明의 어둠을 거두어내면

이제 그대곁엔 오로지 밝음과 고요만이 남게되리라.

어둠은 스스로를 물러내지 않는 법
밝음은 스스로 光明을 불러온다네
몸마음은 언제나 몸뚱이를 따라가는 것
몸뚱이는 언제나 고픔을 갈구하는 것
고픈맘을 끝내까지 달래줄수 있는 것은
오로지 죽음의 死靈밖엔 없다.
精靈은 언제나 本맘을 고요케하고
본맘은 언제고 몸맘을 불밝혀간다.
몸맘이 고픔에 들면 無明이 가두어두고
몸맘이 智慧에 들면 光明이 결박을 풀 듯
本맘이 本性의 光明을 따라
더욱더 如如히 하나가 되리.
智慧는 本맘의 빛살이라네
眞理의 本性은 언제나 밝은것이라네
本性은 智慧의 本元이라네
本元은 맑고밝은 光明이라네
山마음이 무엇인가 길을 묻는 나그네야!
하늘마음 땅마음이 그대맘과 다르던가?
하늘맘은 항상한테 땅마음이 무상터니
무상한 생명질서 그대맘을 홀렸는가?
하늘맘은 本맘이라 고요하고 거룩한데
땅마음은 몸맘이라 인연따라 生滅하니
하늘마음 땅마음이 하나인가 둘이런가?
하늘아래 땅이되고 땅속에서 사람나니
하늘맘은 어미마음 땅마음은 자식마음.
하늘땅이 한데얽혀 본맘몸맘 함께가니
어미맘은 항상한데 자식맘은 無常쿠나.
어미맘은 無緣無心 자식맘은 有緣有情
無緣本性 어미맘은 自律平等 如如하고

有緣體性 자식맘은 因緣果에 얽혀있네
無常體性 나그네야! 어미맘을 아시는가?
恒常心은 生命속에 無常心은 죽음속에
살고죽는 도리따라 有常無常 함께가니
生命現象 어미마음 廻向現象 자식마음
어미자식 한핏줄에 한마음이 되는구나
어미자식 한마음이 사람마음 되어있고
하늘마음 땅마음이 산마음이 되었고나
어미마음 하늘마음 자식마음 땅에마음
어미자식 한맘일제 하늘마음 땅맘되고
땅마음이 내맘될 때 하늘맘이 내맘되네
땅마음은 산에마음 산마음은 하늘마음
하늘에도 山川에도 내마음은 함께하고
땅속에도 물속에도 바람에도 나무에도
내마음은 本來마음 산마음도 本來마음
하늘맘은 本來마음 風水마음 本來마음
바람마음 물마음아 너도나를 따랐느냐?
땅을가다 산을가다 하늘마음 따랐느냐?
땅을갈땐 자식마음 산을갈땐 어미마음
물을갈땐 내맘터니 바람갈땐 뉘맘인가?
땅에가면 땅에마음 물에가면 물에마음
산에가면 산에마음 바람결엔 바람마음
그마음이 내맘인가 내마음이 그맘인가
내맘속에 하늘마음 하늘맘이 그맘인가
하늘속에 땅마음이 산맘속에 땅마음이
물결속에 하늘맘이 바람속에 땅마음이
하늘땅속 물바람속 돌나무속 내마음속
하늘바람 땅돌나무 그마음이 내맘일세
하늘아래 땅위에서 永生道理 무엇인가?

恒常無常 어미자식 永生不滅 어드멘가?
萬物衆生 生命들의 永生不滅 眞諦眞靈
본맘몸맘 하나되고 어미자식 한맘되는
眞命眞理 再創造道 어디에서 찾을손가?
天地萬物 生命道理 어드메서 밝힐손가?
生命現象 至高至善 消滅現象 至高至惡
生靈精氣 生命낳고 惡靈惡氣 죽음낳고
生靈生氣 生命現象 惡靈惡氣 消滅現象
生命現象 새生靈을 消滅現象 새惡靈을
生靈惡靈 生氣惡氣 天地萬物 실려있네
天地萬物 生靈실은 生氣生命 틀다른가?
天地萬物 惡靈실은 死氣惡命 틀다른가?
宇宙天地 萬生萬死 生死靈魂 놀음인데
生靈生氣 惡靈死氣 그모습이 어떠하뇨?
生靈틀은 生命싣고 惡靈틀은 죽음싣고
生命날젠 生氣뭉고 죽음일젠 死氣모아
生命틀엔 삶이일고 消滅틀엔 죽음이네.
삶이일면 永生眞理 죽음일면 斷滅眞理
生氣永生 本來모습 死氣消滅 現象모습
生命마음 本來(恒常)마음 죽음마음 現象(無常)마음
生氣生命 生靈틀은 永生道理 眞理롭고
惡氣死命 惡靈틀은 斷滅道理 無常한데
生氣뭉고 生命낳고 生靈들어 밝아지는
永生道理 再創造틀 어딜가서 찾을손가?
죽다가도 다시살고 살다가도 더욱살고
永永生生 맑은光明 거룩하고 위대하게
변함없이 아름답고 은혜롭고 자비로운
그런모습 참된삶을 어디에서 찾을손가?
하늘기운 땅기운이 한데얽힌 그곳에서

生氣生命 生靈들이 찰라찰라 生起다가
찰라生命 永生하는 그道理가 어디있나?
生起生靈 永生하는 그原理가 어데있나?
生起하면 生成하고 生成하면 生住하고
生住하면 病이들고 病이들면 늙어가고
늙어가면 죽어가고 죽어가면 다시나고
生老病死 無常現象 나고죽는 生滅秩序
이現象을 뛰어넘어 이秩序를 벗어나서
죽는것이 삶이되고 사는것이 은혜로운
永永生生 사는道理 그道理가 무엇인가?
生起生命 再創造가 生氣生靈 이어가고
眞如當體 그 자리에 永遠生命 함께하는
그眞實 그當體가 그마당이 어드멘가?
天運내려 地氣되고 地氣모여 生氣되고
生氣모여 生命되고 生命쌓여 生靈되니
生氣生命 生靈담은 그實體를 찾아보세!
宇宙萬相 天地間에 그當體를 찾아보세!
生氣實體 生命實體 生靈實體 살펴살펴
하나하나 또살펴서 永生眞理 찾아보세!
우주만물 서로서로 도와주고 안아주고
주는기운 받는기운 서로도와 生氣되니
生氣뭉쳐 쌓여지면 生氣聚氣 일어나고
生氣聚氣 일어나면 生起生命 되여지고
生起生命 合成하면 生靈意志 드러나고
生靈意志 맑고밝아 殊勝生靈 되어지고
殊勝生靈 쌓고쌓여 永生不滅 하여지네.
生起生命 生靈實體 낱낱이 헤아려서
天地氣運 살펴보니 地球核場 그대롤세
핵력강력 중력약력 인력척력 전자기력

수력화력 풍력열력 天氣동조 지자기장
열두기운 뭉쳐모여 生命창조 틀이되니
뭉처모인 그곳에서 永生道理 찾아보세
宇宙界의 消滅進行 가을빛이 완연할제
추수시절 本性種子 精靈生命 낳을려고
수금지화 목토천해 消滅進行 生氣本靈
그生靈을 낳을적에 地球되어 태어났네
消滅進行 地球生靈 돌고돌며 오고가고
나서살고 살다죽고 죽어살고 살고죽고
사분지삼 소멸진행 사분지일 생명창조
사분지삼 소멸질서 천방지축 갈팡질팡
이리왔다 저리갔다 이리갈까 저리갈까?
녹비에쓴 가로왈자 이현령에 비현령에
하는것도 마는것도 되는것도 아닌것도
이모양도 저모양도 오락가락 하염없네.
사분지일 생명창조 거룩하고 위대하다.
천신만고 살아나서 죽음속에 생명열고
죽어가는 남은生命 再創造로 廻向하고
살아있는 밝은生命 불밝히며 북돋우니
죽음속에 生靈얻고 生靈쫓아 創造光明.
나는고통 사는고통 병이들어 늙어가도
다시나는 永生道理 生命本靈 드러난다.
맑고청정 밝은光明 거룩하고 위대한데
거짓없는 眞實相은 아름답고 착하도다
언제라도 변함없이 은혜롭고 자비로운
새생명을 창조하는 本來眞如 여기로세
산마음은 하늘마음 땅마음도 하늘마음
땅마음 모인곳에 生氣生靈 모여있고
하늘마음 내린곳에 사람生命 창조되니

땅마음이 모여들고 하늘맘이 비춰들고
비추이고 뭉쳐모여 천신지신 화답하는
無上安樂 究境道場 極樂明堂 찾아가세
生氣生靈 生命創造 永永生生 이어가는
天地人의 合一道場 明堂穴處 찾아가세.

15. 草家三間 집을짓자(人間 空間 時間 因緣의 合一成就)

(1) 형아야 누나야 우리함께 집을짓자
　　金剛綉 병풍아래 밝은明堂 터를닦아
　　오순도순 얘기하며 마실갈길 먼저내고
　　오른쪽엔 누나방을 왼쪽에는 형아방을
　　오색꽃 나무심어 누님창가 향내품고
　　다박솔 달게심어 형아창가 울을치고
　　뒷담장 바위틈엔 가는오죽 총총심고
　　마당가 앞뜰녘엔 장미꽃 붉게하고
　　시냇물 끌어들여 마당끝에 물을담아
　　형아한데 등목하고 누나발은 내가씻고
　　처마밑엔 제비들고 처마끝엔 풍경소리
　　앞산뒷산 神靈任은 우리엄마 지켜주고
　　靑山白山 神靈任은 우리형제 지켜주는
　　언제라도 엄마품속 草家三間 집을지어
　　천만년 옹기종기 함께모여 살아가세!
　　웃음소리 노래소리 끄침없이 살아가세!

(2) 형아야 누나야 明山에다 집을짓자
　　시냇물 감아돌고 鳳凰깃 병풍치고
　　산들바람 안고돌아 진달래꽃 이내피고
　　솔내음 숨에젖어 실눈절로 감기우면

아침까치 반갑다고 기쁜소식 전해주고
흰강아지 뛰어놀다 사람반겨 꼬리치는
그런곳에 집을짓자 草家三間 집을짓자
엄마품속 그리면서 그곳에다 집을짓자.

(3) 형아야 누나야 明堂위에 집을짓자
   아침이면 물새소리 잠깨우려 조잘대고
   저녁이면 소쩍새가 고향얘기 들려주고
   철따라 피는꽃풀 五色으로 단장하면
   봄날엔 매화꽃향내 가을엔 들국화향기
   그향기에 꿈이젖는 草家三間 집을짓자
   떡갈색 싸립문에 情이서린 돌담치고
   부모형제 화답하는 千千歲의 집을짓자.

(4) 형아야 누나야 風水明堂 집을짓자
   뒷동산엔 검은솔밭 앞동산엔 붉은꽃밭
   왼쪽산엔 잔솔밭이 오른쪽엔 몽실바위
   눈이오면 눈녹이고 비가오면 물이잦는
   양지바른 언덕위에 소쿠리속 안긴곳에
   앞뜰바위 뒤뜰바위 속삭이며 정든곳에
   감사하며 효도하며 아기자기 꿈을꾸며
   형아누나 오래살게 명당에다 집을짓자
   천년만년 흥에겨워 웃음소리 넘쳐나는
   명당위에 집을짓자 草家三間 집을짓자.

(5) 형아야 누나야 明堂찾아 집을짓자
   하늘땅 사람종자 生命合一 하였으나
   번뇌에 찌든목숨 三毒에 멍이들고
   三世에 지은罪業 命 이다해 못다갚아
   業障消滅 참회코저 草家三間 집짓는다.
   人間因緣 功德빌어 類類相從 善業쌓고

空間因緣 功德빌어 善生命을 創造하고
時間因緣 功德빌어 時節리듬 올라타서
天地祖上 共助蔭德 大明堂에 福을짓자
엄마아빠 오랫토록 草家三間 福을짓자.

16. 求道歌

밤은깊어 삼경인데, 깨우침은 바이없고
客靈神 창두드리는 소리에 홀연듯 밖을 보니
天地人 三合道理 오는듯이 멀리서있네!

칠십평생을 아는 듯 모르는 듯
어두운 밤길에서 한생명을 불태워도
가야는 세월은 안타까워서
자는 듯이 꿈꾸는 듯 졸고있구나!

곱은마음 버리자고, 일평생을 길을닦고
맑은마음 불밝히려, 한량없이 헤메여도
곱은 邪靈은 물귀신처럼
여무는 서녁精靈을 흔들어 대는구나!

놓으려 가야하네! 살피려 가야하네!
깨우치려 가야하네! 일어나서 가야하네!
쉬임없이 변함없이 恩量없이 分別없이
無心히 그렇게 가야던 길로
본맘찾아 한없이 가야만하네!

가야만하네 가야만하네
놓으면서 참회하며 깨우치면서
살펴놓은 깨달음을 일으키면서
감사의 눈물이 바닷물 되고

은혜의 사무침이 하늘끝 닿아
진실의 善核果가 익을때 까지
시절없이 끝이없이 가야만하네
몸마음의 三毒心을 다 내려놓고
가던길로 그렇게 가야만하네!

보곯아서 보곯아서 또 보곯아져서
보곯은 괴로움에 지칠때에는
보이는 그 마음을 멀리하자네
보곯은 몸마음을 달래보라네
달래여도 달래봐도 아니될 때는
허공에 고개들고 하늘을 보라하네
창공에 구름위에 내눈 맡기고
긴한숨 내여품고 백팔번뇌 헤아리다
속타는 괴로움일면 고개숙이고
무심히 땅밑을 보라고 하네
허공중 땅속에서 보이는 얘기
그마음 그얘기를 살펴보면서
참마음 참영혼을 밝히라하네!
참모습 참마음을 찾으라하네!

듣곯아서 듣곯아서, 또 듣곯아져서
듣곯은 괴로움에 지칠때에는
들리는 그마음을 멀리하자네
듣곯은 몸마음을 달래보라네
달래여도 달래봐도 아니될때는
파도소리, 새소리에 귀기울이라하네
파도위에 잎새위에 내귀맡기고
긴한숨 들이쉬고 백팔번뇌 참회하다
목타는 괴로움일면 고개돌리고

무심히 바람소리 들으라하네
바닷가 모래알끼리 속삭이는 얘기
그얘기 그내음을 들어가면서
참마음 참소리를 들으라하네!
참영혼 참얘기를 들으라하네!

하곺아서 하곺아서 또 하곺아져서
하곺은 괴로움에 지칠때에는
하곺은 그마음을 살펴보자네
하곺은 몸마음을 달래보라네
달래여도 달래봐도 아니될때는
하늘마음 땅마음에 물으라하네
하늘위에 땅속깊이 내맘맡기고
긴호흡 즐기면서 백팔번뇌 궁구하다
애타는 괴로움일면 그마음높고
다시솟는 三毒心을 끊으라하네
天上에서 들려오는 靈賢들노래
그노래 그마음을 살펴가면서
본마음 본래대로 살으라하네!
본마음 본시대로 나투라하네!

보곺아서 듣곺아서 하곺아져서
곺은마음 괴로움에 지칠때에는
곺아오는 그마음을 살펴보자네
곺아지는 몸마음을 달래보자네
달래여도 달래봐도 아니될때는
눈을감고 고요히 숨만쉬라네
하늘아래 땅위에서 내몸맘놓고
무심히 생명숲을 거닐고놀다
불현듯 鳳凰새가 날아오르면

그새에 올라타고 하늘을 날세
하늘에서 땅위에서 물위에서 산위에서
無邊廣大 온천지에 시공을 가르면서
본맘대로 본성대로 본래대로 본시대로
그렇게 즐기면서 영원히 살라하네.

17. 蘻山*의 햇살

(1) 깨여라! 깨여나라! 깨여나거라!
　　맑은햇살 찬란한 大光明속에
　　이제는 잠을깨고 눈을 뜨거라.
　　이제는 일어나 기지개 펴라.
　　산천에 햇살이 녹고 여울에 물안개 일고
　　너른들 한가득 벼익는 소리타고
　　따스한 실바람이 꽃향기 실어 나르면,
　　집나간 형아가 동구나무 그늘에서 봇짐을 풀고
　　시집살이 작은누나도 등너머 마실을 온다는데,
　　이제그만 깨여나 눈을 뜨거라.
　　이제그만 일어나 창공을 날자.
　　靑山아! 綠水야! 실바람아! 흰구름아!
　　하늘에서 속삭이는 참영혼소리
　　저소리에 잠을깨고 일어나거라.

(2) 靑山아! 白山아! 붉은나래! 검은山아!
　　너는 어이 옹기종기 눈을감고 졸고있나?
　　蘻山 神靈任이 너를보러 왔건만은
　　아는듯 모르는 듯 기약없이 조는구나!

---

* 蘻 : 잠깰 몽

玄水山 검은氣脈 朱火山 붉은丹粧
靑木山 내달리면 白金山 멈춰서고
玄山朱山 눈맞출때 靑山白山 손맞잡고
黃土子孫 낳아볼까 이리뒹굴 저리뒤척
내달릴까? 멈춰설까? 앉아볼까? 누워볼까?
이리저리 달리면서 기쁜고통 참고참는
그마음이 무어냐고 다시묻고 또묻는다.

(3) 靑山아! 白山아! 검은머리! 붉은山아!
　　너는 어이 눈감은채 깊은잠에 취해있나?
　　　蔓山 神靈任이 잠깨우려 왔건만은
　　　귀찮은듯 반가운듯 깊은꿈을 꾸는구나.
　　　검은山 威嚴날제 붉은山 恭遜짓고
　　　푸른山 손내밀제 흰손목 안겨주고
　　　검붉은 秀麗氣相 희고푸른 품에담고
　　　黃土神童 만들려고 이리솟고 저리뛰며
　　　달려볼까 쉬여볼까 뛰여볼까 날아볼까
　　　이窮理 저想念에 冬至섣달 다보내는
　　　그마음 그性相이 어떠한가 또 묻는다.

(4) 玄蔓山아! 朱蔓山아! 靑蔓山아! 白蔓山아!
　　너는 어이 눈을뜨고 길을걷지 못하는가?
　　　黃蔓山 神靈任이 너와함께 손을잡고
　　　弘益人間 救世濟民 人間創造 하려왔네.
　　　玄蔓山 秀麗氣運 朱蔓山 華麗氣相
　　　靑蔓山 聳進할제 白蔓山 둘러감고
　　　玄蔓 朱蔓 靑蔓 白蔓 蔓山風水 안고담아
　　　黃土聖君 낳고길러 千孫萬孫 福을짓고
　　　貴한子孫 謙遜하게 賤한子孫 貴히되게
　　　富吉子孫 積善하고 强健子孫 아껴쓰고

남의고통 내가안고, 내기쁨은 남을주는
大光明의 智慧靈魂 黃蔓山의 햇살드네

(5) 黃蔓山아! 黃蔓山아! 天地融縮 黃蔓山아!
너는 어이 누굴닮아 圓滿融結核되였나?
黃蔓山 主神靈任 生命創造 命을받고
둥근맘 둥근모습 참소리를 거울삼아
높은듯 낮은듯이 넓은듯 좁은듯이
모인듯 흩어진듯 열린듯 잠겨있는
穴核圓暈 創造秩序 大攝理의 靈魂인양
黃土神 蔓山神靈 天人地合 道를닦고
玄蔓 朱蔓 靑蔓 白蔓 五方神靈 얼을담아
人間衆生 永生不滅 本마음을 깨쳤구나.
거룩하고 위대하다. 大光明의 智慧햇살!
장엄하고 경이롭다. 黃蔓山의 맑은햇살!

18. 子孫들아 – 깨여나라

(1) 子孫들아 깨여나라. 일어나거라!
無明속에, 술에취해, 三毒에 빠져
오고가며 허송하는 어린羊들아
깨여라 깨여나라 일어나거라!
弘益人間 人間創造 大使命두고
아직도 잠에취해 꿈만꾸는가?
남은세월 하많다고 自慢에빠져
오늘도 노을지는 夕陽아래서
저무는 황혼빛에 취해있느냐?

(2) 무엇이 잘못인가 알아야한다
무엇이 잘되었나 알아야한다.

잘못된일 찾고찾아 참회를하고
잘된일은 하나하나 되새겨보라
몸마음이 저질러온 하많은잘못
또다시는 않겠다고 맹세를하라
잘못함이 더많은지 잘한것이 더많은지
잘했다고 했던것이 잘못됨이 없었는지
하나하나 찾고찾아 또살피면서
잘못함이 더많음을 깨우치거라
잘못됨이 더나쁜줄 알아차려라!

(3) 몸마음은 언제라도 몸가는걸 따르는법
　　 몸마음이 가는곳은 곯은맘을 채우는것
　　 곯은몸에 이끌리는 곯은마음 衆生마음
　　 이맘저맘 끌려가면 일생동안 헛수고라!
　　 곯은마음 가는끝은 편하곯고 쉬곯은끝
　　 편코쉬고 하곯은끝 죽음밖에 없음일세.
　　 곯은맘을 끊어내세 몸마음을 다스리세
　　 살펴보고 깨우치고 참회하고 깨여나고
　　 맑고밝은 淸淨光明 本마음을 회복하면,
　　 光明智慧 自律靈魂 本맘밝아 우뚝하니
　　 보이는건 光明大道 들리는건 眞理소리
　　 하곯은건 거룩한일 은혜롭고 감사한일
　　 언제라도 변함없이 착한걸음 이쁜걸음
　　 낱낱이도 慈愛로운 보살마음 하늘마음
　　 그마음을 찾아가며 쉬임없이 분발하세
　　 그道理를 찾아가며 끝이없이 前進하세!

(4) 하늘에다 運을빌고 땅에다가 氣를빌고
　　 아버님전 씨를받고 어머님전 살을받아
　　 삼신할매 허락받고 이세상에 태여나니

四分之三 어둔중생 四分之一 生氣人生
천방지축 갈팡질팡 이리왔다 저리갔다
일평생을 갈등하며 無明三毒 빠져사는
가없은 子孫들아! 어둠속에 後孫들아!
깨여나라! 일어나라! 일어나서 내달려라!

(5) 하늘땅에 運氣빌린 네運命을 알겠거든
부모조상 몸을빌린 種子相續 알았거든
救世濟民 下化衆生 生命道理 行을닦고
人間創造 天地人道 善業障을 쌓고쌓아
바로살고 바로죽는 永生大道 열어가며
人間運命 뛰어넘는 再創造道 열어가세
過現未 三世之間 天人地氣 生靈받고
最善美 人間삶이 무언가를 깊이새겨
마땅히 해야할일 당연하게 내가하고
남의맘 내맘같이 남의몸이 내몸인양
大衆生 共生共樂 相生道理 익혀알아
찾아가자 찾아가자 求援道理 찾아가자!
運命을 뛰어넘고 菩薩道를 갈고닦아
어서가자 뛰여가자 光明大道 달려가자!

(6) 人間으로 태어나서 하곺은일 많다만은
그중에도 해야할일 생명창조 뿐이로다.
생명이란 무엇인가? 인간이란 무엇인가?
어찌왔다 어찌가고 언제왔다 언제가고
어델왔다 어딜가고 무얼하고 가야는가?
지구이땅 태어나서 돌아가는 그과정을
어즈버! 子孫들아! 곰곰새겨 살펴보세
이세상 生겨날제 生命地球 태어날제
消滅하는 過程中에 消滅進行 歷史속에

生起生命 봄과여름 生成타가 다보내고
겨우남은 生住壞滅 가을겨울 시절오니
남은 것은 消滅덩이 四分之三 죽어가고
그중에서 겨우생긴 四分之一 生氣生命
죽어가며 살려가고 살아가며 죽어가는
宇宙生命 攝理따라 地球生命 秩序낫네!
宇宙命運 秩序속에 우리地球 命運속에
四分之三 消滅存在 四分之一 生起存在
地球命運 特性속에 우리人間 태어나서
四分之三 무지렁이 四分之一 눈을뜨니
人間生命 태어남이 그얼마나 고통인가?
날적부터 받은운명 이고통을 여의자고
지혜광명 再創造길 風水道를 열었으니
어서가세 달려가세 風水道를 밝혀가세

(7) 사랑하는 子孫들아! 이런길을 알고있나?
奪神功 改天命學 그런道理 알고있나?
하늘알고 땅을알고 사람알고 생명알고
나고죽는 道理알고 살고죽는 道理알고
善美生命 創造하고 善美世上 만들어서
神의攝理 뛰어넘고 받은命運 타고넘는
人間生命 再創造道 風水道를 아시는가?
하늘기운 물려받아 땅의기운 생겨나고
땅의기운 물려받아 하늘아래 사람나니
天人地合 同調生命 最善最吉 功事하여
하늘돕고 땅을돕고 사람돕고 生命돕는
天地人間 生靈創造 그道理가 風水일세!
天人地合 三元同調 風水道가 무엇인가?
하늘秩序 바로알고 땅의秩序 바로알고

사람秩序 바로알고 風水秩序 바로알아
天地生靈 사람生靈 萬物之間 무릇生靈
圓融無礙 生靈받고 圓滿福德 人格되면
弘益人間 救世濟民 天地大道 열어가고
맑은靈魂 밝은智慧 積善積德 大慈悲로
바로살고 바로죽는 永生大道 열어가리!

(8) 風水大道 再創造道 永生道理 무엇인가?
씨알(種子因子)속에 靈魂生靈(靈魂因子)
터전(空間因子)위에 시절인연(時間因子)
水火木金 生命秩序 相互同調 合成原理
사람날때 因緣되고 生靈들때 因緣되고
땅위살때 因緣되고 땅속들때 因緣되고
터잡을때 因緣되고 집지을때 因緣되고
잠을잘때 因緣되고 일을할때 因緣되는
그原理를 窮究하고 그道理를 깨우치세!
因緣關係 作用原理 自律意志(合成秩序) 바로알아
바른靈魂 바른生命 바른思念 바른깨침
바른智慧 바른行業 바른精進 바른秩序
바른因緣 바른原理 바로낳고 바로죽는
風水大道 大慈悲行 正法功德 쌓고살리!

(9) 子孫들아! 後孫들아! 사랑하는 因緣들아!
어렵다고 포기말며 쉽다고도 자만말라
人生一大 最善事요 人間衆生 求援事요
天人地合 統一事요 人間大道 成就事라.
응당할일 내가하고 응당갈길 내가가는
出生以前 使命事요 죽어死後 祝福事라.
무지렁이 살려내고 愚昧子孫 깨우치고
가난子孫 일어나고 貧賤子孫 貴히되는

人間大道 國富大道 風水大道 열었으니
原理講論 熱智하여 人倫大道 열어가세

(10) 天地間에 萬事萬行 同調道理 무엇인가?
　　　天地人間 生命同調 統一同調 陰陽同調
　　　同調秩序 同調原理 理象界의 無常原理
　　　本性本質 自律意志 靈魂意志 自律同調
　　　自律意志 一自律神經 一自律筋肉 一自律生命
　　　自律生命 自然同調 山火風水 生氣同調
　　　方位關係 相對同調 陰陽同調 配位同調
　　　祖子孫間 同期同調 兄弟姉妹 同氣同調
　　　類類相從 相生同調 善因善果 相續同調
　　　時間空間 胎生同調 人間種性 遺傳同調
　　　森羅萬象 生滅同調 風寒暑濕 燥熱同調
　　　집터묘터 일터쉼터 生氣同調 靈魂同調
　　　本맘몸맘 本質同調 生死吉福 運氣同調
　　　사는生命 同調原理 죽는消滅 干涉原理
　　　無記存在 無記同調 消滅存在 消滅同調
　　　살아나면 生命同調 죽어가면 죽음同調
　　　살고죽는 根本道理 合成統一(合成同調) 大圓道理
　　　人間生命 創造原理 風水大道 뿐이로세!

(11) 人間大道 根本秩序 風水原理 살펴보세
　　　天地創造 現象變易 無常原理 正法秩序
　　　無常理致 風水理致 自然秩序 人間秩序
　　　種種生命 種種秩序 種種變易 種種리듬
　　　山種生命 山種秩序 山種變易 山種리듬
　　　水種生命 水種秩序 水種變易 水種리듬
　　　木種生命 木種秩序 木種變易 木種리듬
　　　火種生命 火種秩序 火種變易 火種리듬

土種生命 土種秩序 土種變易 土種리듬
金種生命 金種秩序 金種變易 金種리듬
風種生命 風種秩序 風種變易 風種리듬
人種生命 人種秩序 人種變易 人種리듬
隆起生命 隆起秩序 隆起變易 隆起리듬
褶曲生命 褶曲秩序 褶曲變易 褶曲리듬
斷層生命 斷層秩序 斷層變易 斷層리듬
土質따로 種子따로 風水따로 氣候따로
서로다른 變易秩序 리듬法則 分明타네!

(12) 風水原理 大法中에 最善貴한 根本要諦
眞龍砂勢 穴場風水 方位核心 따로있네
眞龍秩序 祖宗聚突 上昇下降 秩序따라
中出내고 枝龍내고 支脚내고 橈棹내고
穴心품곤 鬼樂내고 曜官내고 止脚내고
움직이는 一切法則 30度의 n의倍라
30度는 變化進行 60度는 分擘進行
90度는 急變廻折 120度 均衡分擘
支脚橈棹 90度나 上昇下降 기울기度
枝橈終端 止脚내고 支脚終端 止脚내고
永久止脚 90度終 陽基作心 120度
無記山下 無記秩序 無記變易 無記原理
八卦秩序 天運실고 45度 停滯安定
하늘 질서 본래회향 땅의 질서 하늘회향
中出穿心 成穴本脈 五變易場 特性따라
善惡美醜 大小强弱 入首入力 決定되고
四神同調 에너지場 圓滿融結 特性따라
善美强健 圓形凝縮 穴場明堂 決定되네.
四神同調 主客神靈 凝縮意志 合一하면

入穴力量 增幅되어 成穴意志 育成하고
玄水同調 主靈特性(意志) 朱火同調 客靈特性(意志)
靑木同調 魂靈特性(意志) 白金同調 魄靈特性(意志)
頭腦纏脣 同調特性(意志) 靑白蟬翼 同調特性(意志)
穴核圓暈 同調特性(意志) 明堂破口 同調特性(意志)
圓滿穴場 力量增大 生命意志 至高至善
玄水主靈 智慧種性 朱火客靈 禮敬社會
靑木魂靈 仁德精進 白金魄靈 義勇財技
黃土精靈 信念意志 核心生命 創造意志

(13) 穴核明堂 吉命貴神 Energy場 出入通路
左旋水엔 辰巽巳門 右旋水엔 未坤申門
左朝融聚 巽巳關門 右朝融聚 未坤關門
左旋環抱 辰巽關門 右旋環抱 坤申關門
立坐立向 定할적엔 特立秀麗 먼저보고
集中하면 人生集中 散漫하면 人生散漫
左旋穴場 天干坐向 右旋穴場 地支坐向
玄水立坐 長孫僑主 朱火立向 支孫僑主
左旋水엔 地支立向 右旋水엔 天干立向
四神同調 Energy場 玄朱凝縮 于先하고
先後到着 分明하여 分擘特性 優秀하면
左右蟬翼 發達하는 窩鉗穴場 主가되고
四神同調 Energy場 靑白凝縮 于先하고
入首來脈 强健하여 聚突特性 優秀하면
圓暈明堂 發達하는 乳突穴場 主가된다.
近親同調 速發明運 遠離同調 遲發明運
天運地氣 同調하면 人間生命 創造하고
天運地氣 干涉하면 人間生命 消滅하며
祖宗來脈 同調하면 中出穿心 發達하고

四神凝縮 同調하면 穴場穴核 發達하며
穴場祖上 同調하면 子孫生命 發達하고
陽基子孫 同調하면 子孫活動 善美하며
陰宅陽宅 同調하면 生命發達 거듭하고
天人地合 同調하면 人格完成 거듭난다.
사랑하는 後孫들아! 全人格者 누구인가?
하늘아래 땅위에서 完成道人 어디있나?
智禮仁義 慧敬德勇 信念意志 갈고닦아
이세상이 다하도록 人間生命 끝나도록
運命틀을 깨고나온 自律意志 三足鳥가
맑고밝은 창공위를 걸림없이 날아보는
새희망 새천지의 주인공이 되어보세!
새역사 새운명의 再創造者 되어보세!
몸마음 몸곯음을 하루속히 뛰어넘고
본마음 大自由의 永生道理 얻어지녀
永遠한 安樂淨土 改天命을 일궈보세!
改天命이 무엇인가? 黃土精靈 밝힘일세!
黃土精靈 무엇인가? 穴核黃土 神靈일세!
아버님前 陽靈받고 어머님前 陰靈받고
祖上任의 蔭德으로 나의靈魂 되었으나
어리석고 無明하여 밝은靈魂 간데없이
三毒心을 못버린채 허송세월 다보내니
안타깝고 애통하다. 슬프고도 가엾어라!
이제우리 깨어나서 穴場五氣 五德쌓고
黃土精靈 쌓고쌓아 光明意志 불밝히여
大自由人 解脫道를 우리함께 成就하세!
弘益人間 生命創造 내가먼저 이룩하세!

19. 三昧 가는 길

(1) 無明의 帳幕을 열고
　　靈魂아 불을 밝혀라 어둠을 깨라.
　　妄想의 나래에 메여달린
　　三毒의 몸마음을 떨쳐버리고
　　저 光明의 本마음 빛이
　　歡喜의 蒼空을 繡 놓을때까지
　　靈魂아 불밝히거라 어둠을 깨라.
　　天地의 어둠을 거두고
　　光明의 本맘햇살이 十方世界 가득할제
　　하늘바다 解脫의 고요한 水平線따라
　　찰랑대는 平和의 노랫소리를 들으라!
　　하늘언덕 涅槃의 잔잔한 地平線위로
　　남실대는 悅樂의 웃음소리를 들으라!

(2) 짙어진 어둠에 눈이멀고
　　깊어진 곪음에 몸부림치던 靈魂아!
　　아직도 三毒의 멍에굴레를
　　벗지못해 애가타는 슬픈 靈魂아!
　　그 靈魂을 달래려고 한밤을 지새우며
　　긴긴 세월속을 붉게 멍들인
　　가슴아! 슬픔아! 애닮픔아!
　　보는곪음에 시달리다 괴로워했고
　　듣는곪음에 갈등하며 괴로워했고
　　먹는곪음을 참지못해 몸서리쳤고
　　갖는곪음을 시샘하며 속을 태웠다.
　　하곪은 맘을 달래보려고 울부짖었고
　　便곪음 맘을 절제하려고 가슴을 쳤다.
　　긴겨울 그믐밤엔

깊은 어둠을 깨지못해 한숨지었고
천둥치는 한여름 밤엔
하늘소리 들리라고 애원을 했다.
아지랑이 피는 봄날엔
究境의 涅槃을 가슴죄며 꿈꿨고
낙엽지는 가을날엔
人生無常을 시름없이 더듬었었다.

(3) 피고지는 들꽃처럼
그렇게 세월은 흘러갔어도
六境의 붉은 誘惑은 外面하지 못했고
六根의 씨알새싹도 끊어내지 못했다.
五蘊의 攝理를 풀지못해
밤마다 괴로움에 뒤척였었고,
人間의 苦惱를 解決못해
一生을 虛送으로 지새며 왔다.
懺悔의 꺼리를 찾아
날마다 山川을 헤매 돌았고,
살필꺼리를 쫓아
밤마다 정처없이 彷徨을 했다.
깨우침없는 미련함을 애달아했고
숨쉬고있는 감사함에도
천만번은 더 사무쳐 울었었다.

(4) 눈마음이 무언가도 궁금했었고
귀마음이 무언가도 궁금했기에,
곹은몸맘 밝히려고 묻고 또 물었었다.
몸마음의 不當함이 하도그리 恨스러워
本마음의 本모습을 끝이없이 되찾아 봤다.
그마음의 그마음이 그맘인줄 몰랐기에

어두운 無明心을 불밝히리라고
참회하고 참회하고 또 참회했다.
살피며, 살펴가며, 또 살펴가며
비우고, 비워가며, 또 비우면서
그마음 쓰일곳이 어디인가를
물으며 물으면서 또 물으면서
一生을 묻고물어 여기이제 다시오니
無心이는 저만치서 오는 듯이 기다리고
못다이룬 悔恨만이 하늘가득 남았구나.

(5) 이제지금 이 자리에 極樂淨土 밝아오니
無心이와 한맘되어 究境涅槃 三昧길로
가여이다. 하여이다 오며가며 하여이다!
지금여기 이순간에 萬古등불 밝았으니
無情이와 한몸되어 永生極樂 三昧길을
가야하네 해야하네 오고가며 해야하네.
하늘까지 땅끝까지 寂靜三昧 解脫길을
가여이다 하여이다 끝이없이 가여이다!

20. 成道辯

宇宙天地 萬物之間 正法正道 무엇인가?
하늘道는 무엇이고 땅의道는 무엇이고
사람道는 무엇이고 風水道는 무엇인가?
하늘세계 운행원리 天體天道 運行秩序
十方世界 運行원리 十干秩序 同調法則
陰陽配位 三合原理 相生相剋 運行法則
宇宙秩序 天體運行 運行秩序 運勢作用
本體意志 平等따라 現象意志 廻向하고

天體運勢 땅에내려 人間生命 길러낸다.
땅에서린 天體運勢 地氣道理 秩序낳고
열두마당 地勢地氣 地道秩序 法則낳고
열두마당 地道法則 人間生命 이어받아
五氣五德 具足尊命 人間道를 열어갈제
善生善死 生滅道는 風水道가 열어가고
興亡盛衰 生命道는 穴場道가 열어가니
天地人道 風水道는 穴場道를 完結하고
穴場道理 人間道理 善生善死 生滅道는
智慧光明 눈뜬子孫 吉福人이 열어간다.

※ ┌ 하늘의 道는 고요히 生覺하는 道理요(靈魂再創造)
　 │ 땅의 道는 포근히 안아주는 道理요(Energy再創造)
　 │ 사람의 道는 다정히 나눔하는 道理요(生命再創造)
　 └ 衆生의 道는 언제나 善生善死 道理다(生氣再創造).

21. 風水辯, 科學辯, 自律意志辯

風水道가 무엇인가? 風水理致 무엇인가?
곰곰새겨 生覺하니 風水秩序 窮究일세!
現象世界 無常理致 秩序體系 分明하고
天地人間 生滅理致 生死法則 明瞭하다.
天運地氣 人間生命 生氣同調 Energy場
生氣凝縮 同調秩序 消滅壞空 干涉秩序
흩어지면 消滅이요 集合凝縮 生命일세.
生氣集合(生氣同調) Energy場 30度의 n倍波形
死氣干涉(死氣消滅) Energy場 30度의 無記波形
生氣生命 에너지場 하늘땅의 同調造化

死氣消滅 에너지場 하늘땅의 干涉造化
同調干涉 에너지場 生起消滅 決定하고
同調醇化 에너지場 善生命體 탄생하고
干涉破壞 에너지場 惡生命體 형성한다.
天體運行 에너지場 十方天體 運行秩序
地氣生命 에너지場 地表循環 生氣秩序
同氣感應 에너지場 同氣同調 生命秩序
生氣感應 에너지場 生氣同調 生起秩序
同期感應 에너지場 同期同調 遺傳秩序
醇化感應 에너지場 醇化同調 相從秩序
祖孫感應 에너지場 同期同調 遺傳秩序(相續秩序)
兄弟感應 에너지場 同氣同調 生起秩序
집터感應 에너지場 生氣同調 醇化秩序
穀氣感應 에너지場 攝生同調 養生秩序
人氣感應 에너지場 人氣同調 醇化秩序
風水感應 에너지場 風水同調 生起秩序(養生秩序)
藏風感應 에너지場 藏風同調 生起秩序
得水感應 에너지場 得水同調 生起秩序
環境感應 에너지場 環境同調 生命秩序(醇化秩序)
類類相從 에너지場 類類同調 醇化秩序
30度의 n倍波形 安定되면 善吉生命
30度의 n倍波形 破壞되면 惡凶生命
山과땅과 環境氣候 相互關係 에너지場
바람물의 作用原理 땅과물의 同調理致
모를때는 迷信이요 깨달으면 科學이라.
모를때는 모를수록 더욱窮究 함이옳고
모른다고 怠慢하면 贖罪하기 어렵도다.
宇宙알고 太陽알고 地球알고 環境알고
過現未 三世間에 人間生命 살펴보고

하늘命이 무엇인지 땅의시킴 무엇인지
天地人間 에너지場 어찌관계 하는건지
그속에서 낳고살고 죽는道理 무엇인지
하나하나 話頭들고 빠짐없이 窮究하세!
宇宙萬物 窮極境은 生起消滅 兩極이라
生起原理 圓滿凝縮 消滅原理 離散壞滅
生命날젠 웃음짓고 죽어갈젠 울음일세
善生끝은 生命나고 惡生끝은 죽음나고
生命道理 죽음道理 生死道理 깨달으면
生起秩序 消滅秩序 生死法則 알게되고
善生命도 善죽음도 惡生命도 惡죽음도
生死道理 生滅因果 原理秩序 明了하다.
生命秩序 創造原理 죽음秩序 還元原理
創造還元 兩大秩序 自然道요 科學일세.
30度의 自然數倍 生命秩序 法則이고
30度의 不配合數 消滅秩序 法則이고
圓滿凝縮 에너지場 30度의 生起同調
刑沖破害 에너지場 30度의 破壞干涉
生起破壞 同調干涉 科學迷信 言語道斷
認識可能 有識科學 認識不可 無識迷信
有識無識 論을하면 알음알이 病이들고
言語道斷 無心하면 淸淨光明 밝아온다.
淸淨光明 밝아올제 Energy場 淸淨하고
Energy場 淸淨하면 善惡無記 고요하고
善惡無記 고요하면 自律意志 光明하고
自律意志 光明하면 自律行이 無礙하고
自律行이 無礙하면 自律人格 밝아온다.
自律淸淨 靈魂意志 自律生命 自律리듬
30度의 n倍리듬 自律生命 리듬法則

自律神經 自律筋肉 30度의 n倍리듬
自律生命 善生리듬 30度를 同調하고
無記消滅 生命리듬 30度를 干涉한다.
本마음은 自律리듬 本靈意志 自律生命(先天靈肉)
몸마음은 他律리듬 客靈意志 他律生命(後天靈肉)
本마음의 리듬法則 30度를 同調하고
몸마음의 리듬法則 30度를 干涉한다.
Energy場 리듬秩序 平等安定 創造하면
自律意志 리듬秩序 平等安定 創造한다.
Energy場 凝縮리듬 圓滿融結 生命되면
自律意志 凝縮리듬 圓滿融結 靈魂된다.
祖地同調 生命增大 波形同調 靈魂增大
祖孫同調 生命增大 波形同調 靈魂增大
粒子同調 波形同調 生命增大 靈魂增幅
天地人氣 同調意志 天地人靈 合一增大
天地人氣 同調리듬 天地人命 合一增大
自律意志 리듬同調 人間靈魂 리듬增幅
自律意志 自律神經 自律筋肉 自律生命
靈魂意志 리듬增幅 自律人間 再創造라.
善生리듬 生命不死 靈魂不滅 人格創造
惡生리듬 生命必死 靈魂消滅 人格破壞
本맘리듬 善生善死 몸맘리듬 惡生惡死
善生不滅 惡生必滅 本맘不死 몸맘必死
本맘永生 몸맘早生 本生本맘 永生不死
本生同調 本맘리듬 本맘同調 自律靈魂
本맘本靈 自律意志 맑고밝은 自律리듬
거룩하고 위대하다 大光榮의 自律生命
天道地道 人道風道 自然科學 人格道理
本맘靈魂 自律意志 人間生命 再創造道

※ ┌ 現象界의 造化原理 30度의 n倍秩序
　　│ 30度의 造化原理 善生善死 生命秩序
　　│ 靈肉現象 變化意志 30度의 造化로다.
　　│ 30度의 窮極同調 善生命의 太極이요(⊕太極)
　　│ 30度의 窮極干涉 惡生命의 太極이요(⊖太極)
　　└ ⊕極⊖極 合一極은 30度의 無盡造化(無極)

22. 山아! 물아! 바람아!

(1) 물길따라 바람가고저 하고 바람따라 물이가고저 하니
　　물길위에 바람이 일고 바람아래 물길이 가네.
　　바람은 멎고자 아니하고 물길은 그치려 아니하고
　　바람길 보이는 곳엔 물길 또한 숨어서 잦으려 하니
　　바람은 물을 보고 함께 살아 옛자고 하네.
　　사람아! 바람은 바람길 따라 살고저 하고
　　물은 물길 따라 살고저 한다네.
　　바람이 살고저 한곳 바람이 살게 해주고,
　　물들이 살고저 한곳 물들이 살게 해주면,
　　사람은 사람 살곳에 절로 살수 있다고 하네.

　　山은 물따라 動코저 하고 물은 山따라 靜코저 하네.
　　산이 이제 靜코저 하나 물이 아직 머물지 않고,
　　물이 이제 靜코저 하나 山이 아직 머물지 않네.
　　山 물아! 山이 動코저커던 물도 함께 動코저 하렴.
　　물이 靜코저커든 山도 같이 靜코저 하렴.
　　山 물이 한데 얼려 動靜 길을 가노라면,
　　山이 머물려 할 때 물도 벌써 저만치 머무려느니.

　　山이 멀다고 하면 물은 짧다고 하네.

물이 멀다고 하면 山은 또 짧다고 하네.

山 물아! 너희 서로 다투지 말라.

山이 멀다고 커든, 물아 멀리라도 따라 가주려무나.

물이 멀다고 커든 山아 더멀리라도 따라 가주려무나.

산은 외롭다고 서러워 하네. 물은 그를 보고 웃어워하네.

물은 허전타고 두려워하네. 산은 그를 보고 애닮다 하네.

山 물아! 서럽고 두려웁고 아시워해도 너희들 다정하여

함께 있으면 따스한 보금자리 꽃이 피리니.

산은 바쁘다고 달려만 가네.

물도 같이 바쁘다고 따라만가네.

물은 급하다고 곧바로 가려하네.

山은 조용타고 쉬어서 가려하네.

山 물아! 급하다고 뛰지 말고 조용타고 쉬지 말라.

급하면 급할수록 천천히 가고 한가롭고 한가할수록 부지런해지렴.

바람이 잦으려하나 산물이 어느새 저만치 가네

산물이 멈추려하나 바람은 저만치 도망을 가네

바람은 서운타고 시샘을 하네

산물이 다정타고 투기를 하네

山 물아 ! 바람이 시세우거든 달래여 주고서 가렴

바람이 사나웁거든 기어이 안고서 가렴.

(2) 風水生氣 陰得方엔 元辰得이 最上이요
   內外風水 出入實相 藏風得水 秘訣일세.

(3) 藏風은 나무 끝에 멎고 得水는 木根에 잔대
   잎 끝에 부는 바람 고요를 시세움 할세
   木根에 찬 界水 穴을 시셈 하는 도다.

(4) 高山高脈 天穴處가 風吹를 두려워하니
   低山低脈 地穴處도 水浸을 두려워하네.

非高非低 人穴處는 덩달아 두려웁다가
고개들어 살펴보니 下關枝龍이 도망을 가려하네.

(5) 生死去來 無記脈은 變易橫序 秘密이고
善惡美醜 大小强弱 同調秩序 秘密일세.
高低長短 正斜曲直 陰陽따라 變易하고
左右上下 安定秩序 30°의 秘密일세.

(6) 中道性의 現象原理 45° 因緣 法則
生起性의 現象原理 30° 因緣 法則
消滅性의 現象原理 刑·殺·破·害 無記 法則
山水風火 四大源理 時空上의 同調法則

(7) 現象萬物 生滅相은 絶對平等 回向意志
安定均衡 集合意志 ∠60°의 秘密이고
安定均衡 移動意志 ∠30°의 秘密이며
離散壞滅 消滅意志 無記脚의 秘密이고
本性回向 中道意志 ∠45° 秘密일세.

23. 山 마음 風水 마음

時俗地師님네! 山네 마음 알고가세
眞龍마음 眞穴낳고 假龍마음 假穴낳고
生龍마음 生果낳고 死龍마음 死果낳네.
生死眞假 마음알기 어느누가 쉽다든가?

내마음을 집착하면 내생각이 잣대되고
네마음을 집착하면 네생각이 잣대되여
千里萬里 來龍마음 저멀리로 도망가네

사람마음 산에들어 산모습이 사람되고

衆生마음 山에들면 山모습이 衆生되고
千態萬相 山의因緣 衆生因緣 되어지네.

山마음은 山에있고 사람마음 집에있고
山마음은 眞如인데 衆生마음 生滅이니
山마음이 山에가면 衆生마음 들로가네.

風水맘은 산과같아 사람보다 더밝으니
山이오면 風水오고 山이가면 風水가고
山이돌면 風水돌고 山이서면 風水멎네.

山의마음 山과같아 저山가면 이山가고
山의마음 정이깊어 저산오면 이산오고
山의마음 물과같아 저산돌면 이산도네.

山물아! 사람마음 좁디좁아 그대보기 민망쿠나
그대큰뜻 있은줄을 본래부터 알았은들
오고가고 돌고서고 누었다가 앉았다가
다소곳이 자리틀고 衆生삶을 지킬줄을
예전이나 지금에나 몽중인들 알았으랴
에고답답 섧을시고 衆生因緣 가련하다.

山에가면 山이되고 물에가면 물이되고
山이가면 같이가고 물이오면 같이오고
山이서면 같이서고 물이돌면 같이돌아
山勢절로 風水절로 본자리에 사람절로
主山精靈 意志따라 靑白神靈 蔭德얻고
風水護神 福德안고 案山客神 영접받아
玄水主靈 智慧얻고 朱火客靈 禮敬얻고
靑龍木神 仁德안고 白虎金神 義勇닮아
上求菩提 下化衆生 圓融無碍 行願力을

主核意志 信念속에 一切同調 凝縮하네
아! 山아! 물아! 바람아! 사람아!
明心平等 安定道는 穴場核心 뿐일러라.
하늘맘은 둥근의지 山마음은 圓滿意志
땅마음은 안정의지 사람맘은 永生意志
물마음은 圓滿融聚 바람맘은 圓融還生
돌마음은 圓融凝縮 나무마음 圓融聳發
돌마음은 여문마음 나무마음 둥근마음
바람마음 흔들마음 물마음은 젖은마음
바람물맘 한데얽혀 善惡美醜 風水마음
하늘마음 立體頂에 땅마음은 穴板基底
바람맘은 穴場界에 물마음은 穴場壁에
天神靈은 頭腦속에 地神靈은 入穴속에
風神靈은 兩날개에 水神靈은 兩界水에
主靈神은 入首頂에 朝客神은 明堂前에
左右客神 兩護從에 精靈本神 穴核속에
돌나무神 風水神靈 水土火神 風水神靈
나무마음 둥근마음 물바람은 세모마음
나무귀신 풍수귀신 솔나무에 天地神靈
둥근솔에 天地精氣 솔방울에 風水精氣

24. 空性存在 統一力場 風水核力 因果原理

宇宙本質 寂靜本空 빈가득空 빈가득場
宇宙本體 無常眞空 찬가득空 찬가득場
찬가득空 相互關係 空間運行 秩序形成
찬가득場 相互作用 時間運行 秩序形成
空間運行 形成秩序 五運五氣 五行原理

時間運行 形成秩序 열두마당 核場原理
天體同調 Energy場 一切空間 圓滿因果
天地同調 Energy場 一切時空 凝縮核果
空間相互 Energy場 一切圓滿 同調秩序
空間相互 同調干涉 時空力場 形成秩序
空間力場 時間力場 一切同時 合成同調
合成同調 統一力場 圓滿天體 宇宙秩序
合成同調 時空力場 天體運行 自律意志
時空合成 一切同調 個體全體 統一力場
同調干涉 合成力場 生滅無常 統一力場
十干十方 空間力場 同調干涉 統合秩序
十二支場 時間力場 同調干涉 統合意志
天地合成 時空力場 三合陰陽 同調力場
天地合成 時空力場 刑沖破害 干涉力場
天地同調 統一力場 生命生起 統一核場
天地干涉 統一力場 生命消滅 統一滅場
生起消滅 合成力場 本空眞空 統一空場
生命生起 統一核場 天地萬物 形成原理
本空眞空 統一空場 天地萬物 還元原理
時空一切 統一力場 天地萬物 運行原理
빈空찬空 恒常空場 一切空性 統一原理
빈空찬空 相互同調 빈空찬空 形成原理
빈空찬空 相互干涉 빈空찬空 維持原理
빈空가득 寂靜있어 찬空가득 現象일고
찬空가득 生滅있어 빈空가득 寂滅담네
빈空가득 찬空가득 統一力場 自律意志
빈空찰때 찬空돕고 찬空찰때 빈空돕고
빈空찬空 相互關係 비면차고 차면비고
自律空場 統一意志 統一力場 空性意志

自律空性 統一空性 恒常無常 一切意志
빈가득場 生겨나면 찬가득場 함께하고
찬가득場 生겨나면 빈가득場 함께하니
빈가득場 가득할제 찬가득場 가득하고
찬가득場 가득할제 빈가득場 가득하네
存在本質 現象本質 絶對平等 相對平等
恒常寂靜 無常生滅 恒常고요 無常變易
絶對安定 相對安定 本體眞空 現象眞空
빈가득空 찬가득空 빈가득場 찬가득場
時空一切 本質本體 時空平等 無常廻向
存在本體 本性本質 一如不變 不生不滅
宇宙本體 空間本質 빈가득場 찬가득場
時空一切 宇宙本體 時空平等 無常變易
無盡緣起 空間存在 無盡變易 時間存在
無盡關係 無盡作用 時空存在 無常現象
無盡無極 無窮本性 恒常無常 時空一切
空間生則 時間卽生 時間生則 空間卽生
空間減則 時間卽滅 時間減則 空間卽滅
時空生則 無常卽生 無常生則 現象變易
時空減則 時空寂滅 無盡寂滅 無盡廻向
無盡廻向 無極本性 恒常無常 同一空性
無盡變易 無極廻向 本性廻向 無盡緣起
本質廻向 宇宙本體 無量無邊 無窮無盡
一切廻向 一切秩序 一切原理 一切力場
一切力場 統一力場 一切存在 時空力場
宇宙本體 一切空場 宇宙現象 統一力場
一切空場 一切力場 빈가득場 찬가득場
빈가득空 찬가득空 一切平等 自律意志
빈가득場 찬가득場 一切力場 統一意志

同調干涉 一切現象 統一力場 安定意志
本體空性 現象空場 一切安定 統一意志
空性空場 本質現象 絶對安定 自律意志
絶對空場 絶對安定 無盡力場 無盡安定
無盡力場 無盡安定 統一力場 自律意志
無盡빈場 無盡찬場 本體現象 一切意志
本體現象 一切原理 빈空찬空 統一意志
빈空빈場 찬空찬場 緣起秩序 因果意志
빈空찬空 圓滿秩序 絶對平等 安定意志
빈空빈場 虛空秩序 찬空찬場 廻向意志
찬空찬場 圓融秩序 빈空빈場 廻向意志
虛空秩序 圓融秩序 빈空찬空 一切意志
빈空찬空 一切秩序 統一力場 一切意志
宇宙本體 무엇인고 地球核果 무엇인가?
宇宙空場 무엇인고 地球核場 무엇인가?
統一場은 무엇이고 核力場은 무엇인가?
本質世界 어떠하고 本體모습 어떠하며
恒常世界 어떠하고 無常世界 어떠한가?
本質本性 恒常하고 本體모습 如如한데
現象本性 無常하고 現象모습 生滅할제
恒常無常 어떠하고 如如生滅 어떠한가?
恒常無常 本來性理 恒常平等 그대로고
如如生滅 本來모습 絶對廻向 安定인데
恒常本質 무엇이고 無常現象 무엇인가?
虛空世界 빈모습은 빈가득場 빈가득空
宇宙萬相 찬모습은 찬가득場 찬가득空
빈가득은 어찌되고 찬가득은 어찌되며
빈가득場 찬가득場 差別相은 무엇인가?
없어짐이 窮盡하니 없는곳도 끝이없고

있어짐이 窮盡하니 있는곳도 끝이없네
끝이없는 없어짐이 빈空가득 恒常하고
끝이없는 있어짐이 찬空가득 恒常하니
빈가득空 찬가득空 恒常속에 함께있네
있는것이 흩어질땐 흩어져서 없어지고
없는것이 있어질땐 모이여서 있어지네
흩어짐이 끝이없어 있던것이 없어지고
모여짐이 끝이없어 없던것이 있어지네
끝이없이 흩어지면 빈가득空 되여지고
끝이없이 모여지면 찬가득空 되어지니
빈가득엔 빈가득場 찬가득엔 찬가득場
빈가득場 찬가득場 無量無邊 한덩일세
빈가득場 無盡緣起 無盡빈空 되어지고
찬가득場 無盡緣起 無盡찬空 되어지니
빈空찬空 한덩이가 흩어지고 모여지네
빈空찬空 한덩이가 無盡緣起 因果롤세
빈가득의 빈자리는 찬가득의 廻向處요
찬가득의 찬자리는 빈가득의 廻向處라
빈가득은 찬가득을 찬가득은 빈가득을
빈가득은 채워지고 찬가득은 비워지고
비우면서 채워지고 채우면서 비워지고
비고차고 한마음이 차고비고 한몸일세
빈것보면 비여있고 찬것보면 채워있고
빈것찬것 함께보면 빈것찬것 하나이고
찬것빈것 따로보면 찬것빈것 둘이되니
함께보면 한맘이요 따로보면 두맘이라.
한맘두맘 그因果가 빈空찬空 되어지네
빈가득이 가득할제 虛空寂滅 寂靜되고
찬가득이 가득할제 相互關係 無常하네

빈가득空 寂滅本空 찬가득空 現象眞空
빈가득場 고요하고 찬가득場 生滅하니
빈가득은 없어지고 찬가득은 生겨나네
없어짐은 무엇이고 生겨남은 무엇인가?
죽은목숨 어델가고 산목숨은 어델가나?
오는곳은 어데이고 가는곳은 또어디며
오고가는 그原理는 어느界의 攝理인가?
빈가득의 빈자리는 없는것이 없어진곳
찬가득의 찬자리는 있는것이 있어진곳
있는것은 있는곳에 서로엉켜 있게되고
없는것은 없는곳에 흩어져서 없게되고
있는것도 있는곳도 있고없고 함께하고
없는것도 없는곳도 없고있고 함께하니
있고없고 一切모습 있는듯이 없는듯이
없고있고 一切모습 없는듯이 있는듯이
있는것이 차게되면 찬가득空 되어지고
없는것이 차게되면 빈가득空 되어지며
있는곳이 비게되면 빈가득空 되어지고
없는곳이 비게되면 찬가득空 되어지네
있는곳이 없어질제 빈가득이 生겨나고
없는곳이 없어질제 찬가득이 生겨나며
있는곳이 生겨날제 찬가득이 生겨나고
없는곳이 生겨날제 빈가득이 生겨나네
있는것은 서로서로 있어지고 없어지고
없는것은 따로따로 없어지고 있어지고
있는것이 없어질제 있던자리 비어지고
없는것이 없어질제 없던자리 비어지고
있던곳이 비워질제 없는것이 차게되고
없던곳이 비워질제 있는것이 차게되고

있고없고 비고찰때 빈空찬空 바꿔가네

있고없고 무엇인가? 비고차고 무엇인가?

恒常따라 비여있고 無常따라 차여있는

恒常無常 두原理는 서로다른 意志인가?

빈空찬空 두모습은 서로다른 모습인가?

恒常無常 窮極盡은 恒常無常 한몸되고

恒常無常 窮究境은 本質現象 한맘되네

恒常平等 고요함은 無常現象 本맘이요

無常變易 生滅相은 恒常寂滅 모습일세

恒常고요 本來性品 無常無盡 現象種性

恒常不滅 本來모습 無常不滅 現象相續

恒常平等 本來意志 無常平等 廻向意志

恒常不生 本來모습 無常不生 現象本相

恒常圓滿 本體모습 無常變易 現象秩序

恒常不變 本體本性 無常安定 廻向意志

恒常眞空 本體本相 無常寂空 現象實相

恒常無關 本體理性 無常無盡(緣起) 統一意志(平等意志)

恒常無用 本體本性 無常無盡 統一力場

恒常無實 本體空相 無常實相 生起緣起

恒常無虛 本體空相 無常虛相 寂滅緣起

恒常無常 現象本質 無常恒常 現象實相

恒常無常 實體實相 無常現象 自律意志

恒常無常 빈空찬空 無常現象 空性廻向

恒常實相 絶對平等 無常實相 平等廻向

25. 穴場性相 十二觀法

特次觀法 心中靈合 天地人靈 一切合一

一次觀法 天星照臨 穴場陰陽 性相秩序

二次觀法 穴場基板 地氣地力 入穴秩序

三次觀法 四圍同調 穴場力量 穴器秩序

四次觀法 穴場五果(官) 頭腦纏脣 兩曜穴核

(四次觀法 頭纏鬼官 曜翼穴核 五果秩序)

五次觀法 大小長短 穴場規格 形象秩序

六次觀法 窩鉗乳突 穴場品格 構造秩序

七次觀法 善惡美醜 五果品性 理氣秩序

八次觀法 均衡安定 穴場五常 安定秩序

九次觀法 十二部位 個體品格 特性秩序

十次觀法 穴核圓暈 心性意志 靈能秩序

再次觀法 靈肉合一 心靈肉氣 統合秩序

(再次觀法 觀看合一 心觀六觀 合一觀察)